LIBERDADE SEM MEDO
SUMMERHILL

CIP - Brasil. Catalogação-na-Fonte
Câmara Brasileira do Livro, SP

N332L
19. ed

Neill, Alexander Sutherland, 1883-1973.
Liberdade sem medo — Summerhill: radical transformação na teoria e na prática da educação A. S. Neill; prefácio de Erich Fromm; tradução de Nair Lacerda. — 19. ed. — São Paulo: IBRASA, 1980

(Biblioteca temas modernos; 20)

1. Educação de crianças 2. Psicologia infantil 3. Summerhill School, Leiston, Ingl. I. Fromm, Erich, 1900 - II. Título.

CDD-372.942
-155.4
-370.1

79.1511

Índices para catálogo sistemático.
1. Crianças: Psicologia infantil   155.4
2. Educação de crianças: Teorias educacionais
    370.1
3. Inglaterra: Ensino elementar   372.942
4. Summerhill: Escola elementar   372.942

A. S. NEILL

LIBERDADE
SEM
MEDO

Prefácio de
ERICH FROMM

Tradução de
Nair LACERDA

SUMMERHILL

Radical Transformação na Teoria e na Prática da Educação

29ª EDIÇÃO

IBRASA
INSTITUIÇÃO BRASILEIRA DE DIFUSÃO CULTURAL LTDA.

Título do original inglês:

Summerhill ,

Copyright 1960 Hart Publishing Co.
Os versos de O PROFETA, de Kahlil Gibran, são
reproduzidos com permissão do editor Alfred Knopf
Inc. Copyright 1923 by Kahlil Gibran, renovado em
1951 por Administrators C.T.A. of Kahlil Gibran
Estate, e Mary G. Gibran.

Código para obter
um livro igual: IV-20

Capa de
Federico SPITALE

Direitos desta edição reservados à

IBRASA

INSTITUIÇÃO BRASILEIRA DE DIFUSÃO CULTURAL LTDA.

R. Treze de Maio, 361
01327 — SÃO PAULO

Publicado em 1991

Impresso no Brasil — Printed in Brasil

As crianças do Futuro, por nascer,
Quando página tal puderem ler,
Saberão que nos tempos do passado
Um crime o doce amor era julgado.

WILLIAM BLAKE

Teus filhos não são teus filhos.
São filhos e filhas da Vida, anelando por si própria.
Vêm através de ti, mas não de ti,
E embora estejam contigo, a ti não pertencem.
Podes dar-lhes teu amor, mas não teus pensamentos,
Pois que êles têm seus pensamentos próprios.
Podes abrigar seus corpos, mas não suas almas.
Pois que suas almas residem na casa do amanhã,
que não podes visitar sequer em sonhos.
Podes esforçar-te por te parecer com êles, mas não procures
fazê-los semelhantes a ti,
Pois a vida não recua, e não se retarda no ontem.
Tu és o arco do qual teus filhos, como flechas vivas,
são disparados
. . . .
Que a tua inclinação, na mão do arqueiro, seja para a alegria.

KAHLIL GIBRAN

A HAROLD H. HART

Espero que receba tanto crédito (ou tantas censuras) quanto eu, por êste livro. Sua atuação não foi apenas a de um editor, mas a de um crente no que Summerhill fêz, e está fazendo.

Sua paciência causou-me estupefação. Escolher milhares de palavras nos meus livros mais antigos, revisá-las, e combiná-las com material nôvo — foi tarefa imensa.

Em sua visita à escola, mostrou que sua preocupação principal era contar à América algo do que viu e gostou. Algo em que acreditou. Viu tudo quanto era fundamental, e ignorou, com tôda a razão, o que não importava, como, por exemplo, o desalinho de crianças felizes.

Por êste meio eu o elejo aluno honorário de Summerhill.

A. S. Neill

Outubro, 30, 1959
Summerhill, Leiston, Suffolk, Inglaterra

SUMÁRIO

Prefácio, por Erich Fromm .... **xvii**
Uma palavra de Introdução, pelo Autor .... **xxv**

I. ESCOLA SUMMERHILL

A Idéia de Summerhill 3
Uma Vista de Olhos a Summerhill 12
A Educação de Summerhill versus Educação
    Padronizada 22
O Que Acontece Com Os Que Se Formam Em
    Summerhill 27
Lições Particulares Em Summerhill 32
Autonomia 41
Co-educação 51
Trabalho 54
Diversão, ... 57
Teatro 61
Dança e Música 66
Esporte e Jogos 68
Relatório dos Inspetores do Govêrno Britânico 70
Notas sôbre o relatório dos Inspetores de Sua
    Majestade 80
O Futuro de Summerhill 83

II. EDUCAÇÃO DE CRIANÇAS

A Criança Sem Liberdade 89
A Criança Livre 98
Amor e Aprovação 110
Mêdo 116
Inferioridade e Fantasia 124
Tendência à Destruição 129
Mentiras 136
Responsabilidade 142
Obediência e Disciplina 144
Recompensas e Castigos 151
Defecação e Hábitos de Higiene 160
Alimentação 164
Saúde e Sono 169
Limpeza e Roupas 171
Brinquedos 175
Rumor 177
Maneiras 179
Dinheiro 184
Humor 187

III. SEXO

Atitudes Em Relação ao Sexo 191
Instrução Sexual 202
Masturbação 207
Nudez 212
Pornografia 214
Homossexualidade 217
Promiscuidade, Ilegitimidade e Abôrto 219

IV. RELIGIÃO E MORAL

Religião	225
Instrução Moral	231
Influenciando a Criança	238
Blasfêmias e Insultos	241
Censura	244

V. PROBLEMAS DAS CRIANÇAS

Crueldade e Sadismo	251
Criminalidade	254
Roubo	258
Delinqüência	263
A Cura da Criança	269
Estrada para a Felicidade	274

VI. PROBLEMAS DOS PAIS

Amor e Ódio	281
Estragando a Criança	285
Poder e Autoridade	288
Ciúmes	295
Divórcio	301
Ansiedade dos Pais	303
Compreensão dos Pais	309

VII. PERGUNTAS E RESPOSTAS

Em Geral	319
Sôbre Summerhill	324

Sôbre a Educação de Crianças	331
Sôbre Sexo	344
Sôbre Religião	348
Sôbre Psicologia	351
Sôbre Aprendizado	354
Referências	356

LIBERDADE SEM MEDO
SUMMERHILL

Prefácio de Erich Fromm

I

Durante o século dezoito as idéias de liberdade, democracia e autodeterminaçã(foram proclamadas por pensadores progressistas, e, à altura da primeira metade do século vinte, tais idéias surgiram com proveito no campo da educação. O princípio básico de tal autodeterminação era a substituição da autoridade pela liberdade, ensinando-se a criança *sem uso da fôrça,* e sim através do apêlo à sua curiosidade e às suas necessidades espontâneas, ganhando assim o interêsse dela para o mundo que a rodeia. Essa atitude marcou o início da educação progressiva e foi passo importante no desenvolvimento humano.

Contudo, os resultados do nôvo método foram, muitas vêzes, desapontadores. Nos últimos anos instalou-se reação crescente contra a educação progressiva. Hoje, muitas pessoas acreditam que a própria teoria seja errônea, devendo ser posta de lado. Há forte tendência para obter cada vez maior disciplina, e há, mesmo, uma campanha no sentido de que se permita aos professôres das escolas públicas a aplicação de castigos corporais aos alunos.

Talvez o fator mais importante nessa reação seja o notável sucesso obtido pelo ensino na União Soviética. Ali, os métodos antiquados de autoritarismo são aplicados com todo o rigor. E os resultados, no que se refere a *conhecimentos,* parecem indicar que agiríamos mais acertadamente voltando às velhas disciplinas, pondo de parte a questão da liberdade da criança.

Será errônea a idéia de educação sem emprêgo da fôrça? Mesmo quando não o seja, teòricamente, como explicar seu relativo malôgro?

Acredito que a idéia da liberdade para as crianças *não* seja errada. Mas, foi, quase sempre, pervertida. A fim de discutir com clareza o assunto, devemos, antes de mais nada, compreender a natureza da liberdade. Para tanto, devemos estabe-

XVII

lecer a diferença entre *autoridade manifesta* e *autoridade anônima*.(°)

A autoridade manifesta é exercida direta e explìcitamente. A pessoa que a exerce fala com franqueza àquela que lhe está submetida:

—Deve fazer isto. Se não o fizer, determinadas sanções lhe serão aplicadas.

A autoridade anônima tende a esconder que a fôrça está sendo empregada. Faz de conta que *não há* autoridade, que tudo é feito com o consentimento de cada qual. O professor do passado dizia a Johnny:

—Deves fazer isto. Se não fizeres, eu te castigarei.

O professor de hoje diz:

—Tenho certeza de que *gostarás* de fazer isto.

Aqui, a sanção por desobediência não é o castigo corporal, mas o rosto penalizado dos pais, ou, o que é pior, o levar consigo a sensação de não estar "ajustado", de não agir como os demais. A autoridade manifesta usava a fôrça física, a autoridade anônima emprega a manipulação psíquica.

A modificação da autoridade manifesta do século dezenove para a autoridade anônima do século vinte foi determinada pelas necessidades de organização de nossa sociedade industrial moderna. A concentração do capital leva à formação de emprêsas gigantescas, dirigidas por burocracia hieràrquicamente organizada. Grande aglomerado de trabalhadores e funcionários trabalha em conjunto, sendo cada indivíduo uma parte de vasta máquina de produção organizada, que, para bem funcionar, deve fazê-lo sem dificuldades, nem interrupções. O trabalhador individual torna-se apenas um parafuso em tal máquina. Nessa organização de produção o indivíduo é dirigido e manipulado.

Na esfera do consumo (na qual se tem a impressão de que o indivíduo expressa livre escolha) também êle é dirigido e manipulado. Se no consumo de comida, de roupas, de bebidas, de cigarros, de programas de rádio e televisão, um poderoso aparelho de sugestão trabalha com dois propósitos: aumentar constantemente o apetite individual para novas comodidades, e, segundo lugar, dirigir tal apetite aos canais mais proveitosos para a indústria. O homem é transformado no

---

(*) Análise mais pormenorizada do problema da autoridade poderá ser encontrada em *Escape from Freedom*, de Erich Fromm, Rinchart and Co. Inc., New York, 1941.

XVIII

consumidor, no eterno pimpolho de mama, cujo único desejo é consumir, cada vez mais, "melhores" coisas.

Nosso sistema econômico precisa criar homens que se adaptem às suas necessidades, homens que cooperem harmoniosamente, homens que *desejem* consumir cada vez mais. Nosso sistema precisa criar homens cujos gostos sejam padronizados, homens que possam ser influenciados com facilidade, homens cujas necessidades possam ser conhecidas com antecipação. Nosso sistema precisa de homens que *se sintam livres* e independentes, mas que, apesar disso, estejam dispostos a fazer o que dêles se espera, homens que se ajustem à máquina social, sem fricção, que possam ser guiados sem o emprêgo da fôrça, que possam ser liderados sem líderes, e que possam ser dirigidos sem qualquer outro alvo que não seja "ter sucesso"(*) A autoridade não desapareceu, nem mesmo perdeu seu vigor, mas foi transformada de autoridade manifesta em autoridade anônima de persuasão e sugestão. Em outras palavras, para ser adaptável, o homem moderno é obrigado a nutrir a ilusão de que tudo é feito com seu consentimento, mesmo quando êsse consentimento lhe é extraído através de sutil manipulação. Seu consentimento é obtido, sim, mas atrás de suas costas, para além de sua consciência.

Os mesmos artifícios são empregados na educação progressiva. A criança é forçada a engolir a pílula, mas a essa pílula aplica-se uma cobertura de açúcar. Pais e professôres têm confundido a autêntica educação despida de autoritarismo com *educação por meio de persuasão e coação ocultas*. Assim, a educação progressiva foi rebaixada. Malogrou no tornar-se o que se pretendia que ela fôsse, e nunca se desenvolveu como se esperava.

II

O sistema de A. S. Neill é uma aproximação radical no que se refere à educação da criança. Em minha opinião, êste livro é de grande importância, porque representa o *verdadeiro* princípio da educação despojada de mêdo. Na Escola Summerhill a autoridade não mascara um sistema de manipulação.

(*) Para uma análise mais pormenorizada da influência do nosso sistema industrial na estrutura do caráter do indivíduo, ver The Sane Society, de E. Fromm, Rinehart and Co. Inc., New York, 1955.

Summerhill não expõe uma teoria: relata experiência de quase 40 anos. O autor sustenta que "a liberdade funciona".

Os princípios fundamentais, do sistema de Neill são apresentados de maneira simples e inequívoca neste livro. Em resumo, são os seguintes:

1—Neill mantém fé inquebrantável na "bondade da criança". Acredita que a criança não nasce deformada, covarde, nem como autômato destituído de alma, mas tem amplas potencialidades para amar a vida e por ela se interessar.

2—O alvo da educação—que vem a ser o alvo da vida—é trabalhar jubilosamente e encontrar felicidade. Ter felicidade, segundo Neill, significa estar interessado na vida, ou, como diria eu, é atender a apêlo da vida não apenas com o cérebro, mas com tôda a personalidade.

3—Na educação, o desenvolvimento intelectual não é o bastante. A educação deve ser ao mesmo tempo intelectual e emocional. Na sociedade moderna encontramos uma separação crescente entre cérebro e sentimento. As experiências do homem, hoje, são mais, e principalmente, experiências do pensamento, e não o reconhecimento imediato do que o coração sente, os olhos vêem, e os ouvidos ouvem. Realmente, a separação entre o intelecto e o sentimento levou o homem moderno a um estado mental que se aproxima do esquizóide, e no qual êle se tornou incapaz de ter qualquer experiência a não ser através do pensamento.

4—A educação deve ser entrosada com as necessidades psíquicas da criança. A criança não é altruísta. Ainda não ama, no sentido do amor amadurecido do adulto. É um êrro esperar de uma criança algo que ela só pode exibir de maneira hipócrita. O altruísmo se desenvolve *depois* da infância.

5—Disciplina e castigo, dogmàticamente expostos, geram mêdo, e mêdo gera hostilidade. Tal hostilidade pode não ser consciente e manifesta, mas, apesar disso, paralisa o esfôrço e a autenticidade do sentimento. A disciplina extensiva imposta às crianças é prejudicial e impede o desenvolvimento psíquico sadio.

—*Liberdade não significa licença.* Êste princípio, muito importante, no qual Neill insiste, diz que o respeito pela pessoa deve ser mútuo. Um professor não usa de fôrça contra a criança, nem a criança tem o direito de usar de fôrça contra o professor. Uma criança não pode impor ao adulto só por ser uma criança, nem pode a criança suportar a pressão que de várias maneiras lhe impõem. '

7—Intimamente relacionada com êste princípio está a necessidade do uso de verdadeira sinceridade por parte do professor. O autor diz que nunca, em seus 40 anos de trabalho em Summerhill, mentiu a uma criança. Quem quer que leia êste livro ficará convencido de que tal afirmativa, embora possa parecer jactância, é a simples verdade.

8—O desenvolvimento humano torna necessário que a criança corte, eventualmente, os laços essenciais que a ligam a seu pai e a sua mãe, ou a substitutos posteriores, na sociedade, a fim de tornar-se de fato independente. Deve aprender a enfrentar o mundo como indivíduo. Deve aprender a procurar a segurança, não num apêgo simbólico, mas em sua capacidade de reconhecer o mundo, intelectual, emocional e artisticamente. Deve usar de tôdas as suas fôrças para conseguir união com o mundo, em lugar de procurar segurança através de submissão ou domínio.

9—Sentimentos de culpa têm, antes de mais nada, a função de prender a criança à autoridade. Sentimentos de culpa são empecilho para a independência: iniciam um ciclo que oscila constantemente entre a rebelião, o arrependimento, a submissão, e nova rebelião. Culpa, tal como é sentida pela maioria das pessoas em nossa sociedade, não é, principalmente, reação à voz da consciência, mas, essencialmente, compreensão da desobediência contra a autoridade, e mêdo da represália. Não importa que a punição seja representada por castigo corporal, pela privação do amor, ou pelo fato de se conseguir que o castigado se sinta como um intruso em seu meio. Todos êsses sentimentos de culpa geram mêdo, e o mêdo gera hostilidade e hipocrisia.

10—A Escola Summerhill não oferece educação religiosa. Entretanto, tal coisa não significa que Summerhill deixe de se interessar por aquilo que nos podemos referir, vagamente, como valôres humanísticos básicos. Neill coloca a questão de maneira sucinta: "A batalha não é entre os que acreditam na teologia e os que nela não acreditam, e sim entre os que acreditam na liberdade humana e os que acreditam na supressão da liberdade humana." O autor continua: "Algum dia, uma nova geração deixará de aceitar a religião e os

XXI

initos obsoletos de hoje. Quando essa nova religião vier, será para recusar a idéia de que o homem nasceu em pecado. Essa nova religião louvará Deus por ter feito os homens felizes."

Neill é um crítico da sociedade dos dias presentes. Insiste em que a espécie de pessoas que se está desenvolvendo nela é a do homem-massa. "Estamos vivendo numa sociedade imensa" e "a maior parte das nossas práticas religiosas é impostura." Bastante lògicamente, o autor é internacionalista, e mantém a opinião, firme e intransigente, de que a disposição para a guerra é um bárbaro atavismo da raça humana.

Realmente, Neill não tenta educar crianças para se ajustarem bem à ordem existente mas empenha-se em educar crianças que se tornarão sêres humanos felizes, homens e mulheres cuja noção de valôres não seja a de *ter* muito mas a de *ser*. Neill é um realista. Sabe que mesmo quando as crianças que educa não venham a ser necessàriamente grande sucesso no sentido mundano, terão adquirido senso de autenticidade que evitará, com eficiência, que se façam desajustadas, ou miseráveis mendigas. O autor tomou uma decisão entre o desenvolvimento integral humano e o êxito integral de mercado, e é intransigentemente honesto na maneira pela qual segue a estrada que leva ao fim escolhido.

III

Lendo êste livro, eu me senti grandemente estimulado e encorajado. Espero que o mesmo aconteça a muitos leitores. Não quero dizer còm isso que esteja de acôrdo com tôdas as declarações do autor. E, certamente, a maior parte dos leitores não lerá êste livro como se se tratasse do Evangelho. Estou certo de que o autor seria o último a desejar que tal coisa acontecesse.

Posso me referir a dois pontos sôbre os quais faço minhas principais reservas. Acho que Neill, de certa forma, subestima a importância, o prazer, a autenticidade de uma compreensão intelectual do mundo, preferindo-lhe compreensão artística e emocional. Ainda mais, o autor está embebido nas suposições de Freud, e, ao que me parece, como que superestima a importância do sexo, o que é de hábito entre os freudianos. Ainda assim, fica-me a impressão de que o autor é homem de tal forma realista e de tão genuína compreensão no que se relaciona com a criança, que estas minhas críticas se referem mais a algumas de suas formulações do que à sua real atitude no que tange à criança. '

Dou ênfase à palavra "realismo" porque o que mais me impressiona na atitude do autor é a sua capacidade de *ver*, de discernir entre os fatos e a ficção, para não se deixar levar pelas racionalizações e ilusões segundo as quais a maioria das pessoas vive, e com as quais essas mesmas pessoas bloqueiam a passagem da experiência autêntica.

Neill é homem possuidor de uma espécie de coragem rara em nossos dias, a coragem de acreditar no que vê, e de combinar realismo com uma fé inabalável na razão e no amor. Mantém para com a vida reverência intransigente, e respeito pelo indivíduo. É um experimentador e um observador, não um dogmático tomado de interêsse egoístico pelo que está fazendo. Mescla educação com terapêutica, mas para êle a terapêutica não é assunto separado, cujo fim seria solucionar "problemas" especiais, porém, simplesmente, o processo que pode demonstrar à criança que a vida ali está a fim de ser compreendida, e não para que fujamos dela.

Ficará bem claro para o leitor que a experiência relatada neste livro não é das que podem ser repetidas muitas vêzes na sociedade dos dias presentes. Isso acontece não apenas por depender, para se realizar, de uma pessoa extraordinár como Neill, mas também porque poucos pais têm a coragem e a independência suficientes para pensar mais na felicidade de seus filhos do que no "sucesso" dêles. Isso, entretanto, não diminui a importância dêste livro.

Embora não exista hoje nos Estados Unidos uma escola semelhante a Summerhill, qualquer pai terá proveito com a presente leitura. São capítulos que o desafiam a revistar a própria atitude em relação a seu filho. Perceberá que a maneira de Neill lidar com crianças é bem diferente daquela que muitas pessoas põem escarnecedoramente de parte como "tolerante". A insistência de Neill quanto a um certo equilíbrio nas relações entre pais e filhos—*liberdade sem licença*—é a espécie de pensamento que pode transformar radicalmente as atitudes no lar.

Os pais refletidos vão ficar impressionados ao compreenderem o quanto de pressão e poder estão usando, inconscientemente, contra seus filhos. Êste livro fornecerá significações novas para as palavras *amor, aprovação, liberdade.*

Neill mostra inquebrantável respeito pela vida e pela liberdade, e sua negativa é radical quanto ao uso de fôrça. As

XXIII

crianças educadas com tais métodos desenvolvem em seu íntimo as qualidades de razão, amor, integridade, coragem, metas da tradição humanística ocidental.

Se tal coisa aconteceu um dia em Summerhill, poderá acontecer em tôda parte—*uma vez que as pessoas estejam preparadas para isso.* Não há, realmente, crianças-problemas, como diz o autor, mas apenas "pais-problemas", e "humanidade-problema". Acredito que o trabalho de Neill seja semente que germinará. Com o tempo, suas idéias terão aceitação geral numa sociedade nova, na qual o próprio homem, e sua expansão, sejam a meta suprema de todo o esfôrço social.

Uma Palavra de Introdução

Em psicologia, homem algum sabe muito. As fôrças interiores da vida humana ainda se mostram largamente ocultas para nós.

Desde que o gênio de Freud a tornou viva, a psicologia tem caminhado muito, mas ainda é uma ciência nova, delineando a costa de continente desconhecido. Daqui a cinqüenta anos os psicólogos com certeza sorrirão da nossa ignorância de hoje.

A partir do momento em que deixei a educação e me voltei para a psicologia infantil, tenho tratado com tôda espécie de crianças-incendiárias, ladras, mentirosas, das que urinam na cama, das de mau gênio. Anos de trabalho intensivo no treinamento da criança convenceram-me de que sei relativamente pouco sôbre as fôrças que dão motivo à vida. Estou também convencido, entretanto, de que pais, necessitados de tratar com seus próprios filhos, sabem muito menos do que eu.

Por acreditar que a criança difícil é quase sempre assim em conseqüência de tratamento errado no lar, ouso dirigir-me aos pais.

Qual é a finalidade da psicologia? Sugiro a palavra *cura*. Mas, que espécie de cura? Não quero ser curado do hábito que tenho de escolher, como côres, o laranja e o prêto; não quero ser curado do hábito de fumar; não quero ser curado do hábito de gostar de uma garrafa de cerveja. Professor algum tem o direito de curar uma criança do hábito de fazer ruído com um tambor. A única das curas que deveria ser praticada é a cura da infelicidade.

Criança difícil é a criança infeliz. Está em hostilidade aberta consigo própria, e, em conseqüência, em guerra com todo mundo.

O adulto difícil vê-se na mesma situação. Jamais um homem feliz perturbou uma reunião, pregou uma guerra ou linchou um negro. Jamais uma mulher feliz atormentou seu marido ou seus filhos. Jamais um homem feliz cometeu assassínio ou roubo. Jamais empregador feliz assustou seus empregados. Todos os crimes, todos os ódios, tôdas as guerras, podem relacionar-se com a infelicidade. Êste livro é uma tentativa para mostrar como surge a infelicidade, como essa infelicidade arruína as vidas humanas, e como as crianças podem ser educadas de forma que tal infelicidade jamais surja.

Mais do que isso: êste livro é a história de um lugar—Summerhill—onde a infelicidade das crianças é curada, e, o que é mais importante, onde as crianças são educadas para a felicidade.

UM

ESCOLA SUMMERHILL

A IDÉIA DE SUMMERHILL

Esta é a história de uma escola moderna—Summerhill. Summerhill foi fundada em 1921. Está situada na aldeia de Leiston em Suffolk, Inglaterra, e fica maïs ou menos a cem milhas de Londres.

Uma palavra sôbre os alunos de Summerhill. Alguns para ali vão com a idade de cinco anos, e outros já com quinze. As crianças, geralmente, permanecem na escola até alcançarem os dezesseis anos. Temos, quase sempre, vinte e cinco rapazes e vinte meninas.

As crianças são divididas em três grupos etários. O mais nôvo vai dos cinco aos sete anos, o intermediário dos oito aos dez, e o mais velho dos onze aos quinze.

Contamos, geralmente, com um bom punhadinho de crianças vindas de países estrangeiros. No momento (1960), temos cinco escandinavos, um holandês, um alemão e um americano.

As crianças são instaladas pelos grupos etários, com uma "mãe-da-casa" para cada grupo. Os intermediários dormem num edifício de pedra, os mais velhos dormem em cabanas. Apenas um ou dois alunos mais velhos têm quartos particulares. Os rapazes ficam aos dois, três, ou quatro num dormitório, e o mesmo acontece às meninas. Não sofrem inspeção dos quartos e ninguém vai apanhar o que êles deixarem fora do lugar. Ficam em liberdade. Ninguém lhes diz o que devem vestir. Usam a roupa que querem, a qualquer momento.

Os jornais chamam a isso uma "Escola-do-faça-o-que-quiser", e insinuam que se trata de uma reunião de selvagens primitivos, desconhecedores das leis e das maneiras.

Parece necessário, portanto, que eu escreva a história de Summerhill tão honestamente quanto me seja possível. Que eu o faça com certo partidarismo, é natural: ainda assim, tentarei mostrar os deméritos de Summerhill, tanto quanto seus méritos, que serão os que se referem aó fato de existirem ali crianças saudáveis, livres, cujas vidas não estão contaminadas pelo mêdo e pelo ódio.

Obviamente, uma escola que faz com que alunos ativos fiquem sentados nas carteiras, estudando assuntos em sua maior parte inúteis, é uma escola má. Será boa apenas para os que acreditam em escolas *dêsse tipo*, para os cidadãos não-criadores que desejam crianças dóceis, não criadoras, prontas a se adaptarem a uma civilização cujo marco de sucesso é o dinheiro.

Summerhill começou como escola experimental. Já não o é. Agora, é uma escola de demonstração, pois demonstra que a liberdade funciona.

Quando minha primeira espôsa e eu começamos a escola, tínhamos uma idéia principal: *fazer com que a escola se adaptasse às crianças,* em lugar de fazer com que as crianças se adaptassem à escola.

Durante muitos anos eu havia lecionado em escolas comuns. Conhecia bastante a outra fórmula. Sabia que era inteiramente errada. Errada por se basear numa concepção adulta do que a criança deveria ser e de como uma criança deveria aprender. A outra fórmula datava dos dias em que a psicologia ainda era ciência desconhecida.

Bem: resolvemos fazer uma escola na qual daríamos às crianças a liberdade de serem elas próprias. Para fazer isso tivemos de renunciar inteiramente à disciplina, à direção, à sugestão, ao treinamento moral e à instrução religiosa. Chamaram-nos corajosos, mas isso não exigia coragem. Tudo quanto requeria era o que tínhamos—crença completa na criança como ser bom, e não mau. Durante quase quarenta anos essa crença na bondade da criança jamais vacilou, antes tornou-se fé definitiva.

Meu ponto de vista é que a criança, de maneira inata, é sensata e realista. Se fôr entregue a si própria, sem sugestão adulta alguma, ela se desenvolverá tanto quanto fôr capaz de se desenvolver. Lògicamente, Summerhill é um lugar onde as pessoas que têm habilidade inata e desejo de se fazerem eruditas, serão eruditas, enquanto as que apenas, sejam capazes de varrer ruas, varrerão ruas. Mas, até agora, não produzimos nenhum varredor de ruas. Não escrevo isso para me dar ares, pois preferia antes ver a escola produzir um varredor de ruas feliz do que um erudito neurótico.

Que tal é Summerhill? Bem, para falar numa das coisas: as aulas, ali, dependem de opção. As crianças podem comparecer ou não, e isso durante anos, se assim o desejarem. *Há* um horário, mas só para os professôres.

As crianças têm aulas, habitualmente, de acôrdo com a sua idade, mas, às vêzes, de acôrdo com os seus interêsses. Não temos novos métodos de ensino, porque não achamos que o ensino, em si mesmo, tenha grande importância. Que uma escola tenha ou não algum método especial para ensinar a dividir, é coisa de somenos, pois a divisão não é importante senão para aquêles que *querem* aprendê-la. E a criança que quer aprender a dividir, *aprenderá*, seja qual fôr o ensino que receba.

As crianças que vêm para Summerhill, destinadas ao jardim-da-infância, assistem às aulas desde o início de sua estada, mas alunos provenientes de outras escolas juram que jamais tornarão a aprender nenhuma estúpida lição em suas vidas, a tempo algum. Brincam, andam de bicicleta, metem-se no caminho dos outros, mas não querem saber de lições. Isso dura meses, em certos casos. O tempo de recuperação é proporcional ao ódio que trazem em relação à última escola que freqüentaram. Nossa recordista, nesse ponto, foi uma garôta egressa de um convento. Vadiou três anos. O período médio de recuperação, no que se refere à repulsa quanto a lições, é de três meses.

Os estranhos a esta concepção de liberdade estarão cogitando na espécie de casa-de-orates que deve ser essa escola em que as crianças brincam o dia inteiro, se assim o desejam. Muitos adultos dizem:

—Se eu tivesse sido mandado para essa escola, nada teria feito em minha vida.

Outros declaram:

—Essas crianças vão sentir-se fortemente prejudicadas quando tiverem de competir com as que foram levadas a aprender.

Penso em Jack, que nos deixa com dezessete anos para trabalhar numa fábrica de máquinas. Certo dia, o diretor-gerente mandou chamá-lo:

—Você é o garôto que veio de Summerhill—disse êle—e eu estou curioso para saber que tal lhe parece a educação que recebeu, agora que está convivendo com garotos vindos das velhas escolas. Se tivesse de escolher novamente, iria para Eton ou para Summerhill?

—Oh! Para Summerhill, naturalmente—respondeu Jack.

— Mas que oferece essa escola, que as outras não oferecem? Jack coçou a cabeça e respondeu, lentamente:

5

—Sei lá! Penso que dá à gente uma sensação de completa autoconfiança.

—Sim—disse o gerente, 'sècamente.—Reparei nisso, quando você entrou nesta sala.

—Meu Deus!—riu Jack.—Lamento ter-lhe dado essa impressão.

—Eu gostei—falou o diretor.—A maior parte dos homens que chamo para aqui fica se retorcendo tôda, e parece sentir-se angustiada. Você veio como meu igual. A propósito, para que departamento disse que gostaria de ser transferido?

Essa história mostra que o ensino, em si mesmo, não é tão importante quanto a personalidade e o caráter. Jack fracassou nos seus exames universitários, porque detestava o ensino dos livros. Mas sua falta de conhecimento no que se referiu aos *Ensaios de Lamb* e à língua francesa, não lhe prejudicou a vida. Hoje, é um bem sucedido mecânico.

Seja como fôr, ensina-se bastante em Summerhill. Talvez um grupo dos nossos alunos de doze anos não possa competir com uma classe de idade igual, em caligrafia, ortografia e frações. Mas, num exame que exigisse originalidade, nosso grupo bateria inteiramente os demais.

Não temos provas de classe, em nossa escola, mas às vêzes organizamos um exame, como divertimento. As perguntas seguintes foram feitas num dêles:

Onde se acha o que se segue: Madrid, a ilha Quinta-Feira, ontem, amor, democracia, ódio, minha chave de fenda de bôlsa (ai de mim, para esta última não houve resposta que valesse a pena).

Dê as significações do que se segue: (o número mostra quantas significações são esperadas para cada palavra) Mão (3)... apenas três deram a terceira significação certa: a medida padrão para um cavalo. Metais (4) ... metal, faces, altos oficiais do exército, seção de uma orquestra. Traduza o "Ser-ou-não-ser" do Hamlet para Summerhillense.

Será escusado dizer que tais perguntas não foram feitas a sério, e as crianças divertiram-se à grande com elas. Os recém-chegados, em regra, não chegam a alcançar o padrão de respostas dos alunos que já estão aclimatados na escola. Não se trata de serem menos capazes mentalmente, mas de se terem de tal forma habituado a trabalhar numa trilha séria, que qualquer toque assim leve os deixa perplexos.

Êsse é o lado divertido do nosso ensino. Em tôdas as classes trabalha-se bastante. Se, por qualquer razão, um professor não pode comparecer em determinado dia, isso é sempre um desapontamento para os alunos.

Davi, de nove anos de idade, teve de ser isolado por estar com coqueluche. Chorou amargamente.

—Vou perder a lição de Geografia da Senhorita Roger!— protestava êle.

Davi estivera na escola pràticamente desde que nascera, e tinha idéias definitivas e categóricas quanto à necessidade de receber as suas lições. Hoje, Davi é explanador de matemática na Universidade de Londres.

Há alguns anos, numa Assembléia Geral da Escola (na qual tôdas as regras escolares são votadas pela escola inteira, cada aluno e cada membro do corpo docente tendo um voto), alguém propôs que certo aluno faltoso devesse ser punido com o afastamento das aulas durante sete dias. Os demais protestaram, alegando que seria castigo severo demais.

Minha congregação e eu nutrimos cordial aversão por tudo quanto é exame. Para nós, os exames das universidades são um anátema.` Mas não podemos recusar às crianças o ensino das matérias ali exigidas. Obviamente, enquanto existirem exames, êles terão fôrça sôbre nós. Daí o ser a congregação de Summerhill sempre composta de professôres qualificados para ensinar pelos padrões estabelecidos.

Não é que haja muitas crianças desejosas de fazer tais exames: só as que vão para a universidade passam por êles. E tais crianças não parecem achar grande dificuldade no enfrentá-los. Geralmente, começam a preparar-se, sèriamente, com a idade de catorze anos, e passam três anos dedicando-se a isso. Como é natural, nem sempre vencem na primeira tentativa, mas o importante é que tentem outra vez.

Talvez seja Summerhill a escola mais feliz do mundo. Não temos vadios, e dificilmente aparece um caso de nostalgia do lar. Muito raramente temos brigas. Discussões, sim, mas poucas vêzes testemunhei uma daquelas lutas a punhos que tínhamos, quando éramos rapazes. Raramente se ouve uma criança chorar, porque as crianças, quando em liberdade, têm muito menos ódio a expressar do que quando são oprimidas. Ódio gera ódio, amor gera amor. Amor significa ser favorável à criança, e isso é essencial em qualquer escola. Não se pode estar do lado da criança, se a castigamos e repreendemos violentamente. Summerhill é uma escola em que a criança sabe ser vista com aprovação.

Compreendam, entretanto, que não estamos acima ou além das fraquezas humanas. Passei semanas plantando batatas, certa primavera, e quando encontrei oito plantas arrancadas, em junho, fiz um barulhão. Ainda assim, havia uma diferença entre o barulho que fiz e o que faria um autoritário. Meu rebuliço referia-se a batatas, mas o do autoritário arrastaria o caso para o campo moral—do direito e do errado. Eu não disse que era errado roubar minhas batatas, não fiz disso uma questão de bem ou de mal. Fiz barulho porque se tratava das *minhas batatas*. Eram *minhas* e não deviam ter sido tocadas. Espero estar fazendo bem clara a distinção entre as duas atitudes.

Deixe-me dizer isso de uma outra maneira. Para as crianças, não sou autoridade que temam. Sou igual a elas, e o barulho que fiz por causa das minhas batatas não teve, a seus olhos, significação maior do que o barulho que um dos rapazes poderia ter feito se encontrasse furado um dos pneumáticos de sua bicicleta. Não há perigo em armar barulho com uma criança, quando o fazemos em têrmos de igualdade.

Bem, alguns dirão:

—Tudo isso é discurseira. Não pode haver igualdade. Neill é o chefe, o maior e o mais sensato.

Isso é realmente verdade. Sou o chefe, e se houvesse um incêndio na casa as crianças correriam para mim. Sabem que sou maior e tenho mais conhecimentos, mas isso não importa quando as enfrento em seu próprio terreno, no caso o canteiro de batatas.

Quando Billy, de cinco anos de idade, me mandou sair de sua festa de aniversário porque eu não fôra convidado, saí imediatamente, tal como Billy sai do meu gabinete quando eu não desejo a companhia dêle. Não é fácil descrever êsse tipo de relações entre professor e aluno, mas todos os visitantes de Summerhill sabem o que quero dizer quando afirmo que essas são as relações ideais. Vê-se isso na atitude para com o pessoal em geral. Rudd, o professor de Química, é chamado Derek. Outros membros do pessoal são conhecidos como Harry, Ulla, Pam. Eu sou Neill e a cozinheira é Esther.

Em Summerhill todos têm direitos iguais. Ninguém tem licença para usar meu piano de cauda e eu não tenho licença para usar a bicicleta de um dos garotos sem a sua permissão. Na Assembléia Geral da Escola o voto de uma criança de seis anos conta tanto quanto o meu.

—Mas—dizem os sabidos—na prática, naturalmente, os votos dos adultos contam. A criança de seis anos não espera para ver como votam os outros, antes de levantar a própria mão?

Eu às vêzes gostaria que assim fôsse, pois muitas das minhas proposições têm sido recusadas. Crianças livres não se deixam influenciar fàcilmente. A ausência do mêdo explica êsse fenômeno. Realmente, a ausência do mêdo é a coisa mais bela que pode acontecer a uma criança.

Nossas crianças não têm mêdo do pessoal da escola. Uma das nossas regras é que depois de dez horas da noite deve reinar silêncio no corredor de cima. Certa noite, mais ou menos às onze horas, lutas de travesseiros se estavam travando ali, e eu deixei minha escrivaninha, onde trabalho, para protestar contra o ruído. Quando cheguei ao alto da escada, houve um tropel de pés, e o corredor apareceu vazio e silencioso. De súbito, ouvi uma voz desapontada exclamar:

—Ora bolas! É só o Neill!

Imediamente a brincadeira recomeçou. Quando expliquei que estava lá embaixo tentando escrever um livro, mostraram-se preocupados e concordaram em acabar com o barulho. Sua correria tinha sido provocada pela suspeita de que fôsse o funcionário da noite (um dos de sua própria idade) que estivesse chegando.

Insisto na importância da ausência de mêdo dos adultos. Uma criança de nove anos virá contar-me que quebrou uma vidraça com a bola. Conta-me, porque não receia provocar cólera, ou indignada preleção moral. Pode ter de pagar pela vidraça, mas não deve recear descomposturas ou castigos.

Houve uma ocasião, há alguns anos, em que o Govêrno Escolar renunciou e ninguém se apresentou para as eleições. Servi-me da oportunidade para lançar um manifesto:

"Na ausência de Govêrno, eu, abaixo-assinado, declaro-me ditador. Heil Neill!"

Depressa houve murmúrios. Pelo correr da tarde, Vivien, de seis anos, veio ter comigo e disse:

—Neill, quebrei uma vidraça.

Fiz-lhe sinal para que se fôsse dali.

—Não me incomode por causa dessas coisinhas.

Um pouco mais tarde êle voltava, dizendo que quebrara duas vidraças. A essa altura fiquei curioso e perguntei-lhe que história era aquela.

—Não gosto de ditadores—explicou êle—e não gosto de passar sem a minha comida. (Descobri, mais tarde, ter a oposição à ditadura tentado desforrar-se na cozinheira, que, prontamente, fechou a cozinha e foi para casa.)

—Bem—perguntei—e que vai fazer nesse caso?

—Quebrar mais vidraças—declarou êle, obstinadamente.

9

—Pois vá—falei. Êle foi.

Quando voltou, anunciou ter quebrado dezessete vidraças.

—Mas fique sabendo—disse, animadamente—que pagarei por elas.

—Como?

—Com a minha mesada particular. Quanto tempo levarei para pagar tudo?

Fiz um cálculo rápido e respondi:

—Mais ou menos dez anos.

Por um instante êle pareceu entristecer, mas logo depois seu rosto iluminou-se:

—Ora bolas!—exclamou.—Não tenho de pagar coisa nenhuma!

—E que se faz da regra sôbre a propriedade privada?—indaguei.

—As vidraças das janelas são de minha propriedade privada.

—Eu sei, mas agora não há nenhuma regra de propriedade privada. Não há govêrno, e o govêrno é que faz as regras.

E talvez tenha sido a minha expressão que o levou a dizer:

—Mas, seja como fôr, pagarei as vidraças.

Não precisou pagar. Logo depois, fazendo eu uma conferência em Londres, contei essa história, e, ao fim da minha palestra um jovem aproximou-se e entregou-me uma nota de uma libra "para pagar as vidraças que aquêle demoninho partiu". Dois anos depois Vivien ainda contava aos demais a história das vidraças e do homem que as pagara:

—Deve ter sido um tôlo terrível, porque nem me tinha visto nunca.

As crianças estabelecem contato com estranhos muito mais fàcilmente quando não conhecem o mêdo. A reserva inglêsa, no fundo, é realmente, mêdo, e por isso os mais reservados são os que têm maior fortuna. O fato de as crianças de Summerhill serem excepcionalmente amistosas para com visitantes e estranhos é uma fonte de orgulho para mim e para o meu pessoal.

Devemos confessar, entretanto, que muitos dos nossos visitantes são pessoas que interessam às crianças. A espécie de visita mais agradável para elas é a do professor, especialmente do professor animado, que deseja ver seus cadernos e trabalhos escritos. A mais bem recebida é a visita que saiba contar histórias de aventuras, viagens, ou, melhor do que tôdas, de aviação. Um jogador de boxe ou um bom tenista são imediatamente rodeados, mas os visitantes que começam a porejar teorias são postos inteiramente de parte.

10

O comentário mais freqüente por parte dos visitantes é o de que se faz difícil distinguir entre membros do pessoal e alunos, em Summerhill. É verdade: a sensação de unidade é forte, quando as crianças sentem aprovação. Não há deferência para com um professor, como professor. Pessoal e alunos têm a mesma comida e devem obedecer às mesmas leis da comunidade. As crianças se ressentiriam de qualquer privilégio outorgado ao pessoal.

Quando eu tinha o hábito de fazer tôda a semana uma palestra sôbre psicologia, para a congregação, havia murmúrios que diziam não ser justo aquilo. Mudei de plano e passei a fazer as palestras para todos que tivessem mais de doze anos. Tôdas as têrças-feiras, à noite, meu gabinete fica cheio de animados jovenzinhos, que não só ouvem como expressam livremente suas opiniões. Entre os assuntos que as crianças me pediram que tratasse nessas palestras, estavam: "O Complexo de Inferioridade", "A Psicologia do Roubo", "A Psicologia do Quadrilheiro", "A Psicologia do Humor", "Por que o Homem se tornou um Moralista?" "Masturbação", "A Psicologia das Massas". É evidente que tais crianças irão para a vida com um conhecimento amplo e claro sôbre si mesmas e sôbre os demais.

A pergunta que os visitantes de Summerhill fazem com mais freqüência é:

—Mas a criança um dia não se voltará contra a escola, culpando-a por não a ter feito estudar aritmética ou música?

A resposta é que o jovem Freddy Beethoven ou o jovem Tommy Einstein recusariam ser mantidos fora de sua esfera de ação.

A função da criança é viver sua própria vida, não a vida que seus pais, angustiados, pensam que elas devem levar, nem a que está de acôrdo com os propósitos de um educador que imagina saber o melhor. Tôda interferência e orientação por parte de adultos só produz uma geração de robôs.

Não se pode *fazer* crianças estudarem música ou qualquer outra coisa sem de certa forma convertê-las em adultos destituídos de vontade. São modeladas como aceitadores do *status quo*—boa coisa para uma sociedade que precisa de ocupantes obedientes de lúgubres escrivaninhas, de caixeiros de lojas, de passageiros mecânicos do subúrbio das 8,30—uma sociedade, para resumir, que vai sendo levada sôbre os ombros débeis de um homenzinho—o conformista morto de mêdo.

11

UMA VISTA DE OLHOS A SUMMERHILL

Deixe-me descrever um dia típico de Summerhill. A primeira refeição vai das 8,15 às 9 horas. Pessoal e alunos levam essa refeição da cozinha para a sala de jantar. As camas devem estar feitas até as 9,30, quando começam as lições. Ao início de cada período escolar um horário é fixado. Assim, Derek pode ter no laboratório a Classe I, na segunda-feira, a Classe II na têrça-feira, e assim por diante. Eu tenho horário idêntico para Inglês e Matemática. Maurice o tem para Geografia e História. As crianças menores (dos sete aos nove anos) passam, habitualmente, com seu próprio professor, grande parte da manhã, mas também vão para as Salas de Ciências e Arte.

Nenhum aluno é forçado a freqüentar as aulas. Mas, se Jimmy vem para o Inglês na segunda-feira e não mais aparece até a sexta-feira da semana seguinte, os outros reclamam, com tôda a razão, dizendo que êle está atrasando o trabalho. E podem expulsá-lo, por impedir o progresso.

As lições vão até uma hora, mas as crianças do jardim da infância e as que ficam entre sete e nove anos almoçam às 12,30. A escola tem de ser alimentada em dois turnos. A congregação e os maiores almoçam à 1,30.

As tardes são inteiramente livres para todos. O que fazem durante a tarde não sei. Eu me dedico à jardinagem, e raramente vejo meninos por ali. Os pequeninos, sim, que brincam de mocinho e bandido. Alguns dos mais velhos ocupam-se com motores e rádios, com desenhos e pinturas. Quando o tempo está bom, dedicam-se a jogos ao ar livre. Outros ficam na oficina, consertando suas bicicletas ou fazendo barcos e revólveres.

O chá é servido às quatro horas. Às cinco, várias atividades têm início. Os mais jovens gostam que se leia para êles. Os

12

médios preferem trabalhar na Sala de Arte—pintura, recortes de oleado, feitura de cestas. Na cerâmica há sempre um grupo ativo e, realmente, cerâmica parece ser uma obsessão, pela manhã e à noite. Os mais velhos trabalham das cinco horas em diante. As oficinas de carpintaria e metalurgia ficam cheias tôdas as noites.

Nas noites das segundas-feiras os alunos vão ao cinema local, a expensas dos pais. Quando mudam o programa, às quintas-feiras, os que têm dinheiro tornam a ir.

Nas noites das têrças-feiras a congregação e os mais velhos ouvem minha palestra sôbre psicologia. Ao mesmo tempo os menores formam vários grupos de leitura. As noites das quartas-feiras são para a dança, e os discos podem ser escolhidos entre uma pilha enorme. As crianças mostram-se tôdas boas dançarinas, e alguns visitantes se têm sentido em condição de inferioridade, dançando com elas. Nas noites das quintas-feiras não há nada de notável. Os mais velhos vão ao cinema, em Leiston ou Aldeburgh. As noites das sextas-feiras são reservadas para algum acontecimento especial, talvez ensaio de peças teatrais.

Mais importante é a noite de sábado, pois é quando se faz a Assembléia Geral da Escola. Habitualmente, segue-se um baile. Durante as noites de inverno, as de domingo ficam sendo noites de teatro.

Não há horário para o trabalho manual. Não há lições estabelecidas para carpintaria. As crianças fazem o que querem fazer, e o que querem fazer é, quase sempre, um revólver de brinquedo, um canhão, um barco, ou um papagaio. Não se interessam muito pelos trabalhos que exigem encaixes complicados. Mesmo os mais velhos não apreciam a carpintaria difícil. Não há muitos que se interessem pelo meu próprio passatempo—metal martelado—porque não se pode pôr muita inventiva numa vasilha de metal.

Quando o dia está bom é possível que não se vejam os meninos quadrilheiros em Summerhill. Estão pelos cantos distantes, cuidando de suas peraltagens. Mas ver-se-ão as meninas, que, ou estão dentro de casa ou nas proximidades da casa. Nunca se afastam muito dos adultos.

Freqüentemente se pode encontrar a Sala de Arte repleta de meninas que pintam ou fazem coisas coloridas, com tecidos. Em geral, entretanto, acho que os meninos pequenos são mais criadores, pelo menos nunca ouvi um dêles dizer que está aborrecido-porque não sabe o que há de fazer, enquanto as meninas às vêzes se queixam disso.

Talvez eu considere os meninos mais criadores do que as meninas por estar a escola melhor aparelhada para êles do que para elas. Meninas de dez anos, ou mais, não vêem grande uso numa oficina de ferro ou de madeira. Não têm disposição para lidar com máquinas, nem se sentem atraídas pela eletricidade e pelo rádio. Têm seu trabalho de arte, que inclui cerâmica, blocos de oleado, pintura, costura, mas para algumas isso não é o bastante. Os meninos são tão espertos como as meninas, no que se refere à cozinha. Uns e outras escrevem e representam suas próprias peças, fazem seus próprios costumes e cenários. Geralmente, o talento teatral dos alunos é de alto nível, porque representam com sinceridade e não para se exibirem.

As meninas parecem freqüentar o laboratório de química com tanta assiduidade quanto os rapazes. A oficina é o único lugar que não atrai o elemento feminino, dos nove anos para cima.

Tomam as meninas parte menos ativa do que os meninos nas Assembléias Gerais da Escola, e não encontro explicação pronta para isso.

Até há uns poucos anos, as meninas vinham sempre tarde para Summerhill: tivemos muitos fracassos, com crianças provenientes de conventos e de escolas exclusivamente femininas. Jamais considerei uma dessas crianças como exemplo verdadeiro da educação livre. Tais meninas vinham assim tarde para a escola, procediam, quase sempre, de pais que não apreciavam a liberdade, pois se a apreciassem suas filhas não se teriam convertido em problemas. Então, quando a menina se curava em Summerhill de sua frustração especial, era arrebatada pelos pais "para uma excelente escola onde ela será educada". Mas, nos anos recentes, estamos recebendo meninas que vêm de casas onde se acredita em Summerhill. Formam um belo grupo, sim, cheio de espírito, de originalidade e iniciativa.

Ocasionalmente, temos perdido meninas, por motivos financeiros, às vêzes por estarem seus irmãos freqüentando colégios particulares dispendiosos. A velha tradição de fazer do filho homem o elemento importante da família é obstinada. Perdemos tanto meninas como meninos por causa do ciúme pos-

14

sessivo dos pais, que temiam ver as crianças transferirem para a escola sua lealdade em relação ao lar.

Summerhill sempre lutou um' pouco para se manter. Poucos pais têm paciência e fé suficientes para enviar o filho a uma escola onde as crianças podem brincar, como alternativa para estudar. Tremem, ao pensar que aos vinte e um anos seu filho talvez se mostre sem capacidade para ganhar a vida.

Hoje, os alunos de Summerhill são, em sua maioria, crianças cujos pais as querem educar sem disciplina restritiva. Isso é um dos fatos mais felizes, pois nos velhos dias eu teria um filho dos de arraigada tradição apenas se o pai o enviasse em desespêro de 'causa. Tais pais não têm interêsse algum na liberdade das crianças, e, secretamente, devem nos considerar um bando de excêntricos lunáticos. Foi muito difícil explicar coisas a êsses obstinados.

Lembro-me de um militar que pensou em matricular em Summerhill o filho de nove anos.

—O lugar me parece bom—disse êle—mas tenho um receio. Meu rapaz pode aprender a masturbar-se aqui.

Perguntei-lhe porque temia tanto isso.

—Porque lhe fará muito mal—foi a resposta.

—Não fêz tanto mal assim ao senhor nem a mim, não é mesmo?—indaguei eu, alegremente. O homem saiu depressa, levando o filho.

E houve também a mãe rica, que, depois de me fazer perguntas durante uma hora, voltou-se para o marido e disse:

—Não consigo resolver se mando ou não Marjorie para esta escola.

—Não se preocupe—disse-lhe eu.—Resolverei pela Senhora. Não receberemos sua filha.

Tive que explicar-lhe o que quisera dizer aquilo:

—A senhora não acredita realmente em liberdade, e se sua filha vier para cá, vai me fazer gastar a metade da minha vida a explicar-lhe tudo, e, ao fim, ainda não estaria convencida. O resultado seria desastroso para Marjorie, porque a menina se veria constantemente diante de uma dúvida atroz: "Quem tem razão, o lar ou a escola?"

Os pais ideais são os que chegam e dizem:

—Summerhill é o lugar para os nossos garotos. Nenhuma outra escola serviria.

Quando abrimos a escola as dificuldades eram particularmente graves. Só podíamos receber crianças das classes média

15

e alta, porque tínhamos de equilibrar um orçamento. Não contávamos com nenhum ricaço para nos dar apoio. Nos primeiros dias da escola, um benfeitor, que insiste em permanecer no anonimato, ajudou-nos a atravessar uma ou duas épocas más, e mais tarde um dos pais fêz generoso donativo—uma cozinha nova, um rádio, nova ala para nosso chalé, e nova oficina. Foi o benfeitor ideal, pois não determinou condições, e nada pediu em troca.

Summerhill deu ao meu Jimmy a educação que eu desejava para êle—foi o que disse, simplesmente, pois James Shand era um crente verdadeiro na liberdade para a criança.

Entretanto, jamais tivemos possibilidade de receber os filhos dos pobres. É uma pena, isso, pois temos de resumir nossos estudos apenas aos filhos dos da classe média. E às vêzes é difícil ver a natureza da criança quando escondida atrás de muito dinheiro e de roupas dispendiosas. Quando uma menina sabe que aos vinte e um anos entrará na posse de substancial quantia, não é fácil estudar nela a natureza da criança. Felizmente, entretanto, a maior parte dos alunos presentes e passados de Summerhill não foi estragada pela fortuna. Todos êles souberam, e sabem, que terão de ganhar a vida, quando deixarem a escola.

Em Summerhill temos empregadas domésticas, da cidade, que trabalham para nós o dia todo, mas dormem em suas próprias casa. São jovens, e trabalham bastante bem. Numa atmosfera livre, onde ninguém toma ares de patrão, trabalham mais e melhor do que as empregadas que o fazem sob autoridade. Sob todos os aspectos são excelentes môças. Sempre senti certa vergonha ao ver essas jovens terem de trabalhar tanto por haverem nascido pobres, quando tínhamos tido meninas, mimadas, de famílias abastadas, sem energia suficiente para fazerem as próprias camas. Devo confessar, porém, que eu próprio detesto ter de fazer a minha cama. Minha desculpa esfarrapada nesse caso, isto é, a alegação de que tenho muitas outras coisas a fazer, não convence as crianças. Caçoam da minha defesa, quando digo que não se pode esperar que um general se esteja ocupando de ninharias.

Mais de uma vez fiz sentir que os adultos, em Summerhill, não são protótipos de virtude. Somos humanos como tôda gente, e nossas fraquezas humanas muitas vêzes entram em conflito com as nossas teorias. No lar médio, se uma criança quebra um prato, o pai ou a mãe armam barulho, tornando o

16

prato mais importante do que a criança. Em Summerhill, se uma camareira ou uma criança deixa cair uma pilha de pratos eu nada digo, minha espôsa nada diz. Acidentes são acidentes. Mas se a criança pede um livro emprestado e deixa-o ficár lá fora, exposto à chuva, minha espôsa se zanga, porque livros, para ela, têm muita importância. Em tal caso, eu, pessoalmente, sou indiferente, pois os livros para mim têm pouco valor. Por outro lado, minha espôsa parece vagamente surpreendida se eu faço barulho a propósito de um formão estragado. Dou valor a ferramentas, mas para ela as ferramentas pouco representam.

Em Summerhill temos uma vida em que damos de nós, com tempo integral. As visitas cansam-nos mais do que as crianças, pois também elas desejam receber de nós. Pode ser maior bênção dar do que receber, mas, sem dúvida alguma, é mais exaustivo.

Nossas Assembléias Gerais nas noites de sábados, ai de mim, revelam o conflito entre crianças e adultos. Isso é natural, pois numa comunidade de pessoas de várias idades, se cada qual sacrificasse tudo às crianças menores, seria estragar completamente essas crianças. Os adultos queixam-se de um grupo de alunos mais velhos que não os deixam dormir, conversando e rindo depois que todos se recolheram. Harry queixa-se de que passou uma hora aplainando uma almofada pará a porta da frente, e, ao voltar do almôço, verificou que Billy se tinha servido dela para fazer uma prateleira. Eu faço acusações contra as crianças que pediram emprestado meu material de sondagem e não o devolveram. Minha mulher faz barulho porque três das crianças menores, depois da ceia, disseram estar com fome, receberam pão e geléia, e, na manhã seguinte os pedaços de pão foram encontrados no piso do vestíbulo. Peter conta, com tristeza, que alguns meninos atiraram sua preciosa argila uns nos outros, na sala da cerâmica. E a coisa vai assim, a luta entre o ponto de vista adulto e a falta de conhecimento consciente dos jovens. Mas tal luta não degenera jamais em hostilidade pessoal: não há sentimentos amargos em relação a cada qual. O conflito mantém Summerhill muito animado. Há sempre alguma coisa acontecendo, e durante todo o ano nem um só dia se passa insìpidamente.

Felizmente, o pessoal não tem excessivo sentimento de posse, embora eu confesse que me magoa, quando compro uma lata especial de tinta, a três libras o galão, saber que uma das meninas se serviu dela para pintar velha armação de cama. Sou possessivo no que respeita ao meu carro, à minha máquina de escrever, às ferramentas, da minha oficina, mas não tenho tal sentimento em relação a pessoas. Quando se é possessivo em relação a pessoas não se deve ser mestre-escola.

O uso e estrago de material em Summerhill é processo natural. Só poderia ser impedido pela introdução de mêdo. O uso e estrago das fôrças psíquicas não podem de forma alguma ser impedidos, pois as crianças pedem, e devem receber. Cinqüenta vêzes por dia a porta da minha sala se abre e uma criança pergunta qualquer coisa:

—Hoje é dia de cinema?

—Por que não tenho uma L. P.? (Lição Particular.)

—Você viu Pam?

—Onde está Ena?

Tudo isso num dia de trabalho, e não sinto jamais cansaço, embora não tenhamos verdadeiramente vida particular, porque a casa não se presta muito para escola—não se presta muito do ponto de vista adulto, pois as crianças estão sempre em cima de nós. Mas, ao fim do período escolar, minha espôsa e eu estamos cansadíssimos.

Um fato digno de menção é o de que dificilmente os membros da congregação perdem a calma. Isso tanto diz bem dêles como das crianças. São, realmente, crianças adoráveis para se conviver, e poucas ocasiões aparecem em que se poderia perder a calma. Se a criança é livre e sente-se aprovada, não será, regra geral, odienta. Não terá prazer algum em levar um adulto a perder a calma.

Tivemos uma professôra super-sensível no que se referia à crítica, e as meninas a atormentavam. Não podiam atormentar qualquer outro membro do pessoal docente, porque nenhum dêles reagiria. Só se pode atormentar quem tem dignidade.

As crianças de Summerhill mostram tendência agressiva, coisa habitual nas crianças comuns? Bem, tôda criança deve ter alguma agressividade, para forçar seu caminho através da vida. A agressividade exagerada, que vemos nas crianças não-libertas, é um protesto exagerado contra a animosidade que se demonstra em relação a elas. Em Summerhill, onde criança alguma se sente detestada pelos adultos, a agressividade não é necessária. As crianças agressivas que nos aparecem provêm, invariàvelmente, de lares onde não lhes dão amor e compreensão.

18

Quando eu era menino e freqüentava uma escola de aldeia, narizes sangrando mostravam-se um fenômeno semanal, pelo menos. Agressividade do tipo lutador é animosidade, e jovens cheios de animosidade precisam lutar. Quando as crianças estão numa atmosfera da qual a animosidade foi eliminada, não demonstram tal sentimento.

Penso que a insistência freudiana sôbre a agressividade é devida ao estudo de lares e escola, *tal como êles são*. Não se pode estudar a psicologia canina estudando o cão-de-caça prêso a uma corrente. Nem se pode teorizar dogmàticamente sôbre psicologia humana quando a humanidade está sob fortes cadeias, cadeias forjadas por gerações de odientos da vida. Acho que na liberdade de Summerhill a agressividade não se faz sentir em coisa alguma com a fôrça que tem nas escolas estritas.

Em Summerhill, entretanto, liberdade não significa anulação do bom senso. Tomamos tôdas as precauções para a segurança dos alunos. As crianças só podem ir ao banho de mar quando está presente um salva-vidas para cada seis delas, e nenhum dos alunos de menos de onze anos pode andar sòzinho pelas ruas, de bicicleta. Essas regras foram ditadas pelas próprias crianças, nas Assembléias Gerais da Escola.

Não há leis, contudo, quanto à escalada das árvores. Subir às árvores faz parte da educação da vida, e proibir tôdas as emprêsas perigosas seria fazer da criança um covarde. Proibimos a subida a telhados, o uso de espingardas de ar comprimido ou de qualquer outra arma que possa ferir. Fico sempre aflito quando surge a mania periódica das espadas de madeira. Insisto em que as pontas sejam cobertas com borracha, ou pano, mas, mesmo assim, fico satisfeito quando a mania passa. Não é fácil marcar a linha divisória entre realístico e simples aflição.

Nunca tive alunos prediletos, na escola. Naturalmente, sempre gostei mais de umas crianças do que de outras, mas consegui manter tal coisa ignorada. Possìvelmente o sucesso de Summerhill se deva, em parte, ao fato de as crianças sentirem que são tratadas da mesma maneira, e tratadas com respeito. Temo, para qualquer escola, a existência de atitude sentimental em relação aos alunos. É tão fácil fazer cisnes dos nossos gansos, e ver Picasso numa criança que saiba espalhar tintas.

Na maior parte das escolas onde lecionei, a sala do corpo docente era um inferninho de intrigas, ódios, ciúmes. Nossa sala do corpo docente é um lugar feliz. Os despeitos que freqüentemente são vistos em outros lugares, ali estão ausentes. Sob liberdade, os adultos adquirem a mesma felicidade e boa vontade que adquirem os alunos. Às vêzes, um membro nôvo do nosso corpo docente reage contra a liberdade muito à moda das crianças: não faz a barba, fica demasiado tempo na cama, pela manhã, chega a ferir as leis da escola. Felizmente, a libertação quanto a complexos se faz mais depressa em adultos do que em crianças.

Em noites alternadas de domingos eu conto às crianças menores uma história na qual figuram elas próprias em aventuras. Venho fazendo isso há anos. Levei-as à minha recôndita África, ao fundo do mar, e acima das nuvens. Há algum tempo, imaginei que eu tinha morrido e que Summerhill ficara sob a direção de um homem severo, chamado Muggins, que tornou as lições compulsórias. Quem ousasse dizer "ai" tomava bengaladas. E descrevi como tôdas as crianças obedeciam humildemente às ordens dêle.

Aquêles pequeninos, entre três e oito anos, ficaram furiosos comigo:

—Não obedecemos nada! Fugimos. Matamos êle com um martelo. Está pensando que a gente ia agüentar um homem assim?

Por fim, vi que só poderia satisfazê-los ressuscitando, e pondo o Sr. Muggins pela porta a fora, aos pontapés. Tratava-se na maior parte, de crianças que nunca tinham conhecido escolas com restrições, e sua reação era espontânea e natural. Um mundo no qual o mestre-escola não estava ao lado delas, era um mundo pavoroso de se imaginar, não só por causa de sua experiência de Summerhill, mas também por causa de sua experiência no lar, onde Mamãe e Papai estavam igualmente a favor dêles.

Um visitante norte-americano, professor de psicologia, criticou nossa escola sob a alegação de que ela é uma ilha, não se encaixa na comunidade, não faz parte de uma unidade social maior. Minha resposta é a seguinte:

"Se eu tivesse de fundar uma escola em cidade pequena, tentando fazê-la parte da comunidade, que aconteceria? Que porcentagem, entre cem pais, aprovaria o sistema de assistência livre às aulas? Quantos aprovariam o direito de a criança masturbar-se? Desde o tiro de partida eu teria de fazer concessões quanto a coisas que acredito verdadeiras".

Summerhill *é* uma ilha. Tem que ser uma ilha, porque os pais dos alunos moram em cidades que ficam a milhas de distância, ou em países de ultramar. Desde que é impossível reunir os pais na cidade de Leiston, Suffolk, Summerhill não pode ser parte da vida cultural, econômica e social de Leiston.

Apresso-me a acrescentar que Summerhill não é uma ilha em relação a Leiston. Temos muitos contatos com o povo do lugar, e as relações mútuas são amistosas, embora, fundamentalmente, não' façamos parte da comunidade. Jamais pensaria em pedir ao diretor do jornal local que publicasse a história dos sucessos de antigos alunos meus.

Jogamos com as crianças da cidade, mas as nossas metas, no terreno da educação estão bem longe uma das outras. Não tendo qualquer filiação religiosa, não temos entrosagem com qualquer dos órgãos religiosos da cidade. Se Summerhill fôsse parte do centro municipal do lugar, seria obrigada a dar ensino religioso a seus alunos.

Tenho a sensação de que meu amigo norte-americano não compreendeu o que significava a sua crítica. Para mim, ela significa:

"Neill não passa de um rebelde contra a sociedade; seu sistema nada faz para unir a sociedade em unidade harmoniosa, nem pode servir de ponte entre a psicologia infantil e a ignorância adulta quanto à psicologia infantil, entre a vida e a antivida, entre a escola e o lar."

Minha resposta é que não sou um proselitista altivo da sociedade: posso apenas convencer a sociedade de que lhe é necessário livrar-se de seu ódio, de seus castigos, de seu misticismo. Embora escreva e diga o que penso da sociedade, se tentasse reformá-la *através da ação*, a sociedade me mataria, como perigo público.

Se, por exemplo, eu tentasse formar uma sociedade na qual os adolescentes estariam livres para ter sua vida amorosa natural, ficaria perdido, se não fôsse prêso como sedutor imoral da juventude. Detestando as concessões como detesto, tenho que fazer aqui uma delas, compreendendo que meu trabalho essencial não é reformar a sociedade, mas dar felicidade a algumas, a poucas crianças.

A EDUCAÇÃO DE SUMMERHILL VERSUS EDUCAÇÃO PADRONIZADA

Mantenho que a meta da existência é encontrar felicidade, o que significa encontrar interêsse. A educação deveria ser uma preparação para a vida. Nossa cultura não tem tido grande sucesso. Nossa educação, nossa política, nossa economia, levam à guerra. Nossa medicina não põe fim às moléstias. Nossa religião não aboliu a usura, o roubo. Nosso decantado humanitarismo ainda permite que a opinião pública aprove o esporte bárbaro que é a caça. Os progressos da época são progressos da mecânica em rádio e televisão, em eletrônica, em aviões a jato. Ameaçam-nos novas guerras mundiais, pois a consciência social do mundo ainda é primitiva.

Se hoje sentíssemos disposição para indagar, poderíamos fazer algumas perguntas constrangedoras:

Por que o homem parece ter muito maior número de doenças do que os animais?

Por que o homem odeia e mata na guerra, quando os animais não fazem tal coisa?

Por que aumenta a mortalidade pelo câncer?

Por que há tantos e tantos suicídios?

Por que existe o ódio chamado anti-semitismo?

Por que se odeia e lincha o negro?

Por que há despiques e despeitos?

Por que o sexo é obsceno, e motivo para piadas maliciosas?

Por que um bastardo é uma vergonha social?

Por que continuam a existir religiões que de há muito perderam seu amor, sua esperança, e sua caridade?

Há milhares de porquês quanto a êste jactancioso estado de civilizada eminência. Faço essas perguntas porque sou, de profissão, um professor, alguém que trata com jovens. Faço essas perguntas porque as que muitas vêzes os professôres fazem não têm importância, pois se referem a assuntos escolares. Pergunto que espécie de bem terreno pode vir de discussões sôbre francês, ou história antiga, ou seja lá o que fôr se êsses assuntos não valem um caracol quando comparados com as perguntas maiores, relativas à natural realização da vida, da felicidade íntima do homem.

Quanto de nossa educação é verdadeiramente funcional, autêntica auto-expressão? O trabalho manual é, muitas vêzes, a confecção de uma alfineteira sob os olhos de um especialista. Mesmo o sistema Montessori, famoso como sistema de jogos dirigidos, faz-se maneira artificial de levar a criança a aprender fazendo. Não há nada de criador nêle.

No lar, a criança está constantemente sendo ensinada. Em quase todos os lares, há sempre pelo menos um adulto não-adulto, que corre a mostrar a Tommy como sua nova máquina funciona. Há sempre alguém para erguer o bebê e colocá-lo numa cadeira, quando o que o bebê queria era examinar alguma coisa na parede. De cada vez que mostramos a Tommy como sua máquina trabalha, estamos roubando a essa criança a alegria da vida—a alegria da descoberta—a alegria de vencer um obstáculo. Pior! Estamos fazendo com que essa criança acredite que é inferior e deve depender de auxílio.

Os pais são tardos no compreender quanto é falho de importância o lado referente à escola. Crianças, como adultos, aprendem o que desejam aprender. Tôda outorga de prêmios, e notas e exames, desvia o desenvolvimento adequado da personalidade. Só os pedantes declaram que o aprendizado livresco é educação.

Os livros são o material menos importante na escola. Tudo quanto a criança precisa aprender é ler, escrever, contar. O resto deveria compor-se de ferramentas, argila, esporte, teatro, pintura e liberdade.

A maior parte do trabalho escolar que os adolescentes fazem é, simplesmente, desperdício de tempo, de energia, de paciência. Rouba à juventude seu direito de brincar, brincar e brincar: coloca sôbre ombros moços cabeças velhas.

Quando eu falo a estudantes de escolas normais e universidades, fico quase sempre chocado com a falta de qualidades adultas daqueles garotos e garôtas recheados de inúteis conhecimentos. Sabem muito, brilham em dialética, podem citar os clássicos, mas em sua maneira de encarar a vida muitos dêles são crianças. ·Porque foram ensinados a *saber*, mas não lhes ensinaram a *sentir*. Tais estudantes são amistosos, agradáveis, animados, mas algo lhes falta: o fator emocional, o poder de subordinar o pensamento ao sentimento. Falo-lhes de um mundo cujo conhecimento lhes foi negado, e que êles continuarão a desconhecer. Seus livros escolares não tratam do caráter humano, do amor, da liberdade, ou da autodeterminação. Assim, o sistema continua, tendo por alvo apenas os padrões do ensino livresco: continua separando a cabeça do coração.

Já era tempo de estarmos desafiando a noção escolar de trabalho. Todos concordam em que a criança deve aprender aritmética, história, geografia, um pouco de ciência, um pouco de arte, e, sem dúvida alguma, literatura, mas é tempo de compreendermos que uma criança média não tem grande interêsse por êsses assuntos.

Tenho a prova disso em cada aluno nôvo. Quando lhe dizem que a escola é livre, o nôvo aluno exclama:

—Oba! Ninguém mais me apanha estudando aquela estúpida matemática e mais outras coisas!

Não pretendo denegrir o ensino. Mas o ensino deve vir depois do brinquedo. E ensino não deveria ser temperado com brinquedo, a fim de se tornar tragável.

Aprender é importante, mas não para tôda gente. Nijinsky não conseguiu passar nos exames de sua escola de São Petersburgo, e não poderia entrar para o Balé do Estado sem a aprovação naqueles exames. Não lhe era possível, simplesmente, aprender os assuntos escolares: tinha a mente em outro lugar. Forjaram um exame para êle, dando-lhe as respostas prontas num papel, pelo menos é o que diz uma de suas biografias. Que perda teria sofrido o mundo, se Nijinsky não tivesse podido, realmente, passar naqueles exames!

Criadores aprendem o que desejam aprender para ter os instrumentos que o seu poder de inventar e o seu gênio exigem. Não sabemos quanta capacidade de criação é morta nas salas de aula.

Vi uma garôta chorar tôda a noite por causa das lições de geometria. Sua mãe desejava que ela fôsse para a universidade, mas a alma da menina voltava-se tôda para a arte. Fiquei encantado quando tive notícia de que ela fracassara em seus exames vestibulares, e pela sétima vez. Talvez que agora a mãe permitisse a realização de seu desejo, que era ingressar no teatro.

Há algum tempo, encontrei-me com uma garôta de catorze anos, em Copenhague. Essa garôta havia passado três anos em Summerhill, e tinha falado ali um inglês perfeito.

—Você deve ser a primeira da classe em inglês, não é mesmo?—perguntei-lhe.

Ela fêz uma carêta melancólica:

—Não. Sou uma das últimas, porque não sei gramática inglêsa.

Penso que o que acabo de contar é quase o melhor comentário sôbre aquilo que os adultos consideram educação.

Escolares indiferentes, que, sob disciplina, passam arranhando através do colégio .ou da universidade, e tornam-se professôres sem imaginação, médicos medíocres e advogados incompetentes, talvez chegassem a ser bons mecânicos ou excelentes pedreiros, ou policiais de primeira classe.

Já descobrimos que o rapaz que não consegue ou não quer aprender a ler até—digamos—os quinze anos, é sempre um rapaz com inclinação para a mecânica, e mais tarde se tornará um bom maquinista ou eletricista. Eu não ousaria tomar um tom dogmático em relação a meninas que nunca vão às aulas, especialmente às de matemática e física. Freqüentemente tais meninas passam muito tempo com trabalhos de agulha, e algumas entre elas, mais tarde, passam a ser costureiras ou desenhistas. O currículo que faz uma costureira em potencial estudar raiz quadrada ou a Lei de Boyle é absurdo.

Cadwell Cook escreveu um livro chamado *O Caminho do Brinquedo,* no qual conta como ensina inglês através de brincadeiras. O livro é fascinante, cheio de coisas boas, mas, ainda assim, penso que se trata apenas de uma nova forma de acolchoar a teoria de que o ensino é de alta importância. Cook afirma que o ensino é tão importante que a pílula deve ser recoberta de açúcar. Essa noção de que a não ser que a criança aprenda alguma coisa está perdendo tempo, nada mais é do que uma maldição, uma maldição que cega milhares de professôres, e grande maioria dos inspetores escolares. Há cinqüenta anos a senha era "aprender brincando". O brinquedo é, assim, usado apenas como um meio para atingir determinado fim, mas que haverá de bom nesse fim eu não sei.

Se um professor vir seu aluno brincando com lama, e pretender melhorar o esplêndido momento falando em erosão das margens dos rios, que fim tem êle em vista? Que importa à criança a erosão dos rios? Muitos dos chamados educadores acreditam que não importa ó que uma criança aprenda, desde que lhe *ensine* algo. E, naturalmente, com as escolas tais como são—apenas fábricas de produção em massa—que pode um professor fazer senão ensinar algo e chegar a acreditar no ensino, julgando-o, em si mesmo, coisa importante?

Quando faço palestra para um grupo de professôres, começo por dizer que não vou falar sôbre assuntos escolares, sôbre disciplina ou sôbre aulas. Durante uma hora meu auditório ouve em enlevado silêncio, e, depois do aplauso sincero, o presidente anuncia que estou pronto para responder perguntas. Pelo menos três quartos das perguntas que me fazem versam sôbre matéria escolar e ensino.

Não digo isso tomando ares superiores, de forma alguma. Digo-o com tristeza, e para mostrar como as paredes das salas de aulas e os edifícios com aspecto de prisões estreitam a visão dos professôres, impedindo-os de ver as coisas verdadeiramente essenciais da educação. O trabalho dêles trata com uma parte da criança que está acima do pescoço, e naturalmente, a parte vital, emocional dela, fica sendo território estrangeiro para o mestre.

Eu gostaria de ver um movimento maior de rebelião entre nossos jovens professôres. Educação de alto nível e diplomas universitários não fazem a mínima diferença na confrontação dos males da sociedade. Um neurótico letrado não faz diferença alguma de um neurótico iletrado.

Em todos os países, sejam êles capitalistas, socialistas, ou comunistas, primorosos prédios escolares são construídos, para a educação dos jovens. Mas todos os laboratórios e oficinas maravilhosos nada fazem para ajudar John, Peter ou Ivan a vencer os prejuízos emocionais e os males sociais nascidos da pressão sôbre êles exercida pelos pais, pelos professôres e pela qualidade coercitiva da nossa civilização.

O QUE ACONTECE COM OS QUE SE FORMAM EM SUMMERHILL

O mêdo dos pais em relação ao futuro dos filhos fornece mau prognóstico quanto à saúde dêstes últimos. Êsse mêdo, bastante estranhamente, revela-se no desejo de que os filhos aprendam mais do que êles aprenderam. Essa espécie de pais não se contenta em deixar que Willie aprenda a ler quando o desejar, mas teme, nervosamente, que Willie venha a ser um fracasso na vida, a não ser que o empurrem. Tais pais não podem esperar que o filho caminhe com a medida de seus próprios passos e perguntam:

—Se meu filho não sabe ler aos doze anos, que possibilidade terá de obter sucesso na vida? Se não pode passar aos dezoito anos nos vestibulares de colégio, que haverá para êle senão um emprêgo que não exija especialidade?

Mas eu aprendi a esperar, e observar uma criança fazendo pequeno ou nenhum progresso. Jamais duvido de que, no fim, se não fôr molestada ou prejudicada, ela terá sucesso na vida.

Os filistinos dizem, naturalmente:

—Bolas! Então você acha que ser motorista de caminhão é ter sucesso na vida?

Meu critério particular de sucesso refere-se à *capacidade de trabalhar alegremente e de viver positivamente*. Sob essa definição, a maior parte dos alunos de Summerhill terminou por ter sucesso na vida.

Tom veio para Summerhill com cinco anos de idade. Saiu aos dezessete, sem ter assistido, em todos êsses anos, a uma só lição. Passou a maior parte de seu tempo na oficina, fazendo coisas. Seu pai e sua mãe tremiam de apreensão pelo seu futuro. Êle jamais manifestara qualquer desejo de aprender a ler. Uma noite, entretanto, quando o garôto tinha nove anos, dei com êle, na cama, lendo *David Copperfield*.

—Olá!—exclamei.—Quem o ensinou a ler?

—Eu mesmo me ensinei.

Alguns anos mais tarde veio perguntar-me:

—Como se soma uma metade de dois quintos?

Disse-lhe como, e perguntei se queria saber mais alguma coisa.

—Não, obrigado—foi a resposta.

Mais tarde, conseguiu emprêgo num estúdio cinematográfico, na qualidade de *camera-boy*. Quando estava aprendendo a sua tarefa, aconteceu-me encontrar seu patrão num jantar festivo, e perguntei-lhe como se ia Tom arranjando.

—É o melhor rapaz que já tive—disse o patrão.—Não anda nunca, vive correndo. Nos fins-de-semana chega a ficar chato como todos os diabos, porque não sai do estúdio aos sábados e domingos.

Houve Jack, um rapaz que não conseguia aprender a ler. Ninguém pôde ensinar Jack. Mesmo quando pedia que lhe dessem lições de leitura, havia alguma dificuldade oculta que não lhe permitia distinguir entre *b* e *p*, *l* e *k*. Deixou a escola com dezessete anos, sem possibilidade de ler.

Hoje, Jack é ferramenteiro. Gosta de conversar sôbre trabalhos de metalurgia. Agora sabe ler, mas, tanto quanto me consta, lê principalmente artigos sôbre assuntos de mecânica, e, às vêzes, trabalhos que tratam de psicologia. Penso que jamais leu um romance, contudo fala um inglês perfeitamente gramatical, e seus conhecimentos gerais são notáveis. Um visitante norte-americano, nada sabendo da história dêle, disse-me:

—Que garôto inteligente é o Jack!

Diana era uma pequena agradável, que ia às aulas sem grande interêsse. Sua mente não era acadêmica. Durante muito tempo estive a cogitar no que ela viria a fazer. Quando saiu da escola, com dezesseis anos, qualquer inspetor escolar a teria considerado bem pouco instruída. Hoje, Diana é demonstradora de um nôvo tipo de arte culinária, em Londres. Muitíssimo hábil em seu trabalho, ela, o que é mais importante, sente-se feliz, realizando-o.

Certa firma exigia que seus empregados tivessem, pelo menos, passado nos exames vestibulares para colégio. Escrevi ao chefe da firma a propósito de Robert.

"Êste garôto não passou em exame algum, pois não tem mente acadêmica. Mas tem tutano!"

Robert obteve o emprêgo.

Winifred, de treze anos, aluna das novas, disse-me que detestava tôdas as matérias, e gritou de alegria quando eu lhe declarei que estava livre para fazer exatamente o que quisesse,

—Você nem mesmo terá de ir às aulas, se não o quiser—falei.
Ela resolveu divertir-se, e isso fêz, durante algumas semanas.
Depois, reparei que a pequena se sentia entediada.

—Ensine-me alguma coisa—disse-me ela, certo dia.—Estou muito chateada.

—Ótimo!—exclamei.—Que deseja aprender?

—Não sei.

—Nem eu tampouco.

E deixei-a.

Passaram-se meses. Então, ela me procurou outra vez.

—Vou me submeter aos exames vestibulares para o colégio—declarou—e quero que me dê lições.

Tôdas as manhãs trabalhava comigo e com outros professôres, e trabalhava bem. Confiou-me que as matérias não a interessavam muito, mas que o fim colimado *realmente* a interessava. Winifred encontrou a si mesma por lhe terem permitido que fôsse ela própria.

É interessante verificar que as crianças livres gostam de matemática. Alegram-se com o estudo da geografia e da história. Crianças livres escolhem entre as matérias oferecidas apenas as que lhes interessam. Crianças livres passam a maior parte de seu tempo em outros interêsses — carpintaria, metalurgia, pintura, leitura de ficção, representações, jogos e fantasia, audição de discos de jazz.

Tom, de oito anos, estava constantemente abrindo a minha porta e indagando:

—A propósito, o que farei agora?

Ninguém lhe diria o que devia fazer.

Seis meses depois, se alguém quisesse encontrar Tom, bastava ir ao quarto dêle. Ali o encontraria mergulhado num oceano de fôlhas de papel. Passava horas fazendo mapas. Um dia, um professor da Universidade de Viena visitou Summerhill. Esbarrou com Tom e fêz-lhe várias perguntas. Mais tarde, chegou-se para mim, e disse:

—Tentei examinar aquêle garôto em geografia, e êle falou de lugares que eu próprio jamais ouvi mencionar.

Preciso, entretanto, falar também nos fracassos. Barbel, sueca de quinze anos, estêve conosco mais ou menos um ano. Durante todo o tempo não encontrou trabalho algum que a interessasse. Viera tarde demais para Summerhill. Durante dez anos de sua vida teve professôres que pensavam por ela.

29

Quando chegou a Summerhill já tinha perdido tôda a iniciativa. Estava entediada. Felizmente, era rica, e tinha diante de si a promessa de uma vida de grã-senhora.

Tive duas irmãs, iugoslavas, de onze e catorze anos, respectivamente. A escola não as interessou. Passavam a maior parte do tempo fazendo comentários grosseiros a meu respeito, em croata. Um amigo pouco amável costumava traduzi-los para mim. Em tal caso o sucesso teria sido coisa miraculosa, pois o único ponto em- que nos encontrávamos para conversar era a arte, a música. Fiquei bem satisfeito quando a mãe veio buscá-las.

Com o correr dos anos percebemos que os rapazes de Summerhill que se inclinam para a engenharia não se dão ao trabalho de fazer os exames de matrícula. Vão diretamente para os centros de treinamento. Sua tendência é ver o mundo, antes de se instalarem nos trabalhos universitários. Um dêles fêz a volta ao mundo como taifeiro. Dois outros foram para Quênia, trabalhar em cafèzais. Um outro dirigiu-se para a Austrália, e houve o que chegou, mesmo, a ir para a remota Güiana Inglêsa.

Derrick Boyd é figura típica do espírito aventuroso que a livre educação estimula. Veio para Summerhill com oito anos e deixou a escola depois de ter passado em seus exames vestibulares para a universidade aos dezoito anos. Desejaria ser médico, mas seu pai não podia mandá-lo para a universidade naquela ocasião. Derrick pensou em encher o tempo de espera com uma viagem pelo mundo. Foi para as docas de Londres e passou dois dias tentando conseguir serviço, qualquer serviço, mesmo de foguista. Disseram-lhe que havia grande número de marinheiros experimentados sem emprêgo, e êle voltou triste para casa.

Logo depois, um condiscípulo falou-lhe numa senhora inglêsa que estava na Espanha e queria um motorista para o seu carro. Derrick agarrou-se à oportunidade, foi para a Espanha, construiu uma casa para a dama, ou aumentou a já existente, guiou o carro dela através de tôda a Europa, e depois foi para a universidade. A senhora resolveu auxiliá-lo com as taxas universitárias. Depois de dois anos pediu-lhe que conseguisse um ano de afastamento dos estudos e fôsse levá-la com seu carro a Quênia, a fim de ali construir-lhe uma casa. Derrick terminou seus estudos médicos na Cidade do Cabo.

Larry, que veio para nós com doze anos, passou nos exames universitários com dezesseis e foi para o Taiti, cultivar frutas. Considerando que aquela era uma ocupação muito mal remu-

30

nerada, resolveu fazer-se motorista de táxi. Mais tarde foi para a Nova Zelândia, onde, conforme vim a saber, teve tôda sorte de empregos, inclusive o de, motorista de táxi, novamente. Então, entrou para a Universidade de Brisbane. Há algum tempo, tive uma visita do deão daquela universidade que, cheio de admiração, me relatou os feitos de Larry.

—Por ocasião das férias, quando os e udantes foram para as suas casas, Larry pôs-se a trabalhar como operário numa serraria.

Agora, é médico, em Essex, Inglaterra.

Alguns antigos alunos, é verdade, não mostraram iniciativa. Por motivos óbvios, não posso descrevê-los aqui. Nosso sucesso se faz sempre entre os que têm bons lares. Derrick, Jack, Larry, tinham pais que se puseram em integral solidariedade em relação à escola, e os rapazes jamais se viram confrontados com um dos mais fatigantes conflitos. "Quem tem razão: a escola ou o lar?"

Summerhill produziu algum gênio? Não, até hoje não produziu nenhum gênio. Talvez alguns espíritos criadores, ainda não famosos, alguns artistas brilhantes, alguns músicos inteligentes, nenhum escritor de sucesso, que eu saiba, um excelente desenhista de móveis, e marceneiro, alguns atôres e atrizes, alguns cientistas e matemáticos que ainda poderão vir a apresentar trabalhos originais. Penso que para o volume do nosso corpo docente—quarenta e cinco alunos de cada vez—uma proporção generosa vem produzindo certo tipo de trabalho criador e original.

Contudo, tenho dito, freqüentemente, que uma geração de crianças livres não prova coisa alguma com muita ênfase. Mesmo em Summerhill há algumas crianças que se sentem culpadas por não aprenderem número suficiente de lições. Não poderia ser de outra maneira, num mundo em que os exames são a porta de entrada para algumas profissões. E há, quase sempre, também, uma Tia Maria, para exclamar:

—Onze anos, e não sabe ler direito!

A criança sente, vagamente, que todo ambiente exterior é contra o brinquedo e a favor do trabalho.

Generalizando: nosso método de liberdade é quase seguro com crianças de menos de doze anos. Crianças de mais de doze anos levam muito tempo para se recuperarem da educação que põe a comida na bôca dos pequeninos, e com colher.

31

LIÇÕES PARTICULARES
EM SUMMERHILL

Antigamente, meu principal trabalho não era lecionar, mas dar "lições particulares". A maior parte das crianças precisava de atenção psicológica, mas havia sempre outras que tinham vindo de escolas estritas, e as lições particulares levavam a intenção de apressar o processo de adaptação à liberdade. Se a criança estiver amarrada por dentro, não se pode adaptar à idéia de que é livre.

As "L. P." eram conversas sem formalidade, junto da lareira. Eu me sentava ali, com o cachimbo na bôca, e a criança também podia fumar, se quisesse. O cigarro era, muitas vêzes, o meio de quebrar o gêlo inicial.

Certa vez convidei um rapaz de catorze anos a vir conversar comigo. Êle acabava de chegar a Summerhill, vindo de uma escola particular típica. Reparei-lhe nos dedos, manchados de nicotina. Tirando cigarros do bôlso, estendi para êle o maço.

—Obrigado—gaguejou o rapaz.—Eu não fumo, senhor.

—Pegue um cigarro, seu mentiroso de uma figa!—disse eu, sorrindo. E êle pegou. Eu estava matando dois coelhos de uma cajadada. Tinha diante de mim um rapaz para o qual os diretores eram disciplinadores morais, severos, que a todo momento precisavam ser enganados. Oferecendo-lhe um cigarro eu mostrava não desaprovar o fumo, para êle. Chamando-o mentiroso de uma figa tratava-o com a linguagem que me colocava em seu próprio nível. Ao mesmo tempo, ia atacando o seu complexo de autoridade, pois mostrava que um diretor é capaz de dizer coisas assim, e com facilidade, alegremente. Gostaria de ter fotografado as expressões do rosto daquele rapaz, durante essa primeira entrevista.

Fôra expulso da escola anterior por roubo.

—Ouvi dizer que você é um tanto larápio—falei.—Qual é a melhor forma que conhece de passar a perna na companhia ferroviária?

—Nunca tentei passar a perna na companhia ferroviária, senhor.

—Oh!—disse eu.—Assim não vai! Você deve tentar. Eu sei uma porção de jeitos.

E expus-lhe alguns. Êle estava boquiaberto. Com certeza tinha vindo parar numa casa-de-loucos. O diretor da escola estava a dizer-lhe como se pode ser melhor ladrão? Anos depois êle me confessou que aquela entrevista tinha sido o maior choque de sua vida.

Que espécie de crianças precisam de L. P.? A melhor resposta será algumas ilustrações.

Lucy, a professôra do Jardim-da-Infância, vem ter comigo e diz-me que Peggy está se mostrando anti-social e parece muito infeliz. E digo:

—Está bem, diga-lhe que venha ter uma L. P.

Peggy entra na minha saleta.

—Não quero L. P.—diz ela, sentando-se.—São muito bôbas.

—São mesmo—concordo.—Perda de tempo. Não teremos L. P.

Ela pensa um pouco.

—Bem—fala, devagar.—Se fôr pequenininha assim eu não me importo.

A essa altura já se tinha instalado no meu colo. Faço-lhe perguntas sôbre o papai, a mãe, e, principalmente, sôbre o irmão menor. Ela diz que o pequeno não passa de um burrinho tolo.

—Deve ser—concordo.—Achas que a mamãe gosta mais dêle do que de ti?

—Ela gosta dos dois do mesmo jeito—diz a pequena, ràpidamente. E acrescenta:—Pelo menos diz isso.

Às vêzes, a crise de tristeza surge por causa de uma briga com outra criança. Mas, na maioria das ocasiões, é carta vinda de casa que produz o transtôrno, talvez carta dizendo que o irmão ou a irmã têm uma boneca ou um papagaio novos. O fim da L. P. é fazer com que Peggy saia da sala bem contente, e isso é o que acontece.

Com os recém-chegados a coisa não é tão fácil. Quando recebemos uma criança de onze anos à qual disseram que os bebês são trazidos pelo médico, é trabalho árduo libertá-la das mentiras e mêdos. Porque, naturalmente, tal criança tem

33

uma sensação de culpa com referência à masturbação, e a sensação de culpa tem de ser destruída, se quisermos que ela encontre felicidade.

A maior parte dos pequeninos, não precisa de L. P. Quando a própria criança pede uma L. P. é que temos a circunstância ideal para estabelecer sessões regulares. Algumas das mais velhas pedem, e, às vêzes, raramente, um dos pequeninos também faz isso.

Charlie, de seis anos, sentia-se inferior aos garotos de sua idade. Perguntei-lhe quando se sentia mais inferior e êle disse que era quando estava tomando banho, porque seu pênis era muito menor do que o de todos os outros. Expliquei-lhe de onde lhe vinha aquela sensação de mêdo. Era filho mais nôvo numa família de seis irmãs, tôdas muito mais velhas do que êle. Entre a última das môças e êle havia um intervalo de dez anos. A casa era de pessoal feminino. O pai morrera, e suas irmãs mandavam em tudo. A fim de que também pudesse mandar, Charlie identificou-se como o feminino, na vida.

Depois de dez L. P., Charlie deixou de me procurar. Perguntei-lhe o porquê, e êle me respondeu, alegremente:

— Não preciso mais de L. P. Minha ferramenta agora é tão grande como a de Bert.

Entretanto, havia algo mais no caso, do que o apresentado naquele pequeno curso de terapia. Disseram a Charlie que a masturbação o deixaria impotente, quando fôsse homem, e seu mêdo da impotência afetou-o fisicamente. Sua cura foi devida, também, à eliminação do seu complexo de culpa e da mentira tôla a propósito de impotência. Charlie deixou Summerhill um ou dois anos depois. Agora é um excelente homem, feliz e saudável, que irá longe na vida.

Sílvia tinha pai severo, que nunca lhe fazia um elogio. Pelo contrário, criticava-a e atormentava-a durante o dia inteiro. Seu único desejo na vida era obter o amor paterno. Estava sentada em seu quarto, e chorava amargamente, ao contar-me a sua história. Seu caso era dos difíceis. Analisar a filha não iria modificar o pai. Não podia haver solução enquanto Sílvia não alcançasse idade que lhe permitisse sair da casa paterna. Preveni-a de que corria o risco de casar-se com o homem errado, apenas para escapar ao pai.

—Que espécie de homem errado?—indagou.

—Um homem como seu pai, que a tratará com sadismo.

Sílvia foi um caso triste. Em Summerhill ela era uma gàrôta sociável, amistosa, que não ofendia ninguém. Em casa diziam que se fazia um demônio. Era o pai, evidentemente, que precisava ser analisado, e não a filha.

Outro caso insolúvel foi o da pequena Florence. Era filha ilegítima, e não o sabia. Minha experiência diz que todos os filhos ilegítimos sabem, inconscientemente, que o são. Florence com certeza sabia que existia algum mistério atrás dela. Eu falei com a mãe, dizendo que a única possibilidade de cura para a disposição hostil e para a tristeza da filha seria contar-lhe a verdade.

—Mas, Neill, não tenho coragem. Isso, para mim, não faria a menor diferença, mas, se contar, ela não guardará segrêdo, e minha mãe a retirará de seu testamento.

Bem, bem, teríamos de esperar pela morte da avó para ajudar Florence, ao que parecia. Nada se pode fazer quando uma verdade essencial deve conservar-se nas trevas.

Um antigo aluno voltou, aos vinte anos, para passar algum tempo conosco, e pediu-me algumas L. P.

—Mas eu lhe dei dezenas delas, enquanto você estêve aqui— disse eu.

—Eu sei—respondeu êle, tristemente.—Dezenas, a que não dei realmente grande aprêço, mas agora sinto que preciso delas.

Atualmente não dou mais terapia sistemática. Com a criança média, quando se lhe falou claramente sôbre o nascimento e a masturbação, e mostrou-se como a situação da família criou hostilidade e ciúmes, nada mais se pode fazer. Curar a neurose de uma criança exige a libertação da emotividade, e a cura não será obtida, de forma alguma, com a exposição de teorias psiquiátricas, dizendo-se à criança que ela tem um complexo.

Lembro-me de um rapaz de quinze anos ao qual tentei ajudar. Durante semanas êle ouviu silenciosamente as L. P., respondendo apenas, e com monossílabos, às perguntas que eu lhe fazia. Resolvi usar processo drástico, e na próxima L. P. disse-lhe:

—Vou dizer o que, em sua própria mente, você está pensando a seu respeito. Que é um tolo, preguiçoso, estúpido, presumido, rancoroso.

—Sou?—disse êle, vermelho de cólera.—Quem pensa você que é, afinal?

Daquele dia em diante falou com facilidade, e objetivamente. Houve, ainda, George, um rapaz de onze anos. Seu

35

pai era modesto lojista numa aldeia próxima de Glasgow. O menino fôra mandado para Summerhill pelo seu médico. O problema era de intenso mêdo. Temia estar fora de casa, mesmo para ir à escola da aldeia. Gritou de terror quando teve de deixar a casa. Com grande dificuldade o pai conseguiu levá-lo a Summerhill. Chorou e agarrou-se ao pai de tal forma que êste último não podia voltar para casa. Sugeri que ficasse conosco por alguns dias.

O médico já me fornecera o histórico daquele caso, com comentários, na minha opinião, muito corretos e úteis. A questão da volta do pai ao lar se estava fazendo grave. Tentei conversar com George, mas êle chorava, aos soluços, dizendo que queria voltar para a sua casa.

—Isto não passa de uma prisão—dizia êle.

Continuei falando, e ignorei-lhe as lágrimas.

—Quando você tinha quatro anos—disse-lhe eu—seu irmãozinho foi levado para o hospital e trouxeram-no de volta num caixão. (*Soluços aumentados.*) Seu mêdo de deixar a casa vem de pensar que a mesma coisa lhe pode acontecer: voltar num caixão. (*Soluços mais altos.*) Mas êsse não é o ponto principal, George, meu rapaz: *você matou seu irmão!*

A essa altura protestou violentamente, ameaçou dar-me pontapés.

—Não o matou *de verdade,* George, mas pensava que sua mãe gostasse mais dêle do que de você, e, às vêzes, desejava que seu irmão morresse. Quando êle *realmente* morreu, você sentiu-se com a consciência terrìvelmente culpada, porque pensava que os *seus desejos* o tinham matado, e que Deus o mataria, castigando-o por sua culpa, se lhe acontecesse sair de casa.

Seus soluços cessaram. No dia seguinte, embora fizesse uma cena na estação, deixou que o pai voltasse para casa.

George passou algum tempo sentindo a nostalgia do lar, mas dentro de dezoito meses insistiu em viajar para casa, nas férias, sòzinho. Cruzou Londres de estação para estação, e fêz o mesmo caminho, no retôrno para Summerhill.

Chego cada vez mais à conclusão de que essa terapia não é necessária quando as crianças podem desgastar seus complexos em liberdade. Mas num caso como o de George, a liberdade não teria sido suficiente.

Em Summerhill, é o amor que cura: é a aprovação, e a liberdade de ser fiel a si mesmo. Dos nossos quarenta e cinco alunos só uma pequena fração recebe L. P. Acredito cada vez mais no efeito terapêutico do trabalho criador. Gostaria que as crianças fizessem mais trabalhos manuais, mais representações, que dançassem mais.

Deixem-me que esclareça serem as L. P. apenas para desabafos emocionais. Se uma criança era infeliz, eu lhe dava uma .L. P. Mas, se não podia aprender a ler, ou detestava a matemática, não tentava curá-la com tratamento analítico. Às vêzes, no curso de uma L. P., falava-se nessa incapacidade de ler, que datava da sugestão da mamãe para "ser um menino bom e inteligente como seu irmão", ou no ódio à matemática, que vinha de uma antipatia pelo antigo professor da matéria.

Naturalmente, eu, para as crianças, sou o símbolo do pai, e minha espôsa é o símbolo da mãe. Do ponto de vista social, minha espôsa passa pior do que eu, porque recebe tôda a hostilidade inconsciente que as meninas deslocam das próprias mães para ela, enquanto gostam de mim. Os meninos gostam de minha espôsa como gostam de suas mães, e a hostilidade contra o pai vem para mim. Os rapazes, porém, dão expressão a tal hostilidade com menos ímpeto do que as meninas, pois têm possibilidades muito maiores de lidarem mais com coisas do que com pessoas. Um menino zangado dá um pontapé numa bola, enquanto a menina diz palavras ferinas à mãe-símbolo.

Mas para ser justo, devo dizer que é pequeno o período de tempo em que as meninas são ferinas, de convívio difícil: na pré-adolescência e no primeiro ano da adolescência. Nem tôdas elas passam por êsse estágio. Isso depende muito da escola que freqüentaram antes, e, ainda mais, da atitude da mãe no que respeita à autoridade.

Nas L. P. eu chamava a atenção para as relações entre as reações referentes ao lar e as reações referentes à escola. Qualquer crítica que me fizessem eu logo traduzia como crítica ao pai. Qualquer acusação contra minha espôsa eu mostrava ser acusação contra a mãe. Tentava manter as análises objetivas, pois entrar em suas profundezas subjetivas era ser injusto para com a criança.

Houve ocasiões, naturalmente, em que se fêz necessária uma explanação subjetiva, como no caso de Jane. Jane, de treze anos, andou pela escola dizendo a várias crianças que Noill as estava chamando. Tive uma torrente de visitantes:

—Jane disse que você me estava chamando.

37

Eu disse a Jane, mais tarde, que aquilo de estar mandando os outros vir ter comigo significava que ela própria desejava vir.

Qual era a técnica da L. P.? Não tinha método invariável. Às vêzes começava com uma pergunta:

—Quando você se olha no espelho, gosta de seu rosto?

A resposta era sempre um não.

—Que parte de seu rosto detesta mais?

A resposta invariável referia-se ao nariz.

Os alunos dão a mesma resposta. O rosto é a pessoa para o mundo exterior. Quando pensamos em pessoas, pensamos em seus rostos, e quando falamos com pessoas, olhamos para seus rostos. Assim, o rosto se torna uma reprodução do eu interior. Quando uma criança diz que não gosta de seu rosto, quer dizer que não gosta de sua personalidade. Meu segundo passo era deixar o rosto e entrar no eu.

—Que é que você mais detesta em sua pessoa?—perguntava. Habitualmente, a resposta referia-se ao físico.

—Meus pés, que são grandes demais.

—Sou gordo demais.

—Sou pequeno demais.

—Meu cabelo.

Eu nunca dava uma opinião, nem concordava em que êle ou ela eram gordos ou magros. Nem forçava as coisas. Se o corpo interessava, falávamos sôbre êle até que nada mais houvesse a dizer. Só então nos voltávamos para a personalidade.

Muitas vêzes fiz certo exame.

—Vou escrever umas coisas—dizia—e depois examinarei você através delas. A nota será dada por você mesmo, conforme ache merecer. Por exemplo, perguntarei que porcentagem sôbre cem você daria a si próprio no que se refere, digamos, à capacidade nos jogos, ou à valentia, e por aí além.

E o exame começava. Aqui vai um, feito para um rapaz de catorze anos:

Beleza: Oh! Não tanto! Apenas uns 45 por cento.

Inteligência: Hum! 60.

Valentia: 25.

Lealdade: Não sou desleal para com os meus companheiros. 80.

Musicalidade: Zero.

Trabalhos manuais: (Resposta mastigada, sem clareza.)

Hostilidade: Essa é difícil demais. Não, não posso responder essa pergunta.

Jogos: 66.

Sentimento social: 90.

Imbecilidade: Oh! Mais ou menos 160 por cento!

Naturalmente, as respostas das crianças forneciam oportunidade de discussão. Percebi que seria melhor começar com o ego, desde que êle despertasse interêsse. Mais tarde, então, entrávamos na família, e a criança falava com facilidade maior, mostrava-se mais interessada.

Com crianças novas, a técnica era mais espontânea. Seguíamos a pista da criança. Aqui vai uma L. P. típica, dada a uma menina de seis anos, chamada Margaret. Entra ela em minha sala e diz:

—Quero uma L. P.

—Muito bem—digo eu.

Ela se instala numa poltrona.

—Que vem a ser uma L. P.?—indaga.

—Não é nada que se possa comer—explico—mas, por aqui, num dos meus bolsos, devo ter um caramelo. Ah! Cá está êle!

E dou-lhe o caramelo.

—Por que está querendo um L. P.?—indago.

Evelyn teve uma, e eu também quero ter.

—Bem. Então, comece. Sôbre que quer conversar?

—Tenho uma boneca. (*Pausa.*) Onde arranjou aquela história que está no rebôrdo da lareira? (*Ela, òbviamente, não deseja esperar pela minha resposta.*) Quem estava nesta casa antes de você chegar?

Suas perguntas indicam o desejo de saber alguma verdade importante e, eu tenho a suspeita de que tal verdade se relaciona com o nascimento.

—De onde vêm os bebês?—pergunto eu, sùbitamente.

Margaret levanta-se e caminha para a porta.

—Detesto L. P.—diz ela. E vai embora. Mas, alguns dias depois, pede outra L. P., e assim progredimos.

O pequeno Tommy, de seis anos, também não se importava de ter L. P., desde que eu não lhe dissesse coisas rudes. Durante as três primeiras vêzes êle saiu indignado, e eu sabia por quê. Sabia que apenas as tais coisas "rudes" o interessavam. Êle era uma vítima da masturbação proibida.

Muitas crianças jamais tiveram L. P. Não as quiseram. Tratava-se de crianças que tinham sido educadas corretamente, sem mentiras nem sermões dos pais.

Terapia não cura imediatamente. A pessoa que está sendo tratada não se beneficia muito durante algum tempo, habitualmente durante cêrca de um ano. Daí eu nunca me sentir pessimista quanto a alunos mais velhos que deixam a escola no que chamávamos condição psicológica a meia cozedura.

Tom nos foi mandado por ter sido um fracasso em sua escola. Quando deixou Summerhill, parecia destinado a continuar um fracasso pelo resto de sua vida. Um ano depois, entretanto, seus pais nos escreveram contando que êle resolvera, de repente, fazer-se médico, e estava estudando sèriamente na universidade.

Bill chegou a parecer um caso mais desanimador. Teve L. P. durante três anos. Quando deixou a escola dava a impressão de ser um jovem de dezoito anos sem qualquer alvo na vida. Andou vagueando de um emprêgo para outro durante mais de um ano. Depois resolveu-se pela agricultura. Tôdas as notícias que tenho dêle dizem que vai muito bem e mostra-se muito capaz em seu trabalho.

Uma escola livre como Summerhill poderia ser dirigida sem L.P. Elas apenas apressam o processo de reeducação, começando com uma boa limpeza de primavera, antes do verão da liberdade.

AUTONOMIA

Summerhill governa-se pelo princípio de autonomia, democrático em sua forma. Tudo quanto se relacione com a sociedade, o grupo, a vida, inclusive as punições pelas transgressões sociais, é resolvido por votação nas Assembléias Gerais da Escola, nas noites de sábado.

Cada membro do corpo docente, e cada criança, independente da idade que possa ter, apresenta seu voto. Meu voto pesa tanto quanto o de um garôto de sete anos.

Alguém pode sorrir e dizer:

—Mas sua voz tem mais valor, não é mesmo?

Bem, vejamos. Certa vez levantei-me, numa das sessões, e propus que criança alguma, com menos de dezesseis anos, tivesse permissão para fumar. Argumentei: o fumo era droga venenosa, o fumar não correspondia a um verdadeiro desejo da criança, não passava de uma tentativa para parecer adulto. Argumentos contrários foram lançados de todos os lados. Fêz-se a votação e fui batido por grande maioria.

O que se seguiu vale a pena registrar. Depois da minha derrota, um rapaz de dezesseis anos propôs que nenhuma criança de menos de doze anos tivesse permissão para fumar. E defendeu seu ponto de vista de tal forma que chegou a obter aprovação para a sua proposta. Entretanto, na assembléia semanal seguinte um menino de doze anos propôs a anulação da nova regra sôbre o fumo dizendo:

—Ficamos todos sentados nos gabinetes sanitários, fumando às escondidas, como fazem os garotos das escolas estritas, e eu acho que isso vai contra o espírito de Summerhill.

Sua fala foi aplaudida, e aquela assembléia anulou a lei. Espero ter tornado claro que a minha voz nem sempre é mais poderosa do que a de uma criança.

Certa vez, falei com bastante energia sôbre a infração da regra que estabelece hora de recolher ao leito, infração que trazia o conseqüente ruído e as figuras sonolentas que na manhã seguinte cambaleavam por ali. Propus que os culpados fôssem multados em suas mesadas, a cada infração. Um rapaz de catorze anos propôs que deveria haver um *penny* de recompensa por hora que cada qual se conservasse de pé, depois da hora de recolher. Tive alguns votos, mas foi êle quem obteve a grande maioria.

A autonomia de Summerhill não tem burocracia. Em cada assembléia há um presidente, nomeado pelo presidente anterior, e o trabalho da secretária é entregue a um voluntário. Os que fiscalizam a hora de recolher dificilmente estão de serviço mais do que algumas semanas.

Nossa democracia faz leis, e boas leis. Por exemplo, é proibido o banho de mar sem a supervisão de um salva-vidas. Êsses salva-vidas são sempre membros do corpo docente. É proibido subir a telhados. A hora de recolher deve ser respeitada, quando não, há multas automáticas. Se deve haver ou não aulas nas quintas ou sexta-feiras que precedem a um feriado é coisa que se resolve pelo levantar de mão, numa Assembléia Geral da Escola.

O sucesso das assembléias depende muitíssimo do presidente, da energia ou da tibieza dêle, pois manter a ordem entre quarenta e cinco crianças vigorosas não é tarefa das mais fáceis. O presidente tem a faculdade de multar cidadãos barulhentos. Sob um presidente frouxo, as multas são mais freqüentes.

O corpo docente toma parte nas discussões, naturalmente. Também eu faço, embora haja um certo número de situações em que devo permanecer neutro. Realmente, vi um garôto ser acusado de uma transgressão e safar-se do caso por meio de um alibi perfeito, embora, particularmente, me tivesse confiado que de fato cometera a transgressão de que o acusavam. Em casos como êsse devo sempre ficar do lado do indivíduo.

Participo, naturalmente, como qualquer outro, quando se trata de dar meu voto em relação a um acontecimento qualquer ou quando apresento uma proposta. Aqui vai um exemplo típico. Certa vez, levantei uma questão quanto ao futebol jogado no vestíbulo, que fica abaixo de meu escritório. Expliquei que detesto o ruído do jôgo enquanto estou trabalhando e propus que se proibisse o futebol portas a dentro. Tive o apoio de algumas das meninas, de alguns dos rapazes mais' velhos, e da maioria do corpo docente. Mas minha **proposta não foi** aprovada, e isso significou que teria de

42

agüentar o ruidoso esfregar de pés abaixo do meu escritório. Finalmente, depois de muitas discussões públicas em várias assembléias, consegui maioria e,foi abolido o futebol do vestíbulo. Essa é a forma pela qual a minoria geralmente consegue fazer valer seus direitos, em nossa democracia escolar: continuando a lutar por êles. E isso tanto se relaciona com as criancinhas como com os adultos.

Por outro lado, há aspectos da vida escolar que não estão sob regime de autonomia. Minha mulher planeja por sua conta os arranjos dos dormitórios, trata dos cardápios, envia contas e paga contas. A mim incumbe nomear professôres e pedir-lhes que se retirem quando vejo que não se mostram adequados à nossa escola.

A função da autonomia de Summerhill não é apenas fazer leis, mas discutir os fatos sociais da comunidade, também. Ao início de cada nôvo período escolar são feitas as regras relativas à hora de recolher ao leito, através de votação. Vai-se para a cama conforme a idade de cada um. Depois, vêm as questões do comportamento geral. São eleitas as comissões de esporte, as dos bailes—essas duram até o fim do período—as de teatro, nomeiam-se os fiscais do horário de recolher, e os do centro da cidade, isto é, os que fazem o relatório de possível comportamento vergonhoso de alunos fora dos limites da escola.

O assunto que mais entusiasmo desperta é a comida. Mais de uma vez dei vida a uma reunião insípida propondo que fôsse abolido o hábito de repetir a comida. Qualquer sinal de favoritismo na cozinha, em matéria de comida, é severamente tratado. Mas quando é a cozinha que levanta a questão do desperdício de comida, os componentes das assembléias não se mostram muito interessados. A atitude da criança em relação à comida é essencialmente pessoal, e autocentralizada.

Numa Assembléia Geral da Escola, tôdas as discussões acadêmicas são evitadas. As crianças são eminentemente práticas, e a teoria as aborrece. Gostam de coisas concretas, dispensam as abstrações. Uma vez propus que a xingação fôsse abolida por lei, e dei a minha razão. Eu estivera mostrando a escola a uma senhora, que trazia seu filhinho como aluno em perspectiva. De súbito, do alto das escadas veio um adjetivo muito forte. A mãe agarrou ràpidamente o filho e saiu quase correndo.

—Por que—indaguei eu, na assembléia—minha renda há de sofrer só porque alguns tolos xingam os outros diante dos pais de possíveis alunos? Não se trata, absolutamente, de uma questão moral, e sim de coisa puramente financeira. Vocês xingam, e eu perco um aluno.

Minha pergunta foi respondida por um garôto de catorze anos:

—Neill está falando um disparate—declarou êle.—Está claro que se a tal senhora ficou escandalizada é porque não acredita em Summerhill. Mesmo que tivesse chegado a matricular o filho, da primeira vez que êle chegasse em casa dizendo "maldito" ou "inferno" ela o tiraria daqui.

A assembléia concordou com êle, e a minha proposta, suhmetida a votação, foi recusada.

A Assembléia Geral da Escola tem enfrentado muitas vêzes o problema da intimidação por meio de ameaças. Nossa comunidade é muito severa para com os intimidadores, e reparo que a regra a êsse respeito, dada pelo govêrno da escola, foi sublinhada no boletim afixado:

"Todos os casos de intimação por meio de ameaças serão severamente tratados."

O hábito de intimidar não é tão comum em Summerhill, entretanto, como nas escolas estritas, a razão não é difícil de encontrar. Sob a disciplina adulta, a criança torna-se hostil. Desde que não pode expressar essa hostilidade contra êsses mesmos adultos, sem impunidade, volta-se para os meninos menores, ou mais fracos. Isso, entretanto, raramente acontece em Summerhill. Quando se investiga a propósito de uma queixa quanto à intimidação, com muita freqüência tudo não passa do fato de Jenny ter chamado Peggy de lunática.

Às vêzes um caso de furto é trazido à consideração da Assembléia Geral. Não há qualquer castigo estabelecido para o roubo, mas há, sempre, a reparação. Muitas vêzes uma criança vem a mim e diz:

—John roubou alguns níqueis de Davi. É caso para psicologia ou podemos tratar disso?

Se considero o caso para psicologia, requerendo atenção individual, digo-lhes que deixem o assunto comigo. Se John é menino feliz normal, que roubou algo sem conseqüência, permito que se faça a acusação contra êle. O pior que lhe pode acontecer é ficar sem todo o dinheiro de sua mesada, até que a dívida seja paga por inteiro.

Como são orientadas as Assembléias Gerais da Escola? No início de cada período um presidente é eleito apenas para uma assembléia. Quando esta termina, êle nomeia seu sucessor. Tal procedimento continua através de todo o período. Quem quer

44

que tenha um agravo, uma acusação ou uma sugestão a fazer, pode fazê-la, e quem tem uma nova lei a propor, apresenta-a.

Aqui, temos um exemplo típico: Jim tirou os pedais da bicicleta de Jack porque os seus estavam com defeito e êle desejava sair com alguns meninos para uma viagem de fim-de-semana. Depois de dar a devida consideração às provas, a assembléia resolveu que Jim devia recolocar os pedais e ser proibido de fazer a viagem projetada.

O presidente pergunta:

—Alguém faz objeções?

Jim ergue-se e grita que aquilo tudo é muito engraçado. Apenas, o adjetivo que usa não é exatamente êsse.

—Isso não é justo!—exclama.—Eu não sabia que Jack usava aquela porcaria de bicicleta velha, que tem estado jogada no mato há muitos dias. Não me importo de recolocar os pedais, mas acho que o castigo é injusto. Eu não devia ser proibido de fazer a viagem.

Segue-se uma discussão animada. Durante os debates transpira a história de que Jim costuma receber certa quantia semanal de sua casa, mas há seis semanas nada recebe e está completamente "liso". A assembléia vota pelo cancelamento da sentença, e a sentença é cancelada.

Mas, que fazer quanto a Jim? Finalmente, fica resolvido que se abrirá uma subscrição para consertar a bicicleta dêle. Seus condiscípulos contribuem para a compra dos pedais e lá se vai êle, todo feliz, fazer a sua viagem.

Habitualmente, o veredito da Assembléia da Escola é aceito pelo culpado. Entretanto, se um veredito é inaceitável o acusado pode apelar, e nesse caso o presidente trará o assunto novamente à consideração, ao final da assembléia. Nessa apelação o assunto é considerado com maior empenho, e, geralmente, o veredito é abrandado, diante da inconformação do acusado. As crianças compreendem que, se o acusado sente que sofreu injustiça, há muita probabilidade de que realmente a tenha sofrido.

Em Summerhill nenhum culpado jamais dá sinais de desafio ou hostilidade contra a autoridade da comunidade a que pertence. Fico sempre admirado diante da docilidade com que os alunos aceitam suas punições.

Num dos períodos escolares, quatro dos rapazes mais velhos foram acusados, na Assembléia Geral da Escola, de terem feito uma coisa ilegal, vendendo vários artigos de seu guarda-roupa. A lei que proibia tal coisa havia sido aprovada sob

45

a alegação de que tal procedimento é injusto para com os pais que compram as roupas, e injusto também para com a escola, porque quando as' crianças vão para casa com desfalques em seu enxoval, os pais culpam a escola por negligência. Os outros rapazes foram punidos tirando-se-lhes as saídas durante quatro dias, nos quais tiveram de ir para a cama às oito horas da noite. Aceitaram a sentença sem murmurar. Na noite de segunda-feira, quando todos tinham ido para o cinema, encontrei Dick, um dos culpados, lendo na cama.

—És um patetal—disse-lhe eu.—Todos foram para o cinema. Por que não te-levantas?

—Deixe de se fazer de engraçado—foi a resposta.

Essa lealdade dos alunos de Summerhill para com a sua própria democracia é espantosa. Não há nela nem mêdo nem ressentimento. Vi um rapaz passar por um longo julgamento, referente a certo ato anti-social, e vi quando foi sentenciado. Muitas vêzes, o que foi sentenciado é eleito presidente para a próxima assembléia.

O senso de justiça que as crianças possuem nunca deixa de me maravilhar. E sua capacidade administrativa é grande. Como educação, a autonomia tem grande valor.

Certa classe de transgressão sofre multa automática. Se há uso sem permissão da bicicleta alheia, há multa automática de seis *pence*. Xingação na cidade (no recinto da escola podem xingar-se à vontade), mau comportamento no cinema, subida a telhados, comida atirada na sala-de-jantar—essas e outras infrações às regras significam multas automáticas.

Os castigos quase sempre se resumem em multas: entregar o dinheiro da mesada correspondente a uma semana, ou ficar sem cinema por uma semana.

Uma das objeções que mais se ouve fazer contra crianças atuando como juízes é a de que elas castigam com excesso de rudeza. Não concordo com isso. Pelo contrário, as crianças são muito indulgentes. Jamais vi lançarem sentença severa em Summerhill. E, invariàvelmente, o castigo tem alguma relação com a falta.

Três meninas pequenas andavam perturbando o sono das outras. Castigo: deviam ir deitar-se com uma hora de antecedência, tôdas as noites, durante uma semana. Dois meninos foram acusados de atirar pelotas de lama em outros meninos. Castigo: teriam que carregar terra para nivelar o campo de hóquei.

Freqüentemente o presidente diz:

46

—O caso é tolo demais para que nos ocupemos dêle.

E resolve que nada seja feito.

Quando nosso secretário foi julgado por ter andado na bicicleta de Ginger sem permissão, êle e dois outros membros do corpo docente, que também haviam usado a bicicleta, tiveram ordem de se puxarem uns aos outros, sôbre a bicicleta de Ginger, por dez vêzes, em tôrno do gramado da frente.

Quatro meninos pequenos que subiram na escada pertencente aos construtores que estavam levantando a nova oficina foram setenciados a subir e descer das ditas escadas durante dez minutos seguidos sem pausa.

A assembléia jamais pede conselho a um adulto. Bem, posso recordar apenas uma ocasião em que isso foi feito. Três meninas tinham andado a remexer na despensa. A assembléia multou-as em dinheiro de sua mesada. Elas tornaram a remexer na despensa àquela noite, e a assembléia multou-as proibindo-lhes uma noite de cinema. As meninas insistiram na transgressão, uma vez mais, e a assembléia ficou embaraçada quanto ao que poderia fazer naquele caso. O presidente consultou-me:

—Dê dois pences de recompensa a cada uma—sugeri.

—Que? Mas, homem, a escola inteira vai fazer incursões na despensa, se fizermos isso.

—Não vai—afirmei.—Tente o que eu disse.

Ele tentou. Duas das meninas recusaram receber o dinheiro, e as três declararam que nunca mais se meteriam na despensa, E não se meteram... durante mais ou menos dois meses.

Atitudes pretensiosas numa assembléia são raras. Qualquer sinal de pernosticismo encontra logo narizes torcidos na comunidade. Um menino de onze anos, terrível exibicionista, tentava erguer-se e chamar a atenção para si com longos comentários sem qualquer significação, mas a tentativa era abafada pelos demais componentes da assembléia, que o obrigavam a sentar, aos gritos. Os jovens são muito sensíveis para a falta de sinceridade.

Em Summerhill acredito têrmos provado que a autonomia funciona. Realmente, a escola sem autonomia não devia ser chamada escola progressiva. É uma escola que faz concessões. Não podemos ter liberdade a não ser que as crianças se sintam livres para governar sua própria vida social. Quando há um patrão, não há liberdade real. Isso se aplica ainda mais aos chefes benévolos do que aos disciplinadores. A criança de espírito pode rebelar-se contra o chefe áspero, mas o chefe que usa de brandura apenas faz a criança sentir-se frouxa, e insegura quanto aos seus sentimentos reais.

Boa autonomia é possível numa escola apenas quando há certa mescla de alunos mais velhos que gostam da vida tranqüila e lutam contra a indiferença ou a oposição dos que estão na idade de mocinho e bandido. Êsses alunos mais velhos são muitas vêzes vencidos nas votações, mas são êles os que acreditam na autonomia, e desejam-na. As crianças até, digamos, doze anos, não poderão ter bom govêrno próprio, por ainda não haverem atingido a idade social. Ainda assim, em Summerhill um garôto de sete anos dificilmente perde qualquer das Assembléias Gerais.

Certa primavera tivemos maré de 'pouca sorte. Alguns dos alunos mais velhos, compenetrados de espírito de comunidade, deixaram-nos, depois de passar em seus exames vestibulares, de forma que na escola ficaram poucos dos maiores. A vasta maioria dos alunos estava na idade e no estágio do quadrilheiro. Embora fôssem sociais em suas falas, não tinham idade bastante para governar direito a comunidade. Faziam passar qualquer quantidade de leis, e depois esqueciam-nas e transgrediam-nas. Os poucos alunos maiores que haviam ficado eram, não sei por que coincidência, mais individualistas do que outra coisa, e preferiam viver sua própria existência em seus grupos próprios, de forma que o corpo docente estava figurando com excesso de proeminência no ataque às transgressões das regras escolares. Assim chegou o dia em que numa das Assembléias Gerais eu tive de lançar vigoroso ataque contra os maiores por se mostrarem não anti-sociais, mas sem preocupação social, já que transgrediam as regras do horário de recolher, mantendo-se de pé até muito tarde e não mostrando interêsse no que os mais jovens estavam fazendo de forma anti-social.

Francamente, as crianças menores mostram interêsse medíocre em governos. Deixadas a si próprias não sei se jamais constituiriam algum. Seus valôres não são os nossos valôres, e suas maneiras não são as nossas maneiras.

Disciplina severa é a forma mais fácil de adquirir o adulto paz e silêncio. Qualquer pessoa pode ser um sargento-instrutor. Qual seja o método alternativo ideal para garantir vida tranqüila eu não sei. Nossas tentativas e erros, em Summerhill, certamente falham no dar aos adultos vida tranqüila. Por outro lado, êles não darão às crianças uma vida demasiado barulhenta. Talvez que a experiência definitiva seja felicidade. Por êsse critério, Summerhill encontrou excelente acomodação em sua autonomia,

48

Nossa lei contra armas perigosas é, do mesmo modo, uma acomodação. Espingardas de ar comprimido são proibidas. Os poucos rapazes que desejam teŕ espingardas de ar comprimido na escola detestam essa lei, mas, em sua maioria, conformam-se com ela. Quando são minoria, as crianças não parecem ressentir-se tanto disso quanto os adultos.

Existe em Summerhill um problema eterno, que jamais pôde ser solucionado, e que pode ser chamado o problema do *indivíduo versus comunidade*. Tanto o pessoal como os alunos ficam exasperados quando um grupo de meninazinhas, lideradas por uma menina-problema, incomodam alguns, atiram água em outros, transgridem as leis do horário de recolher, e se tornam um incômodo permanente. Jean, a líder, é atacada na Assembléia Geral. Palavras fortes são usadas para condenar o mau uso que ela faz da liberdade, transformando-a em licença.

Uma psicóloga que nos visitou, disse-me:

—Está tudo errado. O rosto da menina mostra-se infeliz: ela jamais foi amada, e tôda essa crítica aberta faz com que se sinta menos amada do que nunca. Ela precisa de amor, não de oposição.

—Minha querida senhora—respondi eu—nós *tentamos* modificá-la com amor. Durante semanas, foi recompensada por ser anti-social. Mostramos para com ela afeição e tolerância, e ela não reagiu. Antes, passou a nos considerar como tolos, alvos fáceis para as suas agressões. Não podemos sacrificar a comunidade inteira por causa de um indivíduo.

Não sei qual seja a resposta completa. Sei que quando Jean tiver quinze anos será uma jovem social e não a líder de uma quadrilha. Tenho fé no poder da opinião pública. Criança alguma passará anos sendo antipatizada e criticada. E, quanto à condenação feita pela assembléia escolar, simplesmente não podemos sacrificar outras crianças a uma criança-problema.

Uma vez tivemos um menino de seis anos que havia tido vida miserável antes de vir para Summerhill. Era um intimidador violento, destrutivo, cheio de hostilidade. Os pequenos de quatro e cinco anos sofriam e choravam. A comunidade precisava fazer algo afim de protegê-los, e, isso fazendo, tinha de colocar-se contra o intimidador. Os erros de dois pais não podiam ter permissão para reagir sôbre outras crianças cujos pais lhes tinham dado amor e cuidados.

Embora isso acontecesse raramente, precisei mandar crianças embora, por fazerem da escola um inferno para as demais.

49

Digo isso com muita pena, com um vago sentimento de frustração, mas não tinha outro caminho a seguir.

Tive de modificar meus pontos de vista quanto à autonomia, durante êstes longos anos? No todo, não. De forma alguma consigo visualizar Summerhill sem ela. Foi sempre uma forma querida. É o espetáculo que damos às visitas. Mas tem, também, suas desvantagens, como quando uma menina cochichou para mim, numa das assembléias:

—Eu gostaria de falar contra o hábito das meninas de entupirem os sanitários por atirarem nêles as toalhas higiênicas, mas veja quantas visitas temos.

Aconselhei-a a mandar para o inferno as visitas e falar no que tinha a falar. E ela falou.

O benefício educacional que a prática cívica fornece não pode ser mais louvado do que merece. Em Summerhill, os alunos lutariam até a morte pelo seu direito de ter govêrno autônomo. Na minha opinião, a Assembléia Geral da Escola, feita semanalmente, tem mais valor do que tôda uma semana de currículo sôbre assuntos escolares. É excelente teatro para fazer prática de oratória, e a maior parte das crianças fala bem, e sem constrangimento. Muitas vêzes ouvi discursos bastante sensatos, proferidos por crianças que não sabiam ler nem escrever.

Não vejo qualquer outro método que se pudesse adaptar à democracia de Summerhill. Pode ser uma democracia mais justa do que as políticas, porque as crianças são bastante caridosas umas com as outras, e não têm direitos adquiridos de que falar. Além disso, é democracia mais autêntica, porque as leis são feitas em assembléia aberta, e a questão de delegados eleitos, e incontroláveis, não se levanta.

Afinal, é a larga visão que as crianças livres adquirem o que faz a autonomia tão importante. Suas leis tratam de coisas essenciais, não de aparências. As leis que governam a conduta na cidade são a aquiescência para com uma civilização menos livre. "A cidade"—o mundo exterior—gasta suas preciosas energias afligindo-as com insignificâncias. Como se no esquema da vida tivessem alguma importância as roupas elegantes que se vestem ou o hábito de dizer "inferno". Summerhill, afastando-se das ninharias exteriores da vida, pode ter, e tem, um espírito de comunidade que está para adiante de seu tempo. Na verdade, êsse espírito é capaz de chamar uma pá de maldita pá, mas qualquer cavador de fossos lhes dirá—dizendo a verdade—que uma pá é uma maldita pá.

50

CO-EDUCAÇÃO

Na maioria das escolas estabelece-se um plano definido para separar os rapazes das môças, especialmente em instalações reservadas para dormitórios. Casos de amor não são estimulados. Da mesma forma, em Summerhill êles não são estimulados. Mas também não são desencorajados.

Em Summerhill, rapazes e môças são deixados em paz. As relações entre os sexos parecem ser muito salutares. Um sexo não crescerá com qualquer ilusão ou desilusão no que se refere ao outro. Não se trata de dizer que Summerhill é uma grande família, onde todos os bons meninos e meninas são como irmãos e irmãs, uns para com as outras. Se fôsse assim, eu me tornaria, imediatamente, um antieducacionista fanático.

Sob co-educação autêntica—não aquela em que môças e rapazes freqüentam a mesma sala de aula, mas vivem e dormem em casas separadas—a curiosidade vergonhosa está quase que eliminada. Não há Toms a espiar em buracos de fechadura, em Summerhill, e vê-se ali muito menos ansiedade em relação ao sexo do que nas outras escolas.

De vez em quando um adulto vem à escola e pergunta:

—Mas êles não dormem todos uns com os outros?

E quando eu digo que não, êle ou ela, exclama:

—Mas, por que não? Na idade dêles eu me teria divertido à grande!

Êsse é o tipo de pessoa que, educando-se juntos, acha que môças e rapazes devem, necessàriamente, dar-se à licença sexual. É verdade que as pessoas não dizem quê êste pensamento sublinha suas objeções. Em vez disso, argumentam, dizendo que môças e rapazes têm capacidade diferente para aprender, e não devem, portanto, receber lições em conjunto.

As escolas deveriam ser co-educacionais, porque a vida é co-educacional. Mas a co-educação é temida por muitos pais e professôres por causa do perigo da gravidez. Realmente, dizem-me que há diretores de escolas co-educacionais que passam noites em claro preocupando-se com essa possibilidade.

Crianças condicionadas, de ambos os sexos, são, muitas vêzes, incapazes de amar. Tal notícia pode ser confortadora para os que temem o sexo, mas, para a juventude em geral, a incapacidade de amar é uma grande tragédia humana.

Quando perguntei a alguns adolescentes de uma famosa escola particular co-educacional se havia casos de amor em sua escola, a resposta foi negativa. Depois de expressarem surprêsa, disseram-me:

—Às vêzes temos amizade entre um rapaz e uma môça, mas isso nunca é um caso de amor.

Desde que eu vira no *campus* daquela escola alguns garotos simpáticos e algumas bonitas mocinhas, fiquei sabendo que ali se impunha um ideal de antiamor entre os alunos, e que aquela atmosfera altamente moral estava inibindo o sexo.

Certa vez perguntei ao diretor de uma escola progressiva:

—Você tem algum caso de amor em sua escola?

—Não, replicou êle, gravemente.—Mas a verdade é que jámais recebemos crianças-problemas.

Os que são contra a co-educação podem alegar que o sistema faz os rapazes efeminados e as môças masculinas. Mas, bem ao fundo, está o mêdo moral, realmente um mêdo ciumento. Sexo, com amor, é o maior prazer dêste mundo, e se vê reprimido justamente porque é o maior prazer. Tudo o mais não passa de evasão.

A razão pela qual não fico nutrindo receios de que os alunos mais antigos em Summerhill, os que ali estão desde a infância, possam dar-se à licença sexual, é saber que não estou tratando com crianças que têm interêsse reprimido, e portanto nada natural, em sexo.

Há alguns anos tivemos dois alunos chegados ao mesmo tempo: um rapaz de dezessete anos, vindo de uma escola particular, e uma jovem de dezesseis anos, também egressa de uma escola particular. Apaixonaram-se mùtuamente, e estavam sempre juntos. Uma noite, já tarde, encontrei-me com êles e fi-los parar.

—Não sei o que vocês estão fazendo—disse-lhes—e, moralmente, isso não me importa, pois não se trata absolutamente de uma questão moral. Mas, econômicamente, importo-me, sim. Se você, Kate, tiver um bebê, minha escola ficará arruinada, E continuei a falar, explanando o tema.

—Vocês acabam de chegar a Summerhill. Isso, para ambos, significa liberdade para fazer o que quiserem. Naturalmente, falta-lhes qualquer sentimento especial por esta escola. Se estivessem aqui desde a idade de sete anos, eu jamais teria que lhes falar como estou falando. Ambos seriam tão fortemente apegados à escola que *pensariam* nas conseqüências para Summerhill.

Foi essa a única maneira de tratar aquêle problema. Felizmente, nunca mais precisei falar com êles em tal assunto.

TRABALHO

Em Summerhill tínhamos uma lei da comunidade que tratava de que cada criança acima de doze anos, e todos os membros do pessoal, deveriam dar duas horas de trabalho semanal na propriedade. O pagamento era simbólico, de um níquel por hora. Se não trabalhassem, teriam o dôbro de multa. Alguns, inclusive professôres, contentavam-se com pagar as multas. Dos que trabalhavam, a maioria tinha os olhos no relógio. Não havia qualquer aspecto divertido no trabalho, portanto êle caceteava tôda gente. A lei foi reexaminada, e as crianças a aboliram por unanimidade de votos.

Há alguns anos precisamos de uma enfermaria em Summerhill. Resolvemos que a construiríamos nós mesmos, um edifício decente, de tijolo e cimento. Nenhum de nós jamais tinha assentado um tijolo, mas começamos o trabalho. Alguns alunos ajudaram a cavar os fundamentos, e demoliram várias paredes velhas para aproveitamento dos tijolos. Mas as crianças exigiam pagamento. Recusamos pagar salários. Ao fim, a enfermaria foi construída pelos professôres, e por visitantes. O trabalho era demasiado insípido aos olhos das crianças, e para suas mentes jovens a necessidade de uma enfermaria era coisa muito remota. Não tinham qualquer auto-interêsse naquilo. Mas, algum tempo depois, quando quiseram um abrigo para as bicicletas, construíram-no sòzinhas, sem qualquer auxílio do pessoal.

Estou escrevendo sôbre crianças—não como nós adultos imaginamos que elas deveriam ser—mas como realmente são. Seu senso de comunidade—seu senso de responsabilidade social—não se desenvolve antes dos dezoito anos, ou mais. Seus interêsses são imediatos, e o futuro, para elas, não existe.

Ainda não vi uma criança preguiçosa. O que chamamos preguiça ou é falta de interêsse ou falta de saúde. Uma criança

54

sadia não pode ser preguiçosa: está sempre fazendo alguma coisa, o dia inteiro. Conheci, certa vez, um garôto muito sadio que era considerado preguiçoso. Não se interessava por matemática, mas o currículo escolar exigia que estudasse matemática. Êle não queria estudar tal coisa, naturalmente, e o seu professor da matéria o considerava preguiçoso por isso.

Li, recentemente, que se um casal saísse uma noite para dançar, e dançasse tôdas as contradanças, teria andado vinte e cinco milhas. Ainda assim, pouca ou nenhuma fadiga sentiria, porque teria prazer naquela noite fora de casa—bem entendido, se acertassem o passo um com o outro. Assim acontece com a criança. O garôto preguiçoso em sua casa, correrá milhas durante um jôgo de futebol.

Não consigo obter que jovens de dezessete anos venham ajudar-me a plantar batatas ou a limpar canteiros de cebolas, embora os mesmos jovens gastem horas em tôrno de motores, ou lavando carros, ou fazendo aparelhos de rádio. Levei algum tempo para aceitar êsse fenômeno. A verdade começou a se esclarecer para mim quando eu estava cavando no jardim de meu irmão, na Escócia. Não sentia prazer no serviço, e, de repente, tive a revelação de que o que estava errado era o fato de trabalhar num jardim que para mim nada significava. E meu jardim nada significa para os rapazes, enquanto suas bicicletas ou rádios muita importância têm a seus olhos. O verdadeiro altruísmo custa muito a chegar, e nunca perde de todo o seu fator de egoísmo.

Crianças pequenas têm atitude bastante diferente das de dez anos, diante do trabalho. Os pequeninos de Summerhill, que vão dos três ao oito anos, trabalharão como Hércules misturando cimento, carregando areia, limpando tijolos, tudo isso sem pensar em recompensa. Identificam-se com os adultos, e seu trabalho é como uma fantasia que se fizesse realidade.

Entretanto, da idade de oito ou nove até dezenove ou vinte, o desejo de realizar trabalho manual de tipo insípido não existe nêles. Isto é verdade no que se refere à maioria das crianças: há, individualmente, como é natural, crianças que se manifestam industriosas desde a mais tenra infância, e através de tôda a sua vida.

A verdade é que nós, adultos, exploramos demais as crianças, e com muita freqüência.

—Marion, vai depressa ao correio, levar esta carta.

55

Tôda criança detesta ser usada.. A criança do tipo médio compreende, obscuramente, que é vestida e alimentada pelos pais sem que isso custe qualquer esfôrço de sua parte. Sente que tal cuidado é um seu direito natural, mas compreende, por outro lado, que se espera dela—quando não a obrigam a isso—uma centena de trabalhos subalternos e várias tarefas desagradáveis, das quais os próprios pais se evadem.

Li, certa vez, que uma escola da América fôra construída pelos próprios alunos, e imaginei ser aquela a fórmula ideal. Não é. Se as crianças construíram sua própria escola, podem estar certos de que estêve ali perto algum cavalheiro, com aspecto de animada e benevolente autoridade, a gritar encorajamentos, regaladamente. Quando tal autoridade não está presente, *as crianças, simplesmente, não constroem escolas.*

Minha opinião pessoal é que uma civilização sadia não exigiria que a criança trabalhasse pelo menos até os dezoito anos. A maior parte dos rapazes e môças faria muito trabalho antes de alcançar essa idade; mas tal trabalho, para êles, representaria um brinquedo, e se mostraria, provàvelmente, antieconômico, visto pelos padrões dos pais. Sinto-me deprimido quando penso na gigantesca porção de trabalho que um estudante é obrigado a fazer a fim de se preparar para os exames. Consta-me que em Budapeste cêrca de cinqüenta por cento dos estudantes se arruinaram, física e psicològicamente, depois de seus exames vestibulares.

A razão pela qual continuamos recebendo tão bons relatórios aqui em Summerhill, a propósito das industriosas realizações de antigos alunos nossos, em trabalhos de responsabilidade, está no fato de êsses moços e môças terem esgotado sua época de fantasia autocentralizada em nossa escola. Como jovens adultos, estão capacitados para enfrentar as realidades da vida sem qualquer nostalgia inconsciente em relação aos jogos da infância.

DIVERSÃO

Summerhill pode ser definida como escola na qual a diversão é da maior importância. Porque as crianças e os gatinhos brincam eu não sei. Penso que é uma questão de energia.

Não estou pensando em diversão nos têrmos de campos atléticos ou jogos organizados, e sim em têrmos de inventiva. Jogos organizados exigem habilidade, competição, trabalho de equipe, mas as brincadeiras das crianças habitualmente dispensam essas coisas. Crianças pequenas bricam de quadrilheiros, com tiros e espadas de mentira. Muito antes da era do cinema as crianças brincavam de quadrilheiros. As histórias e os cinemas podem dar alguma direção a certa espécie de brinquedo, mas o que é fundamental nêles está nos corações das crianças de tôdas as raças.

Em Summerhill as crianças de seis anos brincam o dia inteiro, brincam com inventiva. Para uma criança pequena, a realidade e a fantasia estão muito próximas uma da outra. Quando um menino de dez anos se veste de fantasma, os pequeninos gritam de satisfação. Sabem que aquilo não passa de Tom, pois viram quando êle se envolveu no lençol. Mas, quando o outro avançou para êles, todos gritaram de terror.

Crianças pequenas vivem uma existência de fantasia e levam essa fantasia para a ação. Meninos, dos oito aos catorze anos, brincam de quadrilheiros e estão sempre matando gente ou voando pelos céus em seus aviões de madeira. As meninazinhas também passam por êsse estágio, mas sem a forma de espingardas e espadas. É coisa mais pessoal. A quadrilha de Mary faz objeções à quadrilha de Nellie, e há brigas e palavras duras. As quadrilhas rivais de meninos não passam de inimigos de brincadeira. Por isso os meninos pequenos são de convivência mais fácil do que as meninas pequenas.

57

Não consegui descobrir onde as fronteiras de fantasia começam e acabam. Quando uma criança leva uma refeição para a boneca, num pratinho minúsculo, de brinquedo, acreditará ela, naquele momento, que a boneca tem vida? Um cavalo de balanço é um cavalo de verdade? Quando um rapazinho grita: "Mãos ao alto!" e atira, pensa, ou sente, que seu revólver é de verdade? Estou inclinado a pensar que as crianças imaginam serem verdadeiros os seus brinquedos, e só quando algum adulto sem sensibilidade se mete no meio e faz-lhes lembrar que aquilo é fantasia, volvem à terra, com um choque. Nenhum pai ou mãe compreensivo jamais destruirá a fantasia de uma criança.

Os meninos geralmente não brincam com meninas. Meninos brincam de quadrilheiros, e de pegador, fazem cabanas nas árvores, cavam buracos e trincheiras.

As meninas raramente organizam seus brinquedos. Outrora brincava-se muito de médico, e de professor, mas isso é coisa desconhecida para as crianças livres, pois não sentem necessidade de imitar a autoridade. Crianças menores brincam com bonecas, mas as meninas mais velhas parecem divertir-se mais no contato com pessoas, e não coisas.

Muitas vêzes tivemos quadros mistos de hóquei. Jogos de cartas e outros jogos de interior são, geralmente, mistos.

Crianças gostam de barulho e de lama. Batem os pés nas escadas, gritam como rústicos, andariam sôbre o Vaso de Portland, se êle estivesse em seu caminho, e andariam sem o ver, sequer.

É demasiado freqüente isso de as mães não brincarem tanto quanto deviam com os seus bebês. Parecem pensar que colocando um ursinho macio no carro dêles resolvem a coisa por uma ou duas horas, esquecendo-se de que bebês querem ser acariciados e abraçados.

Dando como certo de que infância é tempo de brincadeiras, como reagimos diante dêsse fato, nós, os adultos? *Ignoramo-la.* Esquecemos tudo a respeito—porque brincar, para nós, é perder tempo. Daí levantarmos uma grande cidade escolar, com muitas salas e dispendiosos aparelhos para o ensino. Mas, quase sempre, tudo quanto oferecemos ao instinto que se volta para a brincadeira, é um pequeno espaço cimentado.

Podíamos, com alguma verdade, dizer que os males da civilização são devidos ao fato de que criança alguma jamais teve bastante diversão. Para dizê-lo de outra maneira, cada criança

58

tem sido condicionada para a vida adulta, muito antes de atingir a idade adulta.

A atitude adulta com referência ao brinquedo é muito arbitrária. Nós, os velhos, fazemos o horário da criança: estudos de nove ao meio-dia. Uma hora para almôço. De nôvo lições até as três horas. Se uma criança livre recebesse a incumbência de organizar um horário, é quase certo que reservaria muitos períodos para a diversão e apenas uns poucos para as lições.

O mêdo está na raiz do antagonismo adulto em relação aos brinquedos das crianças. Centenas de vêzes ouvi a indagação angustiada:

—Mas, se meu filho brinca o dia inteiro, como poderá aprender alguma coisa, como poderá passar nos exames?

Muito poucos aceitam minha resposta:

—Se seu filho se divertir tanto quanto deseja se divertir, poderá passar nos exames depois de dois anos de estudo intensivo, em vez dos cinco, seis, ou sete anos habituais de aprendizado numa escola que põe de parte a diversão como fator de vida.

Mas sempre tenho de acrescentar:

—Isto é—se êle *desejar* passar nos exames.

Êle pode desejar fazer-se dançarino de balé, ou mecânico de rádio. Ela pode desejar fazer-se costureira, desenhista ou enfermeira de crianças.

Sim, o temor pelo futuro da criança leva os adultos a privarem os filhos do direito de brincar. Há mais do que isso, entretanto; há uma vaga idéia moral atrás da desaprovação quanto a brinquedos, uma sugestão de que ser criança não é assim tão bom, uma sugestão que está na advertência feita a jovens adultos: "Não seja criança!"

Pais que esqueceram os desejos ardentes de sua infância—que esqueceram como se brinca e como se nutre a fantasia—são pais medíocres. Quando uma criança perde a capacidade de brincar, está psìquicamente morta e torna-se um perigo para qualquer outra criança que venha a ter contato com ela.

Professôres de Israel falaram-me nos maravilhosos centros municipais que ali existem. A escola, ao que me contaram, é parte de uma comunidade cuja necessidade primordial é trabalhar duramente. Crianças de dez anos, disse-me um professor, choram se—como castigo—não lhes permitem cavar uma horta. Se há uma criança de dez anos que chora por estar proibida de arrancar batatas, eu deveria ficar imaginando se

59

não seremos mentalmente deficientes, por aqui. Infância é época de brinquedos. E qualquer sistema de comunidade que ignore essa verdade, está educando erradamente. Para mim, o método israelense vai sacrificando vidas novas a necessidades econômicas. Isso pode ser necessário, mas eu não ousaria chamar ideal a êsse sistema de viver em comunidade.

É desafiador, ainda assim muitíssimo difícil, avaliar o prejuízo causado a uma criança que não teve permissão para brincar tanto quanto quis. Fico muitas vêzes a cogitar se as grandes massas que assistem aos jogos de futebol não estão tentando extravasar seu interêsse sufocado em brinquedos, identificando-se com os jogadores, jogando com êles por procuração. A maioria dos nossos diplomados de Summerhill não assiste a jogos de futebol, nem se interessa pelos cerimoniais. Penso que poucos entre êles andariam um pedaço longo para ver uma procissão real. A pompa tem em si um elemento infantil; suas côres, seu formalismo, e os movimentos lentos, trazem alguma sugestão de um mundo de brinquedo, com bonecas vestidas. Talvez seja por essa razão que as mulheres gostam da pompa, mais do que os homens. Quando as pessoas ficam mais velhas e mais sofisticadas parecem ser cada vez menos atraídas pela pompa, seja ela de que espécie fôr. Duvido que generais, políticos e diplomatas sintam, nas festas solenes, algo mais do que tédio.

Há alguma evidência de que as crianças criadas livremente e com o máximo de tempo para brincar, não mostrem tendência para se tornarem unânimes com o pensamento da massa. Entre os antigos Summerhillenses, os únicos que podem fácil e entusiàsticamente aclamar com a multidão, são os que vieram de lares onde os pais têm inclinações comunistas.

TEATRO

Durante o inverno, a noite de domingo, em Summerhill, é noite de teatro. As representações têm sempre boa freqüência. Vi seis noites sucessivas de domingo com programa dramático integral. Mas, às vêzes, depois de uma onda de teatro, não há espetáculo durante algumas semanas.

A platéia é demasiado crítica. Comporta-se bem—muito melhor do que se comportam, em sua maioria, as platéias londrinas. Dificilmente temos assobios, bater de pés, ou vaias.

O teatro de Summerhill é uma quadra de jogos reformada, que tem capacidade para cem pessoas. O palco é móvel, isto é, feito de caixas que podem ser empilhadas, formando degraus e estrados. Tem iluminação apropriada, e refletores. Não há cenários—apenas cortinas cinzentas. Quando a marcação é *"entram aldeões através de abertura na cêrca viva"*, os atôres empurram a cortina para o lado.

A tradição da escola é representar apenas peças escritas em Summerhill. E o código não escrito diz que uma peça escrita por professôres só pode ser representada se houver escassez de peças feitas pelas crianças. O elenco faz seus próprios trajos, também, e êles são excepcionalmente bem feitos. Nossa escola dramática tende para a comédia e para a farsa, mais do que para a tragédia, mas quando temos uma tragédia, é bem representada. Às vêzes, lindamente representada.

As meninas representam mais do que os meninos. Os meninos pequenos produzem suas próprias peças, mas, de costume, as partes não são escritas. Êles mal precisariam disso, pois a frase principal de cada tipo é sempre "Mãos ao alto!". Nessas representações a cortina sempre corre sôbre uma coleção de cadáveres, pois os meninos pequenos, por natureza, fazem tudo completo, e sem concessões.

61

Daphne, uma garôta de treze anos, costumava dar-nos peças tipo Sherlock Holmes. Recordo-me de uma a propósito de um delegado de polícia que fugira com a mulher do beleguim. Com o auxílio do investigador, e naturalmente, do "meu caro Watson", o beleguim encontrou a pista da espôsa, na residência do delegado de polícia. Ali, um espetáculo notável surgiu para êle. O delegado estava no sofá, o braço envolvendo a espôsa infiel, enquanto um bando de mulheres airadas dançava danças sinuosas, no centro da sala. *O delegado estava em trajos de noite.* Daphne sempre introduzia a alta sociedade em seus dramas.

Meninas de catorze anos, ou por aí, escrevem, às vêzes, peças em versos, e com freqüência tais peças são boas. Naturalmente, nem todo o pessoal, nem tôdas as crianças escrevem peças.

Há uma versão fortíssima contra o plágio. Quando, há algum tempo, certa peça foi retirada do programa e tive de escrever uma às pressas, para substituição de emergência, usei como tema uma história de W. E. Jacob. Houve um berreiro: "Plagiário! Trapaceiro!"

As crianças de Summerhill não dramatizam as histórias. Nem desejam aquêle material emproado que tanto se usa nas outras escolas. Nosso grupo jamais representa Shakespeare, mas, às vêzes escrevo sátiras shakespearianas, como, por exemplo, Júlio César em ambiente de quadrilheiro americano—linguagem que é mescla de Shakespeare e história de revista de detetives.

Mary pôs o teatro abaixo quando, como Cleópatra, apunhalou todos os que estavam no palco, e, a seguir, olhando para a lâmina de sua faca, leu em voz alta as palavras: "aço que não mancha", e depois mergulhou o punhal no próprio coração.

A capacidade de representar dos alunos mantém nível elevado. Entre os alunos de Summerhill não existe o chamado pânico no palco. Os pequeninos são um encanto, porque vivem suas partes com a mais completa sinceridade. As meninas representam com mais facilidade do que os meninos. Realmente, meninos de menos de dez anos raramente representam, a não ser suas próprias peças de quadrilheiros. E algumas crianças nunca chegam a representar, nem a ter qualquer desejo de fazê-lo.

Descobrimos, em nossa longa experiência, que o pior ator é o que representa na vida. Tal criança jamais se desloca de si mesma, e sente-se constrangida no palco. Talvez constrangida seja uma expressão errônea, por significar que se está consciente de que outros estão conscientes de nós.

Representar faz parte necessária da educação. É, de maneira ampla, um exibicionismo mas em Summerhill, quando a representação se torna apenas exibicionismo, o ator não é admirado.

Como ator, a pessoa precisa ter um grande poder de se identificar com outros. Com adultos, tal identificação jamais é inconsciente, pois êles sabem que estão representando. Mas eu duvido que as crianças pequenas realmente o saibam. Muito freqüentemente, quando uma criança entra, a sua deixa é "Quem és tu?, em vez de responder: "Sou o fantasma do abade!", ela responde: "Sou Peter!"

Em uma das peças escritas para os bem pequeninos, havia uma cena de jantar com comida de verdade. O ponto levou algum tempo e teve algum trabalho para levar os atôres à cena que se seguia àquela. As crianças continuavam lidando com a comida, numa indiferença completa pela platéia.

Representar é um método de se adquirir autoconfiança. Mas algumas crianças que jamais representam dizem-me que detestam os espetáculos porque se sentem inferiores. Aqui está uma dificuldade para a qual não encontrei solução. Tal criança geralmente encontra outra linha de ação na qual possa mostrar superioridade. O caso difícil é o da menina que adora representar, mas não tem possibilidades para isso. E o fato de tal menina raramente estar fora do elenco é uma recomendação para as boas maneiras da escola.

Meninos e meninas de treze e catorze anos recusam-se a tomar qualquer papel que tenha que ver com cenas de amor, mas os pequeninos as representam com alegria e felicidade. Os mais velhos, que ultrapassam os quinze, representarão cenas de amor, se forem cenas de comédia. Só um ou dois dos mais velhos levam a sério as cenas de amor. São cenas que não podem ser bem representadas enquanto não se sentiu amor. Ainda assim, as crianças que jamais sentiram desgôsto verdadeiro na vida, representam esplêndidamente um papel doloroso. Vi a aluna Virgínia descontrolar-se num ensaio, e chorar enquanto representava um papel dramático. Esse se dera à conta do fato de tôda criança ter sentido desgôsto através da imaginação. Com efeito, a morte entra cedo em tôdas as fantasias infantis.

Peças para crianças devem estar ao nível das crianças. É errado fazer crianças representar peças clássicas, que estão longe da sua verdadeira vida de fantasia. Suas representações como sua leitura, deveriam ser para a sua idade. As crianças de Summerhill raramente lêem Scott, Dickens ou Thackeray, porque as crianças de hoje pertencem à era do cinema. Quando uma criança vai ao cinema, vê uma história comprida como *Westward Ho*, em uma hora e um quarto, uma história que lhe exigiria dias de leitura, uma história sem as insípidas descrições de gente e de paisagens. Assim, em suas representações, as crianças não desejam a história de Elsinore: desejam a história daquilo que as cerca.

Embora as crianças de Summerhill representem as peças que elas mesmas escrevem, nem por isso, quando têm oportunidade, deixam de demonstrar entusiasmo por um drama autêntico, realmente bom. Em certo inverno eu lia uma peça por semana para os mais velhos. Li todo o Barrie, Ibsen, Strindgberg, Chekhov, um pouco de Shaw e de Galsworthy, bem como peças modernas, como *The Silver Cord e The Vortex*. Nossos melhores atôres e atrizes gostaram de Ibsen.

Os mais velhos interessaram-se pela técnica do teatro e seu ponto de vista no caso é original. Por muito tempo houve um estratagema bastante respeitado no teatro, que consistia em jamais sair um personagem de cena sem dar uma desculpa para isso. Quando um dramaturgo desejava livrar-se do pai, de forma que a espôsa e a filha pudessem dizer uma à outra que êle era uma zebra, o velho pai, generosamente, levantava-se e comentava: "Bem, é melhor ir ver se o jardineiro plantou aquelas couves". E lá se ia. Nossos dramaturgos jovens de Summerhill têm uma técnica mais direta. Conforme uma das meninas me disse:

— Na vida real você sai de uma sala sem dizer coisa alguma quanto ao lugar para onde vai.

Isso é verdade quanto a nós, e é verdade também no palco de Summerhill.

Summerhill especializa-se em certo ramo da arte dramática que pode ser chamado representação espontânea. Eu proponho provas de representação como se segue:

Vista um sobretudo imaginário; tire-o de nôvo e pendure-o num cabide. Apanhe um ramo de flôres e encontre um cardo entre elas. Abra um telegrama que diz que seu pai (ou sua mãe) morreu. Faça refeição apressada no restaurante de uma estação ferroviária, cheio de apreensão, não vá o trem partir sem levá-lo.

Às vêzes a representação é uma "conversa". Por exemplo, eu me sento à mesa e anuncio que sou um funcionário da imigração de Harwich. Cada criança deve ter um passaporte imaginário e deve estar preparada para responder minhas perguntas. Isso é bom divertimento.

De outras vêzes, sou um produtor cinematográfico entrevistando um elenco em perspectiva, ou um negociante procurando secretária. Uma vez fui um homem que tinha pôsto um anúncio pedindo amanuense. Nenhuma das crianças sabia o que significava essa palavra. Uma das meninas agiu como se ela significasse manicura, e isso deu lugar a uma boa comédia.

Representação espontânea é o lado criador de um teatro-escola, o lado vital. Nosso teatro tem feito mais em benefício do espírito criador do que qualquer outra coisa em Summerhill. Qualquer pessoa pode representar numa peça, mas nem todos podem escrever uma peça. As crianças com certeza compreendem, embora obscuramente, que sua tradição de representar apenas peças originais, ali feitas, encoraja o espírito criador mais do que o fariam a reprodução e a imitação.

DANÇA E MÚSICA

Vamos dançar, mas dancemos segundo o regulamento. E o estranho é que o grupo aceita o regulamento, como grupo, enquanto cada qual de seus componentes, particularmente, está concorde em que as tais regras são detestáveis.

Para mim, uma sala de baile em Londres é como que um símbolo da Inglaterra. A dança, que deveria ser um prazer criador e individual, torna-se passeio rígido. Um par dança exatamente como o outro. O conservadorismo da multidão impede que a maior parte dos dançarinos se mostre original. E a alegria da dança é a alegria da invenção. Quando a invenção fica de lado, o dançar se transforma em atividade insípida e mecânica. A forma inglêsa de dançar expressa, integralmente, o mêdo da emoção e da originalidade.

Se não há lugar para a liberdade num prazer como o da dança, como poderemos esperar que ela exista nos aspectos mais sérios da vida? Se alguém não ousa inventar seus próprios passos de dança, é bem pouco provável que o tolerem se ousar a invenção de seus próprios passos religiosos, educacionais, ou políticos!

Em Summerhill todos os programas incluem a dança. Os bailes são sempre organizados e realizados pelas meninas, que fazem isso muito bem. Não dançam música clássica, preferem sempre o *jazz*. Tivemos um balé com a música de Gershwin, *Um Americano em Paris*. Escrevi a história, e as meninas interpretaram-na dançando. Vi espetáculos menos bons nos palcos de Londres.

A dança é um excelente extravasamento para o interêsse sexual inconsciente. Digo *inconsciente* porque uma garôta pode ser bela, mas se fôr má dançarina não conseguirá muitos pares, nos bailes.

Quase tôdas as noites nossa sala-de-estar particular está repleta de crianças. Muitas vêzes tocamos vitrola e os desacordos surgem, nesse particular. As crianças querem Duke Ellington e Elvis Presley, e eu os detesto. Gosto de Ravel e Stravinsky, e de Gershwin. Às vêzes fico farto de *jazz* e imponho a lei—já que aquela é a minha sala-de-estar—de que tocarei o que desejo tocar.

O trio *Rosenkavalier*, ou o quinteto *Meistersinger* têm o condão de deixar a sala vazia. Mas há algumas crianças que apreciam a música clássica, como a pintura clássica. Não tentamos conduzi-las a um nível mais elevado de gôsto—se é que isso vem a significar alguma coisa.

Realmente, para a felicidade de alguém, na vida, pouco importa que goste de Beethoven ou do *hot jazz*. As escolas teriam mais sucesso se incluíssem *jazz* no currículo e deixassem Beethoven de fora. Em Summerhill, três rapazes, inspirados pelas *jazz-bands*, resolveram aprender a tocar. Dois dêles compraram clarinetas e outro escolheu a trompa. Quando deixaram a escola foram todos estudar na Academia Real de Música. Hoje estão tocando em orquestras dedicadas exclusivamente à música clássica. Agrada-me imaginar que êsse progresso em matéria de gôsto musical veio do fato de lhes ter sido permitido, em Summerhill, ouvir Duke Ellington *e* Bach, ou outro compositor qualquer, afinal.

ESPORTES E JOGOS

Na maior parte das escolas o esporte é compulsório. Mesmo a presença no assistir às partidas é compulsória. Em Summerhill, os jogos, como as lições, podem ser ou não realizados ou assistidos.

Houve um rapaz que estêve dez anos na escola e jamais tomou parte ativa num jôgo. Ninguém jamais lhe pediu que o fizesse. Mas a maior parte das crianças gosta de jogos, e as mais novas não os organizam, porque brincam de quadrilheiros ou de Peles-Vermelhas. Constroem cabanas e fazem tôdas as coisas que as crianças menores geralmente fazem. Não tendo alcançado o estágio da cooperação, não devem ter jogos organizados para elas. Jogos e esportes organizados chegam, habitualmente, no momento exato.

Em Summerhill, nossos jogos principais são o hóquei, no inverno, e o tênis, no verão. Uma das dificuldades com as crianças é conseguir pares para as duplas de tênis. Quando se trata de hóquei êles aceitam naturalmente o trabalho em equipe, mas muitas vêzes preferem jogar individualmente o tênis, em lugar de organizar duplas. O trabalho em equipe é mais fàcilmente obtido à altura dos dezessete anos.

Natação é coisa apreciada por tôdas as idades. A praia de Sizewel não é boa para crianças, pois parece estar sempre de maré cheia. As longas extensões de areia, com pedras e poças, coisa que as crianças tanto apreciam, não existem em nossa costa.

Não temos ginásticas artificiais em nossa escola e eu não as considero necessárias. As crianças fazem todo o exercício de que precisam em seus jogos, nadando, dançando ou pedalando as suas bicicletas. Fico a cogitar se crianças livres chegariam jamais a freqüentar um ginásio (de esportes), para aulas. Nossos jogos dentro de casa são o tênis-de-mesa, o xadrez, cartas.

As crianças menores têm uma piscina rasa, de patinar, um quadrado de areia, uma gangorra, e balanços. O quadrado de areia está sempre cheio de crianças desalinhadas, nos dias quentes. E os menores vivem a queixar-se de que os maiores vêm usar sua areia. Ao que parece, teremos que fazer um quadrado de areia para os mais velhos. A idade da areia e dos bolos de lama se prolonga mais do que pensamos.

Tivemos debates e discussões por causa da nossa incongruência, representada pela distribuição de prêmios para esportes. A incongruência reside em nossa resoluta recusa quanto à introdução de prêmios ou notas no currículo escolar. O argumento quanto a recompensas é que a coisa deve ser feita por si mesma, não pela recompensa, o que é verdade autêntica. Assim, às vêzes nos perguntam por que é certo dar prêmios de tênis, e errado dar prêmios de geografia. Acho que a resposta deve ser a seguinte: o tênis é um jôgo de franca competição, e consiste em bater o outro jogador. O estudo de geografia não é tal coisa. Se eu souber realmente geografia, pouco me importará que o outro saiba mais ou menos do que eu. Sei que as crianças *desejam* prêmios quando se trata de jogos, e não os desejam para assuntos escolares—pelo menos isso acontece em Summerhill. Em Summerhill, seja como fôr, não fazemos heróis dos nossos vencedores em esportes. O fato de Fred ser o capitão do nosso time de hóquei não dá ao seu voto qualquer pêso mais em nossas Assembléias Gerais da Escola.

Os esportes, em Summerhill, estão colocados no lugar que lhes compete. Um rapaz que jamais entra em jogos não é visto com desaprovação, nem considerado inferior. "Vive e deixa viver" é uma divisa que encontra sua expressão ideal quando as crianças têm liberdade para serem o que são. Eu próprio pouco interêsse tenho pelos esportes mas conservo agudo interêsse em esportividade. Se em Summerhill os professôres insistirem: "Vamos, rapazes, vamos para o campo!", os esportes se teriam tornado coisa pervertida. Sòmente em condições de liberdade de jogar ou não jogar é que se pode desenvolver a verdadeira esportividade.

RELATÓRIO DOS INSPETORES DO GOVÊRNO BRITÂNICO

MINISTÉRIO DA EDUCAÇÃO

Relatório dos Inspetores de Sua Majestade
sôbre a
Escola Summerhill
Leiston, Suffolk Leste
Inspecionada de
20 a 21 de junho de 1949

NOTAS

1. Êste Relatório é confidencial e não pode ser publicado, a não ser por disposição expressa da Escola. Se fôr publicado, deverá sê-lo integralmente.

2. O direito autoral relativo a êsse Relatório pertence ao Controlador do Departamento de Livreiros e Editôres de Sua Majestade. O Controlador não faz objeções à reprodução do Relatório, desde que fique claramente compreendido, por todos que se envolverem na reprodução, que os direitos autorais lhe pertencem.

70

3. Deve ficar entendido que a publicação dêste Relatório de forma alguma representa recognição por parte do Ministro.

MINISTÉRIO DA EDUCAÇÃO ,

RUA CURZON
LONDRES, W. 1.

IND. 38/B/6/8

Esta escola é famosa em todo o mundo como a que realiza experiência educacional em linhas revolucionárias, e na qual as teorias expostas pùblicamente pelo seu Diretor, teorias amplamente conhecidas e discutidas, são postas em prática. A tarefa de inspeção foi severa e interessante, severa por causa da enorme diferença, na prática, entre esta Escola e outras com as quais os inspetores estão habituados, e interessante pela oportunidade que ofereceu de tentar avaliar, e não apenas observar, o valor da educação ali oferecida.

Tôdas as crianças da Escola são internas e a taxa anual é de £120. Apesar dos salários baixos que o pessoal recebe, e aos quais nos referiremos mais tarde, o Diretor tem dificuldade para manter a Escola dentro dessa cifra, que êle reluta em aumentar diante das circunstâncias financeiras dos pais, e que são de seu conhecimento. Embora a taxa seja baixa, comparada à de muitos internatos independentes, e a proporção de pessoal seja maior, os inspetores ficaram um tanto surpreendidos diante da alegação de dificuldades financeiras feita pelo Diretor. Só um exame bastante minucioso da contabilidade e das despesas poderia mostrar quais os gastos possìvelmente abolíveis sem perda, e talvez fôsse interessante a realização de tal exame por parte de alguma fonte independente e experiente. Enquanto isso não se faz pode ser dito que, haja deficiência onde houver, as crianças são alimentadas com cuidado e fartura.

Os princípios sôbre os quais a Escola é dirigida são bem conhecidos daqueles que leram os livros de seu Diretor. Alguns dêles foram largamente aceitos desde o início, outros exerceram grande influência nas escolas em geral, enquanto alguns foram vistos com desconfiança e aversão pela maioria dos professôres e pais. Embora os inspetores tentassem seguir sua prática normal de avaliação do que está sendo feito, usando de objetividade, pareceu-lhes impossível fazer relatório justo em relação à Escola, sem algumas referências aos seus princípios e metas, aceitem êles ou não, pessoalmente, tais metas e princípios.

71

O princípio fundamental na direção da Escola é a liberdade. Não se trata de uma liberdade absoluta. Há certas leis relativas à segurança da vida e à integridade física, feitas pelas crianças e aprovadas pelo Diretor apenas quando são suficientemente rigorosas. As crianças, por exemplo, não podem ir ao banho de mar a não ser em presença de dois membros do pessoal, que são salva-vidas. As crianças mais novas não podem sair dos limites da escola sem a companhia dos mais velhos. Êstes, e outros regulamentos similares, são categóricos, e os transgressores recebem punição por meio de multas. Mas o grau de liberdade concedida às crianças é muitíssimo maior do que os inspetores têm visto em outras escolas, e a liberdade é verdadeira. Criança alguma, por exemplo, é obrigada a assistir às lições. Conforme será dito mais tarde, a maioria as freqüenta quase sempre com regularidade, mas houve um aluno que viveu 13 anos na Escola sem jamais entrar numa sala de aulas e é agora capacitado ferramenteiro e fabricante de instrumentos de precisão. Êsse caso extremo é mencionado para mostrar que a liberdade dada às crianças é genuína e não retirada quando os resultados se tornam constrangedores. A Escola, entretanto, não é dirigida dentro de princípios anárquicos. As leis são feitas por um parlamento escolar, que se reúne periòdicamente, sob a presidência de uma das crianças e cujas reuniões são assistidas pelo pessoal e pelas crianças que o desejarem. Essa assembléia tem ilimitado poder de discussão, e, ao que parece, poderes bastante razoáveis de legislação. Em certa ocasião discutiu a demissão de um professor, mostrando, segundo dizem, excelente julgamento em suas opiniões. Mas tais casos são raros, e, normalmente, o parlamento se preocupa com os problemas cotidianos provenientes da vida em comunidade.

Os inspetores tiveram oportunidade de assistir a uma dessas assembléias, no primeiro dia de inspeção. Os principais assuntos discutidos foram a decretação do regulamento referente ao horário de dormir feito pelo parlamento, e o contrôle da entrada na cozinha em horas não autorizadas. Foram problemas discutidos com grande vigor e liberdade de comentário, de uma forma bastante ordenada, e sem preocupação quanto as pessoas presentes. Embora parecesse que muito tempo se gastasse em argumentação estéril, os inspetores concordaram com o Diretor em que a experiência do aprendizado, no que tange à organização de seus próprios assuntos, era mais valiosa para as crianças do que o tempo perdido.

É evidente que a maioria dos pais e professôres hesitaria mais no dar liberdade completa em matéria de sexo. Muitos concordariam com o Diretor até certa altura, desviando-se, depois, de seus pontos de vista. Talvez não tivessem dificuldade em aceitar sua noção de que o conhecimento do sexo deve ser dado livremente, que sexo deve ser afastado da idéia de culpa, e que as inibições de há muito aceitas têm feito muitíssimo mal, mas, uma escola mista, tomaria maiores precauções do que êle toma. Òbviamente, é muito difícil fazer comentários justos sôbre os resultados disso. Em qualquer comunidade de adolescentes os sentimentos sexuais devem estar presentes, e não serão removidos, com certeza, pelo fato de se verem rodeados de tabus. Ao contrário, isso pode inflamar tais sentimentos. Ao mesmo tempo, conforme o Diretor concorda, a liberdade completa de expressá-los não é possível, embora seja desejável. Tudo quanto se pode dizer, com segurança, é que dificilmente se encontraria uma coleção de meninas e rapazes de rostos mais abertos, mais despreocupados, e que desastres como os que se poderia esperar ocorressem, absolutamente não ocorreram, nos vinte e oito anos de existência da Escola.

Um dos assuntos altamente controvertidos deve ser mencionado aqui, e é a ausência de qualquer espécie de vida e instrução religiosa. Não há proscrição da religião, e se o parlamento escolar resolvesse introduzi-la provàvelmente ela o seria. Da mesma maneira, se um dos alunos, particularmente, a desejar, nada será feito para desviá-lo de tal propósito. Tôdas as crianças vêm de famílias que não aceitam as doutrinas ortodoxas cristãs, e jamais houve a manifestação de qualquer desejo de ter instrução ou culto religioso. Sem fazer qualquer violência ao têrmo, podemos dizer, com segurança, que muitos princípios cristãos são postos em práticas nessa Escola, e que nela existe muita coisa que qualquer cristão aprovaria. Os efeitos da completa ausência de instrução religiosa não podem ser julgados, é natural, em dois dias de inspeção.

Pareceu necessário escrever esta introdução a respeito da Escola, antes de passar ao material de relatório costumeiro. É sôbre o cenário de fundo da liberdade autêntica que a organização e as atividades da Escola devem ser encaradas.

ORGANIZAÇÃO

Há 70 crianças entre as idades de 4 e 16 anos. Vivem em quatro edifícios separados, que descreveremos na seção referente ao recinto escolar. Nessa seção, a educação, no sentido mais estrito da palavra, será descrita. Há seis Classes, organizadas muito vagamente, de acôrdo com a idade, mas com considerável precisão, de acôrdo com a capacidade. Essas Classes reúnem-se conforme um horário bastante comum e ortodoxo, de cinco períodos de 40 minutos durante cinco manhãs por semana. Têm lugares exatos de reunião e professôres determinados para regê-las. Diferem das classes das escolas comuns apenas no fato de não haver a mínima garantia de que todos apareçam. Pode não aparecer ninguém. Os inspetores tiveram muito trabalho para descobrir o que de fato acontece, tanto assistindo a aulas como fazendo perguntas. Parece que a freqüência cresce em regularidade à proporção que as crianças aumentam de idade, e, desde que uma delas resolve seguir certa classe, habitualmente o faz com assiduidade. Foi muito mais difícil descobrir se o equilíbrio do trabalho e dos assuntos era bom. Desde que muitas das crianças recebem o Certificado Escolar, sua escolha é controlada pelas exigências dos exames, quando êles se aproximam, mas os menores têm completa liberdade de escolher. No todo, o resultado dêsse sistema nada tem de grandioso. É verdade que as crianças trabalham através de uma vontade própria e de um interêsse que são muito renovadores, mas suas realizações mostram-se medíocres. Isso não será, na opinião do inspetor, um resultado inevitável do sistema, mas antes de mau funcionamento dêsse sistema. Entre outras causas, existem:

1. A Falta de um bom professor dos pequenos, que possa supervisar e integrar seus trabalhos e atividades.

2. A qualidade geral do ensino. O ensino dos pequenos é, tanto quanto se pode julgar, esclarecido e eficaz, e há algum bom ensino nas Classes superiores, mas a falta de um bom professor dos pequenos, que possa inspirar e estimular os de 8, 9 e 10 anos, é bastante visível. Alguns métodos surpreendentemente antiquados estão em uso, e quando as crianças alcançam a idade em que estão prontas para trabalho mais avançado, sofrem desvantagem considerável e apresentam aos seus professôres problemas sérios. O ensino dos maiores é bem melhor, e, em um ou dois casos, realmente bom.

3. As crianças não têm orientação. É recomendável que uma garôta de quinze anos resolva se deseja estudar francês e alemão, duas línguas que ela anteriormente negligenciara, mas deixá-la empreender tal tarefa em dois períodos por semana para o alemão e em três para o francês, é, certamente, um

tantinho irresponsável. O progresso da menina foi lento, apesar de sua admirável resolução e ela deveria ter tido muito mais tempo para aquilo. Pareceu aos inspetores que alguma espécie de trabalho tutorial (*) deveria ser instalado, a fim de que as crianças tivessem assistência em seu planejamento de trabalho.

4. Falta de vida particular. "Summerhill é um lugar onde se tem dificuldade para estudar." São palavras do Diretor. Existe, ali a atividade de uma colmeia e muita coisa a capturar a atenção e o interêsse. Nenhuma das crianças tem quarto para si própria e não há salas especificadamente separadas para estudos. Determinada pessoa, sem dúvida alguma, sempre conseguiria encontrar um canto, mas o grau de resolução necessário para isso é raro. Poucas crianças permanecem na Escola para além dos dezessete anos, embora nada as impeça de ficar. Há, e têm havido algumas crianças extremamente capazes e inteligentes, em Summerhill, e é de se duvidar que, do ponto de vista acadêmico, elas recebam tudo quanto necessitam.

Ao mesmo tempo, há algum excelente trabalho feito, sempre que a qualidade do ensino é boa. A Arte é seção notável. Há dificuldade em perceber qualquer diferença significativa entre as pinturas das crianças de Summerhill e as das escolas muito mais tradicionais, mas o trabalho mostra-se bom, sob todos os padrões que se observe. Bons trabalhos manuais, em grande variedade, podem ser vistos ali. A instalação de um forno (para produtos industriais, como tijolos, gêsso etc.) estava sendo feita durante a inspeção e as vasilhas que esperavam o primeiro fogo mostravam-se excelentes, em sua forma. A instalação de um tear propiciará nôvo trabalho manual, que está tendo um começo animador.

Uma porção de trabalho escrito de criação é feito, inclusive um Jornal de Parede, e peças teatrais são escritas e representadas em todos os períodos escolares. Fala-se muito nessas peças, mas, ao que parece, não há o hábito de conservar os manuscritos, de forma que não foi possível julgar-lhes a qualidade. Recentemente, uma representação da *Macbeth* foi levada a efeito no pequeno teatro da Escola, todos os cenários e costumes tendo sido preparados na Escola. E é interessan-

---

(*) Sistema inglês de instrução no qual o trabalho do estudante é supervisionado por um "tutor", que muitas vêzes atua igualmente como instrutor, conselheiro e intermediário nos assuntos oficiais com o colégio ou escola. — N. da T.

te notar que essa peça foi levada à cena contra os desejos do Diretor, que prefere ver os alunos representarem peças escritas por êles próprios.

A Educação Física é fornecida de acôrdo com os princípios da Escola. Não há jogos nem treinamento físico compulsórios, futebol, *cricket*, e tênis, são jogados com entusiasmo, e, segundo consta, o futebol conta com jogadores habilitadíssimos, devido à presença, entre o pessoal, de um conhecedor. As crianças organizam partidas com outras escolas da cidade. No dia da visita feita pela inspeção havia uma partida de *cricket* contra uma escola moderna, vizinha, e os de Summerhill tinham resolvido que seu melhor elemento não fizesse parte do jôgo, pois o melhor jogador do outro quadro estava doente.

Passa-se muito tempo ao ar livre, e as crianças levam uma vida saudável e ativa, revelando-se tal coisa em seu aspecto. Apenas uma investigação muito minuciosa poderia revelar quanto perdem, se chegam a perder, em conseqüência da falta de uma educação física mais formal.

INSTALAÇÕES

A Escola está situada em terrenos que dão ampla possibilidade de recreação. O edifício principal, que foi, antigamente casa particular, dispõe, para fins escolares, de um vestíbulo, uma sala-de-jantar, enfermarias, sala de arte, pequena sala de trabalhos manuais, e dormitório das meninas. Os mais novos dormem num chalé, onde sua sala de aula também se situa. Os dormitórios para os outros meninos e as demais salas de aula ficam em cabanas no jardim, onde estão, igualmente, os quartos-de-dormir de alguns membros do pessoal. Todos êsses quartos têm portas que se abrem diretamente para o jardim. As salas de aula são pequenas, embora não sejam inadequadas, pois o ensino é dado a pequenos grupos de cada vez. Um dos dormitórios representa notável esfôrço de construção dos meninos e do pessoal e foi construído para hospital. Ao que parece, não houve necessidade de usá-lo com êsse propósito. As instalações dos dormitórios são um tanto primitivas, quando julgadas pelos padrões normais, mas percebe-se que o registro de saúde da Escola é bom, portanto tais instalações podem ser consideradas como satisfatórias. Há número suficiente de banheiros disponíveis.

Embora as instalações do jardim à primeira vista pareçam de um primitivismo pouco usual, representam, na verdade, lugar eminentemente propício para criar a atmosfera de permanente campo de férias, que é uma feição importante da Escola. Além disso, dão a oportunidade de ver como as crianças continuam seus estudos sem se sentirem perturbadas pelos muitos visitantes que estavam presentes no dia da inspeção.

PESSOAL

O pessoal recebe 8£ por mês, com casa e comida. Obter homens e mulheres bem qualificados acadêmicamente e de alta capacidade como professôres, que não só acreditem nos princípios da Escola mas sejam suficientemente amadurecidos e bem equilibrados para conseguir viver com crianças em têrmos de igualdade, deve ser tarefa considerável para o Diretor. Ter servido em Summerhill não é uma recomendação, em muitos lugares, e a necessária combinação de convicção, desinterêsse, caráter e capacidade é rara. Já se fêz sentir que o pessoal não está à altura de tôdas as exigências, mas ainda assim é muito melhor do que o pessoal de muitas escolas independentes, que pagam salários bem maiores. Está representado por um Licenciado em Letras com louvor, de Edinburgh, para o inglês; um Bacharel em Ciências e Licenciado em Letras, de Liverpool; um licenciado com distinção e louvor em Matemática, de Cambridge; um F. A. com louvor, de Londres, para Francês e Alemão; e um Bacharel em artes de Cambridge para História. Quatro têm diplomas de professôres. Não estão incluídos nessa lista os professôres de trabalhos manuais e ofícios, que têm títulos estrangeiros e são os melhores do corpo docente.

Embora precise de uma correção aqui e ali, o corpo docente do momento está longe de ser fraco, e se pudessem seus membros, através de freqüência a cursos, e de visitas de observação, renovar sua experiência e colocarem-se à altura do instante presente, dariam boa conta de si. Ao mesmo tempo, isso seria desejar muito. Esperar que um salário de £96 por ano pudesse atrair para a Escola os professôres de que ela necessita, é demais, e parece claro que tal dificuldade tem de ser encarada de frente.

O Diretor é homem de profunda convicção e sinceridade. Sua fé e sua paciência devem ser inexauríveis. Tem o poder raro de ser personalidade forte, sem se fazer dominador. É impossível vê-lo em sua escola sem respeitá-lo, mesmo quando so discorde e mesmo se antipatize com as suas idéias. Êle tem sentido humorístico, cálida humanidade e vigoroso bom senso, que faria de sua pessoa um bom Diretor em qualquer lugar, e sua feliz vida de família é compartilhada por crianças presumìvelmente tão capazes de tirar proveito do exemplo como quaisquer outras.

Encara com largueza a educação, que considera uma forma de aprender como viver abundantemente, e embora admita pelo menos algumas das críticas dêste Relatório, sente que sua Escola deve resistir ou tombar, mais pela espécie de crianças que seus alunos vierem a ser, do que pelos conhecimentos e habilidades específicas que lhes forem ensinadas. Nessa base de avaliação, pode ser dito:

1. Que as crianças são cheias de vida e entusiasmo. Não há sinal de tédio ou apatia. A Escola está envolvida numa atmosfera de contentamento e tolerância. A afeição com que a vêem os antigos alunos é evidência de seu sucesso. Um grupo de mais ou menos 30 dêles aparece para as representações e os bailes de fins de períodos, e muitos vêm passar suas férias na Escola.

Talvez valha a pena anotar, neste ponto, que, embora nos primeiros tempos a Escola fôsse freqüentada quase inteiramente por crianças-problemas, o total é agora representativo de um razoável e anormal corte transversal da população.

2. Que as maneiras das crianças são encantadoras. Podem carecer, aqui e ali, de alguma das convenções nesse particular, mas sua amistosidade, segurança e naturalidade, e ausência total de timidez e constrangimento, tornam-nas pessoas com as quais se convive com facilidade e agrado.

3. Que a iniciativa, a responsabilidade, e a integridade, são encorajadas tôdas pelo sistema, e que, tanto quanto tais coisas podem ser julgadas, elas estão, realmente, se desenvolvendo.

4. Que as evidências com que se podem contar não sugerem que os egressos de Summerhill venham a ser desajustados na sociedade comum. As informações que se seguem não contam, naturalmente, tôda a história, mas indicam que a educação de Summerhill não é necessàriamente hostil ao sucesso em sociedade. Antigos alunos tornaram-se: Capitão dos Engenheiros Eletromecânicos Reais; Sargento Contramestre de Bateria; Pilôto de Bombeiro e Líder de Esquadrão; Enfermeira de Crianças; Comissária de Aviação; Clarinetista da Banda dos Guar-

das-Granadeiros; Membro Beit do Colégio Imperial; dançarina de balé em Sadler's Wells; operador de rádio e escritor de contos para um importante jornal diário nacional; e um investigador e pesquisador de mercados para uma grande firma. Entre outros, receberam os seguintes títulos: F. A. com louvor, Economia, Cambridge; *Scholar Royal College of Art;* Bacharel em Ciências com louvor, primeira classe, em Física, Londres; Bacharel em Artes, com louvor, História, Cambridge; Bacharel em Artes, primeira classe, com louvor, Línguas Modernas, Manchester.

5. Os pontos de vista do Diretor tornam esta Escola um lugar especialmente apropriado para o tipo de educação em que o trabalho essencial está baseado no interêsse da criança e na qual os estudos feitos em classe não são injustamente governados pelas exigências dos exames. Ter criado uma situação na qual a educação acadêmica do tipo mais inteligente pode florescer é uma realização, mas ela não está realmente florescendo, e grande oportunidade fica, assim, perdida. Com melhor ensino em todos os estágios, e acima de tudo no estágio elementar, tal educação poderia florescer, e uma experiência de profundo interêsse receberia sua oportunidade integral de se afirmar.

Na mente permanecem algumas dúvidas tanto sôbre os princípios como sôbre os métodos. Um conhecimento mais íntimo e mais prolongado da Escola talvez anulasse algumas dessas dúvidas e possìvelmente intensificasse outras. O que não podemos duvidar é de que ali se faz trabalho fascinante e valioso de pesquisa educacional, e que todos os educadores teriam proveito conhecendo-o.

NOTAS SÔBRE O RELATÓRIO DOS INSPETORES DE SUA MAJESTADE

Tivemos, realmente, muita sorte por nos terem mandado dois inspetores de larga visão. Deixamos imediatamente de parte o "senhor" e durante os dois dias da visita travamos amistosas discussões.

Eu sabia que os inspetores estão acostumados a apanhar um livro de francês diante de uma sala de aula e apertar a classe tôda a fim de descobrir o que os alunos sabem. Raciocinei que tal espécie de inspiração teria pouca possibilidade, na avaliação de uma escola na qual as lições não constituem o principal critério. Disse a um dos inspetores:

—Vocês não podem inspecionar realmente Summerhill porque nosso critério é felicidade, sinceridade, equilíbrio e sociabilidade.

Êle riu e disse que ainda assim iria tentar. E ambos os nossos inspetores adaptaram-se de maneira admirável, e tornou-se claro que o trabalho lhes deu muita satisfação.

Coisas estranhas os impressionaram. Um dêles disse:

—Que sensação brusca e deliciosa é entrar numa sala de aulas e perceber que os alunos não nos prestam atenção, depois de anos de ver classes inteiras saltarem em cumprimentos!

Sim, tivemos sorte por serem aquêles dois.

Mas, quanto ao relatório em si: "...os inspetores ficaram um tanto surpreendidos diante da alegação de dificuldades financeiras..." A resposta encontra-se, em sua maior parte, em sérias dívidas, e ainda assim isso não constitui a história tôda. O relatório informa que a taxa anual e de £120, mas depois disso tentamos enfrentar a subida dos preços através dos anos, aumentando a taxa média anual para £250. Isso nada deixa para consertos dos prédios, para a compra de nôvo material, e outras coisas assim. Os estragos são maiores em Summerhill do que nas escolas comuns, pois em Summerhill as crianças têm permissão para atravessar sua época de quadrilheiros, e o mobiliário fica destruído.

O relatório diz que temos setenta crianças. Hoje, estamos apenas com quarenta e cinco, fato que de certa forma anula a elevação das taxas. Também há referências a ensino medíocre dado aos da classe elementar. Tivemos sempre essa dificuldade. Mesmo com um excelente professor, é difícil atravessar o programa comum das escolas públicas, quando mais não seja porque os alunos têm liberdade para fazerem outra coisa. Se as crianças de uma escola pública, as que estão entre os dez e os doze anos, pudessem subir às árvores e cavar buracos, em vez de ir às aulas, seus padrões seriam iguais aos nossos. Mas aceitamos o fato de que nossas meninas e meninos passarão por um período em que devem ter padrão mais baixo de ensino, porque achamos que brincar é de maior importância, durante essa época de suas vidas, do que estudar.

Mesmo que aceitássemos como importante o atraso de nossos pequenos nas lições, nem por isso deixa de ser verdade que êsses mesmos pequenos, um ano depois, tornando-se do grupo mais velho, passem nos exames de Oxford com notas muito boas. Tais alunos foram examinados num total de 39 matérias, média de 6 1/2 matérias por aluno. Os resultados foram: 24, *Muito Bom*, o que ultrapassa 70%. Nos 39 exames, não houve um só fracasso. O inconveniente de não estar à altura dos padrões mantidos pelas escolas regulares, quando um menino é um dos pequenos de Summerhill, não significa, necessàriamente, que tal aluno exiba padrão baixo quando pertencer à turma dos mais velhos.

Por minha parte sempre gostei dos que começaram tarde. Vi algumas crianças inteligentes, que recitavam Mílton aos quatro anos, apresentarem-se como bêbados e vagabundos, aos vinte e quatro. Gosto de conhecer um homem que diz, aos cinqüenta e três anos de idade, não saber, ainda, o que vai ser na vida. Tenho a suspeita de que um menino que aos sete anos sabe exatamente o que quer ser, pode tornar-se um inferior que conservará pela vida além uma atitude conservadora.

O relatório diz: "Ter criado uma situação na qual a educação acadêmica do tipo mais inteligente pode florescer é uma realização, mas ela não está realmente florescendo, e grande oportunidade fica, assim, perdida". Êste é o único parágrafo no qual os dois inspetores não venceram suas preocupações acadêmicas. Nosso sistema floresce quando uma criança *deseja* educação acadêmica, e isso se vê no resultado dos exames. Mas talvez o parágrafo dos inspetores queira dizer que melhor instrução elementar resultaria em mais crianças *desejando* fazer exames vestibulares.

Não é tempo de colocarmos a educação acadêmica em seu lugar? Ela pretende, muitas vêzes, transformar uma orelha de porca em bôlsa de sêda. Eu fico a pensar no que teria adiantado a educação acadêmica para alguns de nossos velhos alunos de Summerhill—uma desenhista de vestidos, um cabeleireiro, um bailarino de balé, alguns músicos, algumas enfermeiras de crianças, alguns mecânicos, alguns maquinistas, e meia dúzia de artistas.

Ainda assim, é um relatório justo e generoso. Publico-o simplesmente porque é bom que o público leitor tenha uma visão de Summerhill que não seja a minha. Note-se que o relatório não supõe qualquer espécie de recognição oficial dada pelo Ministério de Educação. Pessoalmente, não me importo, mas a recognição seria bem recebida, por dois fatôres: os professôres ficariam situados sob o Plano de Superanuidade do Estado, e os pais teriam melhor oportunidade de conseguirem auxílio dos Conselhos locais.

Gostaria de registrar que Summerhill jamais teve qualquer dificuldade com o Ministério de Educação. Tôdas as consultas, tôdas as visitas que fiz ao Ministério, foram atendidas com cortesia e amistosidade. Meu único recuo veio quando o Ministro recusou permissão a um pai escandinavo para importar e erigir casas pré-fabricadas, livre de despesas, logo depois da guerra.

Quando penso no interêsse autoritário que os governos europeus manifestam em relação às escolas particulares, alegro-me por viver e trabalhar num país que permite tanta amplitude à aventura particular. Mostro tolerância para com as crianças. O Ministério mostra tolerância para com a minha escola. Estou satisfeito.

O FUTURO DE SUMMERHILL

Agora, que estou com setenta e sete anos, sinto que não escreverei mais livros sôbre educação, pois pouco de nôvo tenho a dizer. Mas o que tenho a dizer é algo em meu favor: não passei os últimos quarenta anos escrevendo *teorias* sôbre crianças. A maior parte do que escrevi se baseou na observação das crianças, na vida com as crianças. Na verdade, hauri inspiração em Freud, Honer Lane, e outros, mas aos poucos fui deixando de parte as teorias quando o teste da realidade as revelava destituídas de valor.

O trabalho de um autor é extravagante. Como no rádio, um autor envia para fora uma espécie de mensagem a pessoas que não vê, pessoas que êle não pode contar. Meu público têm sido um público especial. O que se poderia chamar de público oficial não me conhece. A *British Broadcasting Company* jamais pensaria em me convidar para uma palestra radiofônica sôbre educação. Nenhuma universidade, inclusive aquela em que me formei, a de Edinburgh, pensaria em me oferecer um título honorífico. Quando faço palestras para estudantes de Oxford e Cambridge, nenhum professor, nenhum dignitário do colégio me vem ouvir. Penso que me sinto bastante orgulhoso com isso, percebendo que ser reconhecido pela gente oficial seria uma afirmativa de que se fizera antiquado.

Houve um tempo em que me ressenti de o *The London Times* não ter publicado qualquer das cartas que lhe enviei, mas hoje percebo que a recusa dêle é um elogio.

Não quero insinuar que me afastei do desejo de receber recognição. Ainda assim, a idade traz modificações, modificações em valôres. Recentemente, fiz palestras para setecentos suecos, enchendo uma sala feita para seiscentas pessoas, e não me senti jubiloso nem soberbo. Pensei que estivesse de fato indiferente, até que perguntei a mim mesmo:

—Como se sentiria você se a platéia fôsse de dez pessoas?

83

E a resposta foi:

—Com uma contrariedade de todos os diabos!

De forma que, embora não exista orgulho positivo, não deixa de existir desgôsto negativo.

A ambição morre com a idade. Recognição é assunto diferente. Não gosto de ver um livro com o título, digamos, de A *História das Escolas Progressivas,* quando tal livro ignora o meu trabalho. Jamais cheguei a conhecer alguém que fôsse honestamente indiferente à recognição.

Há certo aspecto cômico na idade. Durante anos eu tenho estado fazendo uma tentativa para alcançar os jovens—estudantes jovens, professôres jovens, pais jovens—vendo a idade como um impedimento para o progresso. Agora, que estou velho—um dos Velhos contra os quais preguei tão longamente—sinto de maneira diferente. Recentemente, quando falei a trezentos estudantes de Cambridge, senti-me a pessoa mais jovem do salão. Senti, sim. Disse-lhes:

—Por que precisam vocês que um velho como eu lhes venha falar de liberdade?

Atualmente, não penso em têrmos de juventude e idade. Acho que os anos pouco têm a ver com o pensamento de cada qual. Conheço garotos de vinte anos que têm noventa, e homens de sessenta que têm vinte. Estou pensando em têrmos de renovação, de entusiasmo, de falta de conservadorismo, de torpor, de pessimismo.

Não sei se me abrandei ou não. Suporto menos alegremente os tolos do que costumava, e sinto-me mais irritado pelas conversas tediosas, menos interessado nas histórias pessoais dos outros. Mas a verdade é que tive gente demais impondo-se a mim nestes últimos trinta anos. Também sinto menos interêsse pelas coisas, e raramente desejo comprar algo. Há anos que não reparo nas vitrinas das casas de roupas. E mesmo minhas queridas casas de ferramentas em *Euston Road* já não me atraem agora.

Se alcancei um estágio em que o ruído feito pelas crianças me incomoda mais do que outrora, não posso dizer que a idade me tenha feito impaciente. Ainda posso ver uma criança fazer tôdas as coisas erradas, desembaraçar-se de todos os seus complexos antigos, sabendo que no devido tempo aquela criança será um bom cidadão. A idade diminui o mêdo. Mas a idade também diminui a coragem. Há anos eu dizia com facilidade a um menino que ameaçasse saltar de uma janela alta, se não fizesse o que queria, que fôsse saltá-la. Não tenho certeza de poder fazer a mesma coisa, hoje.

84

Uma pergunta que me fazem com freqüência é a seguinte:
—Mas Summerhill não é espetáculo de um homem só? Pode continuar sem você?

Summerhill de forma alguma é espetáculo de um homem só. No trabalho cotidiano da escola minha espôsa e os professôres são tão importantes quanto eu. *A idéia de não-interferência com o crescimento da criança e da nenhuma pressão sôbre a criança é que fêz da escola o que ela chegou a ser.*

Summerhill é conhecida no mundo inteiro? Não diria isso. E o é apenas de um punhado relativamente pequeno de educadores. Summerhill é melhor conhecida na Escandinávia. Durante trinta anos tivemos alunos da Noruega, da Suécia, da Dinamarca, às vêzes vinte dêles ao mesmo tempo. Temos também tido alunos da Austrália, da Nova Zelândia, da África do Sul, do Canadá. Meus livros têm sido traduzidos para muitas línguas, inclusive para o japonês, hebraico, industanês, guajarati. Summerhill tem certa influência no Japão. Há mais de trinta anos tivemos a visita de Seisch Shimoda, notável educador. Tôdas as traduções dos meus livros se têm vendido bastante bem, e consta-me que professôres de Tóquio discutem nossos métodos. O Sr. Shimoda tornou a vir passar um mês conosco, em 1958. Um diretor de escola do Sudão conta-me que Summerhill é de grande interêsse para alguns professôres daquele lugar.

Trato dêsses fatos relativos a traduções, visitas e correspondência sem ilusões. Façam parar mil pessoas na Rua Oxford e perguntem-lhes o que significa, para elas, a palavra Summerhill. É muito provável que nenhuma jamais tenha ouvido tal nome. É necessário cultivar sentido humorístico sôbre a nossa importância, ou nossa falta de importância.

Não penso que o mundo chegue a usar tão cedo o método de educação de Summerhill—se é que chegará a usá-lo. O mundo pode encontrar melhor fórmula. Só uma bexiga de ar vazia imagina que seu trabalho é a última palavra no assunto. O mundo *deve* encontrar uma fórmula melhor. Porque a política não salvará a humanidade. Jamais fêz tal coisa. A maior parte dos jornais políticos está estourando hostilidade, hostilidade todo o tempo. Muitos dêles são socialistas por odiarem os ricos, em vez de amar os pobres.

Como podemos ter lares felizes, cheios de amor, quando o lar é um pequeno retalho de uma terra natal que manifesta ódio social de uma centena de maneiras? Podem bem perceber porque não encaro educação como assunto para exames e estudos em classes. A escola foge à sua finalidade básica: todo o

85

grego, e matemática, e história, do mundo, não ajudará a fazer o lar mais amável, as crianças livres de inibição, os pais livres de neuroses.

O próprio futuro de Summerhill pode ser de pequena importância. Mas o futuro da idéia de Summerhill é da maior importância para a humanidade. Novas gerações devem receber a oportunidade de crescer libertas. A outorga da liberdade é a outorga do amor. E só o amor pode salvar o mundo.

DOIS

EDUCAÇÃO DE CRIANÇAS

A CRIANÇA SEM LIBERDADE

A criança modelada, condicionada, disciplinada, reprimida, a criança sem liberdade cujo nome é Legião, vive em todos os recantos do mundo. Vive em nossa cidade, mesmo ali do outro lado da rua. Senta-se a uma carteira monótona de monótona escola, e mais tarde senta-se a uma escrivaninha ainda mais monótona de um escritório, ou no banco de uma fábrica. É dócil, disposta a obedecer à autoridade, medrosa da crítica, e quase fanática em seu desejo de ser normal, convencional e correta. Aceita o que lhe ensinaram quase sem indagações, e transmite a seus filhos todos os seus complexos, mêdos e frustrações.

Dizem os pisicólogos que a maior parte dos danos psíquicos que se infligem a uma criança é correspondente aos primeiros cinco anos de vida. E é possível que estejam mais próximos da verdade os que dizem que nos primeiros cinco dias, ou primeiras cinco semanas, ou talvez, nos primeiros cinco minutos, pode ser infligido à criança um dano que perdure por tôda a sua existência.

A falta de liberdade começa com o nascimento. Não, começa bem antes do nascimento. Se uma mulher reprimida, de corpo rígido, concebe um filho, quem pode dizer que efeito a rigidez maternal tem sôbre o recém-nascido?

Pode bem ser que não haja exagêro em dizer-se que tôdas as crianças da nossa civilização nascem numa atmosfera que desaprova a vida. Os advogados do horário de alimentação são, bàsicamente, contra o prazer. Querem que a criança seja disciplinada na alimentação porque a alimentação sem horário sugere prazer orgástico ao seio. O argumento quanto à nutrição é, quase sempre, uma racionalização; o motivo profundo é moldar a criança numa disciplinada criatura que colocará o dever antes do prazer.

Consideremos a vida de um garôto comum de escola elementar, um John Smith. Seus pais vão à igreja de vez em quando, mas, apesar disso, insistem em que John vá à Escola Dominical tôdas as semanas. Os pais casaram-se, e com muita razão, porque sentiram atração sexual mútua. *Tinham* de se casar, porque em seu meio não se podia viver juntos, sexualmente, se não se fôsse respeitável, isto é, casado. Como acontece com bastante freqüência, a atração sexual não era bastante, e as diferenças de temperamento fizeram o lar tornar-se ponto de tensão, com ocasionais discussões em voz alta por parte dos pais. Havia, também, muitos momentos ternos, mas o pequeno John não via nada demais nêles, enquanto as discussões violentas entre os pais o feriam no plexo solar, e o assustavam, com o resultado de ser abatido por estar chorando sem motivo.

Desde o princípio êle foi condicionado. A alimentação com horário deu-lhe muita frustração. Quando tinha fome, o relógio dizia que ainda faltava muito para a hora de comer. Era envolvido em excesso de roupas, e envolvido muito apertadamente. Não podia dar pontapés livremente, como desejava. A frustração nas sensações levou-o a chupar o dedo. Mas o médico da família disse que não deviam deixá-lo adquirir maus hábitos, e mamãe ordenou que se amarrasse seu braço nas mangas ou se passasse qualquer coisa mal-cheirosa na ponta de seus dedos. Suas funções naturais foram deixadas em paz durante o período das fraldas. Mas, quando começou a engatinhar e a percorrer o piso, as palavras *mau* e *porco* começaram a soar pela casa, e teve início um sombrio aprendizado para fazê-lo limpo.

Antes disso, sua mão tinha sido afastada de cada vez que tocava em seus órgãos genitais, e depressa êle começou a associar a proibição genital com o desgôsto adquirido em relação a fezes. Assim, anos mais tarde, quando se tornou caixeiroviajante, seu repertório de anedotas consistia em partes iguais de histórias de sexo e de assuntos escatológicos.

Grande parte de sua educação foi condicionada pelos parentes e vizinhos. A mãe e o pai tinham desejo ansioso de agir corretamente, de fazer as coisas apropriadas, de forma que quando aparecessem os parentes, ou os vizinhos, John se comportasse como criança bem educada. Tinha que dizer "Obrigado" quando a tia Ana lhe desse um pedaço de chocolate, e devia ser extremamente cuidadoso quanto às suas maneiras à mesa. Especialmente, devia evitar de dizer qualquer coisa, quando os adultos estivessem falando.

90

Seus abomináveis trajos domingueiros eram concessão feita aos vizinhos. Sua educação no setor respeitabilidade tornou-se um sistema envolvente de mentiras—um sistema do qual êle não tinha consciência, habitualmente. A mentira introduziu-se cedo, em sua vida. Disseram-lhe que Deus não gostava de meninos que diziam *Maldito,* e que o chefe do trem lhe daria pancada, se começasse a vaguear pelos corredores.

Tôda a sua curiosidade no que se referia à origem da vida era atendida com mentiras grosseiras, mentiras tão eficazes que sua curiosidade sôbre a vida e o nascimento desapareceu. As mentiras em relação à vida vieram a combinar-se com mêdos, quando, à altura dos seus cinco anos, a mãe encontrou-o brincando no terreno genital com sua irmã e a menina do vizinho. A rigorosa surra que lhe deram no momento—e que o pai, ao voltar para casa, repetiu—convenceram John, para sempre, que o sexo era sujo e pecaminoso, algo em que uma pessoa nem sequer deve pensar. O pobre John teve de sufocar seu interêsse em sexo, até chegar à puberdade e então dava gargalhadas no cinema, quando alguma mulher dizia estar grávida de três meses.

Intelectualmente, a carreira de John foi normal. Aprendia com facilidade, e assim escapava aos escárnios e castigos que um professor estúpido lhe poderia infligir. Deixou a escola com tinturas dos conhecimentos mais inúteis, e com uma cultura que se satisfazia fàcilmente com as revistas mais reles, filmes banais, e a suculenta biblioteca policial.

Para John, o nome Colgate estava associado apenas com a pasta de dente, e Beethoven e Bach eram uns sujeitos intrometidos que se atravessavam no caminho quando o que se desejava era ouvir o Elvis Presley ou a Orquestra Beiderbecke.

O primo rico de John, Reginald Worthington, foi para uma escola particular, mas seu adiantamento, nas coisas essenciais, igualou-se ao do pobre John. Teve de aceitar o inferior na vida, a mesma escravidão ao *status quo,* a mesma negação do amor e da alegria.

Essas descrições de John e Reginald são caricaturas unilaterais? Não são caricaturas, exatamente, contudo não fiz a descrição completa. Deixei de parte a cálida humanidade de ambos, humanidade que sobrevive ao pior condicionamento do caráter. Os Smiths e Worthingtons da vida são, em sua maior parte, pessoas decentes, amistosas, cheias de crenças e superstições infantis, de confianças e lealdades infantis. Êles, e seus semelhantes, produzem os João de Tal que fazem as leis e pedem humanidade. São as pessoas a decretar que os animais

91

devem ser mortos com humanidade, que os de estimação sejam tratados com cuidado, mas cedem, quando se trata da desumanidade do homem. Aceitam um código criminal cruel e anticristão sem se preocuparem, e aceitam a matança de outros homens na guerra, como fenômeno natural.

John e seu primo rico concordam em que o amor e as leis do casamento devam ser estúpidos, maldosos e detestáveis. Concordam em que deva haver uma lei para os homens, e outra lei para as mulheres, no que se refere ao amor. Ambos exigem que as môças com que se casarem sejam virgens. Quando se lhes pergunta se *êles* são virgens, franzem as sobrancelhas e declaram: "Mas um homem é diferente!"

Ambos são firmes suportes do estado patriarcal, mesmo quando jamais tenham ouvido semelhante expressão. Foram moldados como produtos que o estado patriarcal julga necessários para a sua perpetuação. Suas emoções são antes as emoções *da multidão,* do que sentimentos *individuais.*

Muito tempo depois de terem deixado a escola, a escola que detestaram quando estudantes, exclamarão.

—Fui batido em minha escola e isso me fêz muito bem.

E, então, encaminharam seus filhos para a mesma escola, ou para qualquer outra, idêntica. Em têrmos psicológicos, aceitam o pai sem rebelião construtiva contra êle, e assim a tradição da autoridade paterna é levada avante, geração após geração.

Para completar o retrato de John Smith, preciso fazer um ligeiro esbôço da vida de sua irmã, Mary. Curto, porque, amplamente, seu ambiente repressivo é o mesmo que sufoca seu irmão. Ela tem, entretanto, desvantagens que John não tem. Numa sociedade patriarcal, Mary é positivamente inferior, e educam-na para ter consciência disso. Tem que fazer tarefas domésticas, enquanto seu irmão lê ou brinca. Depressa aprende que quando tiver um emprêgo ganhará menos do que ganha um homem.

Mary, geralmente, não se rebela contra sua situação inferior na sociedade, feita pelo homem. Êste trata de dar-lhe uma compensação, vistosa, como quase tôdas são. Ela é o foco das boas maneiras, é tratada com deferência, e o homem fica em pé diante dela, se não estiver sentado. O homem pede-lhe que lhe conceda a honra de casar-se com êle. Mary é sutilmente ensinada que uma de suas funções principais é parecer tão adorável quanto possível, e isso tem como resultado que muitos milhões mais são gastos em roupas e cosméticos do que em livros e escolas,

Na esfera do sexo Mary é tão ignorante e reprimida como seu irmão. Numa sociedade patriarcal, os homens decretaram que as mulheres devem ser puras, virginais, inocentes. Mary não tem culpa de ter crescido na crença sincera de que as mulheres têm mentalidade mais pura do que os homens. De certa forma quase mística, os homens que a rodeiam levaram-na a pensar e sentir que sua função na vida é apenas a reprodução, e que o prazer sexual é privilégio do homem.

A avó de Mary, a sua mãe, provàvelmente, não deviam ter sexo algum até que o homem exato surgisse e acordasse a bela adormecida. Mary ultrapassou essa fase, mas não foi tão longe como gostaríamos de acreditar. Sua vida amorosa é governada pelo terror da gravidez, pois compreende que um filho ilegítimo com tôda a certeza estragaria suas possibilidades de obter um marido.

Uma das grandes tarefas de hoje e de amanhã é a investigação da energia sexual reprimida e suas relações com as doenças humanas. Nosso John Smith pode morrer de perturbações renais, e Mary Smith pode morrer de câncer. E não cogitarão de saber se sua vida emocional, estreita e reprimida, tem qualquer conexão com suas doenças. Um dia a humanidade poderá localizar tôdas as suas misérias, seus ódios, e suas moléstias, em sua forma particular de civilização, que é essencialmente contra a vida. Se rígida educação de caráter faz corpos humanos rígidos— entorpecidos e cercados, em vez de serem vibrantes e vivos—parece lógico concluir-se que essa mesma rigidez mortal inibirá a pulsação de todos os órgãos humanos necessários à vida.

Para resumir, meu ponto de vista é que a educação sem liberdade resulta numa vida que não pode ser integralmente vivida. Tal educação ignora quase inteiramente as *emoções* da vida, e porque essas emoções são dinâmicas, a falta de oportunidade de expressão deve resultar, e resulta, em insignificância, em fealdade, em hostilidade. Apenas a cabeça é instruída. Se as emoções tivessem livre expansão, o intelecto saberia cuidar de si próprio.

A tragédia do homem está no fato de seu caráter, como o do cão, poder moldar-se. Não é possível moldar o caráter de um gato, animal superior ao cachorro. Podemos dar a um cão má consciência, mas não podemos dar consciência a um gato. Ainda assim a maioria das pessoas prefere os cães, porque sua obediência e o lisonjeiro balanço de sua cauda constituem prova evidente da superioridade e valor de seu dono.

93

O treinamento que se faz com as crianças tem muita semelhança com o que se faz num canil. A criança chicoteada (°), como o cãozinho chicoteado, torna-se um adulto obediente, inferior. Assim como treinamos os cães para que se adaptem aos nossos propósitos, treinamos nossas crianças. Naquele canil que é o quarto da criança, os cães humanos devem ser limpos, não devem latir demais, devem obedecer ao assobio, e devem se alimentar quando considerarmos que é o momento exato para isso.

Vi centenas de milhares de cães obedientes, bajuladores, sacudirem a cauda em Templehof, Berlim, quando em 1935, o grande treinador Hitler, assobiava suas ordens.

Eu gostaria de citar algumas *Instruções para Gestantes* lançadas há alguns anos, por um hospital-escola de mulheres, na Pensilvânia.

"O hábito de chupar o dedo deve ser evitado pela colocação do braço da criança num tubo de papelão, a fim de que ela não possa dobrar o braço na articulação do cotovêlo."

"Partes Particulares. Devem ser mantidas escrupulosamente limpas, a fim de evitar desconfôrto, moléstias *e a formação de maus hábitos.*" (Os grifos são meus.)

Culpo a profissão médica por muita coisa errada na educação das crianças. Os médicos, habitualmente, não são treinados nesse tipo de educação, mas ainda assim, para muitas mulheres, a palavra do médico é a voz de Deus. Se disser que a criança deve ser espancada por masturbação, a pobre mãe não sabe que está êle falando através do seu próprio complexo de culpa sexual e não através de conhecimento científico da natureza da criança. Culpo os médicos por prescreverem o tolo horário de alimentação, os preventivos contra a sucção dos dedos, a estúpida proibição de brincar com a criança e de consentir que ela faça o que quiser.

A criança-problema é a criança sob pressão quanto à limpeza e quanto à repressão sexual. Os adultos consideram natural que a criança aprenda a comportar-se de modo que a vida dêles, adultos, seja a mais tranqüila possível. Daí a importância dada à obediência, às maneiras, à docilidade.

Um dêstes dias, vi um garôto de três anos levado ao jardim por sua mãe. Trazia uma roupa impecável. Começou a brincar com terra e sujou levemente os trajos. A mãe veio correndo,

---

(°) Na Inglaterra, em quase tôdas as escolas, os professôres têm permissão para chicotear os alunos. — N. da T.

deu-lhe uma palmada, levou-o para dentro e tornou a aparecer, com o pequeno chorando, metido em outras roupas. Dez minutos depois êle estava sujo outra vez, e o caso se repetiu. Pensei em dizer à mãe que seu filho a detestaria pelo resto da vida, e, pior, detestaria a própria vida. Mas compreendi que nada do que eu pudesse dizer calaria na mente da mulher.

De quase tôdas as vêzes que vou a uma vila ou a uma cidade, vejo uma criança de três anos tropeçar e cair, e então arrepio-me ao ver a mãe espancar o filho por ter caído.

Em quase tôdas as viagens em estradas de ferro ouço mães dizerem:

—Se sair de nôvo para êsse corredor, Willie, o chefe do trem prende você.

A maior parte das crianças é educada dentro de um tecido de mentiras e proibições ignaras.

Muitas mães que tratam os filhos razoàvelmente bem em seus lares, ralham com êles, e espancam-nos em público, porque temem a opinião de seus vizinhos. A criança, desde o início, deve ser forçada a ajustar-se à nossa sociedade insana.

Uma vez, quando fazia uma palestra numa cidade marítima da Inglaterra, comentei:

—As senhoras mães compreendem que de cada vez que espancam seus filhos estão mostrando que os odeiam?

A reação foi tremenda. Uma mulher gritou comigo, selvagemente. Quando, mais tarde, no decorrer da noitada, dei meus pontos de vista sôbre o assunto intitulado: "Como podemos melhorar a atmosfera moral e religiosa em nossos lares?" a platéia vaiou-me com gôsto enorme. Aquilo foi um choque para mim, porque quando faço uma palestra em geral faço-a para pessoas que acreditam naquilo em que eu acredito. Mas, ali, a platéia era de pessoas do setor do trabalho e da classe média, que jamais tinham ouvido falar em psicologia infantil. Foi o que me levou a compreender como está entrincheirada a maioria compacta que é contra a liberdade da criança—e da liberdade para ela própria.

A civilização está doente e infeliz, e eu afirmo que a raiz de tal estado pode ser encontrada na família destituída de liberdade. As crianças tornam-se endurecidas por tôdas as fôrças da reação e do ódio, endurecidas, desde os dias em que estavam num bêrço. São treinadas para dizerem *não* à vida, porque suas jovens vidas são um longo *não*. Não faça barulho! Não se masturbe! Não minta! Não roube!

95

São ensinadas a dizer *sim* a tudo quanto é negativo na vida. Respeite os velhos! Respeite a religião! Respeite o professor! Respeite a lei dos pais! Não pergunte coisa alguma. Obedeça, apenas.

Não há virtude em respeitar o que não é respeitável, não é virtuoso viver em pecado legal com uma mulher ou um homem que deixamos de amar, não é virtude amar um Deus que realmente tememos.

A tragédia está no fato do que o homem—que mantém a família em sujeição—é, e deve ser, êle próprio, um escravo, pois que numa prisão também o carcereiro está confinado. A escravização do homem é sua escravização ao ódio: reprime a família, e assim fazendo reprime sua própria vida. E tem de levantar tribunais e prisões para castigar as vítimas de sua repressão.

As mulheres escravizadas devem dar seus filhos para guerras que os homens chamam guerras defensivas, guerras patrióticas, guerras para salvar a democracia, guerras para acabar com guerras.

Nunca há uma criança-problema: há apenas pais-problemas. Talvez fôsse mais certo dizer que *há apenas uma humanidade-problema*. Por isso é que a bomba atômica é tão sinistra. Está sob o contrôle de pessoas que são contra a vida, pois que pessoa cujos braços foram atados desde o bêrço não será contra a vida?

Há uma grande quantidade de boa camaradagem e amor na humanidade, e acredito com firmeza que nas novas gerações, cuja infância não seja oprimida, as criaturas viverão em paz umas com as outras, isto é, se os odientos de hoje não destruírem o mundo antes que essas novas gerações tenham tido tempo de assumir o contrôle dêle.

Essa é uma luta desigual, pois os odientos controlam a educação, a religião, a lei, os exércitos, e as vis prisões. Sòmente um punhado de educadores luta para conseguir que o que existe de bom em tôdas as crianças cresça em liberdade. A vasta maioria das crianças está sendo moldada pelos partidários da antivida, com seu odioso sistema de punições.

Ainda, em certos conventos, as môças não podem tomar banho despidas, para não verem seu próprio corpo. Pais e professôres dizem aos meninos que a masturbação é um pecado que leva à loucura e a tôda a espécie de tremendas conseqüências. Recentemente, vi uma mulher espancar um bebê de cêrca de dez meses, por chorar de sêde.

96

É uma corrida entre os crentes da apatia e os crentes da vida. Que homem algum ouse permanecer neutro: isso significará morte. Devemos estar de um lado ou de outro. O lado da morte nos dá a criança-problema, o lado da vida nos dá a criança sadia.

A CRIANÇA LIVRE

Há tão poucos bebês regulados por conta própria que qualquer tentativa para descrevê-los não passará de conjectura. Os resultados observados até hoje sugerem o início de uma nova civilização, mais profundamente modificada em suas características do que qualquer sociedade nova prometida por qualquer tipo de partido político.

Deixar que a criança se regule por conta própria implica em crença na bondade da natureza humana, uma crença que não é, nem nunca foi pecado original.

Ninguém jamais viu uma criança completamente auto-regulada. A vida de cada criança tem sido moldada pelos pais, pelos professôres e pela sociedade. Quando minha filha Zoe tinha dois anos, uma revista, a *Picture Post*, publicou um artigo sôbre ela, com fotografias, dizendo que, na opinião da revista, entre tôdas as crianças da Inglaterra era ela a que melhor possibilidade tinha de ser livre. Não era inteiramente verdadeiro, aquilo, pois a menina vivia, e vive, numa escola, entre muitas crianças que não são auto-reguladas. Essas crianças, mais velhas, têm sido mais ou menos condicionadas, e desde que a moldagem do caráter leva ao mêdo e à hostilidade, Zoe viu-se em contato com algumas crianças que são contra a vida.

Minha filha foi educada sem mêdo de animais. Ainda assim, certo dia, parei o carro numa fazenda e disse-lhe:

—Vem, vamos ver as vacas.

De repente, ela se mostrou amedrontada e disse:

—Não, as vacas comem a gente.

Uma criança de sete anos, que não se regulara por conta própria, dissera-lhe aquilo. Na verdade, tal mêdo durou apenas uma ou duas semanas. Uma história posterior, referente a tigres que estariam de alcatéia nas moitas, também teve sôbre ela influência pouco duradoura.

98

Ao que parece, uma criança que se regulou por conta própria é capaz de vencer as influências das crianças condicionadas, em tempo relativamente curto. Os mêdos e os interêsses reprimidos de Zoe jamais duraram muito, mas ninguém pode dizer que dano permanente, se tal dano houver, êsses mêdos adquiridos já introduziram em seu caráter.

Dezenas de pessoas estranhas, em todo o vasto mundo, têm dito de Zoe: "Aqui está algo bastante nôvo, uma criança graciosa e equilibrada, uma criança feliz, em paz com o seu ambiente, não em guerra." Isso é verdade. Ela é, tanto quanto possível numa sociedade neurótica, a criança natural, que parece conhecer, automàticamente, a fronteira entre a liberdade e a licença.

Um dos perigos de ter uma criança auto-regulada é o excessivo interêsse que os adultos mostram por ela, colocando-a demasiadamente no centro do quadro. O natural, numa comunidade de crianças auto-reguladas, é que nenhuma delas chame a atenção. Nenhuma seria encorajada a exibir-se. Então, não haveria o ciúme das outras crianças, ao se verem diante de uma criança livre, que não tem as suas inibições.

Comparada com seu amigo Ted, Zoe, quando criança, era flexível e desembaraçada de membros. Quando a levantávamos, seu corpo mostrava-se relaxado como o de um gatinho, mas o pobre Ted era erguido como um saco de batatas. Não podia relaxar os músculos: suas reações eram tôdas defensivas e resistentes: fazia-se contra a vida, em tôdas as direções.

Profetizo que as crianças auto-reguladas não passarão por essa fase desagradável. Não vejo motivos para que jamais lhes aconteça tal coisa. Já que não têm a sensação de estarem amarradas e restringidas pelos pais, quando na fase do bêrço, não haverá motivos para que mais tarde surja qualquer rebelião contra êles. Mesmo em lares semilivres, a igualdade entre pais e filho é, com freqüência, tão boa, que o empenho rebelde de libertar-se dos pais não chega a aparecer.

Deixar que o bebê se regule por conta própria significa dar-lhe o direito de viver livremente, sem autoridade externa em coisas psíquicas e somáticas. Isso significa que comerá quando tiver fome, chegará aos hábitos de higiene quando assim o quiser, nunca será repreendido nem espancado, mas sempre amado e protegido.

Tudo isso poderá parecer natural e excelente, mas ainda assim é espantoso o número de pais jovens que, aceitando a idéia, conseguem fazer dela um mal-entendido. Tommy, de quatro anos, bate nas teclas do piano de um vizinho com seu martelo de pau. Seus pais, encantados, ficam a olhá-lo com um sorriso triunfante, que significa: "Não é maravilhoso, isso de regular-se por conta própria?"

Outros pais acham que nunca devem levar espontâneamente seu filho de dezoito meses para a cama, porque isso seria interferir com a natureza. "Nada disso! O bebê deve ter permissão para ficar acordado. Quando se cansar, a mãe o levará para o quarto." O que acontece, porém, é ficar a criança cansada e colérica. Não pode dizer que deseja ir para cama, que deseja dormir, porque não sabe expressar em palavras a sua vontade. E o resultado habitual é a mãe exausta ter de levantá-lo do chão, e, muito desapontada, levá-lo aos berros para a cama. Outro casal jovem veio falar comigo, quase se desculpando, para perguntar se não seria errado colocar um resguardo na lareira do quarto das crianças. Tôdas essas ilustrações mostram que qualquer idéia, velha ou nova, torna-se perigosa quando não apoiada no bom-senso.

Só um louco, tomando conta de crianças, deixaria sem grades as janelas e sem proteção o fogo da lareira, no quarto delas. Ainda assim, com freqüência grande, jovens entusiastas das crianças auto-reguladas, quando visitam minha escola, mostram-se surpreendidos com a nossa falta de liberdade, pois fechamos os venenos a chave, nos armários dos nossos laboratórios, e temos uma regra que proíbe as brincadeiras nas saídas de incêndio. Todo o movimento libertador é perturbado e desprezado pelo fato de tantos advogados da liberdade não terem colocado os pés com firmeza no terreno que pretendem palmilhar.

Um dêles, recentemente, protestou por me ver falar alto, severamente, com um menino-problema de sete anos que estava dando pontapés na porta do meu escritório. Imaginava que eu devia sorrir e tolerar o ruído até que o menino gastasse todo o seu desejo de dar pontapés nas portas. É verdade que passei alguns bons anos de minha vida tolerando, pacientemente, o comportamento destrutivo de crianças-problemas, mas isto fiz como seu médico-psicológico, e não como seu compatriota.

Se uma jovem mãe pensa que seu filho de três anos deve ter permissão para pintar a porta da frente com tinta vermelha, sob a alegação de que assim êle se está expressando livremente, eis que se mostra incapaz de compreender o que a criança auto-regulada significa.

100

Lembro-me de estar com um amigo no teatro *Covent Garden,* certo dia. Durante o primeiro balé uma criança que estava à nossa frente conversou com o, pai em voz alta. Ao fim do balé fui arranjar outras cadeiras. Meu companheiro disse-me:
—Que faria, se fôsse um dos garotos de Summerhill que fizesse aquilo?
—Diria que calasse a bôca—respondi.
—Não teria necessidade de dizer isso—replicou meu amigo—porque o garôto não agiria daquela maneira.

E acho, mesmo, que nenhum dêles agiria daquela maneira. Uma vez uma senhora trouxe uma garôta de sete anos para me ver.
—Sr. Neill—disse ela—eu li tudo quanto o senhor escreveu, linha por linha. E mesmo antes de Daphne nascer eu havia resolvido educá-la pelos seus pontos de vista.

Lancei os olhos para Daphne, que estava de pé sôbre meu piano de cauda, com seus sapatos pesados. Deu um salto dali para o sofá, e quase atravessou as molas.
—Vejo como é natural essa menina—exclamou a mãe.—É a criança Neilliana

Eu senti que corava.

É essa distinção entre liberdade e licença que os pais não conseguem captar. No lar disciplinado, a criança *não tem* direitos. No lar estragado, elas *têm todos* os direitos. O lar apropriado é aquêle em que crianças e adultos têm direitos iguais. E o mesmo conceito se aplica às escolas.

Devemos insistir sempre em que dar liberdade não significa arruinar a criança. Se um garotinho de três anos quiser andar em cima da mesa devemos dizer-lhe, simplesmente, que êle não deve fazer isso. Êle precisa obedecer, isso é verdade. Mas, por outro lado, nós o obedeceremos, quando fôr necessário. Eu saio do quarto das crianças pequenas quando elas me mandam sair.

Há uma certa quantidade de sacrifícios a fazer, por parte do adulto, se as crianças tiverem de viver segundo sua natureza íntima. Pais sadios chegam a uma espécie de acôrdo, no que se refere a concessões. Pais não-sadios ou se tornam violentos ou estragam seus filhos permitindo-lhes ter todos os direitos sociais.

Na prática, a divergência de interêsse entre pais e filhos pode ser abrandada, se não resolvida, por um honesto toma-lá dá-cá. Zoe respeitava minha escrivaninha e não mostrava disposição alguma para brincar com a minha máquina de escrever

101

e meus papéis. Por meu turno eu respeitava seu quarto e seus brinquedos.

As crianças são muito sensatas, e depressa aceitam leis sociais. Não deviam ser exploradas, como tantas vêzes são. Os pais chamam, com excessiva freqüência:

—Jimmy, traze-me um copo de água.

Isso quando a criança está interessada num jôgo absorvente.

Grande parte da desobediência é devida ao método errado de manejar a criança. Zoe, quando tinha pouco mais de um ano, passou por um período em que mostrava grande interêsse pelos meus óculos, arrancando-os dos meus olhos para ver que tal eram. Eu não protestava, não mostrava aborrecimento no aspecto nem na voz. Depressa ela perdeu o interêsse pelos meus óculos e não mais tocou nêles. Sem dúvida, se eu tivesse dito, severamente, que não os tirasse — ou pior, se lhe batesse na mãozinha—seu interêsse pelos óculos poderia ter continuado, misturado ao mêdo quanto a mim. Mêdo e rebelião.

Minha mulher deixava-a brincar com enfeites quebráveis. A menina lidava com êles cuidadosamente, e raramente quebrava algum. Descobriu as coisas sòzinha. Evidentemente, há um limite para isso de regular-se por conta própria. Não podemos permitir que um bebê de seis meses descubra por conta própria que um cigarro aceso queima e produz dor. É errado gritar, alarmado, em semelhante caso. O certo é afastar o perigo sem qualquer encenação.

A não ser que a criança seja mentalmente retardada, depressa descobrirá o que lhe interessa. Deixada em liberdade, sem gritos excitados e sem vozes coléricas, ela será inacreditàvelmente sensível em seu trato com material de tôda a espécie. A mãe aflita que está prêsa ao fogão a gás e se desespera por saber o que os filhos estarão fazendo, não tem, jamais, confiança alguma nas atividades dêles.

"Vá ver o que o bebê está fazendo e diga-lhe que não faça."

Eis uma frase que ainda se aplica a muitos lares de hoje.

Quando uma mãe escreve perguntando-me o que deve fazer com crianças que desarrumam tudo enquanto ela está cozinhando, eu só posso responder que talvez ela os tenha educado dessa maneira.

Um casal leu alguns dos meus livros e ficou com a consciência impressionada pela idéia de que tinha educado mal os seus filhos. Reuniu a família em conferência, e disse:

102

—Educamos vocês erradamente. De agora em diante têm liberdade para fazer o que quiserem.

Já não me lembro a que total chegou a conta pelos estragos, mas recordo que tiveram de fazer nova conferência para rescindir o contrato anterior.

O argumento habitual contra a liberdade das crianças é o seguinte:

A vida é dura, e devemos treinar as crianças para que se ajustem mais tarde à vida. Portanto, precisamos discipliná-las. Se lhes permitirmos fazer o que quiserem, como poderão jamais servir um patrão? Como poderão competir com outros que tiveram disciplina? Como poderão exercer a autodisciplina?

As pessoas que protestam contra a outorga de liberdade às crianças e usam êsse argumento, não compreendem que partem de uma suposição infundada, destituída de prova, a suposição de que a criança não crescerá e não se desenvolverá a não ser que a forcem a tanto. Contudo, todos os trinta e nove anos de experiência em Summerhill desaprovam essa suposição. Observem, entre uma centena de outros, o caso de Mervyn. Estêve em Summerhill dez anos, entre as idades de sete e dezessete e durante todo êsse tempo não freqüentou uma só aula. Com dezessete anos mal sabia ler. Ainda assim, quando saiu da escola, Mervyn resolveu tornar-se ferramenteiro, aprendeu a ler sòzinho, e bem depressa absorveu, em pequeno prazo de autodidaxia, todo o conhecimento técnico de que precisava. Através de seus próprios esforços, preparou-se' para seu aprendizado. Hoje, êsse mesmo camarada está vastamente educado em letras, ganha excelente salário, e é um líder em sua comunidade. Quanto à autodisciplina, Mervyn construiu uma boa parte de sua casa com as próprias mãos e está educando uma bela família de três filhos, com o fruto de seu trabalho diário.

Da mesma maneira, todos os anos meninos e meninas de Summerhill, que até então raramente estudavam, resolvem entrar para o colégio, e espontâneamente começam, então, o longo e cansativo trabalho de se prepararem para os exames vestibulares. Por que fazem isso?

A suposição comum de que bons hábitos que não foram forçados durante a infância jamais se desenvolverão mais tarde na vida, é uma suposição dentro da qual fomos educados, e que, sem discutir, aceitamos, sòmente porque tal idéia jamais foi desafiada. Eu nego tal premissa.

A liberdade é necessária para a criança porque apenas sob liberdade ela pode crescer de sua maneira natural—a boa maneira. Vejo os resultados da, opressão em crianças que vêm de escolas estritas e conventos. São fardos de hipocrisia, mostrando polidez artificial e maneiras postiças.

Sua reação diante da liberdade é rápida e cansativa. Durante a primeira ou as duas primeiras semanas, abrem as portas para os professôres, chamam-me "Senhor" e levam-me cuidadosamente. Olham para mim com "respeito", que fàcilmente se faz reconhecível como mêdo. Depois de algumas semanas de liberdade mostram o que realmente são. Tornam-se imprudentes, sem modos, sujas. Fazem tudo quanto lhes proibiram fazer no passado: blasfemam, fumam, quebram coisas. E todo o tempo, nos olhos e na voz, mantêm expressão polida e hipócrita.

Levam pelo menos seis meses para perder sua hipocrisia. Depois disso, perdem também sua deferência diante do que vêem como autoridade. Mais ou menos dentro dêsse prazo tornam-se garotos naturais e saudáveis, que dizem o que sentem sem perturbação nem hostilidade. Quando uma criança chega a ter liberdade desde bem pequena, não passa por êsse estágio de hipocrisia e fingimento. A coisa mais impressionante em Summerhill é a absoluta sinceridade existente entre os alunos.

Essa coisa de ser sincero na vida e para com a vida é vital. É, realmente, a coisa mais vital dêste mundo. Se tivermos sinceridade, tôdas as demais coisas virão para nós. Todos compreendem o valor da sinceridade—digamos—na ação. Esperamos sinceridade dos nossos políticos (tal é a capacidade de otimismo desta humanidade!) dos nossos juízes e magistrados, professôres e médicos. Ainda assim, educamos nossas crianças de tal forma que elas não ousam ser sinceras.

Possìvelmente a maior descoberta que fizemos em Summerhill foi a de que a criança nasce sincera. Combinamos deixar as crianças em paz a fim de que pudéssemos observar o que elas eram. Essa é a única forma de se lidar com crianças. A escola pioneira do futuro deve seguir êsse caminho, se desejar contribuir para o conhecimento da criança, e, o que é mais importante, para felicidade da tal criança.

O alvo da vida é a felicidade. O mal da vida é tudo quanto limita ou destrói a felicidade. A felicidade sempre significa bondade; a infelicidade em seu limite extremo significa perseguição de judeus, tortura da minoria, ou guerra.

104

Mas, reconheço que a sinceridade tem seus momentos constrangedores. Como quando, recentemente, uma menina de três anos olhou para um visitante barbudo e disse:

—Acho que não gosto do seu rosto.

O visitante estêve à altura da ocasião:

—Mas eu gosto do seu!

E Mary sorriu.

Bem, eu não discutirei pela liberdade à criança. Meia hora passada com uma criança livre convence mais do que um livro de argumentos. Ver é crer.

Dar liberdade a uma criança não é coisa fácil. Significa recusarmos ensinar-lhe religião, política, ou consciência de classe. Uma criança não pode ter liberdade real quando ouve o pai bradar contra alguns grupos políticos, ou ouve a mãe zangar-se com a classe das domésticas. É quase impossível evitar que as crianças adotem nossa atitude diante da vida. O filho de um açougueiro não poderá, provàvelmente, pregar o vegetarianismo, isto é, a não ser que o mêdo em relação à autoridade paterna o leve para a oposição.

A própria natureza da sociedade é inimiga da liberdade. A sociedade—a multidão—é conservadora, e hostil aos pensamentos novos.

A moda é coisa típica da aversão da turba pela liberdade. A turba exige uniformidade. Na vida eu sou um desequilibrado, porque uso sandálias. Na minha aldeia eu seria um desequilibrado se usasse chapéu alto. Poucos homens ousam livrar-se *do que é correto*.

A lei na Inglaterra—a lei da multidão—proíbe que se comprem cigarros depois de oito horas da noite. Não sei de uma só pessoa que aprove tal lei. Como indivíduo, aceitamos calmamente regulamentos da multidão bastante estúpidos.

Poucos indivíduos quereriam assumir a responsabilidade de enforcar um assassino, de mandar um criminoso para a morte em vida que se chama prisão. A multidão mantém barbaridades tais como a pena de morte e nosso sistema penal, porque a multidão não tem consciência. A multidão não sabe pensar, sabe apenas sentir. Para a multidão, um criminoso é um perigo e a maneira mais fácil de se proteger é matar o perigo ou encerrá-lo. Nosso obsoleto código criminal é baseado fundamentalmente no mêdo, e nosso sistema opressor de educação também é baseado fundamenta'mente no mêdo—mêdo da nova geração

Sir Martin Conway, em seu delicioso livro, A Multidão na Paz e na Guerra, mostra que a multidão gosta dos velhos. Na guerra, escolhe generais velhos, na paz, prefere os velhos médicos. A multidão agarra-se aos velhos porque teme os jovens.

O instinto de autodefesa na multidão vê na nova geração um perigo-mêdo de ter multidão nova a crescer e rivalizar com ela—multidão que pode, talvez, destruir a antiga. Na menor entre tôdas as multidões—a família—a liberdade é negada aos jovens pela mesma razão. Os adultos agarram-se aos velhos valôres—aos velhos valôres emocionais. Não há base lógica para um pai proibir o fumo à sua filha de vinte anos. A proibição nasce de fontes emocionais, de fontes conservadoras. Atrás da proibição está o mêdo. Que poderá ela fazer depois disso? A multidão é a guardiã da moralidade. O adulto receia dar liberdade aos jovens porque teme que os jovens possam realmente fazer tôdas as coisas que êle, adulto, desejou fazer. A eterna imposição dos conceitos e valôres adultos sôbre as crianças é um grande pecado contra a infância.

Dar liberdade é permitir que a criança viva sua própria vida. Assim dito, parece simples. Apenas nossos hábitos desastrosos de ensinar, modelar, pregar e cogitar, tornam-se incapazes de compreender a simplicidade da verdadeira liberdade.

Qual é a reação da criança diante da liberdade? Crianças inteligentes e crianças não-inteligentes ganham algo que jamais tinham tido antes—algo quase indefinível. O sinal exterior principal é um aumento grande da sinceridade e da caridade, é uma diminuição da agressividade. Quando as crianças não estão sob mêdo e disciplina, não se mostram claramente agressivas. Apenas uma vez, em trinta e oito anos, houve, em Summerhill, uma briga em que os narizes sangraram. Sempre tivemos uma pequena disputa de vez em quando—pois não há liberdade na escola que possa anular completamente a influência de um mau lar. O caráter adquirido nos primeiros meses de vida pode ser modificado pela liberdade, mas nunca chega a ficar inteiramente transformado. O superinimigo da liberdade é o mêdo. Se falarmos em sexo às crianças, elas não se tornarão licenciosas? Se não censurarmos as peças teatrais, o povo não se tornará imoral?

Os adultos que receiam ver a juventude corrompida são os corruptos, tal como os de mentalidade suja são os que dizem que devíamos usar trajos de banho de duas peças. Se um homem sente-se chocado seja pelo que fôr, será sempre pela coisa em que está mais interessado. O homem que afeta virtude é o libertino sem coragem para enfrentar a nudez da própria alma.

Mas liberdade significa a conquista da ignorância. Um povo livre não necessitaria de censores de peças teatrais nem de costumes. Porque um povo livre não teria interêsse em coisas chocantes, já que um povo livre não pode sentir-se chocado. Os alunos de Summerhill não sofrem choque— e não porque estejam adiantados no pecado—mas porque expandiram seus interêsses em coisas chocantes e não têm mais uso para êles em suas conversas ou em seu espírito:

As pessoas estão sempre me dizendo:

—Mas como suas crianças livres se adaptarão jamais aos penosos trabalhos da vida?

Espero que essas crianças livres sejam pioneiras na *abolição* dêsses penosos trabalhos da vida.

Devemos consentir que as crianças sejam egoístas—não dadivosas—livres para seguirem seu interêsse infantil através da infância. Quando o interêsse individual da criança e seu interêsse social se chocam, o interêsse pessoal deve ter precedência. A idéia inteira de Summerhill repousa em libertação, em deixar que a criança expanda seus interêsses naturais.

A escola deveria fazer da vida da criança um brinquedo. Não quero dizer que a criança deva ter um caminho de rosas. Tornar tudo fácil para ela é fatal para o seu caráter. Mas a própria vida apresenta tantas dificuldades que as dificuldades artificiais preparadas com que presenteamos as crianças não se fazem necessárias.

Acredito que impor qualquer coisa atrás de autoridade é errado. A criança não devia fazer nada enquanto não mantivesse a opinião—a sua opinião— de que tal coisa deveria ser feita. A maldição da humanidade é a coerção exterior, venha ela do Papa, do Estado, do professor ou dos pais. É o fascismo por inteiro.

Muitas pessoas pedem um deus: como poderia ser de outra maneira se o lar é governado por deuses de chumbo de ambos os sexos, deuses que exigem verdade perfeita e comportamento moral? A liberdade significa fazer o que quisermos, desde que não se interfira com a liberdade alheia. O resultado é autodisciplina.

Em nossa educação política como nação, recusamos deixar viver. Persuadimos através do mêdo. Mas há uma grande diferença entre obrigar uma criança a deixar de atirar pedras e obrigá-la a aprender latim. Atirar pedras envolve outras pessoas, mas aprender latim envolve apenas uma criança. A comunidade tem o direito de restringir o menino anti-social por estar interferindo com, o direito dos outros, mas a comunidade não tem o direito de compelir o menino a aprender latim—porque aprender latim é uma questão pessoal. Forçar uma criança a estudar é como forçar um homem a adotar uma religião por decreto do Parlamento. E é igualmente idiota.

Aprendi latim quando menino—ou, antes, deram-me livros latinos nos quais eu deveria aprender. Como menino jamais pude aprender a matéria, porque o meu interêsse estava em outro ponto. Com a idade de vinte e um anos descobri que não podia entrar na universidade sem latim. Em menos de um ano sabia bastante para passar nos exames vestibulares. O auto-interêsse levou-me a estudar latim.

Tôda criança tem o direito de usar roupa de tal tipo que não importe um caracol se elas se amarrotarem ou não. Tôda criança tem o direito à liberdade de palavra. Durante muitos anos levei ouvindo todos os "bandidos" e "malditos" de adolescentes que não tinham tido licença para dizer tais palavras em sua quadra da primeira infância.

O surpreendente é que, com milhões de criaturas criadas no mêdo e horror do sexo, o mundo ainda não seja mais neurótico do que é. Para mim, isso quer dizer que a humanidade natural tem um poder inato de dominar, finalmente, os males que lhe são impostos. Há uma tendência lenta para a liberdade, tanto sexual como outras. Na minha meninice, uma mulher ia ao banho de mar usando meias e roupa comprida. Atualmente, as mulheres mostram as pernas e o corpo. As crianças vão tendo mais liberdade, a cada geração. Sòmente alguns lunáticos colocam, hoje, pimenta no polegar de criança, a fim de evitar que ela o chupe. E bem poucos são os países do presente em que as crianças podem ser batidas na escola.

A liberdade funciona lentamente, e é possível que se passem muitos anos antes que a criança compreenda o que ela significa. Quem quer que pretenda resultados rápidos é otimista incurável. E a liberdade funciona melhor com as crianças inteligentes. Seria uma satisfação poder dizer que, tocando a liberdade, antes de mais nada, nas emoções, tôdas as crianças, inteligentes ou broncas, reagem igualmente diante dela. Mas não posso dizer tal coisa.

Vê-se a diferença em matéria de lições. Tôdas as crianças livres brincam a maior parte do tempo, durante anos, mas

108

quando chega a ocasião, as inteligentes acomodam-se e agarram-se ao trabalho necessário para dominar as matérias exigidas nos exames do govêrno. Em pouco mais de dois anos um rapaz ou uma garôta fazem o trabalho que uma criança disciplinada leva oito anos a fazer.

O professor ortodoxo insiste em que os exames só serão um êxito se a disciplina mantiver o nariz do candidato enterrado nos livros. Nossos resultados provam que com crianças inteligentes isso é uma ilusão. Sob liberdade, só os inteligentes podem concentrar-se num estudo intensivo, coisas das mais difíceis de se realizar numa comunidade onde tantas outras atrações se fazem presentes.

Sei que sob disciplina relativamente medíocre há alunos que passam nos exames, mas fico a pensar no que êles se tornarão, mais tarde, na vida. Se tôdas as escolas fôssem livres e tôdas as lições optativas, acredito que as crianças alcançariam seu máximo de possibilidades.

Sei de mães aflitas, ocupadas com a sua cozinha—enquanto o bebê está engatinhando por ali e derrubando coisas—que perguntam, irritadas:

—Que história é essa de regular-se por conta própria? Pode ser muito boa para as mulheres ricas, que têm pajens, mas para as que vivem como eu, isso não passa de palavrório e confusão.

Outras podem gritar:

—Eu gostaria de fazer isso, mas como começar? Que livros sôbre o assunto posso ler?

A resposta é que não há livros, nem oráculos, nem autoridades. Tudo quanto há é uma pequena, bem pequena minoria de pais, médicos e professôres, que acreditam em personalidade e no organismo que chamamos criança, e que estão dispostas a nada fazer para deformar essa personalidade e dar rigidez àquele corpo através de interferência errada. Somos todos pesquisadores não-autoritários, procurando a verdade sôbre a humanidade. Tudo quanto podemos oferecer é um relato de nossas observações quanto a crianças educadas em liberdade.

AMOR E APROVAÇÃO

A finalidade e o bem-estar das crianças dependem do grau de amor e aprovação que lhes damos. Devemos estar do lado da criança. Estar do lado da criança é dar-lhe amor—não amor possessivo, não amor sentimental—mas comportarmo-nos para com a criança de tal maneira que ela se sinta amada e aprovada por nós.

Isso pode ser feito. Conheço dezenas de pais que estão do lado de seus filhos, nada pedindo em troca, e, entretanto, recebendo bastante. Compreendem que seus filhos não são pequenos adultos.

Um filho de dez anos escreve para casa:

"Querida mamãe, por favor, mande-me meus cinqüenta centavos. Espero que todos estejam bem. Carinhos ao papai."

Os pais sorriem, sabendo que isso é o que uma criança de dez anos escreve quando é sincera e não tem receio de se expressar. O tipo errado de pais suspira diante de uma carta assim e pensa: *"Bichinho egoísta, sempre pedindo alguma coisa."*

Os pais bem orientados da minha escola jamais perguntam como vão os filhos, porque vêem isso por si mesmos. O tipo errado está sempre fazendo perguntas impacientes:

—*Êle ainda não sabe ler? Quando é que vai aprender a ser cuidadoso na limpeza? Ela vai às aulas?*

Tudo é questão de fé na criança. Alguns a têm, mas a maior parte não. E se não temos essa fé, as crianças sentem-no. Sentem que nosso amor não pode ser muito profundo, quando não, confiaríamos mais nelas. Quando aprovamos as crianças podemos falar com elas sôbre qualquer coisa, sôbre tôdas as coisas, porque a aprovação faz com que muitas inibições desapareçam.

110

Mas uma pergunta surge:

—É possível que alguém aprove crianças, se não aprova a si próprio? Se não tem consciência de si próprio, como pode aprovar-se? Em outras palavras, quanto mais consciente alguém estiver de si próprio e de seus motivos, mais provável será que se aprove.

Manifesto a fervorosa esperança, então, de que um melhor conhecimento de si próprio e da natureza da criança venha a ajudar os pais a manter seus filhos livres de neuroses. Repito que os pais estão estragando a vida de seus filhos quando os forçam a aceitar crenças antiquadas, maneiras antiquadas, moral antiquada. Estão sacrificando a criança ao passado. Isso é certo principalmente quando os pais impõem religião às crianças, sob autoridade, tal como a êles a religião foi imposta.

Se bem que a coisa mais difícil dêste mundo seja renunciar àquilo que consideramos importante, só através da renúncia encontramos vida, progresso, felicidade. Os pais devem renunciar. Devem renunciar à hostilidade que se mascara sob autoridade e crítica. Devem renunciar à intolerância que é resultado do mêdo. Devem renunciar à velha moral e ao veredito das multidões.

Ou, mais simplesmente, os pais devem tornar-se pessoas, indivíduos. Devem saber onde se situam, realmente. Não é fácil. Porque o homem não é apenas êle próprio, mas uma combinação de todos quantos conheceu, e retém em si próprio muitos dos valôres alheios. Os pais impõem a autoridade que lhes veio de seus próprios pais, porque cada homem carrega em si o próprio pai, cada mulher a própria mãe. É a imposição dessa rígida autoridade que gera o ódio, e, com êle, as crianças-problemas. Tal atitude é a oposta àquela pela qual se dá aprovação à criança. Muitas meninas me têm dito:

—Nada que eu faça agrada minha mãe. Sabe fazer tudo melhor do que eu, e fica furiosa se erro na costura ou no tricô.

As crianças não necessitam tanto de ensino quanto de amor e de compreensão. Necessitam de aprovação e liberdade para serem naturalmente boas. Os pais que sejam de fato fortes e amorosos são os que têm capacidade para dar à criança a liberdade de ser boa.

O mundo está sofrendo de um excesso de censuras, o que vem a ser, na verdade, uma forma disfarçada de dizer que êle está sofrendo de excesso de ódio. O ódio dos pais é que faz da criança um problema, tal como o ódio da sociedade faz do criminoso um problema. A salvação reside no amor, mas o que a torna difícil é que ninguém pode *forçar* o amor.

Os pais da criança-problema devem recolher-se e perguntar a si próprios: *Mostrei verdadeira aprovação a meu filho? Mostrei que tinha confiança nêle? Mostrei compreensão?* Não estou teorizando. Sei que uma criança-problema pode vir para a minha escola e tornar-se uma criança normal e feliz. Sei que os ingredientes principais no progresso de cura são as demonstrações de aprovação, de confiança, de compreensão.

A aprovação é tão necessária para a criança normal como para a criança-problema. O único mandamento a que pais e mestres devem obedecer é o seguinte: *Estarás do lado da criança.* A obediência a êsse mandamento fêz de Summerhill uma escola vitoriosa. Porque estamos, positivamente, do lado da criança, e a criança, mesmo de forma inconsciente, sabe disso.

Não estou afirmando que sejamos um bando de anjos. Há ocasiões em que nós, adultos, fazemos barulho. Se estou pintando uma porta e Robert atira lama na minha pintura fresca, eu o xingo vigorosamente, porque o garôto está conosco há muito tempo e o que lhe diga não tem importância. Suponhamos, porém, que Robert tivesse chegado recentemente, vindo de uma escola odienta, e seu gesto representasse a tentativa de luta contra a autoridade: eu o ajudaria a atirar a lama porque sua salvação seria mais importante do que a porta. Sei que devo estar do lado dêle enquanto expande seu ódio até esgotá-lo, a fim de que de nôvo se faça sociável. Não é fácil. Já tenho testemunhado, sem nada dizer, um menino maltratar meu precioso tôrno. Sei que se protestasse êle imediatamente me identificaria com o seu severo pai, que sempre ameaçava bater-lhe se o garôto tocasse em suas ferramentas.

O estranho é que se pode estar do lado da criança, mesmo quando, às vêzes, se atira contra ela alguns desaforos. Se estivermos do lado da criança ela corresponde isso. Qualquer desafôro sem importância que se possa dizer, a propósito de batatas ou de ferramentas arranhadas, não perturba as relações fundamentais. Quando se trata uma criança sem trazer para o caso a autoridade e a moralidade, ela sente que se está do lado dela. Em sua vida pregressa a autoridade e a moralidade eram como policiais a restringirem suas atividades.

Quando uma menina de oito anos passa por mim e diz: "Neill é um grande tolo", sei que isso não passa da sua forma negativa de expressar amor, de me dizer que se sente à von-

112

tade comigo. As crianças não amam tanto quanto desejam ser amadas. Para uma criança, a aprovação do adulto significa amor, enquanto a desaprovação significa ódio. A atitude das crianças para com o pessoal docente de Summerhill é semelhante à sua atitude para comigo. As crianças sentem que o pessoal está sempre de seu lado.

Ja falei na sinceridade das crianças livres. Essa sinceridade resulta de se sentirem aprovadas. Não têm padrões artificiais de comportamento pelos quais ajustam sua vida, nem tabus para refreá-los. Não sentem necessidade de viver uma existência que é mentira.

Alunos novos, vindos de escola onde têm de respeitar a autoridade, dirigem-se a mim como "Senhor". Só quando descobrem que não sou autoridade desistem do Senhor e chamam-me Neill. Nunca procuram consiguir minha aprovação pessoal, e sim a aprovação de tôda a comunidade escolar. Mas, no tempo em que fui mestre-escola na Escócia, qualquer das crianças se conservaria alegremente na escola para me ajudar a limpar a sala-de-aula ou podar uma cêrca viva, buscando, hipòcritamente, a minha aprovação. Porque eu era o chefe.

Nenhuma das crianças de Summerhill jamais faz coisa alguma para obter a minha aprovação, embora haja visitantes que podem pensar o contrário, quando vêem alguns meninos e meninas ajudando-me a limpar o mato dos canteiros. Entretanto, aquelas crianças estão ali trabalhando por um motivo que nada tem a ver comigo, pessoalmente. Uma lei da Assembléia Geral, promulgada pelos próprios alunos, determinou que todos os que passassem dos doze anos seriam obrigados a dar duas horas de trabalho por semana, cada um, no jardim. Essa lei foi por êles mesmos rescindida, mais tarde.

Em qualquer sociedade, entretanto, há um desejo natural de aprovação. O criminoso é a criatura que perdeu o desejo de ser aprovado pela maior parte da sociedade, ou antes, o criminoso é a criatura que foi forçada a transformar seu desejo de aprovação no sentimento oposto, o de desprêzo pela sociedade. O criminoso é sempre o Egoísta n.º1: *Quero enriquecer depressa e a sociedade que vá para o inferno!* As sentenças que o levam à prisão apenas reforçam o seu egoísmo. Uma temporada no cativeiro leva o criminoso a tornar-se um lôbo solitário, revolvendo pensamentos sôbre si próprio e sôbre a horrível sociedade que o castiga. Castigo e prisão não podem reformar um criminoso, porque, para êle, tais coisas não passam de ódio da sociedade. A sociedade elimina a oportunidade que

113

êle possa ter de se tornar sociável, a fim de obter novamente a aprovação dos demais. Êsse louco e desumano sistema de prisão merece condenação, 'pois não toca, em relação ao prisioneiro, em nada que para êle tenha valor psicológico. Por isso digo que a primeira reforma essencial em qualquer escola é a oportunidade de aprovação social. Enquanto as crianças tiverem de cumprimentar as visitas, de ficar de pé em linhas militares, de saltar sôbre os pés quando o superintendente entra na sala, não há liberdade autêntica, e, portanto, não há oportunidade de aprovação social. Homer Lane descobriu que quando um nôvo rapaz chegava à *Pequena Commonweath*, procurava a aprovação de seus companheiros, geralmente usando a técnica que usara em sua favela: gabava-se de seus delitos, da esperteza com que furtava os lojistas, das suas proezas no evadir-se dos policiais. Quando percebia que se estava gabando para jovens que haviam ultrapassado essa forma de procurar a aprovação social, o recém-chegado ficava desconcertado, e, muitas vêzes, punha de lado os companheiros, classificando-os de maricas. Aos poucos, seu amor natural da aprovação forçava-o a procurar essa aprovação entre as pessoas de seu nôvo ambiente. E, sem qualquer análise individual por parte de Lane, adaptava-se aos seus novos companheiros. Dentro de alguns meses era uma criatura sociável.

❉ ❉ ❉

Quero falar agora ao marido comum, decente, solitário, que voltou para casa no trem das cinco e meia da tarde.

Eu o conheço, John Brown. Sei que deseja amar seus filhos e ser amado por êles, em troca. Sei que quando seu filho de cinco anos acorda às duas horas da madrugada, e grita obstinadamente, sem causa aparente, você, naquele momento, não sente grande amor por êle. Pode estar certo de que o garôto tem alguma razão para gritar, mesmo que não seja possível descobrir qual seja, imediatamente. Se ficar zangado, tente não demonstrar isso. A voz do homem é mais assustadora para um bebê do que a da mulher, e você nunca poderá saber que existência de temores será instilada num bebê, em consequência de uma voz irada, em momento inoportuno.

"Não se deite na cama com a criança"—diz o folheto de instruções para os pais. Ponha-o de lado. Dê ao bebê todos os beijos e carinhos que puder.

Não use seus filhos como formas de exibições. Seja tão cuidadoso nos louvores como nas censuras. É mau cantar loas a

114

uma criança que está presente. *Oh! Sim! Mary vai muito bem. Foi a primeira da classe na semana passada. Menina inteligente!* Isso não quer dizer que jamais deva louvar a criança. É bom dizer a seu filho: *Está bonito o papagaio que você fêz.* Mas o louvor, quando com êle se quer impressionar as visitas, é errado. Os jovens gansos têm muita facilidade de esticar o pescoço como cisnes, quando flutuam num ambiente de louvação. E isso tira à criança o senso de realidade quanto a si própria. Nunca devemos encorajar uma criança a sair fora da realidade, a construir de si própria uma imagem fantasista. Por outro lado, quando a criança falha, nunca insista no fato. Mesmo que o boletim escolar exiba abundância de notas baixas, nada diga. E se Billy vier para casa chorando porque foi batido numa briga, não o chame maricas.

Se chegar a usar as palavras *Quando eu tinha a sua idade...* estará cometendo um êrro tremendo. Para resumir, deve aprovar seu filho como êle é, e resistir à tentação de fazer dêle um ser à sua imagem e semelhança.

Minha divisa para o lar, na educação como na vida, é esta: *Pelo amor de Deus, deixe as pessoas viverem suas próprias vidas.* Essa é uma atitude que se encaixa em tôdas as situações.

É a única atitude possível para encorajar a tolerância. É estranho que a palavra *tolerância* não me tenha ocorrido antes. Porque é a palavra própria para uma escola livre. Estamos levando as crianças por um caminho que as fará tolerantes, mostrando-nos tolerantes para com elas.

MÊDO

Passei grande parte de meu tempo remendando crianças que tinham sido feridas pelas pessoas que lhes davam mêdo. O mêdo pode ser uma coisa terrível na vida de uma criança. O mêdo deve ser inteiramente eliminado, mêdo dos adultos, mêdo do castigo, mêdo da desaprovação, mêdo de Deus. Sòmente o ódio pode florescer numa atmosfera de mêdo.

Temos receio de tantas coisas—da pobreza, do ridículo, de fantasmas, de ladrões, de acidentes, da opinião pública, de doenças, da morte. A história da vida de um homem é a história de seus mêdos. Milhões de adultos receiam caminhar no escuro. Milhares dêles têm vaga sensação de desconfôrto quando um policial chama à sua porta. A maior parte dos viajantes imagina naufrágios de navios, queda de aviões. Viajantes de estradas de ferro procuram os vagões do centro da composição. "Segurança antes de mais nada" é frase expressiva da principal preocupação do homem.

Deve ter havido uma época, na história do homem, em que o mêdo de ser morto o levou a fugir e esconder-se. Hoje, a vida tornou-se tão segura que o mêdo a serviço da proteção pessoal já não é necessário. E, ainda assim, a humanidade sente hoje mais mêdo do que sentiram nossos ancestrais da Idade da Pedra. O homem primitivo tinha apenas os monstros de grande porte a temer, mas nós temos vários monstros: trens, navios, aviões, ladrões, automóveis, e, o mais poderoso entre todos, o mêdo de ser descoberto. O mêdo ainda nos é necessário. É o mêdo que me leva a atravessar a rua com cuidado.

Na natureza, o mêdo serve aos propósitos da conservação da espécie. Coelhos e cavalos sobreviveram porque o mêdo os força a correr do perigo. Mêdo é fator importante nas leis das selvas.

116

O mêdo é sempre egoísta: tememos pela nossa própria pele, ou pela pele dos que amamos. Na maioria dos casos, entretanto tememos pela nossa própria pele. Quando eu era menino tinha mêdo de andar pelo escuro ao anoitecer na fazenda, a fim de ir buscar leite. Contudo, quando minha irmã ia comigo, não temia que ela fôsse assassinada no caminho. O mêdo tem de ser egoísta, pois todo o mêdo é, em última análise, o mêdo da morte.

Herói é o homem que pode transformar seu mêdo em energia positiva. O escudo do herói é o seu mêdo. O mêdo de ter mêdo é, para o soldado, o mais angustiado dos mêdos. O covarde é incapaz de converter seu mêdo em ação positiva. A corvardia é muito mais universal do que a bravura.

Todos somos covardes. Alguns de nós conseguem esconder sua covardia, outros deixam-na transparecer. A covardia é sempre relativa. Podemos ser heróicos quanto a determinadas coisas, e covardes diante de outras. Lembro-me da minha primeira lição de arremêsso de bomba, quando era recruta. Um dos homens errou no atirar sua bomba por cima da trincheira e ela, explodindo, derrubou alguns soldados. Felizmente, nenhum foi ferido de morte. Por aquêle dia o exercício com bombas terminou. Mas, no dia seguinte, marchamos de volta ao campo de bombardeio. Quando apanhei minha primeira bomba tinha a mão trêmula. O sargento olhou para mim com desprêzo e disse-me que eu não passava de um maldito covarde. Confessei que o era.

Êsse sargento, homem cujas proezas levaram-no a receber a *Victoria Cross*, não conhecia o mêdo físico. Mas, não muito tempo depois, confessava-me:

—Neill, detesto instruir uma companhia quando você faz parte dela. Fico o tempo todo apavorado como um palerma.

Surpreendido, perguntei-lhe por quê.

—Porque você é licenciado em Letras—disse êle, e eu assassino a gramática.

Através do estudo da psicologia não podemos dizer porque uma criança nasce corajosa e outra nasce com uma alma tímida. As condições pré-natais podem ter muito a ver com isso. Se uma criança não é desejada, será bastante possível que a mãe transfira a sua própria angústia, no momento do nascimento, à criança por nascer. Pode ser que a criança não desejada nasça com uma natureza tímida, com um caráter que teme a vida e deseja conservar-se no ventre materno.

Embora as influências pré-natais estejam fora do alcance da nossa interferência, é certo que muitas crianças se fazem covardes pela educação que recebem desde o início de sua vida. Covardia dêsse gênero é evitável.

Um psicanalista famoso contou-me o caso de um jovem. Aos seis anos de idade êle foi apanhado pelo pai demonstrando certo interêsse sexual por uma pequena de sete anos. Recebeu, por isso, uma violenta surra. Tal surra fêz do menino um covarde para tôda a vida. Durante sua existência inteira êle se sentiu compelido a repetir aquela experiência de sua meninice, manteve-se em busca de pancadas, de castigos sob uma ou outra forma. Assim, só se apaixonava pelos frutos proibidos, por mulheres casadas ou comprometidas, e sempre sentia um pavor enorme de ser batido pelo marido ou pelo amante. Aquêle mesmo pavor era transferido para tudo o mais. O homem era uma alma infeliz, tímida, sempre se considerando inferior, sempre imaginando perigos iminentes. Traía sua timidez em coisas pequenas. Em belos dias de verão andava de capa impermeável e guarda-chuva, mesmo que só tivesse de caminhar meia milha. Dizia *não* para a vida.

Punir uma criança pelo interêsse sexual infantil que demonstra é a maneira mais segura de fazer dela um covarde. Outra forma segura é ameaçá-la com o fogo do inferno.

Os freudianos falam muito em *complexo de castração*. Há, sem dúvida alguma, um complexo de castração. Em Summerhill tivemos um pequenino ao qual tinham dito que seu pênis seria cortado se tocasse nêle. Sei que isso é um mêdo habitual em meninos e meninas. E é um mêdo que tem conseqüências terríveis, pois mêdo e desejo nunca estão distantes um do outro. Muitas vêzes o mêdo da castração é o desejo da castração, da castração como castigo da masturbação, da castração como forma de libertar-se da tentação.

Para a criança apavorada, sexo *é* tudo! Sim, a criança usa o sexo como gancho principal onde pendurar seus mêdos. Porque lhe disseram que o sexo é mau. A criança que tem terrores noturnos é muitas vêzes a que tem mêdo de seus pensamentos referentes ao sexo. O demônio pode vir e levá-la para o inferno, pois não é êle um menino pecador, que merece castigo? Os duendes, os fantasmas, os espantalhos, são apenas o diabo disfarçado. O mêdo vem de uma consciência culpada. É a ignorância dos pais que dá às crianças essa consciência culpada.

Uma forma comum de mêdo nas crianças origina-se de dormir no quarto de seus pais. Uma criança de quatro anos vê e ouve sem querer o que não pode entender. O pai torna-se um homem mau, que maltrata a mamãe. O sadismo, na criança, é o resultado de mal-entendidos e mêdos. O menino, identificando-se com seu pai, mais tarde torna-se um jovem que associa à idéia de sexo a idéia de sofrimento. Por mêdo êle pode fazer à companheira o que imaginava que o pai fizesse à mãe.

Deixem-me fazer distinção entre ansiedade e mêdo. Mêdo de um tigre é natural e salutar. Mêdo de viajar num carro guiado por um mau motorista é também natural e salutar. Se não tivéssemos mêdo seríamos todos atropelados por ônibus. Mas o mêdo de uma aranha, de um rato, de um fantasma, é desnatural e doentio. Essa espécie de mêdo é apenas ansiedade. É uma fobia. Fobia é ansiedade irracional, exagerada, sôbre alguma coisa. Numa fobia o objeto que inspira terror é relativamente inofensivo. O objeto é apenas um símbolo, embora as causas da ansiedade sejam bastante reais.

Na Austrália, o mêdo das aranhas é racional, porque uma aranha pode ser mortífera. Na Inglaterra e nos Estados Únidos tal mêdo é irracional, portanto uma fobia. A aranha é o simbolo de alguma outra coisa que a pessoa teme bem no seu íntimo. Assim, o mêdo que uma criança tem de fantasma é uma fobia. O fantasma simboliza algo de que a criança tem mêdo. Pode ser a morte, se ela teve uma educação em que entrava o mêdo de Deus. Ou podem ser seus próprios impulsos sexuais que no lar lhe ensinaram a temer e reprimir como pecaminosos.

Certa vez pediram-me que fôsse ver uma escolar que tinha a fobia das minhocas. Pedi-lhe que desenhasse uma e ela desenhou um pênis. Então, falou-me de um soldado que costumava exibir-se para ela, quando ia a caminho da escola. Aquilo assustara-a. O mêdo deslocou-se para as minhocas. Mas, muito antes de essa fobia se haver manifestado, a criança já estava extremamente interessada na origem das fobias—*neuròticamente* interessada. O interêsse neurótico era resultante de sua educação—ou carência de educação—em assuntos sexuais. O mistério e o segrêdo com que tais assuntos eram tratados pelos mais velhos deram-lhe interêsse anormal a respeito dêles. É verdade que ela jamais deveria se ver exposta a um exibicionista, mas uma educação melhor em assuntos sexuais a teria capacitado para atravessar a prova, sem reagir neuròticamente, sem criar uma ansiedade duradoura quanto ao órgão sexual masculino.

As fobias ocorrem freqüentemente em crianças muito novas. O filho de um pai severo pode criar a fobia dos cavalos, leões ou policiais. A fobia torna-se ligada a êsses ou a outros símbolos, òbviamente paternos. Aqui vemos, novamente, o terrível perigo de introduzir mêdo da autoridade na vida de uma criança.

A influência mais poderosa quanto ao mêdo na vida da criança é a idéia da danação eterna.

Muitas vêzes, na rua, uma mãe diz:

—Pare com isso, Tommy! Lá vem um polícia!

A conseqüência menor dessa espécie de recomendação é a criança descobrir bem cedo que sua mãe é uma mentirosa. O mal maior reside no fato de que para a criança o policial é o demônio. É o homem que agarra as pessoas e leva-as para a escuridão. A criança sempre liga o mêdo às suas piores transgressões. Assim, a criança que se masturba pode demonstrar um terror anormal dos policiais, quando, mais tarde, êstes últimos o apanharem atirando pedras. O mêdo é, realmente, o mêdo do deus que castiga, do demônio que castiga.

Muito mêdo é devido à recordação dos nossos atos criminosos do passado. Todos matamos alguém, em pensamentos. Acredito que a criança de cinco anos me mata, em pensamentos, quando eu lhe contrario os desejos.

Muitos dias, meus alunos cobrem-me alegremente com a água de seus revólveres, gritando:

—Mãos para cima! Você está morto!

Matam, assim, o símbolo da autoridade e aliviam seus mêdos. Eu tenho agido de maneira autoritária, em certas manhãs, para ver o efeito nas brincadeiras de tiros do dia. Fui morto várias vêzes, nessas ocasiões. Depois da fantasia, vem o mêdo —*E se Neill morresse mesmo? Eu seria culpado, pois desejei isso!*

Uma das nossas alunas deliciava-se em empurrar outras alunas para dentro da água, quando andavam. Mais tarde, surgiu-lhe a fobia da água. Embora fôsse boa nadadora, jamais passou além da sua marca. Acontecera que no seu mundo de fantasia ela afogara tantas rivais que agora temia a justiça do poema: *Como castigo pelos meus pensamentos, eu me afogarei.*

O pequeno Albert costumava ficar em estado de terror quando, na praia, via seu pai nadando. Tinha mêdo, porque

120

muitas vêzes desejara a morte dêle. Tinha mêdo de sua consciência culpada. Não é tão chocante compreender que as crianças matam pessoas, em sua fantasia, quando refletimos que a morte, para ela, é simplesmente a retirada daquela pessoa do caminho que ela percorre.

Vi adultos inconscientemente convencidos de que são responsáveis pela morte do pai ou da mãe. Essa espécie de mêdo só pode ser diminuída se os pais evitarem provocar o ódio da criança e a sensação de culpa conseqüente, através de ralhos e pancadas. E as centenas de escolas que ainda usam castigos corporais de outros tipos, ou punições severas, estão fazendo dano irreparável à criança.

Muitas pessoas acreditam, com tôda sinceridade, no seguinte: *Se a criança nada tem a temer, como pode ser boa?* Bondade que depende do mêdo do inferno ou do policial, ou do mêdo do castigo, não é absolutamente bondade, é simples covardia. A bondade que depende da esperança de recompensa, de louvores, ou do reino do céu, depende de subôrno. A moralidade dos dias presentes faz crianças covardes, pois leva-as a *temer* a vida. E é ao que chega a "bondade" dos alunos disciplinados, realmente. Milhares de professôres fazem seu trabalho esplêndidamente, sem ter de introduzir mêdo de castigos. Os outros são desajustados incompetentes, que deviam ser expulsos da profissão.

As crianças podem temer-nos, e então aceitam nossos valôres. E que valôres temos nós, os adultos? Esta semana comprei um cachorro por sete dólares, ferramentas para meu tôrno giratório por dez dólares, fumo por onze dólares. Embora eu reflita sôbre nossos males sociais, e os deplore, não me ocorreu dar aquêle dinheiro aos pobres. Portanto, não prego que as crianças das favelas sejam uma abominação neste mundo. Costumava fazer isso, antes de compreender que espécie de impostor eu era neste assunto.

Os lares mais felizes que conheço são aquêles em que os pais se mostram francamente honestos para com seus filhos, sem pregação de moral. O mêdo não entra nesses lares. Pai e filho são camaradas. O amor pode florescer. Em outros lares o amor fica esmagado pelo mêdo. A dignidade pretensiosa e a exigência de respeito mantêm o amor à distância. O respeito obrigatório *sempre* implica em mêdo.

Aqui, em Summerhill, as crianças que temem seus pais não saem da sala-de-estar dos professôres. As crianças de pais realmente livres quase nunca se aproximam de nós. As crianças assustadas estão sempre nos experimentando. Um menino de onze anos, cujo pai era 'homem severo, abre minha porta vinte vêzes por dia. Olha para dentro, não diz nada, e torna a fechar a porta. Às vêzes, eu lhe digo:

—Não, ainda não morri!

O menino deu-me o amor que seu próprio pai não aceitou, e receia que aquêle pai ideal desapareça. Atrás daquele mêdo está realmente escondido o desejo de que o pai que não o satisfaz desapareça.

É muito mais fácil viver com crianças que têm mêdo de nós do que com crianças que nos amam, isto é, teríamos vida mais tranqüila. Porque, quando nos temem, as crianças dão-nos amplo espaço. Minha espôsa, eu, e o corpo docente de Summerhill, somos amados pelas crianças, porque as aprovamos, e isso é tudo quanto elas querem. Porque sabem que não as desaprovaremos gostam de estar perto de nós.

Dificilmente aparece o mêdo dos trovões entre nossas crianças menores. Elas dormem fora, em pequenas tendas, através das mais violentas tempestades. Também não há muito mêdo do escuro. Às vêzes um garôto de oito anos arma sua tenda bem no fim do campo, e dorme ali sòzinho, durante noites seguidas. A liberdade encoraja a intrepidez. Vi, com freqüência, garotinhos tímidos se transformarem em animados e intrépidos sujeitos, na juventude. Mas a generalização seria errada, pois há crianças introvertidas que jamais se tornam corajosas. Há pessoas que mantêm seus fantasmas através de tôda a existência.

Se uma criança foi criada·sem mêdo, e, apesar disso, ainda o tem, é possível que tenha trazido mêdos com ela, ao vir para o mundo. E a maior dificuldade de tratar com fantasmas dêsse gênero está na nossa ignorância das condições pré-natais. Porque ninguém sabe se uma gestante pode ou não contagiar o feto com seus próprios mêdos.

Por outro lado, a criança, com tôda a certeza, adquire mêdos através do mundo que a rodeia. Hoje, mesmo as crianças pequeninas não podem deixar de ouvir falar em possíveis guerras com suas terríveis bombas atômicas. É bastante natural que associem o mêdo a essas coisas. Mas se não houver mêdo inconsciente do sexo e do inferno, para aumentar o mêdo-realidade das bombas, êste último mêdo será normal, não uma fobia, uma ansiedade devastadora. Crianças sadias e livres não têm mêdo do futuro. Esperam-no com alegria.

122

Seus filhos, por sua vez, enfrentarão a vida sem o mêdo doentio do amanhã.

Foi Wilhelm Reich quem'fêz sentir que, no mêdo súbito, todos tomamos um fôlego por um momento, e que a criança cuja vida é um perpétuo mêdo passa-a a tomar seu fôlego... e a retê-lo. O sinal que caracteriza uma criança bem criada é sua respiração livre e não inibida. Isso mostra que ela não tem mêdo da vida.

Tenho algumas coisas importantes a dizer ao pai que se preocupa em criar seus filhos livres do mêdo deformador, nascidos do ódio ou da desconfiança:

Nunca tente ser o chefão, o censor, o ogro em sua casa, conforme sua mulher insinua que você é, quando diz:

—Espere até papai chegar!

Não suporte isso! Tal coisa significa que passa para você a hostilidade que está sendo dirigida naquele momento à sua espôsa.

E não se coloque num pedestal. Se seus filhos lhe perguntarem se nunca urinou na cama ou nunca se masturbou, diga-lhes a verdade, corajosa e sinceramente. Se você é um chefão, terá seu respeito, mas respeito da espécie errada — a espécie que vem mesclada ao mêdo. Se descer ao nível dêles e lhes disser quanto era covarde em seu tempo de menino de escola, obterá seu respeito autêntico, o respeito que contém amor, compreensão, e inteira ausência de mêdo.

É relativamente fácil para os pais educar filhos sem lhes dar complexos. A criança nunca deve ser atemorizada, nunca deve ser levada a sentir-se cheia de culpas. Não é possível eliminar tôdas as reações do mêdo, pois podemos nos assustar, de repente, pela batida de um porta. Mas podemos eliminar o mêdo doentio que é o impôsto a uma criança: o mêdo do castigo, o mêdo de um Deus colérico, o mêdo de pais coléricos.

INFERIORIDADE E FANTASIA

Que dá a uma criança a sensação de inferioridade? Ver adultos fazerem coisas que ela não pode fazer, ou que não lhe permitem que faça.

O falo tem muito a ver com inferioridade. Os meninos pequenos muitas vêzes se sentem envergonhados pelo tamanho de seus falos, e as meninas muitas vêzes se sentem inferiores por não terem um falo. Estou inclinado a pensar que a importância do falo como um símbolo de poder é principalmente devida ao mistério e ao tabu associados com êle pela educação moral. Pensamentos reprimidos a propósito do falo se expandem sob o aspecto de fantasias. A coisa misteriosa que a mãe e a pajem guardam com tanto cuidado toma uma importância exagerada. Vemos isso nas histórias do maravilhoso poder do falo. Aladim esfrega a lâmpada—masturbação—e todos os prazeres do mundo vêm ter com êle. Da mesma maneira, as crianças têm fantasias nas quais os excrementos são assuntos de grande importância.

Uma fantasia é sempre egoísta. É um sonho em que aquêle que sonha é o herói ou a heroína. É a história do mundo como deveria ser. O mundo, no qual nós, adultos, entramos com um copo de uísque, através das páginas de um romance, ou das portas de um cinema, é o mundo em que a criança entra através das portas da fantasia. A fantasia é sempre uma evasão da realidade, um mundo em que os desejos se realizam, um mundo onde não há fronteiras. O lunático faz excursões nêle. Mas a fantasia também é bastante habitual na criança normal. O mundo da fantasia é mais atraente do que o do sonho. No do sonho temos pesadelos, mas no da fantasia temos certo contrôle, e só fantasiamos o que agrada a nosso ego.

Quando lecionei na Alemanha, tive como aluna uma garôta de dez anos, judia. A menina tinha muitos mêdos. Receava chegar tarde para a aula. No seu primeiro dia trouxe uma enorme sacola de livros para a escola, sentou-se à mesa e começou a fazer uma conta do pesado sistema antigo: dividir 4.563.207.867 por 4.379. Durante três sólidos dias trabalhou naquela conta. Perguntei-lhe se gostava de fazer trabalhos daqueles, e recebi um tímido *Ia* como resposta.

No quarto dia olhei para ela, que continuava nos seus miseráveis cálculos.

—Você gosta, realmente, de fazer essas contas?—indaguei. Estalou em lágrimas, e eu, tranqüilamente, tomei-lhe o caderno e atirei-o à outra extremidade da sala.

—Isto é uma escola livre—disse-lhe.—Você pode fazer exatamente aquilo que gostar.

Ela começou a mostrar aspecto mais feliz e assobiou o dia inteiro. Não trabalhou, apenas assobiou.

Meses depois, eu estava esquiando, e passei através de um bosque. Ouvi uma voz, e logo depois vi Slovia. Ela tirara os esquis e caminhava pela neve, rindo e falando. Era evidente que representava as partes de vários atôres. Não me viu passar.

Na manhã seguinte eu lhe disse que a ouvira falando, no bosque. Mostrou-se encabulada e correu para fora da sala. Durante o correr da tarde rondou minha porta. Por fim, entrou, e disse:

—É muito difícil dizer-lhe o que eu estava fazendo, mas penso que agora posso dizer.

Foi uma história maravilhosa. Durante anos ela vivera numa aldeia de sonho, chamada Grunwald. Mostrou-me os mapas da aldeia, mapas que ela fizera, e chegou a mostrar-me as plantas das casas que ali existiam. Povoara aquela aldeia com pessoas de temperamentos diversos, e, naturalmente, conhecia tôdas essas pessoas na intimidade. O que eu ouvira fôra uma conversa entre dois meninos, Hans e Helmuth.

Passei algumas semanas até descobrir o que havia atrás daquela fantasia. Slovia era filha única e tinha poucos companheiros de brinquedo. A chave de sua fantasia foi dada quando ela me disse que Helmuth tinha sido violentamente espancado pelo guarda-caça, por tér invadido a plantação. Mais tarde disse que a plantação se parecia aos pêlos de seu púbis, recentemente aparecidos. A essa altura revelou a história verdadeira de um homem que a tocara sexualmente. Compreendi, então, que Helmuth representava o homem que transpassara a plantação e representava, também, sua mão, quando em masturbação.

125

Resolvi romper a fantasia dizendo-lhe o que havia atrás dela. Durante dois dias andou por ali, com aspecto abatido.
—Tentei voltar a Grunwald a noite passada—disse ela, chorando amargamente— e não pude. Você estragou a coisa de que eu mais gostava nesta vida.

Dez dias depois um dos professôres me disse:
—O que aconteceu à Slovia? Ela canta o dia inteiro, e está ficando bonita.

Era verdade, ela ficara bonita. E, de repente, começou a interessar-se por tudo. Pediu lições, até, e aprendeu bem. Estudou pintura e fêz desenhos bem bons. Numa palavra, colocou-se em contato com a realidade. Sua horrível experiência sexual e sua solidão a tinham forçado a procurar na fantasia um nôvo mundo onde não houvesse tentações nem homens maus. Ainda assim, em agradáveis devaneios. Helmuth continuava invadindo o seu paraíso.

Outra menina costumava devanear, vendo-se como excelente atriz, que era chamada à cena pelas mutidões dezesseis vêzes.

Jim, um menino que tem crises de cólera, fala-me em fantasias quanto ao urinar e defecar. Está usando o sexo em têrmos de poder.

Outro garotinho de nove anos elabora longas fantasias acêrca de trens. Êle sempre é o maquinista, e habitualmente o rei e a rainha (pai e mãe) são passageiros.

Carlinhos imagina ter esquadrilhas de aeroplanos e frotas de automóveis.

Jim fala em seu tio rico que lhe deu um Rolls Royce—tamanho para menino—mas movido a gasolina. Diz êle que não precisa de licença para guiar seu nôvo carro. Certa vez descobri que alguns meninos, estimulados por Jim, iam a pé até uma estação de caminho de ferro, que ficava a quatro milhas de distância. O tio de Jim, segundo lhe foi dito, mandara seu carro à estação. Iam buscá-lo e voltariam na direção dêle. Pensei no amargo desapontamento de caminhar quatro milhas através da lama e descobrir que o automóvel só existira na imaginação de Jim. Resolvi sustar a expedição e fiz notar que êles perderiam o almôço. Jim pareceu inquieto e disse:
—Não queremos perder o almôço.

A "mãe" de sua casa pensou, de súbito, numa compensação, e ofereceu-se para levar os meninos ao cinema. Mais que depressa êles apanharam suas capas impermeáveis. Jim ficou muitíssimo aliviado, pois sabia, naturalmente, que o tio presenteador só existia em sua imaginação.

126

A fantasia de Jim nada tinha a ver com sexo. Desde sua chegada a Summerhill estava querendo impressionar os outros meninos dessa maneira. Durante dias um grupo de meninos estêve a vigiar as proximidades do pôrto Lyme. Jim lhes falara num outro tio seu que possuía dois transatlânticos. Os pequenos esperavam ver um transatlântico rebocar seu barco pela baía. Assim, Jim encontrou sua superioridade. Era um pobre garotinho que ali estava pensionado, e compensava sua inferioridade fantasiando coisas.

Destruir tôdas as fantasias seria fazer da vida uma coisa insípida. Todo ato de criação deve ser precedido de fantasia. A fantasia de Wren deve ter construído a igreja de São Paulo antes que uma única pedra fôsse assentada.

O sonho que vale a pena manter é o que pode ser mantido na realidade. A outra espécie—fantasia exaltada—deve ser rompida, se possível. Tais fantasias, se prolongadas, retardam a criança. Em qualquer escola, as chamadas ignorantes são habitualmente essas crianças que vivem mais no reino da fantasia. Como pode um menino mostrar interêsse pela matemática se está esperando que um seu tio lhe mande um Rolls Royce?

Tive, algumas vêzes, discussões acrimoniosas com mães e pais sôbre a leitura e a escrita. Uma das mães escreve:

"Meu filho deve ser capaz de ajustar-se à sociedade. O senhor precisa forçá-lo a aprender a ler."

Minha resposta é, geralmente esta:

"Seu filho vive num mundo de fantasia. Levaria talvez um ano para romper êsse mundo em dois. Pedir-lhe que leia agora é cometer um crime contra a criança. Enquanto êle não expandir seu interêsse por êsse mundo de fantasia, até esgotá-lo, não podemos esperar que tenha o mínimo interêsse pela leitura."

Oh! Sim! Eu poderia levar o menino para a minha sala e dizer-lhe, severamente:

"Tire tôdas essas tolices de tios e automóveis para fora de sua cabeça. Tudo não passa de história forjada, e você bem sabe disso. Amanhã de manhã comece a lição de leitura, ou eu vou saber porque não começou!"

Isso seria um crime. Romper a fantasia de uma criança antes que ela tenha algo para colocar em seu lugar, é errado. O melhor meio é encorajar a criança a falar sôbre a fantasia. Em nove casos sôbre cada dez ela irá, lentamente, perdendo o interêsse nela. Apenas em alguns casos especiais em que

127

a fantasia persiste durante anos é que podemos ousar romper rudemente o sonho.

Eu disse que deve haver algo para colocar no lugar da fantasia. Para ser sadia, cada criança e cada adulto deveria ter, pelo menos, um pôsto em que pudesse ser superior. Na sala de aula há dois métodos para ganhar superioridade: 1.º—Ser o primeiro da classe. 2.º—Poder dominar, com isso, o garôto que é o último da classe. O número 2 ainda é mais excitante do que o número 1, e assim o tipo extrovertido de garôto encontra a sua superioridade, fàcilmente.

É o tipo introvertido que recorre à fantasia para encontrar sua superioridade. No mundo da realidade não a tem. Não pode lutar, não brilha nos jogos, não sabe representar, nem cantar, nem dançar. Mas em seu próprio mundo de fantasia êle pode ser o campeão de pêso-pesado do mundo. Encontrar satisfação para o ego é uma necessidade vital em todos os sêres humanos.

TENDÊNCIA À DESTRUIÇÃO

Adultos dificilmente compreendem que as crianças não tenham respeito pela propriedade. Não a destroem diliberadamente, *destroem-na inconscientemente.*

Certa vez vi uma menina feliz, normal, fazendo buracos com um atiçador aquecido ao rubro, na nogueira do rebôrdo da lareira da sala do pessoal. Quando chamada, assustou-se e pareceu muito surpreendida:

—Fiz sem pensar—disse, e falava a verdade. Sua ação era simbólica, e para além do contrôle de sua mente consciente.

A verdade é que os adultos são possessivos quanto a coisas de valor, e as crianças não são. Sempre que adultos e crianças vivem juntos têm de surgir conflitos por causa de coisas materiais. Em Summerhill, as crianças acendem a fornalha minutos antes de se irem deitar. Empilham, generosamente, o carvão, para elas apenas pedras pretas, enquanto para mim representam uma conta de mil dólares anuais. As crianças deixam a luz elétrica acesa porque não associam luz elétrica com as contas da eletricidade.

Mobília, para crianças, é coisa pràticamente inexistente. Assim, em Summerhill compramos velhos assentos de carros e de ônibus. E, dentro de um mês ou dois êles estão em pandarecos. De vez em quando, à hora da refeição, alguns dos menores, aguardando que o sirvam pela segunda vez, passam o tempo entortando seu garfo, e quase lhe fazendo nós. Isso é, habitualmente, feito de maneira inconsciente, ou semi-inconsciente. E não é apenas a propriedade da escola que a criança negligencia ou destrói, mas sua bicicleta nova, que ela deixa lá fora, na chuva, depois que a novidade teve três semanas de entusiasmo.

A tendência à destruição, própria da criança de nove ou dez anos, não tem a intenção de ser má ou anti-social. Coisas como propriedade particular simplesmente não existem para elas. Quando o vôo da fantasia os arrebata, apanham lençóis e cobertores e fazem navios-piratas em seus próprios quartos, e os lençóis ficam pretos e os cobertores são rasgados durante a brincadeira. E que importa um lençol sujo quando se ergueu a bandeira negra e disparou tôdas as baterias de bombordo?

Realmente, o homem ou mulher que quisessem dar liberdade a crianças teriam de ser milionários, pois não é justo que o descuido natural das crianças esteja sempre em conflito com o fator econômico.

O argumento dos disciplinadores, que dizem dever a criança ser *forçada* a respeitar a propriedade, não me atrai, pois sempre significa algum sacrifício da vida de brinquedos da criança. Meu ponto de vista é que uma criança devia chegar ao senso do valor por sua livre escolha. Assim que as crianças deixam o estágio de pré-adolescente de indiferença pela propriedade, tornam-se respeitadoras dela. Quando as crianças têm liberdade para expandir essa indiferença até esgotá-la, dificilmente se tornarão aproveitadoras e exploradoras.

As meninas são menos destruidoras do que os meninos. Isso é porque sua vida de fantasia não pede navios-piratas e os assaltos de quadrilheiros. Ainda assim, para ser justo com os meninos, o estado da sala-de-estar das meninas é bastante mau. Não me convenço com a explicação delas, que atribuem os estragos todos a tumultuosas visitas por parte dos meninos.

Há alguns anos, forramos os dormitórios das crianças com certo tipo de revestimento (*beaverboard*) a fim de conseguir mais calor para os recintos. *Beaverboard* é uma espécie de papelão espêsso e bastou um dos pequenos olhar para aquilo: começou logo a fazer-lhe buracos. A parede de *beaverboard* da sala de pingue-pongue parecia Berlim depois do bombardeio. Perfurar o *beaverboard* é como sondar as narinas: coisa habitualmente silenciosa e inconsciente, e, como outras formas de destruição, tem, quase sempre, um motivo oculto, muitas vêzes uma intenção criadora. Se uma criança precisa de um pedaço de metal para fazer a quilha de um barco, usará um prego, se o encontrar. Mas, se não encontrar o prego, usará minhas ferramentas pequenas, que são caras, se uma delas tiver o tamanho indicado. Um formão, como um prego, para a criança não passa de um pedaço de metal. Um garôto esperto certa vez usou uma brocha de caiação muito cara, para passar alcatrão num fôrro.

130

Aprendemos que as crianças têm valôres completamente diferentes dos valôres adultos. Se uma escola pretende elevar o espírito de uma criança pendurando belos quadros clássicos nas paredes e colocando lindo mobiliário nas salas, está começando pela ponta errada. As crianças são primitivas, e enquanto não pedirem cultura, devem viver num ambiente informal e primitivo, tanto quanto lhes pudermos dar.

Há alguns anos, quando nos mudamos para a casa onde hoje estamos, tivemos a aflição de ver garotos atirarem canivetes nas belas portas de carvalho. Compramos ràpidamente dois vagões de estradas de ferro e fizemos dêles dois chalés. Ali nossos primitivos podiam atirar suas facas tanto quanto quisessem. Ainda assim, hoje, trinta e três anos depois disso, os vagões não estão em mau estado. São habitados por meninos entre os doze e os dezesseis anos de idade. A maioria dêsses meninos alcançou o estágio de desejar confôrto e decoração. A maior parte dêles mantém seus compartimentos lindamente arranjados e limpos. Outros vivem no desalinho, e são, em sua maior parte, os garotos que vieram de escolas particulares.

Sempre é possível distinguir os egressos das escolas particulares que vieram para Summerhill: são os mais sujos, os que menos se lavam, os que usam as roupas mais gordurosas. Habitualmente, demoram a expandir suas tendências primitivas até esgotá-las, tendências que foram apenas reprimidas na escola particular. Algum tempo se passa antes que êsses meninos se tornem genuìnamente sociáveis, sob o regime da liberdade.

As oficinas são o ponto de maior confusão numa escola livre. Logo nos primeiros tempos, a oficina estava sempre aberta para os meninos, e o resultado foi a perda e a ruína de muitas ferramentas boas. Uma criança de nove anos usaria um excelente formão como chave de fenda. Ou apanharia um alicate para consertar sua bicicleta e o deixaria jogado na passagem.

Resolvi, então, ter minha oficina particular separada da oficina principal por uma repartição que eu fechava a chave. Mas a minha consciência me atanazava, e eu me sentia egoísta e anti-social. Por fim, pus abaixo a divisão e dentro de seis meses não havia uma só ferramenta em bom estado, no que fôra minha oficina particular. Um menino usou todos os grampos de arame para fazer contrapinos destinados à sua motocicleta. Outro tentou transformar meu tôrno em cortador de parafusos, quando êle girando. Martelos de alisar, polidos,

131

para trabalho em cobre e prata, foram usados para partir tijolos. Ferramentas desapareceram e nunca mais foram encontradas. Pior do que tudo, o interêsse pelos trabalhos manuais desapareceu completamente, pois os alunos mais velhos diziam:

—Que adianta ir para a oficina? Tôdas as ferramentas agora não valem mais nada.

E não valiam mesmo. As plainas tinham dentes nas lâminas, enquanto os serrotes haviam perdidos os seus.

Propus, numa Assembléia Geral da Escola, que minha oficina fôsse novamente fechada. Minha proposta teve aprovação. Mas, quando mostrava a escola a visitantes, vinha-me uma sensação de vergonha de cada vez que tinha de abrir a porta da minha oficina fechada a chave. *Que? Liberdade, e há portas fechadas a chave?* A coisa parecia realmente má, e assim resolvi dar à escola uma oficina extra, que ficaria aberta o tempo todo. Mandei instalar uma com todo o material necessário—bancas, tôrno de bancada, serras, formãos, plainas, martelos, alicates, esquadros, e assim por diante.

Um dia, mais ou menos quatro meses depois, eu estava mostrando a escola a um grupo de visitantes. Quando abri minha oficina, um dêles disse:

—Isto não me parece liberdade, não acham?

—Bem, o senhor sabe—disse eu, apressadamente—as crianças têm *outra* oficina que fica aberta o dia inteiro. Venham, vou mostrar-lhes.

Nada mais havia, a não ser o banco. Mesmo o tôrno de bancada desaparecera. Em que recantos vários de nossos doze acres os formãos e martelos jaziam, eu jamais soube.

A situação da oficina continuou a preocupar o pessoal. Eu era o mais preocupado de todos, porque ferramentas significam muito para mim. Concluí que o errado era o fato de as ferramentas serem de uso comum.

—Agora—disse comigo mesmo—introduziremos o elemento possessivo. Se cada criança tiver sua coleção de ferramentas as coisas serão diferentes.

Convoquei uma reunião e a idéia foi bem recebida. No próximo período escolar alguns dos alunos mais velhos trouxeram seus próprios estojos de ferramentas de suas casas. Mantiveram-nos em excelentes condições e usaram-nos com muito mais cautela do que antes.

Talvez seja o fato de têrmos crianças que cobrem um raio de idade muito grande o que causa a maior parte dos transtornos. Porque ferramentas nada significam para meninos e menínas muíto pequenínos. Atualmente, nosso professor de trabalhos manuais mantém a oficina fechada a chave. Amàvelmente, consinto que alguns dos alunos mais velhos usem a minha quando chegam à idade em que dar às ferramentas o necessário cuidado é uma necessidade consciente de quem deseja fazer bom trabalho. Agora, êles compreendem a diferença que existe entre liberdade e licença.

Ainda assim, o fechamento de portas a chave aumentou recentemente em Summerhill. Falei no assunto em uma das assembléias da noite de sábado.

—Não gosto disso—falei.—Andei esta manhã por aí com visitantes e tive que abrir as portas da oficina, do laboratório, da sala de cerâmica, e do teatro. Proponho que tôdas as salas públicas se conservem abertas o dia inteiro.

Houve uma tempestade de discordâncias.

—O laboratório precisa ficar fechado porque há venenos ali— disse uma das crianças—e já que a sala de cerâmica é ligada ao laboratório ela também tem que ficar fechada.

—Não queremos a oficina aberta. Veja o que aconteceu às ferramentas, da última vez!—disseram outros.

—Bem—pedi eu—pelo menos podemos deixar o teatro aberto. Ninguém vai fugir com o palco.

Os comediógrafos, os atôres, as atrizes, o contra-regra, o iluminador saltaram imediatamente. Disse o iluminador:

—O senhor deixou-o aberto esta manhã e de tarde algum idiota acendeu tôdas as luzes e deixou-as acesas. 3.000 *watts*, a 9 centavos o *watt!*

Outro disse:

—Os pequeninos apanham os costumes e metem-se nêles para brincar.

Por fim, minha proposta de deixar as portas abertas foi apoiada apenas por duas pessoas: eu próprio e uma garôta de sete anos. E descobri depois que ela pensava estarmos ainda votando pelo caso anterior, que se referia à autorização para as crianças de sete anos irem ao cinema. As crianças estavam aprendendo, pela sua própria experiência, que a propriedade particular tinha de ser respeitada.

A triste verdade é que os adultos estão com maior freqüência preocupados com a segurança do material do que cóm a segurança das crianças. O piano de um homem, as ferramentas de um carpinteiro, suas roupas—centenas de coisas— acabam por fazer-se parte dêle. Ver uma plaina maltratada é sentir agravo pessoal. Esse amor pelos objetos que possuímos

133

faz-se, muitas vêzes, maior do que o amor pelas crianças. De cada vez que dizemos: "Largue disso!" estamos preferindo o objeto à criança. A criança incomoda porque seus desejos entram em conflito com os desejos egoísticos dos adultos.

Três pequeninos certa ocasião serviram-se do meu maçarico elétrico, ferramenta muito cara. Começaram a manejá-lo para ver como era feito e puseram-no a perder. Dizer que eu fiquei satisfeito com aquilo seria mentir. Contrariei-me, apesar de ter suspeitado da significação psicológica do ato de destruição: simbòlicamente, o maçarico elétrico representava o falo paterno.

Um dos meus devaneios é ter como aluno o filho de um milionário. Em minha fantasia, permito-lhe tôda classe de experiências, as mais complicadas—*à custa do pai!*—pois dar liberdade a uma criança neurótica é negócio muito dispendioso. Habitualmente, uma criança sadia não deseja meter pregos no consôlo da televisão.

Isso faz lembrar uma pergunta que surge em tôda parte, quando faço palestras:

Que faria o senhor se um garôto começasse a meter pregos no piano de cauda?

Atualmente estou de tal forma experiente, que posso marcar a pessoa disposta a fazer tal pergunta. Senta-se, em geral, na primeira fila e sacode a cabeça desaprovadamente, durante todo o tempo em que estou falando.

A melhor resposta para essa pergunta é a seguinte:

Não importa o que façamos a uma criança, desde que a nossa atitude para com ela seja certa.

Não tem importância o fato de afastarmos a criança do piano, desde que não lhe incutamos má consciência quanto aos pregos. Não há mal algum em insistirmos nos nossos direitos individuais, a não ser que ponhamos em jôgo o julgamento moral do certo e do errado. O uso de palavras como *mau, perverso, ou sujo,* é que faz o mal.

Voltando ao garôto que usa os pregos. Naturalmente, êle deve ter madeira para pregá-los, em vez de piano. Tôda criança tem o direito a ferramentas com as quais possa expressar-se. E as ferramentas devem pertencer-lhe. Mas é preciso não esquecer que a criança não as verá em têrmos de dólares e centavos.

134

A constante tendência à destruição manifestada pela criança-problema é algo bastante diferente dos atos de destruição da criança normal. Esta última não é movida, habitualmente, pela hostilidade ou pela inquietação. Seus atos são guiados pela fantasia criadora e não pelo despeito.

Destruição real significa ódio em ação. Simbòlicamente, significa assassínio. É coisa que não se limita à criança-problema. As pessoas cujas casas foram ocupadas por militares, durante a guerra, ficaram sabendo que os soldados são muito mais destruidores do que as crianças. Isso é natural, pois sua tarefa é destruir.

A criança é igual à vida; a destruição é igual à morte. A criança-problema destruidora é contra a vida.

A tendência à destruição nas crianças angustiadas tem muitos componentes. Um dêles pode ser o ciúme em relação a um irmão ou irmã, mais amado do que o destruidor se sente. Outro pode ser a rebelião contra tôda autoridade limitadora. E ainda outro componente pode ser a simples curiosidade de descobrir o que há dentro dos objetos.

O fator principal que nos deveria preocupar não é, realmente, a destruição do objeto, mas o ódio reprimido que tal destruição representa—o ódio que, dadas as circunstâncias, fará de nosso filho um sádico.

Esta é uma questão inteiramente vital. Relaciona-se com a doença de um mundo em que o ódio floresce, do bêrço ao túmulo. Há, como é natural, muito amor neste mundo. Se não fôsse assim, poderíamos desesperar da humanidade. Cada pai e cada educador deveria tentar descobrir, sèriamente, êsse amor em si próprio.

MENTIRAS

Se seu filho mente, ou tem mêdo de você ou está copiando você. Pais mentirosos terão filhos mentirosos. Se quer a verdade por parte de seu filho, não lhe minta. Essa declaração não tem fundo moral, pois todos nós mentimos, em certas ocasiões. Às vêzes mentimos para evitar sofrimento a outrem, e, naturalmente, mentimos sôbre nós mesmos quando somos acusados de egoísmo ou de presunção. Não digo:

—Mamãe está com dor de cabeça: fiquem quietos.

Será melhor gritar, de uma vez:

—Parem com êsse maldito barulho!

Mas só poderá dizer isso com impunidade se seus filhos não lhe tiverem mêdo.

Os pais mentem, às vêzes, para conservar sua dignidade:

—Papai, você poderia lutar com seis homens, não poderia?

É preciso ter alguma coragem para responder:

—Não, meu filho, com a minha barriga grande e meus músculos flácidos eu não poderia lutar nem com um pigmeu.

Quantos pais confessariam a seus filhos que têm mêdo de trovões ou de policiais? Dificilmente um homem chega a ser grande bastante para não vacilar em dizer a seus filhos que o chamavam "Fanhoso" em seu tempo de escolar.

A mentira da família tem dois motivos: fazer com que a criança se comporte bem, e impressioná-la com a perfeição dos pais. Quantos pais e professôres responderiam com a verdade à criança que perguntasse:

—Algum dia você se embriagou? Nunca blasfemou?

Êsse mêdo da criança é que faz os adultos hipócritas.

Quando eu era pequeno não podia perdoar meu pai por ter saltado um muro a fim de escapar a um touro bravio. As crianças, em suas fantasias, fazem de nós heróis e cavalheiros, e tentamos viver para elas essas fantasias. Mas um dias somos descobertos. Um dia a criança vê, claramente, que seus pais e mestres foram mentirosos e impostores.

Talvez que em cada existência jovem surja um período em que os pais são criticados e desprezados como criaturas antiquadas. A êsse período segue-se a descoberta do que os pais realmente são, por parte da criança. O desdém, é simplesmente, um desdém pelos pais que a criança criara em sua fantasia. O contraste entre os maravilhosos pais dos seus sonhos e os fracos pais verdadeiros é grande demais. Mais tarde, a criança volta aos pais com simpatia e compreensão, mas sem ilusões. E, ainda assim, todos êsses mal-entendidos seriam desnecessários se antes de mais nada os pais contassem a verdade a seu respeito.

A dificuldade principal no contar a verdade às crianças é a seguinte: a nós próprios não contamos a verdade. Mentimos para nós mesmos e mentimos para os nossos vizinhos. Tôdas as autobiografias que já se escreveram são mentiras. Mentimos porque fomos ensinados a viver à altura de um padrão de moralidade inatingível. Nossa educação inicial nos deu o esqueleto que depois disso sempre tentamos esconder.

O adulto que mente às crianças—mesmo por meios indiretos— é o que não tem verdadeira compreensão delas. Daí todo o nosso sistema de educação estar cheio de mentiras. Nossas escolas oferecem a mentira de que a obediência e a industriosidade são virtudes, que história e francês são educação.

Não há, entre meus alunos, um mentiroso habitual ou confirmado. Quando chegam a Summerhill, mentem, porque temem dizer a verdade. Quando percebem que a escola não tem policiais, não precisam mais mentir. A maior parte das mentiras que as crianças dizem é sugerida pelo mêdo e, quando o mêdo está ausente, as mentiras diminuem. Não posso dizer que desapareçam inteiramente. Um menino contará que partiu uma vidraça, mas não contará que fêz uma incursão à geladeira ou furtou uma ferramenta. Seria esperar demais, se esperássemos a ausência completa da mentira.

A liberdade não afasta as mentiras fantasiosas nas crianças. Muitas vêzes os pais fazem uma verdadeira montanha dêsse agradável montículo de terra. Quando o pequenino Jimmy veio ter comigo dizendo que seu pai lhe tinha mandado um verdadeiro Rolls Bentley, eu lhe disse:

—Eu sei. Já o vi lá na porta da frente. Um carro formidável!

—Vamos—disse êle— você sabia que eu estava brincando!

Pode parecer ilógico e paradoxal, mas eu faço distinção entre mentir e ser desonesto. Podemos ser honestos, e ainda assim mentirosos, isto é, podemos ser honestos no que se refere às

137

coisas grandes da vida, embora às vêzes sejamos desonestos nas coisas menores. Assim, muitas das nossas mentiras têm a intenção de evitar sofrimento a outros. A verdade exposta se tornaria um mal, se me impelisse a escrever:

"Caro senhor, sua carta era tão comprida e tão cacête que eu não me dei ao trabalho sequer de lê-la."

Ou se me forçasse a dizer a um músico em perspectiva:

—"Obrigado por ter tocado, mas o senhor assassinou êsse Estudo."

As mentiras dos adultos são geralmente altruístas, mas as mentiras das crianças são sempre locais e pessoais. A melhor maneira de fazer de uma criança um mentiroso para tôda a vida é insistir em que ela fale a verdade, apenas a verdade.

Concordo em que é bastante difícil ser sempre verdadeiro, mas quando se toma a decisão de não mentir a uma criança, ou diante de uma criança, a coisa se faz mais fácil do que pensamos. A última boa mentira permitida é a espécie de mentira que temos de dizer quando a vida está em perigo, por exemplo: a uma criança sèriamente doente não damos a notícia da morte de sua mãe.

A maior parte da nossa etiquêta mecânica é uma mentira viva. Dizemos "Obrigado" quando não o estamos, e tiramos nossos chapéus a mulheres que não respeitamos.

Dizer uma mentira é uma fraqueza pequena: viver uma mentira é uma grande calamidade. Os pais que vivem uma mentira são os perigosos.

—Eu tinha pedido a meu filho apenas uma coisa: verdade absoluta em qualquer ocasião—disse o pai de um ladrão de dezesseis anos.

Aquêle homem detestava a espôsa e era por ela detestado, embora o fato ficasse disfarçado sob a máscara dos "querido" e "benzinho". O filho percebia, obscuramente, que algo havia de errado em seu lar. Que possibilidade tem o filho de tal homem de crescer sendo outra coisa que não um desonesto convencional, quando seu próprio lar é uma mentira evidente? Os roubos do menino eram sua forma patética de procurar o amor que faltava no lar.

Realmente, uma criança pode mentir para imitar a falsidade paterna. É impossível para uma criança ser verdadeira num lar onde o pai e a mãe já não se amam. A miserável comédia que o pobre casal tenta representar não engana a criança. Então, ela é arrastada para um mundo irreal de fantasia, de

138

"faz-de-conta". Lembre-se que a criança *sente*, quando não sabe.

As igrejas perpetuam a mentira de que o homem nasceu em pecado e que tal pecado exige redenção. A lei impõe a mentira de que a humanidade pode ser melhorada pelo ódio em forma de castigo. Os médicos e as drogarias mantêm a mentira de que a saúde depende de nos sobrecarregarmos de drogas inorgânicas.

Numa sociedade cheia de mentiras, os pais têm enorme dificuldade para serem honestos. Um pai diz aos filhos:

—Se você se masturbar ficará louco.

Em tôdas as mentiras paternas há uma ignorância incrível do dano feito à criança.

Mantenho que os pais não têm necessidade de mentir: além disso, êles não *ousam* mentir. Existem muitos lares sem mentiras, e é dêsses lares que vêm as crianças de olhos límpidos, as crianças sinceras. Os pais podem responder tôdas as perguntas com a verdade, desde a verdade referente à origem dos bebês até a verdade referente à idade da mãe.

Eu jamais disse, conscientemente, uma mentira a meus alunos, em trinta e oito anos, e realmente nunca desejei dizê-la. Mas isso não é inteiramente correto, pois em certo período escolar eu disse uma grande mentira. Uma garôta, cuja história infeliz eu conhecia, roubou uma libra. A comissão de roubos—três meninos—a viu gastar dinheiro em sorvetes e cigarros, e a submeteu a um interrogatório.

—Quem me deu a libra foi Neill—disse ela.

Os garotos trouxeram-na à minha presença, perguntando-me:

—Você deu uma libra a Liz?

Percebendo, ràpidamente, qual era a situação, respondi, calmamente:

—Sim, dei.

Se eu a tivesse desmascarado, sabia que nunca mais ela teria confiança em mim. Seu roubo simbólico de amor em forma de dinheiro teria recebido outro recuo hostil. Eu precisava provar-lhe que estava sempre do lado dela. Sei que se o seu lar tivesse sido honesto e livre, tal situação jamais surgiria. Menti com um propósito—um propósito *terapêutico*—mas, em tôdas as outras circunstâncias, não ouso mentir.

As crianças, quando livres, não mentem muito. O policial da nossa aldeia, estando de visita certo dia, ficou estupefato quando um garôto entrou em meu escritório, dizendo:

—Olhe, Neill, eu quebrei uma vidraça do vestíbulo.

139

As crianças quase sempre mentem para se proteger. A mentira floresce em lares onde o mêdo floresce. Suprima-se o mêdo e a mentira decairá.

Há, entretanto, um tipo 'de mentira que não é baseada no mêdo—a mentira devida à fantasia.

—Mamãe vi um cachorro grande como uma vaca!

É mentira que se situa à altura da do pescador sôbre o tamanho do peixe que lhe escapou. Nesses casos, a mentira engrandece a personalidade do mentiroso. A forma óbvia de reagir quanto a essas mentiras é entrar no espírito do jôgo. Assim, quando Billy me diz que o pai tem um Rolls Royce, eu digo:

—Eu sei. É uma beleza, não é? Você sabe guiá-lo?

Fico a pensar se essas mentiras românticas existiriam na criança que desde o nascimento fôsse regulada por conta própria. Penso que ela não teria necessidade de se compensar pela sua inferioridade, inventando tais histórias.

Uma criança ilegítima não sabe que nasceu fora do regime matrimonial, contudo sente que é diferente das outras crianças. Não o sentirá, naturalmente, se souber da verdade, e se vive entre pessoas que não se importam que ela tenha ou não nascido do casamento. Por ser o sentimento muito mais importante do que o conhecimento é que os pais ignorantes fazem tanto mal com as mentiras e proibições. É o coração da criança o prejudicado, mais do que a cabeça. *Mas as cabeças nunca são causadoras de neuroses: só os corações as causam.*

Os pais devem contar a verdade aos filhos adotivos. Madrasta que deixa o filho do primeiro casamento do espôso pensar que é seu, está procurando aborrecimentos, e, na maioria dos casos, irá tê-los. Eu vi fortes traumas, mais tarde na vida, quando adolescentes descobrem verdades ocultas. Há sempre algumas criaturas odiosas por ali, que com tôda a satisfação revelam aos jovens verdades malignas.

Encourace seus filhos contra todos os intrometidos odientos resolvendo jamais mentir a criança alguma—seja sua, seja alheia. Com as crianças não há outra forma de agir senão através da verdade absoluta. Se o pai estêve prêso, as crianças devem saber disso. Se a mamãe foi *garçonnete,* a filha deve saber disso.

A verdade torna-se constrangedora quando a pergunta é:

—Mamãe, de qual de nós a senhora gosta mais?

A resposta universal, e freqüentemente destituída de verdade, é doce:

140

—Eu gosto de todos vocês da mesma maneira, querida.

Qual deveria ser a resposta, eu não sei. Talvez aqui se justifique a mentira, pois o demolidor "Eu gosto mais de Tommy" teria resultados desastrosos.

Os pais que forem honestos no que se refere a sexo serão honestos em outras coisas. As mentiras a respeito de soldados que vêm castigar crianças travêssas, as mentiras sôbre o fumo que detém o crescimento, as mentiras sôbre as dores de cabeça da mamãe em vez de se dizer que a mamãe está no seu período, são abundantes em milhões de lares.

Recentemente, uma professôra deixou Summerhill para lecionar num jardim-da-infância de Londres. Seus pequenos alunos perguntaram-lhe de onde vêm os bebês. Na manhã seguinte meia dúzia de mães enfurecidas vieram à escola, chamando-a uma "cadela de mentalidade suja" e exigindo que a despedissem.

A criança educada em liberdade não mentirá conscientemente porque não terá necessidade disso. Não mentirá para proteger-se porque não receia castigo. Mas dirá mentiras nascidas de sua fantasia, contando histórias formidáveis, que jamais aconteceram.

Quanto a mentir em função do mêdo, estou vendo uma nova geração que não terá esqueleto a esconder. Será franca e honesta sôbre todos os assuntos. Não precisará, em seu vocabulário, da palavra "mentira". Mentir é sempre ato de covardia e a covardia é o resultado da ignorância.

RESPONSABILIDADE

Em muitas casas o ego da criança é suprimido porque os pais a tratam como eterno bebê. Conheci meninas de catorze anos que os pais não deixavam sequer acender um fogo. Pais, com a melhor das intenções, retiram a responsabilidade dos filhos.
—Você deve levar seu suéter, querida. Tenho certeza de que vai chover.
—Vamos ver: não se aproxime dos trilhos do trem.
—Você lavou o rosto?
Certa vez, quando uma nova aluna chegou a Summerhill, a mãe disse-me que ela era muito suja em seus hábitos, que era preciso dizer-lhe, dez vêzes por dia, que se fôsse lavar. Desde o dia seguinte ao de sua chegada a menina tomou banho frio tôdas as manhãs, e pelo menos dois banhos quentes por semana. Trazia sempre as mãos e o rosto limpos. Sua falta de limpeza no lar—que só deveria ter existido, talvez na imaginação materna—era devida ao fato de ser tratada como um bebê.

As crianças deviam ter responsabilidade quase infinita. As crianças que recebem educação Montessori carregam terrinas cheias de sôpa quente. Um dos nossos alunos menores, de sete anos de idade, usa tôda a espécie de ferramentas: formões, machados, serrotes, facas. Eu corto meus dedos com muito mais freqüência do que êle.

Deveres não devem ser confundidos com responsabilidades. Senso de dever deveria ser adquirido mais tarde na vida, se chegasse a ser. A palavra *deve* tem tantas associações sinistras! Penso em mulheres que deixaram de ter vida e amor porque se sentiram compelidas, através de um senso de dever, a tomar conta de seus velhos pais. Penso nos casais que desde muito deixaram de se amar mas que continuam a viver juntos, miseràvelmente, por causa do senso de dever. Muitas crianças que estão em internatos ou em colônias de férias, sentem que o dever de escrever para a casa é irritante, especialmente quando devem compor a carta numa tarde de domingo.

É uma ilusão dizer que responsabilidade deve ser avaliada pela idade, uma ilusão que põe a vida dos jovens nas mãos de anciões enfraquecidos aos quais chamamos homens de Estado, quando melhor faríamos se os chamássemos homens estáticos. Essa ilusão afirma que cada membro da família é o protetor e o guia dos que são mais jovens do que êle. É duro para os pais compreenderem que seu filho de seis anos não é um ser lógico, raciocinador, ao qual se possa dizer:

—Você é mais velho do que Tommy, e na sua idade já devia saber que êle não tem permissão para sair à rua!

Uma criança não devia ser chamada a enfrentar responsabilidades para as quais não está preparada ainda, nem sobrecarregada com decisões que não tem idade para tomar. A senha deve ser bom-senso.

Em Summerhill não perguntamos aos nossos alunos de cinco anos se êles querem ou não pára-fogo na lareira. Não pedimos aos de seis anos que resolvam se devem sair ou não para o ar livre quando a temperatura está muito baixa. Nem perguntamos a uma criança enfraquecida se ela deve ou não ir deitar-se quando está exausta. Não se pede permissão a crianças para dar-lhes remédios, quando elas estão doentes.

Mas a imposição da autoridade—da autoridade necessária—sôbre uma criança, não entra em conflito algum com a idéia de que a criança deve receber tanta responsabilidade quanto possa aceitar na sua idade. Para determinar o volume dessa responsabilidade, os pais devem sempre consultar o íntimo de sua alma. Primeiro devem examinar-se.

Pais que recusam deixar que seus filhos escolham as roupas que vão vestir, por exemplo, buscam seu motivo, quase sempre, na idéia de que a criança pode escolher roupas que não estejam à altura da situação social dos pais.

Pais que censuram os livros e os programas cinematográficos dos filhos, ou os seus amigos, estão, falando geralmente, tentando impor suas próprias idéias à criança, sob pressão. Tais pais apenas raciocinam que sabem as coisas melhor, enquanto sua motivação profunda possìvelmente seja a do exercício de um poder autoritário.

Em geral, os pais devem entregar aos filhos tanta responsabilidade quanto possam entregar, com o devido cuidado no que se refere à sua segurança física. Só dessa forma poderão desenvolver a auto-segurança dos filhos.

143

OBEDIÊNCIA E DISCIPLINA

Surge uma pergunta irreverente:
—Por que deve uma criança obedecer?
Minha resposta é:
—Ela deve obedecer para satisfazer o desejo adulto de poder. Se não fôsse por isso, por que deveria uma criança obedecer?
—Bem—diz você—ela pode molhar os pés se desobedecer à ordem para calçar-se, pode, mesmo, rolar de um rochedo abaixo, se não obedecer ao grito do pai.
Sim, a criança deve obedecer quando a questão é de vida e morte. Mas quantas vêzes a criança é castigada por ter desobedecido em questão de vida e morte? Raramente, se chegou a sê-lo. Geralmente, abraçam-na, dizendo:
—Meu tesouro! Graças a Deus, nada te aconteceu!
A criança é castigada, quase sempre, *pelas coisas pequenas.*
É possível governar uma casa onde não se exige obediência. Eu digo a uma criança:
—Apanhe seus livros e estude a lição de inglês!
Ela pode recusar, se não estiver interessada em inglês. Sua desobediência apenas expressa seus próprios desejos, que, òbviamente, não interferem com ninguém, nem magoam qualquer outra pessoa. Mas se eu disser: "A parte central do jardim está plantada e ninguém deve correr ali" tôdas as crianças aceitam o que eu digo, assim como aceitam a ordem de Derrick: "Ninguém vai usar a minha bola sem me pedir licença primeiro!" Porque obediência deveria ser uma questão de toma-lá-dá-cá. Ocasionalmente, em Summerhill, desobedecem uma lei promulgada pela Assembléia Geral da Escola. Então, as próprias crianças tomam as providências. Contudo, em linhas gerais, Summerhill governa-se sem autoridade nem obediência. Cada indivíduo é livre para fazer o que quiser, *desde que não*

144

interfira com a liberdade alheia. E isso é meta realizável em qualquer comunidade.

Quando as pessoas se regulam por conta própria não há a autoridade do lar. Significa que não há voz alterada, arengando:

—Estou falando! Tratem de me obedecer!

A autoridade, na prática, tem de existir, e isso é natural. Mas uma autoridade que pode ser chamada proteção, cuidado, responsabilidade adulta. Tal autoridade pede obediência, às vêzes, mas em outras vêzes presta obediência. Assim, posso dizer à minha filha:

—Não podes trazer essa lama e essa água para a sala-de-visitas.

Isso não significará nada mais do que quando ela me diz:

—Saia do meu quarto, papai. Agora não quero você aqui.

Esse é um desejo que, naturalmente, obedeço sem dizer uma só palavra.

Relacionada com o castigo está a exigência paterna de que a criança não ponha na bôca mais do que pode mastigar. Literalmente—pois muitas vêzes os olhos da criança são maiores do que seu estômago, e ela pede um prato cheio que não consegue consumir. Forçar a criança a acabar o que há no prato é errado. Boa paternidade refere-se à capacidade de se identificar com a criança, compreendendo seus motivos, entendendo suas limitações, sem abrigar motivações e ressentimentos ulteriores.

Certa mãe escreveu-me dizendo desejar que a filha lhe obedecesse. Eu estava ensinando a menina a *obedecer-se.* Há cinco minutos atrás ela entrou na minha sala para me fazer perguntas sôbre cachorros e como exercitá-los.

—Dê o fora!—disse-lhe eu.—Estou ocupado, escrevendo.

Ela saiu, sem uma palavra.

A obediência deveria ser uma cortesia social. Os adultos não deveriam ter direito à obediência das crianças. Tal coisa devia vir de dentro, e não. ser imposta aos pequenos.

Disciplina é meio para atingir um fim. A disciplina de um exército subordina o indivíduo à causa. Nos países disciplinados a vida é barata.

Há, entretanto, outro tipo de disciplina. Numa orquestra, o primeiro violino obedece ao maestro porque está tão interessado numa boa apresentação quanto o maestro está. O soldado raso que se perfila em posição de sentido não se importa, quase nunca, com a eficiência do exército. Os exércitos são governados principalmente pelo mêdo, e o soldado sabe que se desobedecer será punido. A disciplina da escola pode ser do tipo da disciplina de uma orquestra, quando os professôres são bons. Com maior freqüência ela é do tipo que se usa no exército. O mesmo se aplica ao lar. Um lar feliz é como uma orquestra e goza do mesmo espírito de equipe. Um lar infeliz é como um quartel dirigido através de hostilidade e disciplina.

O estranho é que os lares onde há o espírito de equipe de disciplina muitas vêzes toleram a escola com disciplina de exército. As crianças são espancadas pelos professôres—crianças que jamais são espancadas no lar. Um visitante que visse de planêta mais velho e mais sábio consideraria imbecis os pais dêstes mundos, se lhe contassem que em algumas escolas elementares, ainda hoje, crianças pequenas são castigadas por se enganarem nas somas e na ortografia. Quando os pais humanos protestam contra a disciplina da escola e vão ao tribunal por causa disso, na maioria dos casos a lei toma posição ao lado do professor que castigou.

Os pais poderiam abolir amanhã o castigo corporal, se o quisessem. Aparentemente, a maioria não o quer. O sistema convém-lhes. Disciplina seus rapazes e mocinhas. O ódio da criança é inteligentemente dirigido ao professor que castiga e não aos pais que lhe pagam para fazer êsse trabalho sujo. O sistema convém a êsses pais porque êles próprios jamais tiveram permissão para viver e amar. Também êles foram escravos a suportar disciplina, e as pobres almas não podem visualizar a liberdade.

É verdade que no lar deve haver certa disciplina. Geralmente, é o tipo de disciplina que protege os direitos individuais de cada membro da família. Por exemplo, eu não permito que minha filha Zoe brinque com a minha máquina de escrever. Mas, numa família feliz, essa espécie de disciplina realiza-se por si mesma. A vida é um agradável dar e receber. Pais e filhos são companheiros, e trabalham em cooperação.

No lar infeliz a disciplina é usada como arma de ódio, e a obediência torna-se uma virtude. As crianças são bens móveis, coisas possuídas, e devem ser um mérito para seus possuidores. Percebo que os pais que mais se afligem porque Billy não aprende a ler e escrever são os que sentem malôgro na vida, por falta de conhecimentos educacionais.

Os pais que sofrem de autodesaprovação insistem em disciplina. O homem conhecido, jovial, que tem um repertório de histórias obscenas, reprovará severamente seu filho, se êle falar

146

em excrementos. A mãe mentirosa espancará o filho por ter mentido. Vi um homem, com o cachimbo na bôca, espancar o filho por encontrá-lo fumando. E ouvi outro homem dizer, enquanto batia em seu filho de onze anos:

—Vou te ensinar a blasfemar, seu bastardozinho!

Quando eu lhe chamei a atenção para aquilo, falou, desenvoltamente:

—Quando eu blasfemo é diferente. Êle não passa de um garôto.

Disciplina severa no lar é sempre a projeção de auto-ódio. O adulto se esforçou para obter perfeição em sua vida, e malogrou miseràvelmente nesse propósito. Agora, tenta encontrá-la para seus filhos. E tudo porque não pode amar. Tudo porque teme o prazer como um verdadeiro demônio. Foi por isso, naturalmente, que o homem *inventou* o diabo — o camarada que tem tôdas as melhores melodias, que ama a vida, a alegria e o sexo. A meta de perfeição é vencer o demônio. E dessa meta deriva misticismo e irracionalismo, religião e ascetismo. Dela deriva, também, a crucificação da carne, sob a forma de pancadas, de abstinência sexual e impotência.

Pode dizer-se, com justiça, que a severa disciplina do lar tende para a castração em seu mais amplo sentido, a castração da própria vida. Nenhuma criança obediente pode jamais tornar-se um homem ou uma mulher livre. Não há criança castigada por masturbação que chegue jamais a ser orgânicamente potente de maneira integral.

Eu disse que os pais desejam que os filhos se tornem aquilo que êles não puderam ser. Há algo mais nisso: todos os pais reprimidos estão, ao mesmo tempo, resolvidos que seu filho não receba mais da vida do que êles, seus pais, receberam. Pais que não vivem e não querem que seu filho viva. E tais pais têm sempre mêdo exagerado do futuro. A disciplina, pensam êles, salvará meu filho. Essa mesma falta de confiança em seu eu interior faz com que postulem um Deus externo que *forçará* bondade e verdade. A disciplina é, assim, um ramo da religião.

A diferença principal entre Summerhill e a escola típica é que em Summerhill temos fé na personalidade da criança. Sabemos que se Tommy desejar ser médico, estudará voluntàriamente para passar nos exames vestibulares. A escola disciplinadora está certa de que Tommy jamais será médico, a não ser que seja espancado e forçado, ou instigado a estudar nas horas prescritas.

147

Concordo em que na maioria dos casos é mais fácil eliminar a disciplina da escola do que do lar. Em Summerhill, quando uma criança de sete anos se faz um motivo de aborrecimento social, tôda a comunidade expressa a sua desaprovação. Desde que a aprovação social é o que todos desejam, a criança aprende a comportar-se bem. Não é necessária a disciplina.

Há alguns anos visitei meu amigo Wilhelm Reich em Maine. Seu filho, Peter, tinha três anos de idade. O lago que havia próximo da escada de entrada era profundo. Reich e a espôsa simplesmente disseram a Peter que não devia aproximar-se da água. Não tendo tido treinamento hostil e, portanto, confiando em seus pais, Peter não chegava perto da água. Os pais *sabiam* que não precisavam afligir-se. Pais que disciplinam através de médo e autoridade viveriam à margem daquele lago, com os nervos à flor da pele. As crianças estão de tal maneira habituadas a ouvir mentiras, que quando a mãe lhes diz que a água é perigosa, elas simplesmente não acreditam. E têm um desejo desafiador de se aproximar da água.

A criança disciplinada expressará seu ódio da autoridade aborrecendo seus pais. Realmente, muito comportamento mau de crianças é prova visível de tratamento errado. A criança média aceita a voz de experiência dos pais, se houver amor em seu lar. Se há hostilidade, ela nada aceita. Ou aceita as coisas negativamente, mostrando-se destruidora, insolente e desonesta.

As crianças são sensatas. Reagem ao amor com amor, e reagirão ao ódio com o ódio. Respondem fàcilmente à disciplina do tipo de equipe. Eu afirmo que a maldade não é básica na natureza humana, como não é básica na natureza de um coelho ou de um leão. Encadeie um cão, e um bom cão se tornará mau. Discipline uma criança e uma criança boa e sociável torna-se um odiento, mau e insincero. É penoso, mas a maior parte das pessoas está segura de que um mau menino deseja ser mau. Acredita que, com o auxílio de Deus ou de uma boa bengala, a criança adquire o poder de escolher a bondade. E se se recusar a exercer êsse poder, êles verão—e com que maldita insistência!—que ela sofra pela sua contumácia.

De certa maneira, o espírito da velha escola simboliza tudo que a disciplina representa. O diretor de um grande escola masculina disse-me, não há muito tempo, quando lhe perguntei que espécie de meninos tinha:

—A espécie que não manifesta idéias, nem ideais. Seguirão como carne de canhão em qualquer guerra, sem jamais parar para pensar o porquê daquela guerra e o porquê de estarem combatendo.

Há mais de quarenta anos que não bato numa criança. Ainda assim, quando era um professor jovem, usei a correia vigorosamente, sem jamais pensar no porquê daquilo. Agora, nunca bato numa criança porque me tornei consciente dos perigos das pancadas e tenho noção plena do ódio que atrás delas se esconde.

Em Summerhill tratamos as crianças em pé de igualdade conosco. Respeitamos, em tôda a plenitude, a personalidade e a individualidade da criança, tal como respeitaríamos a individualidade e a personalidade de um adulto, sabendo que a criança é diferente do adulto. Nós, adultos, não exigiríamos que o adulto Tio Bill comesse tôda a cenoura que lhe puseram no prato, quando não gosta de cenouras, ou que o pai lave as mãos antes de sentar-se à mesa para uma refeição. O estar continuamente corrigindo a criança faz com que ela se sinta inferior. Insultamos sua dignidade natural. Tudo é questão de valôres relativos. Em nome do céu, que importa, realmente, que o Tommy se sente à mesa para uma refeição, tendo as mãos por lavar?

As crianças criadas sob êsse tipo errado de disciplina vivem uma existência de mentiras. Jamais ousam ser o que realmente são. Tornam-se escravos de costumes e maneiras tolos, que foram estabelecidos. Aceitam seus trajos idiotas dos domingos sem discutir, porque a mola-mestra da disciplina é o mêdo da censura. O castigo vindo de seus companheiros de brinquedos não envolve mêdo. Mas quando um adulto castiga, êle vem automàticamente. Porque o adulto é grande, forte, e inspira medroso respeito. Mais importante do que tudo, êle é o símbolo da mãe ou do pai que a criança teme.

Durante trinta e cinco anos vi crianças sujas, insolentes, odientas, virem para a liberdade de Summerhill. Em todos os casos uma transformação paulatina teve lugar. Com o correr do tempo, aquelas crianças estragadas tornam-se crianças felizes, sociáveis, sinceras e amistosas.

O futuro da humanidade está nas mãos dos novos pais. Se arruinarem a fôrça da vida em seus filhos através de autoridade arbitrária, o crime, a guerra, a miséria, continuarão a florescer. Se acompanharem as pegadas de seus pais disciplinadores, perderão o amor de seus filhos. Porque ninguém pode amar o que teme.

A neurose começa com a disciplina paterna—que é o oposto exato do amor paterno. Não podemos ter uma boa humanidade tratando-a com ódio, com castigos, e inibições. O caminho único é o caminho do amor.

Um ambiente amorável, sem disciplina paterna, resolverá a maior parte dos transtornos da infância. Isso é o que eu desejo que os pais compreendam. Se suas crianças tiverem em casa um ambiente de amor e aprovação, a maldade, o ódio, a tendência destruidora, jamais chegarão a aparecer.

RECOMPENSAS E CASTIGOS

O perigo de recompensar uma criança não é tão sério como o de castigá-la, mas a sabotagem da moral da criança através da outorga de recompensas é mais sutil. Recompensas são coisas supérfluas e negativas. Oferecer um prêmio por fazer algo é o mesmo que declarar que êsse algo não vale a pena de ser feito por si mesmo.

Não há artista que trabalhe exclusivamente pela recompensa monetária. Uma das suas recompensas é a alegria de criar. Além disso, as recompensas apoiam a pior feição do sistema competitivo. Obter o melhor de outro homem é um objetivo infernal.

A outorga de recompensas tem um mau efeito psicológico sôbre a criança, porque faz surgir ciúmes. A antipatia de um menino por um irmão mais môço muitas vêzes data do momento em que a mãe comentou:

—Teu irmãozinho sabe fazer isso melhor do que tu.

Para o menino, aquêle comentário é uma recompensa dada ao irmão por ser melhor do que êle.

Quando se considera o interêsse natural de uma criança em coisas, começamos a perceber o perigo tanto da recompensa como do castigo. Tanto uma coisa como outra tendem a pressionar a criança para o terreno do interêsse. Mas o verdadeiro interêsse é a fôrça vital de tôda a personalidade, e tal interêsse é completamente espontâneo. É possível forçar a atenção, porque a atenção é um ato consciente. É possível estar atento a um resumo escrito no quadro-negro e ao mesmo tempo estar interessado em piratas. Embora se possa forçar a atenção, não se pode forçar o interêsse. Homem algum pode interessar-se—digamos—em colecionar selos e eu próprio não me posso forçar a me interessar por selos. Ainda assim, tanto a recompensa como o castigo tentam forçar o interêsse.

Tenho uma horta grande. Um grupo de meninos e meninas pequenos seria de grande auxílio durante a época da limpeza do mato. Mandá-los fazer ,êsse trabalho, ajudando-me, seria fácil. Mas essas crianças, de oito, nove e dez anos de idade, não têm opinião pessoal formada sôbre a necessidade de limpar o mato da horta. Não estão interessadas em tal coisa.

Certa vez aproximei-me de um grupo de meninozinhos:

—Alguém quer me ajudar a tirar o mato da horta?—perguntei. Todos êles recusaram.

Indaguei o porquê da recusa. Vieram as respostas:

—Cacête demais.

—Deixa o mato crescer!

—Estou ocupado com estas palavras cruzadas.

—Detesto tratar de hortas.

Também acho que arrancar mato é cacête. Também gosto de enfrentar as palavras cruzadas. Para ser bem justo para com aquêles pequenos, que tinham êles a ver com a limpeza do mato? Trata-se da *minha* horta. *Eu* me orgulho, ver as ervilhas surgirem da terra. *Eu* economizo dinheiro nas contas das verduras. Numa palavra, a horta está ligada ao meu interêsse particular. Não posso forçar êsse interêsse nas crianças, quando o interêsse não se origina dentro delas. O único meio possível para conseguir o auxílio delas seria pagar-lhes um tanto por hora de trabalho. Então, estaríamos, elas e eu, na mesma base: eu estaria interessado em minha horta, e elas no ganho de algum dinheiro extraordinário.

Em seus fundamentos o interêsse é sempre egoísta. Maud, de catorze anos, muitas vêzes ajuda-me na horta, embora declare que detesta a jardinagem. *Mas ela não me detesta.* Tira o mato porque deseja estar junto de mim. Isso serve ao seu interêsse pessoal no momento.

Quando Derrick, que também não gosta de arrancar mato, se oferece para ajudar-me, sei que vai renovar seu pedido relacionado à minha faca de bôlso, que êle cobiça. Êsse é o seu único interêsse no caso.

Uma recompensa deveria ser, na maior parte das vêzes, subjetiva: a auto-satisfação pelo trabalho realizado. Pensa-se nas tarefas desagradáveis dêste mundo: cavar o carvão, ajustar a porca n.º 50 ao parafuso n.º 51, cavar esgotos, somar números. O mundo está cheio de tarefas que não acarretam consigo prazer ou interêsse intrínsecos. Parecemos estar adaptando nossas escolas para essa insipidez na vida. Forçando a atenção dos nossos estudantes em relação a assuntos que não têm para êles

152

qualquer interêsse, nós, com efeito, os estamos condicionando para tarefas que não lhes darão prazer.

Se Mary aprende a ler e' a contar, será por ter interêsse nesses assuntos, não por causa da bicicleta nova que irá ganhar pela excelência de seu estudo, ou porque a mamãe vai ficar contente.

Certa mãe disse ao filho que se êle parasse de chupar o dedo ela lhe daria um aparelho de rádio. Que injusto conflito é assim dado a uma criança! Chupar o dedo é ato inconsciente, para além do contrôle da vontade. A criança pode fazer um esfôrço consciente e corajoso para abandonar tal hábito. Mas, como o masturbador obrigatório, fracassará uma e muitas vêzes, e assim irá adquirir um fardo enorme de sensação de culpa e desgôsto.

O mêdo paternal do futuro é perigoso quando se expressa em sugestões que se aproximam do subôrno:

—Quando aprenderes a ler, querido, o papai te·comprará um patinete.

Isso é uma fórmula que leva à aceitação da nossa civilização ávida, sempre em busca de proveitos. Alegra-me dizer que vi mais de uma criança preferir o analfabetismo a uma brilhante bicicleta nova.

Uma variante dessa forma de subôrno é a declaração que procura atingir as emoções da criança:

—Mamãe vai se sentir muito infeliz se continuares sendo o último da classe.

Ambos os métodos de subôrno desviam-se do interêsse genuíno da criança.

Também tenho meus pontos de vista bastante firmes quanto a deixar as crianças fazerem os nossos trabalhos. Se queremos que uma criança trabalhe para nós, temos de pagar-lhe êsse trabalho de acôrdo com a sua capacidade. Criança alguma deseja reunir tijolos só porque eu resolvi reconstruir uma parede tombada. Mas se eu oferecer alguns centavos pelo carro-de-mão cheio, um menino pode ajudar de boa vontade, pois que me dirigi ao seu interêsse pessoal. Mas não gosto da idéia de fazer dependente da realização de determinadas tarefas a mesada das crianças. Os pais devem dar, sem procurar receber coisa alguma em troca.

O castigo jamais se pode relacionar com a justiça, pois homem algum pode ser justo. Os juízes não são mais do que coletores morais de lixo, e não se mostram livres de preconceitos. Um juiz que seja positivamente conservador ou mili-

153

tarìsta achará bastante difícil ser justo para com um antimilitarista que foi prêso por gritar: "Abaixo o Exército!"

Consciente, ou inconscientemente, o professor cruel para com uma criança que cometeu uma falta sexual, pode ser contado, quase com certeza, como alguém que nutre sentimento de culpa em relação ao sexo. Num tribunal, um juiz com tendências inconscientemente homossexuais será muito severo na sentença de um prisioneiro acusado da prática do homossexualismo.

Não podemos ser justos porque não nos conhecemos, e não temos consciência de nossos empenhos reprimidos. Isso é tràgicamente injusto para as crianças. Um adulto nunca pode educar para além de seus complexos. Se nós próprios estamos escravizados a mêdos reprimidos, não nos é possível fazer livres nossos filhos. Tudo quanto fazemos é colocar sôbre nossos filhos os nossos próprios complexos.

Se tentássemos nos compreender, acharíamos difícil punir uma criança sôbre a qual estamos expandindo uma cólera que pertence a qualquer outra coisa. Há anos, nos velhos dias, eu espanquei crianças, muitas vêzes por estar preocupado— pela vinda do inspetor ou por ter tido uma briga com um amigo. Ou qualquer outra desculpa esfarrapada me serviu, em lugar de autocompreensão, em lugar de saber, realmente, porque eu estava zangado. Hoje sei, por experiência, que o castigo é desnecessário. Jamais castigo uma criança, nunca sinto qualquer tentação de castigar uma criança.

Recentemente, disse a um aluno nôvo, menino que estava sendo insociável:

—Estás fazendo essas tolices tôdas apenas para ver se te dou uma surra, porque tua vida tem sido uma longa surra. Mas estás perdendo teu tempo. Não te castigarei, faças o que fizeres.

Êle desistiu de ser destruidor. Já não sentia necessidade de se mostrar hostil.

O castigo é sempre um ato de ódio. Quando castigam, pais e professôres estão odiando a criança— e a criança compreende isso. O remorso aparente, ou o terno amor que uma criança espancada mostra em relação aos pais, não é verdadeiro amor. O que a criança espancada realmente sente é ódio, que precisa disfarçar em outra coisa para não se sentir culpada. Porque o espancamento levou a criança para o mundo da fantasia! *Eu gostaria que meu pai caísse morto!* Aquela fantasia imediatamente desperta a sensação de culpa: *Desejei que meu pai morresse. Como sou pecador!* E o remorso leva a criança para

154

os joelhos paternos, numa aparência de carinho. Mas, sob aquilo, o ódio ainda se encontra—e para permanecer.

O pior é que o castigo sempre cria um círculo vicioso. Pancadas são ódio expandido, e cada surra tende a criar mais e mais ódio na criança. Então, como êsse ódio crescente é expressado em comportamento ainda pior, mais surras são aplicadas. E êsse segundo-tempo de espancamento acrescenta dividendos ao ódio da criança. O resultado é um pequeno odiento, de maus modos, casmurro, destruidor, tão calejado no que se refere a castigos que peca para provocar alguma forma de resposta emocional por parte de seus pais. Porque mesmo uma resposta hostil servirá, quando não há a emoção do amor. E assim a criança é espancada—e se arrepende. Mas na manhã seguinte o mesmo ciclo recomeça.

Tanto quanto observei, a criança auto-regulada não precisa de castigo algum e não passa por êsse ciclo de ódio. Jamais é castigada e não tem necessidade de comportar-se mal. Não vê razão para mentir ou para partir coisas. Seu corpo jamais foi chamado porco ou perverso. Nunca precisou rebelar-se contra a autoridade, nem temer seus pais. Habitualmente, terá suas crises de raiva, mas serão curtas e sem tender para a neurose.

Realmente, é difícil saber o que é e o que não é castigo. Um dia, um menino apanhou meu melhor serrote. No dia seguinte fui encontrar a ferramenta lá fora, exposta à chuva. Eu disse ao garôto que não deveria emprestar-lhe mais aquêle serrote. Aquilo não era castigo, pois castigo envolve idéia de moralidade. Deixar o serrote na chuva é mau para o serrote, mas o ato não é imoral. É importante para a criança aprender que não se pode usar as ferramentas alheias e estragá-las, ou estragar a propriedade de outros, ou a pessoa de outros. Porque deixar que uma criança faça o que quer, ou realize seu desejo *a expensas de outros,* é mau para a criança. Cria a criança mimada, e a criança mimada é mau cidadão.

Há algum tempo um meninozinho veio para nós de uma escola, onde aterrorizava todo mundo atirando coisas em derredor e ameçando todos de assassínio. Tentou o mesmo jôgo comigo. Concluí, depressa, que êle estava usando seu gênio com o propósito de alarmar as pessoas e atrair, assim, a atenção. Um dia, entrando na sala-de-brinquedos, encontrei as crianças amontoadas a um canto. No outro canto estava o pequeno terror, de martelo em punho, ameaçando ferir quem quer que se aproximasse dêle,

155

—Pare com isso, menino!—disse-lhe eu, sèriamente.—Não temos mêdo de você!

O garôto deixou cair o martelo e correu para mim, mordendo-me e dando-me pontapés.

—De cada vez que me der um pontapé eu lhe darei outro—disse eu, tranqüilamente. E fiz isso. Depressa êle desistiu e correu para fora da sala.

Aquilo não foi um castigo. Foi uma lição necessária: o garôto aprendeu que não pode atacar os demais sem receber resposta idêntica.

O castigo, na maior parte dos lares, é dado por desobediência. Nas escolas, também a desobediência e a insolência são vistas como crimes graves. Quando eu era professor jovem, com o hábito de espancar crianças, como se permite à maioria dos professôres, na Inglaterra, sempre ficava zangado quando um garôto me desobedecia. Minha dignidadezinha sentia-se ferida. Eu era deus de chumbo da classe, tal como o papai é o deus de chumbo do lar. Castigar por desobediência é identificar-se com o Todo-Poderoso: *Não terás outro Deus.*

Mais tarde, quando lecionei na Alemanha e na Áustria, ficava envergonhado de cada vez que os professôres me perguntavam se os castigos corporais eram usados na Inglaterra. Na Alemanha, o professor que espanca um aluno é julgado por agressão, e, geralmente, castigado. O uso do chicote e da correia que se faz nas escolas da Inglaterra é a nossa maior vergonha.

Certo médico de uma das nossas grandes cidades disse-me um dia:

— Há um professor brutal à frente de uma das nossas escolas. Êle bate cruelmente nas crianças. Muitas vêzes me têm trazido crianças nervosas, por culpa dêle, mas eu nada posso fazer. O homem tem a opinião pública e a lei a seu lado.

Não há muito tempo, os jornais traziam a história de um caso em que o juiz disse a dois irmãos transgressos que se êles tivessem sido convenientemente surrados jamais teriam aparecido no tribunal. Quando as provas foram apresentadas verificou-se que os dois rapazes tinham apanhando de seu pai quase tôdas as noites.

Salomão, com sua teoria da vara, fêz mais mal do que bem fizeram seus provérbios. Homem algum que tenha certo poder de introspecção pode bater numa criança, ou pode sequer desejar bater numa criança.

Para repetir: bater numa criança dá-lhe mêdo *apenas quando isso é associado com a idéia da moral, com a idéia do errado,*

Se um moleque de rua atirar meu chapéu fora da cabeça com uma pelota de barro, minha reação será considerada natural pelo garôto se eu lhe der por isso um puxão de orelha. Mal algum terá sido feito à alma do menino. Mas se eu fôr ao diretor da escola e pedir castigo para o culpado, o mêdo introduzido pela punição será mau para a criança. O assunto se tornaria, imediatamente, um caso de moral e punição. A criança sentiria que tinha cometido um crime.

A cena que se segue pode ser fàcilmente imaginada! Ali estou eu, de pé, com meu chapéu enlameado. O diretor está sentado e fixa olhos trágicos no menino. O pequeno também está de pé, a cabeça baixa. Sente-se dominado pela dignidade de seus acusadores. Correndo atrás dêle na rua, porém, eu tornei-me seu igual. Não mostrei dignidade depois que meu chapéu foi arrancado da cabeça. Era, apenas, outro camarada. O menino aprendeu a lição necessária para a vida—a lição que diz: quando atingires um sujeito êle fica zangado e te retribui a pancada.

O castigo nada tem a ver com o mau gênio. O castigo é frio, judicial. O castigo é altamente moral. O castigo declara que tudo é para bem do culpado. (No caso de pena capital é para o bem da sociedade.) O castigo é ato no qual o homem se identifica com Deus, e coloca-se em posição de exercer julgamento moral.

Muitos pais consideram que, se Deus recompensa e castiga, também êles devem castigar e recompensar seus filhos. São pessoas que tentam ser justas, e muitas vêzes chegaram a convencer-se de que estão castigando o filho para seu próprio bem. *Isso me dói mais do que dói a ti* não chega a ser tanto uma expressão mentirosa quanto uma bem-intencionada auto-ilusão.

É preciso que nos lembremos de que a religião e a moralidade fazem do *castigo* uma instituição quase atraente. Porque salva a consciência.

—Paguei pelo que fiz!—exclama o pecador.

Quando, em minhas conferências, chega o momento em que o auditório tem liberdade para fazer-me perguntas, um dos da velha tradição quase sempre se levanta e diz:

—Meu pai dava-me chineladas, e eu não me lamento por isso, senhor! Eu não seria o que sou hoje se não tivesse sido espancado!

Jamais tive a temeridade de indagar:

—E, a propósito, que vem o senhor a ser, exatamente, hoje?

Dizer que o castigo nem sempre causa danos psíquicos, é fugir ao assunto, pois não sabemos que reação êle causará ao indivíduo, anos depois. Muitos exibicionistas, presos por demonstrações imorais, são vítimas de castigos recebidos na primeira infância, por causa de hábitos sexuais.

Se os castigos tivessem êxito sempre, poderíamos ter algum argumento a seu favor. Na verdade, êle pode inibir, através do mêdo, como qualquer ex-soldado nos poderá contar. Se um pai se satisfaz com um filho cujo espírito foi completamente despedaçado pelo mêdo, então, para tal pai, o castigo vale a pena.

Ninguém pode dizer qual é a proporção de crianças castigadas cujo espírito permanece despedaçado e castrado pela vida além, ou se rebela e torna-se mais anti-social ainda. Há cinqüenta anos eu leciono e jamais ouvi um pai dizer:

—Espanquei meu filho e êle é um bom menino, agora.

Pelo contrário, dezenas de vêzes tenho ouvido uma história dolorosa:

—Bati nêle, raciocinei com êle, ajudei-o de tôda a forma, e êle se tornou cada vez pior.

A criança castigada realmente se torna cada vez pior. E, o que é mais grave, cresce para vir a ser um pai, ou uma mãe, amigos de infligir castigos. E o ciclo do ódio continua através dos anos.

Muitas vêzes tenho perguntado a mim mesmo:

—Por que será que pais, sob outros aspectos tolerantes e bondosos, suportam para seus filhos escolas cruéis?

Tais pais parecem preocupar-se, antes de mais nada, em que seus filhos tenham boa educação. O que êles deixam de observar é que um professor que castiga forçará o interêsse da criança, mas o interêsse que êle força é relativo ao castigo e não às somas que se alinham na lousa. Para dizer a verdade, a maioria dos nossos estudantes que se classificam como os primeiros da classe nas escolas e colégios mergulha na mediocridade, mais tarde. Seu interêsse em obter boas notas nasceu, na maioria dos casos, da instigação dos pais, e bem pouco interêsse autêntico tinham êles pelas matérias estudadas.

Mêdo dos professôres e mêdo dos castigos que êles proporcionam tendem a influir nas relações entre pais e filhos. Porque, simbòlicamente, cada adulto passa a ser o pai ou a mãe da criança. E de cada vez que um professor castiga, a criança adquire um mêdo e um ódio do adulto que está atrás do símbolo—ódio do pai, ou ódio da mãe. Tal pensamento é pertur-

158

bador. Embora as crianças não sejam conscientes dêsse sentimento, ouvi um menino de treze anos dizer:

—O diretor da última escola em que estive costumava surrar-me bastante, e não posso compreender porque meu pai e minha mãe me conservavam naquela escola. Sabiam que o homem era um bruto, um cruel, mas não tomavam providência alguma.

O castigo que toma a forma de sermão é ainda mais perigoso do que uma sova. Como são horríveis êsses sermões!

—Mas você *não sabia* que estava fazendo uma coisa errada?

Um movimento de confirmação, entre soluços.

—Diga que sente o que fêz.

Como exercício para criar impostores e hipócritas, o castigo em forma de sermão é sem rival. Pior ainda é rezar pela alma transviada do filho, na presença dêle. Isso é imperdoável, pois o ato destina-se a originar na criança um profundo sentimento de culpa.

Outro tipo de castigo—não corporal, mas da mesma forma danoso para o desenvolvimento de uma criança—é o hábito de atormentar. Quantas vêzes ouvi mães atormentando uma filha de dez anos, o dia inteiro:

—Não ande no sol, querida... Benzinho, por favor, não chegue perto dêsse parapeito... Não, amor, não podes ir à piscina hoje, porque apanharias um horrível resfriado!

Êsse hábito de atormentar a propósito de tudo, constantemente, não é testemunho de amor, mas testemunho do mêdo materno, a cobrir um ódio inconsciente.

Eu gostaria que todos os partidários dos castigos pudessem ver e digerir o filme francês, encantador, que descreve a história da vida de um criminoso. Quando criança, tendo feito uma travessura qualquer, proibiram-no, como castigo, de tomar parte na ceia de domingo, cujo prato principal era feito de cogumelos. Acontece, porém, que tais cogumelos eram venenosos. Assistindo à saída dos caixões em que lá se ia para o cemitério tôda a sua família, o pequeno resolveu que não valia a pena ser bom. É uma história imoral, que tem moral, coisa que não são muitos os pais que sabem ver.

159

DEFECAÇÃO E HÁBITOS DE HIGIENE

Os visitantes de Summerhill devem ter, freqüentemente, uma estranha impressão a nosso respeito, pois todos falamos em assuntos relacionados com os hábitos de higiene. Acho que isso é absolutamente necessário, pois sei que *tôdas* as crianças se interessam por fezes.

Tanta coisa foi escrita a respeito dêsse interêsse das crianças pelas suas fezes e pela sua urina, que eu esperava aprender muito observando minha filha pequenina. Entretanto, ela não mostrou qualquer interêsse ou repugnância. Não indicava ter desejo algum de brincar com os produtos de seu corpo. Quando tinha três anos, porém, uma sua amiga, um ano mais velha do que ela, menina treinada para ser limpa, levou-a a um brinquedo relacionado com excrementos. Às escondidas, com muito cochicho, muita vergonha, muita risadinha que revelava culpa. Aquilo contrariava-nos, mas nada podíamos fazer, sabendo que a interferência poderia causar inibição. Felizmente, Zoe cansou-se depressa das atividades monótonas da outra, e o tal brinquedo de fezes chegou ao fim.

Os adultos dificilmente compreendem que para uma criança nada há de chocante em fezes e cheiros. É a atitude do adulto, atitude de repulsa, que desperta a consciência da criança nesse particular. Lembro-me de um menina de onze anos que chegou a Summerhill. Seu único interêsse na vida era dirigido aos hábitos de higiene. Sua paixão levava-a aos buracos de fechaduras, por onde espiava. Prontamente, substituí suas lições de geografia por outras referentes ao assunto de sua predileção, o que a fêz muito feliz. Dez dias depois eu lhe disse algo sôbre o assunto, e ela respondeu, entediada:

—Não quero mais ouvir falar nisso. Estou farta de falar nessas coisas!

Outro aluno não podia interessar-se por lição alguma já que vivia preocupado com excrementos e outras coisas assim. Eu sabia que só quando seu interêsse se esgotasse êle poderia estudar matemática. E assim foi.

O trabalho de um professor é simples: descobrir onde está colocado o interêsse da criança e ajudá-la a esgotar êsse interêsse. É *sempre* assim. Supressão e silêncio, simplesmente levam o interêsse a fazer-se subterrâneo.

—Mas êsse seu método não deixa as crianças com a mentalidade suja?—indaga a Sra. Moralidade.

—Não, é o *seu* método que fixa permanentemente um interêsse naquilo a que dá o nome de sujo. Só quando uma pessoa esgotou seu interêsse num assunto é que pode passar para assunto nôvo.

—Mas o senhor anima realmente as crianças a falarem sôbre hábitos de higiene?

—Sim, quando as sinto interessadas nisso. Só em casos neuróticos mais sérios é que precisamos falar nesses assuntos mais de uma semana.

Um dêsses casos de neurose ocorreu há alguns anos. Mandaram-nos um meninozinho porque sujava as calças o dia inteiro. Sua mãe já o espancara por isso, e, em desespêro, acabara por obrigá-lo a comer as próprias fezes. Podem imaginar o problema que víamos pela frente. Aconteceu que o menino tinha um irmão mais nôvo, e as dificuldades haviam começado quando do nascimento dêsse irmão. A razão era bastante clara. O menino raciocinava:

—Êle roubou de mim o amor de mamãe. Se eu fôr igual a êle e sujar minhas calças do jeito que êle suja suas fraldas, mamãe tornará a gostar de mim.

Dei-lhe "lições particulares" destinadas a lhe revelar seu verdadeiro motivo, mas as curas raramente são tão súbitas e dramáticas. Durante mais de um ano aquêle menino sujava suas calças três vêzes por dia. Ninguém lhe dizia uma só palavra amarga. A Sra. Corkhill, nossa ama, fazia as tarefas de limpeza sem uma palavra de censura. Mas protestou quando eu comecei a recompensá-lo de cada vez que êle fazia uma sujeira bem grande. A recompensa significava que eu estava aprovando o procedimento dêle.

Durante todo o período escolar o menino foi um demoniozinho odiento. Não era para admirar. Tinha problemas e conflitos, mas depois de sua cura tornou-se absolutamente limpo e ficou conosco durante três anos. Fêz-se, aliás, um garôto muito amável. Sua mãe levou-o de Summerhill sob o pretexto de que desejava colocá-lo numa escola onde o menino aprendesse algo. Quando voltou a visitar-nos, depois de estar um ano em sua nova escola, era um garôto transformado: insincero, medroso, infeliz. Disse que jamais perdoaria à mãe tê-lo retirado de Summerhill, e jamais perdoará, realmente. É bastante estranho, mas foi êsse menino o único exemplo de calças sujas que tivemos em todos êstes anos. Pode bem ser que muitos casos idênticos se devam ao ódio pela mãe, em conseqüência de supor que lhe está recusando amor.

É possível fazer uma criança adquirir hábitos de limpeza sem lhe dar um interêsse fixo reprimido nas funções de seu corpo. Os gatinhos e os cabritos não parecem ter complexos em relação a excrementos. O complexo, na criança, vem da forma pela qual ela é instruída. Quando a mãe diz: *mau,* ou *sujo,* ou mesmo o *veja só!,* surge o elemento do errado e certo. A questão torna-se *moral*—quando deveria permanecer apenas *física.*

Assim, a maneira errada de tratar com uma criança coprófila é dizer-lhe que ela está sendo suja. A maneira certa é permitir que esgote seu interêsse em excremento, dando-lhe a brincar lama ou argila. Ela viverá inteiramente o seu interêsse, e, vivendo-o, acabará por matá-lo.

Certa vez, num artigo de jornal, falei no direito que a criança tem de fazer bolos de lama. Um famoso educador Montessoriano respondeu, numa carta, que sua experiência mostrava que uma criança não deseja fazer bolos de lama *quando lhe dão algo melhor para fazer* (o grifo é meu). Mas nada há de melhor a fazer quando o interêsse da criança está fixado em bolos de lama. Entretanto, a criança problema *deve ser informada* do que está fazendo, pois é possível fazer bolos de lama durante anos sem esgotar o interêsse original pelos excrementos.

Lembro-me de Jim, um garôto de oito anos, que tinha fantasias em relações a fezes. Animei Jim a fazer bolos de lama. Mas, durante todo o tempo, disse-lhe no que êle estava realmente interessado. Dessa maneira, o processo de cura foi acelerado. Não lhe dizia, diretamente:

—Você está fazendo isso em substituição àquilo.

Apenas lhe fazia lembrar a semelhança entre os dois elementos. Isso funcionou. Uma criança menor, de cinco anos, digamos, não necessita de que lhe digam nada, pois irá libertar-se de sua fantasia, apenas fazendo os bolos de lama.

Para uma criança o excremento é um importante assunto a estudar. Qualquer supressão do seu interêsse mostra-se perigosa e estúpida. Por outro lado, não se deve dar grande importância ao excremento, a não ser que a criança se mostre orgulhosa de sua produção. Em tal caso, a ordem é admirar. Se uma criança se suja acidentalmente, o caso deve ser tratado com naturalidade, como coisa normal.

A defecação não é apenas um trabalho de criação para uma criança, mas também o é para muitos adultos. Também êles muitas vêzes se mostram. contentes e orgulhosos por terem tido um belo movimento de intestinos. Simbòlicamente, é algo de grande valor. Um ladrão que defeca no tapête depois de ter roubado o cofre-forte não tem a intenção de juntar o insulto ao prejuízo. Está simbòlicamente mostrando sua consciência culpada, pois que deixa algo de valor para substituir o que roubou.

Os animais exercem inconscientemente as suas funções. Gatos e cachorros que cobrem os seus excrementos de terra, automàticamente, estão realizando um ato instintivo, que há muito tempo atrás devia ser necessário para que a comida se conservasse limpa. A atitude moral do homem em relação aos seus excrementos pode ter muito a ver com sua alimentação, que não é natural. Os excrementos dos cavalos, das ovelhas e dos coelhos são coisa limpa, que não repugna. Por outro lado, os do homem são repugantes porque sua alimentação é mescla sórdida de produtos artificiais. Tenho pensado, às vêzes, que se o excremento humano fôsse tão fácil de tocar como o dos animais, as crianças teriam possibilidade maior de crescerem com liberdade emocional.

A repugnância que os adultos têm pelas fezes humanas não pode deixar de tomar grande parte no desenvolvimento da parte negativa, forjada de hostilidade, da psique da criança. Tendo a natureza colocado os órgãos excretórios e sexuais em vizinhança, a criança conclui que ambos são imundos. Portanto, a desaprovação paterna em relação a excrementos fará com que a criança, com tôda certeza, veja o sexo à mesma luz. Assim, desaprovação do sexo e dos excrementos forma uma repressão.

A mãe pode não ter sensação de repugnância ao lavar as fraldas do seu bebê. Três anos mais tarde, entretanto, poderá mostrar aborrecimento grande se tiver de limpar um montículo de sôbre o tapête. Tôdas as mães deveriam ser muito cuidadosas no trato de situações relacionadas com excrementos, recordando-se de que nenhuma cólera emocional é perdida para a criança. Mergulha e permanece. E registra-se no caráter dela.

163

ALIMENTAÇÃO

O totalitarismo começou, e ainda começa, no quarto das crianças. A primeira coisa a interferir com a natureza da criança é o despotismo. Essa primeira interferência revela-se sempre na questão da alimentação. Começa por forçar o recém-nascido a jejuar ou alimentar-se de acôrdo com um horário.

A explicação superficial para isso diz que a alimentação com horário interfere menos com a rotina diária e com o bem-estar dos adultos. Mas, bem ao fundo, o motivo real é o ódio à vida recém-surgida e às necessidades naturais. Tal coisa se revela na indiferença e tranqüilidade com que em certas famílias se ouvem, às vêzes, os gritos de um bebê que tem fome.

O regular-se por conta própria devia ser hábito inculcado desde o nascimento, com a primeira alimentação. Tôda criança tem o direito, adquirido ao nascer, de ser alimentada quando o desejar. É mais fácil para a mãe tratar a criança como deseja se tiver o filho em sua própria casa, porque, na maior parte das maternidades, a criança é afastada da mãe assim que nasce, e colocada num berçário. A mãe não tem permissão para amamentá-la ou dar-lhe a mamadeira durante as primeiras vinte e quatro horas. Quem pode dizer que dano permanente estará sendo feito àquele bebê?

Em alguns dos hospitais modernos estão cuidando da parturiente e do recém-nascido no próprio quarto, e assim a criança fica com a mãe e sob sua atenção pessoal, durante todo o período de estada no estabelecimento. Registrar-se numa maternidade sem antes ter certeza de que assim se fará, significa a aceitação do sistema que ela impuser. A mãe que pretende levar o seu bebê a regular-se por conta própria deveria ter o cuidado de não ir para um hospital que não ofereça assistência no quarto, isto é, que não aprove a sua intenção.

164

É muito melhor ter o bebê em casa de que submetê-lo a tal crueldade.

Horário de alimentação, durante tanto tempo adotado pelos médicos e pelas amas, é coisa que tem sido atacada com tanta eficácia que alguns clínicos o abandonaram. Trata-se de sistema òbviamente errado e perigoso. Se uma criança chora de fome às quatro horas, mas não é alimentada a não ser na hora marcada, eis que a submetem a uma disciplina estúpida, cruel, contra a vida, que fará um mal infinito ao seu desenvolvimento físico e espiritual. *O bebê deve ser alimentado quando deseja ser alimentado.* De início, êsse desejo se manifestará com freqüência, pois êle não pode absorver grandes quantidades de cada vez.

O hábito de dar ao bebê uma mamadeira de água à noite, é mau. Durante a noite o bebê deve ser alimentado como de costume. Depois de dois ou três meses êle próprio regulará a ingestão de quantidades maiores de alimento, e haverá intervalos maiores entre as mamadas. Com três ou quatro meses a criança quererá alimentar-se—digamos—entre as dez e onze horas da noite, e depois entre as cinco e seis da manhã. É evidente que tal regra não se faz penosa.

Uma verdade fundamental deveria ser inscrita em todos os quartos de crianças: *O bebê não deve chorar até exaurir-se.* Suas necessidades devem ser atendidas a cada vez que êle chora.

Com o hábito do horário, a mãe está sempre alguns passos adiante do bebê. Tal especialista eficiente, ela sabe, exatamente, o que deve fazer. Mas estará criando um bebê mecânico, um bebê moldado. Tal bebê, naturalmente, dará um mínimo de trabalho aos adultos—à custa de seu desenvolvimento natural. Mas, com o sistema de regular-se por conta· própria, todos os dias, todos os minutos, significam descobertas novas para a mãe. Porque, então, a mãe estará sempre *atrás* do bebê, e aprendendo todo o tempo pela observação minuciosa. Assim, se o bebê chora meia hora depois de uma boa mamada, a mãe terá de resolver o problema, diga o que disser o horário mecânico. O bebê estará sentindo desconfôrto? Estará sofrendo de gases no estômagos? Quererá mais alimento? Deseja apenas atenção, por se sentir sòzinho? A mãe deve reagir com seu amor espontâneo, não com as miseráveis regras de um livro qualquer.

Todos os bebês, se forem deixados à vontade, acabam por organizar seu próprio horário. Isso significa que a criança tem

165

capacidade de resolver por conta própria, não só na alimentação líquida, como na alimentação sólida, mais tarde.

O chupar de dedos, na criança maior, muitas vêzes continuando na adolescência, é o resultado mais óbvio da alimentação com horário. Dois componentes entram nesse hábito: a fome de alimentação, e a alegria sensual de chupar. Quando chega a hora de comer, há um movimento ativo de prazer oral, que se satisfaz antes que a fome se satisfaça. Se o bebê tem de gritar e esperar, porque o relógio diz que êle não tem fome, ambos os componentes tornam-se reprimidos.

Vi certa mãe, numa maternidade, agindo segundo as instruções do médico, arrancar o filho do seio porque o relógio dizia que o bebê tinha tido seus minutos marcados de alimentação. Não sei de nenhuma outra forma que se preste tanto a produzir crianças-problemas.

É quase incrível como médicos e mães ignorantes se atrevem a interferir com os impulsos e o comportamento natural do bebê, destruindo a alegria e a espontaneidade dêle com suas idéias absurdas de orientação e moldagem. Pessoas assim são as que dão início às doenças universais da humanidade, tanto psíquicas como somáticas. Mais tarde, a escola e a Igreja continuam o processo de educação disciplinadora, que é contra o prazer e contra a liberdade.

Certa mãe escreveu, a propósito de seu filhinho que fôra auto-regulado: "Quando começou a comer alimentos sólidos, dei-lhe a escolher entre vários alimentos, e as porções que êle pudesse ingerir. Se recusava certo tipo de legume, dava-lhe outro, ou dava-lhe, mesmo, a sobremesa. Muitas vêzes, comia o legume recusado, *depois* de ter comido a sobremesa. Às vêzes recusava comer fôsse o que fôsse—sinal certo de que não tinha fome. Então, na próxima refeição, comia particularmente bem."

É muito freqüente a mãe pensar que sabe melhor o que o filho necessita do que êle próprio. Isso não é verdade. Não é difícil fazer a prova no assunto alimentação infantil. Qualquer mãe pode colocar sôbre a mesa sorvete, balas, pão integral, tomates, alface e outros alimentos e dar então à criança liberdade completa para escolher o que desejar. A criança comum, se não houver interferência, dentro de uma semana, mais ou menos, escolherá uma alimentação balanceada. Tenho notícia de que experiências controladas, feitas nos Estados Unidos, comprovaram êsse fato, também.

166

Em Summerhill sempre damos, mesmo às criancinhas menores, a liberdade completa de escolher no cardápio do dia o que desejarem comer. Servimos sempre três pratos principais. O resultado é que há menos desperdício de comida em Summerhill do que na maior parte das outras escolas. Mas essa não é a nossa razão, pois antes queremos poupar a criança do que poupar o alimento.

Quando as crianças se alimentam de forma balanceada, as balas que compram com o dinheiro de sua mesada não lhes fazem mal. As crianças gostam de balas porque seus corpos exigem açúcar, e devem receber açúcar.

Obrigar uma criança a comer bacon e ovos quando ela detesta ovos e bacon, é coisa absurda e cruel. Zoe sempre teve licença para escolher o que quisesse comer. Quando se resfriava, comia apenas frutas e bebia sucos de frutas, sem qualquer sugestão de nossa parte. Jamais eu tinha visto criança demonstrar tão pequeno interêsse pela alimentação como Zoe. Um pacote de chocolates podia ficar à sua mesa durante dias, sem ser tocado, e o prato mais gostoso do almôço ou da janta quase sempre a deixava indiferente. Se tomava a primeira refeição e outra criança gritava lá de fora, chamando-a para brincar, sempre deixava o prato e não voltava para terminar de comer. Mas, sendo suas condições físicas excelentes, isso não nos preocupava.

Naturalmente, a maior parte dos pais planeja o cardápio de acôrdo com suas próprias noções prediletas sôbre alimentação. Se os pais forem vegetarianos, darão aos filhos refeições vegetarianas. Eu reparo, com freqüência, entretanto, que as crianças dos lares vegetarianos engolem grandes porções de carne, e com enorme prazer.

Como leigo sem conhecimento de dietética, sou de opinião que não importa que uma criança seja ou não seja carnívora. Contanto que sua alimentação seja balanceada, a saúde conseqüente deverá ser boa. Nunca ouço falar em diarréia, em Summerhill, e raramente há queixas sôbre prisão-de-ventre. Sempre comemos muita verdura crua, mas os alunos novos às vêzes recusam comê-la. Mas, com o correr do tempo, habitualmente a aceitam e aprendem a gostar. Seja como fôr, as crianças de Summerhill quase sempre prestam pouca atenção a assuntos culinários, o que está certo.

Comer é uma das fontes de prazer da infância, portanto é demasiado fundamental, demasiado vital, isso de ser inibido pela exigência de maneiras à mesa. A triste verdade é que as crianças de Summerhill que exibem pior comportamento à mesa são as educadas dentro de determinadas etiquêtas elegantes. Quanto mais rígido e exigente é o lar, piores são as maneiras à mesa, e em tudo o mais, desde que a criança tenha liberdade para ser quem é. Nada há a fazer senão deixar que a criança esgote sua tendência reprimida, até que nela surjam as boas maneiras naturais, mais tarde, na adolescência.

O alimento é a coisa mais importante na vida de uma criança, muito mais importante do que sexo. O estômago é egocêntrico e egoísta. O egoísmo é próprio da infância. O menino de dez anos é muito mais possessivo quando se trata de seu guisado de carneiro do que um velho chefe tribal quando se trata de suas mulheres. Quando a criança recebe liberdade para esgotar seu egoísmo, como acontece em Summerhill, êsse egoísmo vai se transformando, aos poucos, em altruísmo, e natural preocupação no que se refere aos demais.

SAÚDE E SONO

Nos trinta e oito anos de Summerhill tivemos muito poucas doenças. Penso que a razão é estarmos ao lado do processo de viver—porque aprovamos a carne. Pomos a felicidade antes da dieta. Os visitantes de Summerhill geralmente comentam quando as crianças parecem bem dispostas. Penso que é a felicidade que faz nossas meninas parecerem atraentes e nossos rapazes simpáticos.

A alimentação onde predominaram os legumes crus pode ser parte importante na cura das moléstias de rins. Mas tôdas as verduras do mundo não afetarão as moléstias da alma, se essas moléstias forem devidas à repressão. Um homem que come balanceadamente pode corromper seus filhos através de pregação de moral, enquanto um homem livre de neuroses não prejudicará seus rebentos. Minha experiência leva-me a concluir que as crianças corrompidas são menos sadias fisicamente, do que as crianças livres.

Aliás, reparo que muitos dos nossos rapazes em Summerhill alcançam, crescendo, a altura de seis pés, mesmo quando os pais são relativamente baixos. Talvez não haja nada demais nisso, mas também pode ser que a liberdade de crescer em graça também signifique liberdade para crescer em polegadas. Vi rapazes crescerem mais depressa, sem dúvida alguma, depois que foi removida a proibição no que se referia à masturbação.

Há, ainda, a questão do sono. Fico a pensar no que haverá de verdade na recomendação dos médicos quanto a determinada quantidade de sono que seria a necessária para as crianças. Para as crianças pequenas, sim. Deixe-se uma criança de sete anos ficar acordada até tarde da noite, e ela sofrerá em sua saúde, porque nem sempre pode ficar dormindo até tarde, pela manhã. Algumas crianças ressentem-se ao serem mandadas cedo para a cama, porque sentem que vão perder algo.

Numa escola livre, a hora de recolher é o próprio demônio—não tanto com os pequenos 'como com os mais velhos. A juventude adora as horas tardias, e eu a compreendo, porque também detesto deitar-me cedo.

O trabalho resolve o problema para a maior parte dos adultos. Se tivermos de estar no trabalho às 8 da manhã, renunciamos à tentação de ficar acordados até as primeiras horas da madrugada.

Outros fatôres, tais como felicidade e boa alimentação, podem equilibrar qualquer falta de sono. Os alunos de Summerhill resolvem seu atraso de sono pelas manhãs de domingo, preferindo, mesmo, perder o almôço.

Quanto ao trabalho em relação à saúde, eu o faço, em sua maior parte, por um duplo motivo. Cavo as batatas compreendendo que poderia gastar o tempo mais proveitosamente se escrevesse artigos para jornais e pagasse um trabalhador para tratar da horta. Contudo, cavo porque desejo conservar-me sadio, razão que é mais importante para mim do que dólares vindos de jornais. Um amigo, que negocia com automóveis, disse-me que sou um louco, usando a enxada na era da mecânica e eu lhe digo que os motores estão arruinando a vida da nação porque ninguém mais anda ou usa a enxada hoje em dia. Êle è eu temos idade bastante para sermos conscientes dos problemas de saúde.

Uma criança, entretanto, é completamente inconsciente a êsse respeito. Menino algum irá cavar o chão para conservar-se em forma. Em qualquer trabalho êle tem um motivo só—seu interêsse no momento.

A boa saúde de que gozamos em Summerhill é devida à liberdade, à boa alimentação, ao ar fresco—exatamente nessa ordem.

LIMPEZA E ROUPAS

No que se refere à limpeza pessoal, as meninas geralmente são mais cuidadosas do que os meninos. Em Summerhill, nossos garotos e garôtas, dos quinze anos em diante, preocupam-se com a sua aparência. Por outro lado, as meninas não se mostram tão cuidadosas quanto os rapazes, no trato de seus quartos, isto é, as meninas até os catorze anos de idade. Vestem bonecas, fazem costuras para o teatro, e deixam o pavimento coberto de lixo, mas de lixo criador.

Raramente temos uma garôta, em Summerhill, que não tome banho. Tivemos uma, sim, de nove anos, vinda de uma casa onde a avó tinha complexo de limpeza e, ao que parece, lavava Mildred dez vêzes por dia. A sua "mãe-de-casa" veio ter comigo um dia, dizendo:

—Há uma semana que Mildred não toma banho. Não quer tomar, e está começando a cheirar mal. Que devo fazer?

—Mande-a falar comigo—disse eu.

Logo depois Mildred chegava, as mãos e o rosto muitos sujos.

—Olhe aqui—disse eu, severamente—isso não vai resolver nada!

—Mas eu não quero me lavar!—protestou ela.

—Cale a bôca!—exclamei.—Quem está falando em se lavar? Olhe para o espelho. (Ela olhou.) Que acha de seu rosto?

—Não está muito limpo, não é mesmo?—perguntou a pequena rindo.

—Está *limpo* demais!—disse eu.—Não quero meninas de rosto limpo nesta escola. Agora, vá embora!

Ela foi direitinho ao depósito de carvão e esfregou no rosto aquêle pó, até deixá-lo prêto. Voltou, triunfante, para junto de mim.

—Assim resolve?—indagou.

Examinei-lhe o rosto com a devida gravidade.

171

—Não—respondi,—Ainda há um pedacinho branco dêsse lado do rosto.

Naquela noite Mildred, tomou banho, mas não posso imaginar qual foi o porquê exato dessa resolução.

Lembro-me do caso de um rapaz de dezessete anos, procedente de uma escola particular, que veio para a nossa. Uma semana depois da sua chegada, fêz camaradagem com os homens que carregavam os carros de carvão, na via férrea, e começou a ajudá-los em seu trabalho. Seu rosto e suas mãos mostravam-se negros, quando vinha para a sala de refeições, mas ninguém dizia uma palavra. Ninguém se importava.

Passou várias semanas para esgotar o que trouxera da escola particular e do lar, em matéria de limpeza. Quando desistiu de seus carregamentos de carvão, tornou-se limpo em sua pessoa e em suas roupas, mas com uma diferença: a limpeza era algo a que ninguém o forçava, e, assim, esgotara seu complexo de sujidade.

Quando Willie faz bolos de lama, sua mãe se alarma, não aconteça os vizinhos criticarem suas roupas sujas. Nesse caso, a exigência social—o que a sociedade pensa—deve dar lugar à exigência individual—à alegria de brincar e construir.

Com demasiada freqüência os pais dão importância exagerada ao arrôjo pessoal. Tal coisa é considerada uma das sete virtudes mortais. O homem que se orgulha de seu asseio, é, habitualmente, um indivíduo de segunda-classe, que valoriza nesta vida o que é de segunda classe. A pessoa mais asseada tem, quase sempre, a mente menos asseada. Digo isso com todo o desapêgo de um homem cuja escrivaninha parece sempre um monte de papéis, dêsses que se vêem às vêzes num parque público, sob a placa que diz: "Não atire nada no chão."

Em minha própria família, a maior dificuldade, no que se refere a regular-se a si próprio, centraliza-se em tôrno da questão de vestuário. Zoe gostaria de correr despida o dia inteiro, se lhe permitissem isso. Outros pais de crianças que tiveram liberdade para regular-se por conta própria contam que quando o dia esfriava sua filha de dois anos entrava em casa, automàticamente, e pedia roupas mais quentes. Zoe tremia até ficar com o nariz e as faces azuis, e resistia a todos os nossos esforços para que se agasalhasse melhor.

Pais corajosos podem dizer:

—O organismo dela haverá de guiá-la! Que trema, porque nada de mal acontecerá!

172

Mas nós não éramos corajosos bastante para arriscá-la a apanhar uma pneumonia, e. assim forçávamos a garôta a vestir as roupas que, imaginávamos, ela devia estar usando.

Os pais precisam resolver sôbre às roupas que as crianças pequenas devem usar. Quando as crianças passam para a adolescência devem ter permissão para escolher as próprias roupas. Um milhão de filhas sofrem porque a mãe insiste em escolher-lhes as roupas. Quase sempre é mais fácil vestir os rapazes. Se um pai se pode dar a êsse luxo, boa maneira seria dar mesada aos filhos, para roupas. Se êles preferissem gastá-la em idas ao cinema ou em gulodices, que o fizessem.

Imperdoável é vestir uma criança de forma que a torne diferente de seus amigos. Obrigar um garôto crescido a usar calças curtas, quando todos os seus condiscípulos já as usam longas, é crueldade.

As filhas deveriam ter liberdade de fazer o que entendessem com os seus cabelos: usá-los compridos, curtos, ou trançados. Se desejam usar batom, por que não? Pessoalmente, detesto sequer vê-lo, mas, se minha filha pensa de outra maneira, não tentarei dissuadi-la.

As crianças novas não têm interêsse inato pelo vestuário, mas a criança adquire também aquêle complexo. Tem mêdo de subir a uma árvore, não vá sua calça rasgar-se.

As crianças normais largam suas roupas de qualquer maneira e em qualquer lugar, despindo um suéter e esquecendo-se de onde o deixaram. Quando ando pelos terrenos de nossa escola, numa noite de verão, sempre posso apanhar um sortimento de sapatos e de malhas.

As crianças que não freqüentam um internato precisam contemporizar com a opinião dos vizinhos. Pense-se nas milhares de crianças sacrificadas àquela abominação chamada vestuário dos domingos. São vistas a caminhar solenemente, colarinhos duros e vestidos brancos, temendo dar um pontapé numa bola ou saltar uma grade. Felizmente, essa coisa idiota está começando a morrer.

Em Summerhill, nos dias quentes, alunos e professôres sentam-se para o almôço, sem camisas. Ninguém se importa. Summerhill relega as coisas sem importância para seu devido lugar, tratando-as com indiferença.

É principalmente na questão de roupas que os pais mostram seu complexo de dinheiro. Tivemos, certa vez, um jovem ladrão bastante mau, em Summerhill, que obteve cura depois de quatro anos de trabalho árduo e paciência infinita, por

173

parte dos professôres. Aquêle rapaz saiu da escola com dezessete anos. Sua mãe escreveu: "Bill chegou. Faltam dois pares de suas meias. Por favor, providencie para que nos sejam devolvidos."

De vez em quando os pais demonstram ciúmes da "mãe-da-casa" que toma conta de seus filhos, em Summerhill. Vi mães visitantes dirigirem-se diretamente para os armários de roupas de seus filhos, com um franzir de sobrancelhas e um leve resmungar que sugeria falta de capacidade da "mãe-da-casa". Tais mães geralmente mostram grande ansiedade em relação ao filho, pois a ansiedade quanto ao vestuário sempre significa ansiedade sôbre o ensino e sôbre tudo o mais.

BRINQUEDOS

Se eu tivesse qualquer senso de negócios, abriria uma casa de brinquedos. Todo quarto de crianças está sempre cheio de brinquedos quebrados ou abandonados. As crianças da classe-média dispõem de brinquedos demais. E, realmente, qualquer brinquedo que custe mais do que alguns centavos é dinheiro jogado fora.

Uma vez Zoe recebeu um presente por parte do antigo aluno: boneca maravilhosa, que andava e falava. Sem dúvida, brinquedo muito caro. Ao mesmo tempo, um aluno nôvo deu a Zoe um coelhinho barato. Ela brincou com a custosa boneca durante meia hora, mas brincou com o coelhinho durante semanas. E levava-o para a cama, com ela, tôdas as noites.

De todos os seus brinquedos, o que Zoe por mais tempo conservou foi Betsy Wetsy, uma boneca que molhava as fraldas, e que eu comprei quando a pequena estava com dezoito meses. A questão de molhar as fraldas não a interessou nem um pouquinho, talvez porque se tratava de uma fraude puritana, seu "lugarzinho do pipi" tendo sido colocado nas costas. Só ao chegar aos quatro anos e meio Zoe disse, certa manhã:

—Estou cansada de Betsy Wetsy e quero dá-la.

Alguns anos depois eu tentei um questionário entre crianças mais velhas:

—Quando é que você se aborrece mais com seu irmãozinho ou irmãzinha?

Em pràticamente todos os casos a resposta foi:

—Quando êle quebra meus brinquedos.

Nunca se deve mostrar a uma criança como funciona um brinquedo. Realmente, não se deveria jamais ajudar uma criança de maneira alguma, até, ou a não ser, que ela se manifeste incapaz de resolver sòzinha o seu problema.

175

Crianças auto-reguladas parecem contentar-se em se divertir por muito tempo com seus brinquedos e jogos. Não os estragam, como as crianças moldadas tantas vêzes fazem.

Não há razão para que um bebê, numa casa particular, ou num lar razoàvelmente à prova de som, deixe de ter liberdade para brincar com os objetos da cozinha, quando êles não estão em uso, objetos tais como tampas barulhentas de panelas, e colheres de pau que servem de baquêtas de tambor. É mais provável que a criança prefira isso aos brinquedos vendidos nas lojas da especialidade. Realmente, o brinquedo médio pode ser um soporífero, embalando a criança para insípida sonolência.

Todos os pais têm tendência para comprar brinquedos demais. A criança estende animadamente as mãos para um objeto qualquer—um trator, uma girafa que move a cabeça—e os pais compram imediatamente êsses objetos. Assim, a maior parte dos quartos de crianças vive cheia de brinquedos pelos quais os pequenos deixam de revelar qualquer interêsse autêntico.

Há no mercado pouquíssimos brinquedos criativos. Existem muitos brinquedos de armar, feitos de metal e madeira, mas poucos brinquedos criativos. Brinquedos de armar são como palavras cruzadas ou charadas matemáticas. Desde que outra pessoa os fêz, suas soluções nunca podem ser de todo originais. Confesso que eu não poderia inventar um brinquedo criativo, fôsse de que espécie fôsse, e não tenho sugestões a oferecer, nesse particular. Mas estou certo de que o mundo dos brinquedos está à espera do mágico que se aproxime do coração das crianças, bem mais do que os fabricantes de brinquedos de hoje.

RUMOR

As crianças são naturalmente barulhentas, e os pais devem aceitar êsse fato e aprender a viver com êle. A criança, se tiver de crescer sadia, deve ter permissão para uma quantidade razoável de brincadeiras barulhentas.

Agora, já conto quase quarenta anos de vida com o barulho das crianças. Habitualmente, não tenho consciência dêsse barulho. Os que vivem numa metalúrgica habituam-se ao constante clamor dos martelos. Os que moram em ruas movimentadas acabam por não mais se aperceberem do rumor. A diferença é que as marteladas e o rumor do trânsito são barulhos mais ou menos constantes, enquanto o ruído que as crianças fazem é sempre variado e estridente. O rumor pode atacar os nervos de uma pessoa. Devo confessar que quando me mudei do edifício principal para viver num chalé, há alguns anos, a paz das noitadas mostrou-se das mais agradáveis, depois de anos de barulho de umas cinqüenta crianças.

A sala de refeições de Summerhill é um lugar ruidoso. As crianças, como os animais, gostam de gritar quando comem. Só permitimos que entrem em nossa sala-de-refeições, para jantar conosco, os visitantes que não têm complexos de rumor. Minha espôsa e eu jantamos sòzinhos, mas passamos cêrca de duas horas por dia servindo as refeições das crianças, e precisamos de um repouso em relação ao rumor. Os professôres não gostam muito de barulho, mas os adolescentes não parecem ressentir-se do ruído feito pelos menores. E quando um aluno mais velho levanta a questão do barulho que os menores fazem no refeitório, os menores, com tôda a lealdade, trovejam seus protestos, e os mais velhos fazem exatamente a mesma coisa.

A supressão do rumor jamais dá à criança uma repressão tão forte como a supressão do interêsse nas funções corporais. Jamais se chama *sujeira* ao barulho. O tom de voz que um

177

pai adota ao gritar: "Parem com êsse barulho!" é uma expressão aberta, calorosa, de impaciência. O tom da mãe que diz "Hum! Isso é sujeira!", é o tom de choque, o tom moral.

Em Summerhill algumas crianças brincam o dia inteiro, especialmente quando brilha o sol. Seus brinquedos são barulhentos, em geral. Na maior parte das escolas, o rumor, como os brinquedos, é suprimido. Um dos nossos antigos alunos, que foi para uma universidade escocesa, disse:

—Os estudantes fazem um barulho infernal em classe, e isso é uma coisa cansativa. Porque nós, em Summerhill, vivemos êsse estágio até os dez anos de idade, apenas.

Lembro-me dum incidente contado no grande romance "A Casa dos Postigos Verdes", quando os estudantes da Universidade de Edinburgh tocavam *John Brown's Body* com os pés, para importunar e infernizar um conferencista fraco. Barulho e brincadeira andam juntos, mas é melhor que andem juntos entre os sete e os catorze anos.

MANEIRAS

Ter boas maneiras significa pensar nos demais. Não. Significa, realmente, sentir pelos demais. Precisamos ter consciência de grupo, colocarmo-nos na pele de outros. As maneiras evitam que magoemos seja quem fôr. Ter boas maneiras é ter genuíno bom gôsto. Maneiras não podem ser ensinadas, pois pertencem ao inconsciente.

A etiquêta, por outro lado, pode ser ensinada, pois pertence ao consciente. É o revestimento das maneiras. A etiquêta permite que se fale durante um concêrto, permite a bisbilhotice e o escândalo. A etiquêta exige que nos vistamos para o jantar, que nos levantemos quando uma senhora se aproxima da nossa mesa, que digamos "com licença" ao deixarmos a mesa. Tudo isso é comportamento consciente, externo, sem significação.

Maneiras más são sempre conseqüência de psique desordenada. Maledicência, escândalo, bisbilhotice, calúnia, são tôdas faltas subjetivas, mostram o ódio do eu. Provam que o espalhador de escândalo é infeliz. Se pudéssemos levar as crianças para um mundo em que elas fôssem felizes, havíamos de livrá-las, automàticamente, de todo o desejo de olhar. Em outras palavras, essas crianças teriam boas maneiras no sentido mais profundo, isto é, mostrariam maior benevolência.

As crianças que comem ervilhas com a faca talvez sejam as mesmas que nem sempre se portarão mal, falando durante uma audição de uma sinfonia de Beethoven. Se passam pela Sra. Brown sem tirar o chapéu, nem por isso irão contar a tôda gente que a Sra. Brown bebe aguardente.

Certa vez eu falava realizando uma conferência, e um velho se levantou, queixando-se das maneiras das crianças de hoje:

—Porque—disse êle, acaloradamente—no último domingo eu ia caminhando pelo parque, e duas crianças pequenas se aproximaram de mim. "Olá, homem!"—disse uma delas.

179

Eu lhe respondi:

—Mas que há de mal em se dizer:—Olá, homem? O senhor teria ficado mais satisfeito se elas dissessem:—Olá, cavalheiro? A verdade é que o senhor se ofendeu. Deseja subserviência por parte das crianças, não maneiras.

Da parte de muitos adultos isso é verdade. Pura presunção. É o hábito de tratar crianças como vassalos sob o feudalismo. É o egoísmo—o tipo de egoísmo muito menos justificável do que o egoísmo das crianças. *As crianças* precisam ser egoístas, mas um adulto deve confiar seu egoísmo a coisas e não a pessoas.

Acho que as crianças se corrigem mùtuamente. Um dos meus alunos comia fazendo grande rumor, enquanto os outros caçoavam dêle. Por outro lado, quando um pequenino usou sua faca para comer picadinho, os outros inclinaram-se a considerar aquilo um boa idéia. Perguntavam uns aos outros por que não se comia com a faca. A resposta que dizia haver o perigo de se cortar a bôca não satisfez, sob a alegação de que as facas não tinham corte e serviam para qualquer coisa.

As crianças deveriam ter liberdade para discutir as regras da etiquêta, pois comer ervilhas com a faca é uma questão pessoal. Não deveriam ter a liberdade de discutir o que pode ser chamado *maneiras sociais*. Se uma criança entra em nossa sala-de-visitas com as botas enlameadas, gritamos com ela, porque a sala-de-visitas pertence aos adultos, e os adultos têm o direito de decretar quem deve e quem não deve entrar ali.

Quando um garôto foi atrevido em relação ao nosso açougueiro, eu disse aos alunos, numa Assembléia Geral da Escola, que o açougueiro se havia queixado a mim. Mas penso que teria sido melhor que o açougueiro tivesse dado um sôco no ouvido do garôto. O que as pessoas geralmente chamam maneiras são coisas que não valem a pena de ensiná-las. Podem ser consideradas, no máximo, costumes sobreviventes. A retirada do chapéu na presença de senhoras é um hábito sem significação. Quando rapaz, tirava meu chapéu diante da espôsa do ministro, mas não o tirava diante de minhas irmãs e de minha mãe. Penso que, obscuramente, percebia que em presença delas não precisava fingir. Ainda assim, hábitos como o de tirar o chapéu são inofensivos, afinal. O rapaz irá conformar-se com o uso, mais tarde. Com dez anos de idade, entretanto, tudo quanto se relacione com fingimento deve ser mantido longe dêle.

180

Maneiras nunca deveriam ser ensinadas. Se uma criança de sete anos deseja comer com a mão, deve ter liberdade para fazê-lo. Criança alguma deveria ser solicitada a se comportar de determinada maneira, a fim de que Tia Mary aprove. Antes sacrificar todos os vizinhos e tôdas as relações do mundo do que limitar uma criança para tôda a vida, levando-a a comportar-se sem sinceridade. As maneiras vêm por si mesmas. Os antigos summerhillianos têm excelentes maneiras, mesmo alguns dos que gostavam de lamber os pratos, aos doze anos de idade. Criança alguma deveria ser forçada a dizer "Obrigada", nem mesmo encorajada a dizer "Obrigada".

A maioria das pessoas, pais ou não, ficaria estupefata ao ver a falta de profundidade nas maneiras entre as crianças habituais, de caráter moldado, que vêm para Summerhill, sejam meninos ou meninas. Os meninos chegam com bonitas maneiras e depressa deixam-nas completamente de parte, compreendendo, sem dúvida, que a falta de sinceridade não tem lugar em Summerhill. O paulatino abandono da falta de sinceridade, na voz, nas maneiras, e na ação, é a norma. Alunos que vêm de escolas particulares levam mais tempo para deixar de parte a falta de sinceridade e a insolência. Crianças livres jamais são insolentes.

Para mim, o respeito por um mestre-escola é mentira artificial, exigindo falta de sinceridade: quando uma pessoa realmente impõe respeito, faz tal coisa inconscientemente. Meus alunos chamam-me asno tolo sempre que assim o desejam, e respeitam-me. Respeitam-me porque eu respeito suas jovens exigências, não porque sou o diretor da escola, não porque me coloco num pedestal, como ilustre deus de chumbo. Temos respeito mútuo, meus alunos e eu, porque mùtuamente nos aprovamos.

Certa mãe indagadora perguntou-me, um dia:

Se eu mandar meu filho para cá, êle não irá comportar-se como um bárbaro, quando fôr passar as férias em casa?

Minha resposta foi a seguinte:

—Sim, se a senhora já fêz dêle um bárbaro.

A criança mimada que vem a Summerhill volta para casa tão bárbara como veio, é verdade, pelo menos durante o primeiro ano. Se foi educada para ter maneiras, regressará ao tempo do barbarismo, o que só vem a demonstrar o quanto as maneiras artificiais influem pouco numa criança.

As maneiras artificiais são a primeira camada do revestimento de hipocrisia que devemos destruir, usando a liberdade.

181

Crianças novas na escola exibem, geralmente, maneiras maravilhosas, isto é, comportam-se sem sinceridade. Em Summerhill, dentro do devido tempo, chegam a ter boas maneiras, verdadeiras maneiras, porque em Summerhill nós não as impomos, nem sequer exigimos o "obrigado", ou o "faça o favor". Ainda assim, muitas vêzes nossos visitantes têm dito:

—Mas as maneiras dessas crianças são encantadoras!

Peter, que estêve conosco dos oito aos dezenove anos, foi para a África do Sul. Sua hospedeira escreveu:

"Todos aqui estão encantados com as maneiras dêle."

Eu, entretanto, enquanto aquêle rapaz viveu em Summerhill, jamais tive consciência alguma de que êle possuísse qualquer espécie de maneiras.

Summerhill é uma sociedade onde não há classes. A fortuna e a posição dos pais não importam. O que importa é a personalidade de cada qual, e o que importa ainda mais é a sociabilidade de cada qual, isto é, o fato de ser um bom membro da comunidade. Nossas boas maneiras surgem de nossa autonomia. Cada qual é constantemente compelido a ver o ponto de vista dos demais. Não se pensa, sequer, que uma das nossas crianças pudesse rir de um gago ou zombar de um aleijado, duas coisas que as crianças das escolas estritas muitas vêzes fazem. Os meninos que dizem "por favor", "obrigado", "desculpe-me, senhor", podem ter, realmente, bem pequena atenção verdadeira para com ou outros. Maneiras são uma questão de sinceridade. Quando Jack, depois de deixar Summerhill, foi para uma fábrica, viu que o homem incumbido da distribuição de porcas e parafusos aos operários estava sempre de péssimo humor. Jack pensou no caso e chegou à conclusão de que havia uma causa para aquilo. Os trabalhadores gritavam para o homem: "Olá, Bill, atira daí umas porcas Whitworth de meia polegada!" Bill, entretanto, usava paletó e colarinho, e Jack percebeu que êle se sentia superior aos operários metidos em macacões, e que seu mau humor nascia da falta do respeito a que se julgava com direito. Assim, quando precisava de material, Jack ia para junto de Bill e dizia:

—Desculpe, Sr. Brown, mas preciso de parafusos e porcas.

—Não se tratava de adulação de minha parte—explicou-me Jáck.—Eu apenas usava a psicologia. Tinha pena do sujeito.

—E qual foi o resultado?—indaguei.

—Oh! Sou o único tipo lá na fábrica que merece delicadeza da parte dêle!

182

Chamo a isso excelente exemplo de maneiras que a vida em comunidade dá às crianças—pensar e sentir pelos outros.

Jamais encontrei más maneiras entre crianças pequeninas, sem dúvida porque não as procuro. Ainda assim, nunca vi uma criança correr entre duas visitas que estão conversando uma com a outra. À porta da minha sala elas jamais batem, mas se, abrindo-a, percebem que eu tenho visitas, dizem: "Desculpem", e retiram-se silenciosamente.

Um bom elogio às boas maneiras delas dado recentemente por um vendedor, que me disse:

—Tenho vindo aqui há três anos, com os carros, e jamais uma das crianças arranhou um pára-lama ou tentou entrar num carro. E esta é a escola onde as crianças, segundo se diz, quebram vidraças o dia inteiro.

Já falei na amistosidade das crianças de Summerhill para com os visitantes. Tal amistosidade pode ser classificada como boas maneiras, pois jamais ouvi o mais antagônico dos visitantes queixar-se de ter sido molestado, fôsse como fôsse, por qualquer aluno que tivesse mais de seis meses de escola.

Nossos espetáculos teatrais são sempre marcados pelas excelentes maneiras da platéia. Mesmo uma representação má ou uma peça medíocre são mais ou menos aplaudidas—menos, naturalmente—mas o sentimento geral é de que o autor fêz o melhor que podia, e não deveria ser censurado ou desdenhado.

A questão de maneiras é um verdadeiro lobisomem para certos pais. Um menino de dez anos, vindo de uma boa casa, chegou a Summerhill. Batia à porta da sala-de-visitas, ao entrar, e sempre fechava a porta, ao sair. Eu disse: "Isso durará uma semana." Estava errado. Durou apenas dois dias.

Naturalmente, eu grito a uma criança:

—Feche a porta!

Não se trata de treiná-la em maneiras, mas de não me querer levantar para fechá-la. As maneiras são um conceito adulto. As crianças, sejam filhas de um professor ou de um porteiro, não estão initeressadas em maneiras.

Os progressos da civilização consistem em livrar o mundo da falsidade e da impostura. Devemos deixar as crianças livres para caminharem um passo adiante do ponto a que chegou nossa civilização da fachada. Livrando as crianças dos mêdos e dos ódios, estamos ajudando o advento de uma nova civilização de boas maneiras.

DINHEIRO

Para a maior parte das crianças o dinheiro tem um simbolismo de amor: Tio Bill dá-me um quarto de dólar; Tia Margaret dá-me um dólar. Portanto, Tia Margaret gosta mais de mim do que o Tio Bill. Os pais sabem disso, inconscientemente. E com demasiada freqüência estragam os filhos, dando-lhes demais. Como compensação, a criança que não é amada recebe a mesada maior.

Nenhum de nós pode escapar à valorização do dinheiro nesta vida. Tal coisa nos é imposta em tôda parte. Temos cadeiras na platéia ou no balcão. Nossos filhos vão para estações de águas ou passam as férias nos jardins públicos. A importância do dinheiro é um perigo para todos nós.

Mães exclamam, como gracejos: "Eu não venderia meu filho por todo o ouro do mundo." E cinco minutos depois espancarão o filho por ter quebrado uma xícara que vale apenas dez centavos. É a importância do dinheiro que está nas raízes de tanta disciplina nos lares. Não mexa *nisso*—porque *isso* custou dinheiro.

Com excessiva freqüência as crianças são postas em confronto com o dinheiro, mas só as crianças, os adultos não. Minha mãe batia-nos quando quebrávamos um prato, mas se quem o quebrava era meu pai o caso não passava de um acidente.

Os pais tornam os filhos angustiados demais por causa de dinheiro. Não têm conta as vêzes em que ouvi uma criança exclamar, aflita:

—Deixei cair um relógio e êle se quebrou. Que vai dizer a mamãe? Tenho mêdo de contar...

De vez em quando, vemos o mecanismo contrário. Conheci meninos e meninas que partiam coisas, deliberadamente, como reação de hostilidade contra o lar:

184

—Meus pais não gostam de mim e eu faço com que êles paguem isso que quebrei. Vão ficar furiosos quando Neill lhes mandar a conta!   ,

Alguns dos pais de alunos de Summerhill mandam dinheiro demais para seus filhos. Outros mandam de menos. Isso sempre foi um problema para mim, e problema que não posso resolver. Os alunos de Summerhill recebem tôdas as segundas-feiras o dinheiro que chamaríamos de sua mesada, dois *pence* por ano de idade, mas há os que recebem dinheiro extra, pelo correio, enquanto outros nada mais têm.

Em nossas Assembléias Gerais da Escola, em mais de uma ocasião, defendi a idéia da reunião de tôdas as mesadas para uma divisão por igual, argumentando que era injusto ter um menino cinco dólares por semana enquanto outro tinha apenas um quarto de dólar. Apesar de que os alunos com mesadas grandes representam sempre uma pequena minoria, jamais consegui que a minha proposta obtivesse a aprovação geral. Crianças que têm um *dime* (dez centavos) por semana, recusam, calorosamente, qualquer proposta que venha limitar a mesada de seus condiscípulos mais ricos.

É melhor dar de menos a uma criança, do que dar-lhe demasiado. O pai que passa para as mãos do filho de onze anos uma nota de cinco dólares não está sendo sensato, a não ser que o presente traga um motivo especial, tal como a compra de lâmpada para a bicicleta. Dinheiro demais estraga a noção de valôres de uma criança. A criança receberá uma bela e custosa bicicleta, ou um aparelho de rádio, ou um brinquedo dispendioso e não-criativo, e negligenciará tudo isso.

Dinheiro demais prejudica a vida da criança no mundo da fantasia. Dar a uma criança um barco de vinte dólares rouba-lhe tôda a alegria criadora de fabricar um barco com um pedaço de madeira. Uma pequenina aprecia muito mais, e isso se dá com freqüência, a boneca de trapos que ela mesma fêz do que a boneca bem feita, cara, elegantemente vestida, que fala e chora, tipo comercial, que lhe desperta antes o desdém.

Reparo que as crianças pequenas não dão valor ao dinheiro. Nossas crianças de cinco anos deixam cair as moedas, e muitas vêzes atiram-nas fora. Isso sugere que é errado ensinar crianças a fazer economias. Os bancos de economia do lar pedem demais à criança. Dizem-lhe: "Pense no dia de amanhã". Isso é dito numa ocasião em que apenas *hoje* tem importância para

185

ela. Para uma criança de sete anos nada significa o fato de possuir no banco vinte e sete dólares, especialmente se suspeitar que qualquer dia os pais irão retirá-los para comprar-lhe algo que ela não deseja.

HUMOR

Há demasiada carência de humor em nossas escolas, e, com certeza, em nossos jornais educacionais. Sei que o humor pode ter seus perigos, e que alguns homens usam o humor para esconder assuntos sérios da vida, pois é mais fácil rir de certas coisas do que enfrentá-las. As crianças não usam o humor com êsse propósito. Para elas, humor e divertimento significam amistosidade e camaradagem. Professôres severos, compreendendo isso, baniram o humor de suas salas de aula.

Levanta-se a pergunta: *Um professor severo poderá ter algum senso de humor?* Eu duvido. Em meu trabalho cotidiano uso o humor durante o dia inteiro. Gracejo com cada uma das crianças, mas tôdas elas sabem que sou mortalmente sério quando a ocasião o reclama.

Sejamos pais ou professôres, para tratar com sucesso as crianças, precisamos ter a possibilidade de compreender seus pensamentos e seus sentimentos. E devemos ter senso de humor —um senso de humor *infantil*. Mostrar-se bem humorado com uma criança é dar-lhe a sensação de que se gosta dela. Contudo, o humor nunca deve ser satírico nem crítico.

É encantador ver como cresce o senso de humor numa criança. Chamemos a isso antes diversão do que humor, pois a criança tem um senso de diversão que chega antes do desenvolvimento do humor. David Barton nasceu, pràticamente, em Summerhill. Quando êle tinha três anos, eu lhe disse:

—Sou uma visita e desejo ver Neill. Onde está êle?

David olhou para mim, escarnecedoramente:

—Asno tolo, você é êle.

Quando David tinha sete anos, detive-o um dia na horta:

—Diga ao David Barton que preciso vê-lo—falei solenemente.
—Êle deve estar no chalé, penso eu.

187

David sorriu amplamente:

—Está bem!—respondeu, e foi para o chalé. Dentro de dois minutos voltava:

—Êle mandou dizer que não vem—falou, com um sorriso malicioso.

—Deu alguma razão para isso?

—Sim. Não vem porque está dando de comer ao seu tigre!

David aprendeu a acompanhar essa brincadeira aos sete anos de idade. Mas quando eu disse a Raymond, menino de nove anos, que ia multá-lo no dinheiro de sua mesada por haver roubado a porta da entrada, êle chorou, e eu percebi que tinha feito tolice. Dois anos depois êle compreendia bem os meus gracejos.

Sally, de três anos, sacudiu-se em risos quando eu a encontrei no caminho para a cidade e perguntei-lhe como se ia para Summerhill, mas as meninas de sete ou oito anos reagem ensinando-me o caminho errado.

Quando levo visitantes a ver a escola, costumo apresentar os garotos do chalé como "os porcos", e êles grunhem como se o fôssem. Uma vez fiquei desconcertado, quando os apresentei como "os porcos" e uma garôta de oito anos disse, desdenhosamente:

—Essa piada já está ficando com môfo, não acham?

E eu tive de confessar que estava, mesmo.

As meninas têm tanto senso de humor quanto os meninos, mas raramente usam o humor para se protegerem, como fazem os rapazes. Alguns dêles defendem-se dessa maneira. Vi Dave ser julgado por algum ato anti-social. Apresentando seu testemunho de uma forma hilariante, conseguiu a apreciação do grupo e assim obteve um castigo mínimo. Uma garôta, sempre pronta a admitir que está errada, nunca faz tal coisa. Mesmo nos lares mais esclarecidos as meninas sofrem pela inferioridade geral que nossa sociedade impõe às mulheres.

Nunca trate a criança com humor no momento errado, nem ataque a sua dignidade. Se ela tem um agravo genuíno, deve ser tomada a sério. Gracejar com uma criança que tem febre alta é um êrro. Mas quando ela está convalescendo podemos fingir que somos o médico ou mesmo o homem das pompas fúnebres, e ela apreciará o gracejo. Talvez as crianças gostem de ser tratadas com humor, porque humor representa amistosidade e risos. Mesmo as mais velhas, que exercem o espírito, não o usam em tom mordaz. Grande parte do sucesso de Summerhill é devido ao seu senso de divertimento.

188

TRÊS

S E X O

ATITUDES EM RELAÇÃO AO SEXO

Jamais tive em Summerhill um aluno que não tivesse trazido para a nossa escola uma atitude doentia em relação à sexualidade e às funções corporais. Os filhos de pais modernos, que ouviram a verdade sôbre a procedência dos bebês, mostram, em relação ao sexo, a mesma atitude furtiva que manifestam os filhos dos religiosos fanáticos. Encontrar orientação nova para o sexo é a tarefa mais difícil dos pais e professôres.

Sabemos tão pouco sôbre as causas do tabu sexual que apenas podemos arriscar conjeturas quanto às suas origens. O porquê da existência de um tabu sexual não representa preocupação imediata para mim. O que traz grande preocupação a um homem a quem confiam crianças reprimidas a fim de que êles as cure, é saber que *existe* um tabu sexual.

Nós, adultos, somos corrompidos na infância, e jamais poderemos ser livres em assuntos sexuais. *Conscientemente*, podemos ser livres, podemos, mesmo, ser membros de uma sociedade para a educação sexual das crianças. Receio, porém, que *inconscientemente*, permaneçamos, em grande extensão, o que o condicionamento da infância fêz de nós: odientos do sexo, medrosos do sexo.

Aceito de boa vontade a idéia de que minha atitude inconsciente em relação ao sexo seja a atitude calvinista de uma aldeia escocesa, que me foi imposta nos primeiros anos da minha vida. Talvez não haja salvação para os adultos, mas há tôdas as possibilidades de salvação para as crianças, se não as forçarmos a aceitar as horrorosas idéias de sexo que nos forçaram a receber.

Logo no início da vida as crianças aprendem que o pecado sexual é grande pecado. Os pais castigam de maneira mais severa, invariàvelmente, uma ofensa contra a moralidade sexual. Mesmo as pessoas que se enfileiram contra Freud porque êle

191

"vê sexo em tôdas as coisas", são as que contam histórias sexuais, ouvem histórias sexuais, riem de histórias sexuais. Os homens que estiveram no exército sabem que a linguagem do exército é a linguagem sexual. Quase todos gostam de ler casos picantes de divórcio e de crimes sexuais, nos jornais dos domingos, e a maior parte dos homens conta às suas espôsas as anedotas que trazem para casa e foram colhidas em seus clubes e bares.

Bem: nosso encantamento pelas histórias de sexo nasce, inteiramente, de nossa pouco sadia educação em tais assuntos. O picante interêsse em sexo é devido a repressões. A história, como diz Freud, é como a do gato escondido com o rabo de fora. A condenação adulta do interêsse da criança em sexo é hipócrita e embusteira: tal condenação é uma projeção, é um atirar da culpa sôbre outros. Os pais castigam severamente por ofensas sexuais porque êles estão vitalmente, embora nada saudàvelmente, interessados em ofensas sexuais.

Por que a crucificação da carne é tão popular? As pessoas religiosas pensam que a carne arrasta os sêres humanos para baixo. O corpo é chamado vil, pois tenta para o mal. É êsse ódio pelo corpo que faz da conversa sôbre o nascimento um assunto para os cantos escuros das salas de aula, e que torna a conversação polida uma cobertura para os simples e cotidianos fatos da vida.

Freud viu o sexo como a maior fôrça no comportamento humano. Qualquer observador honesto terá de concordar com êle. Mas a instrução moral deu ênfase ao sexo. A primeira correção que a mãe faz, quando uma criança toca seus órgãos sexuais, transforma o sexo na coisa mais fascinante e misteriosa do mundo. Tornar um fruto proibido é fazê-lo apetecível e tentador.

O tabu sexual é o de raiz na repressão das crianças. Não reduzo a palavra *sexo* ao sexo genital. É provável que a criança de peito se sinta infeliz se sua mãe desaprova qualquer parte de seu próprio corpo, ou impede-lhe o prazer no seu.

Sexo é a base de tôdas as atitudes negativas em relação à vida. As crianças que não têm a sensação culposa do sexo jamais pedem religião ou misticismo de qualquer espécie. Desde que o sexo é considerado o grande pecado, crianças que estão francamente livres do mêdo sexual e da vergonha sexual, não procuram Deus algum do qual tenham a solicitar perdão ou misericórdia, pois não se sentem culpadas.

192

Quando eu tinha seis anos, minha irmã, e eu descobrimos os genitais um do outro, e, naturalmente, brincávamos um com o outro. Descobertos por nossa mãe, fomos severamente espancados. Fiquei encerrado num quarto escuro durante horas, e depois fui forçado a me ajoelhar e pedir perdão a Deus.

Passaram-se décadas antes que eu me recuperasse dêsse choque prematuro, e, realmente, chego às vêzes a me perguntar se de todo me recuperei.

Quantos dos adultos de hoje tiveram experiência similar? Quantas das crianças de hoje estão tendo todo o seu natural amor pela vida transformado em hostilidade e agressividade, por causa de tratamento igual? Dizem-lhes que tocar nos órgãos genitais é mau ou pecaminoso e que os movimentos naturais do intestino são nojentos.

Tôda criança que sofre de repressão sexual tem o estômago parecido a uma tábua. Reparem na respiração de uma criança reprimida, e depois observem a maneira lindamente graciosa com a qual um gatinho respira. Não há animal que tenha o estômago rijo, nem que seja encabulado no que se refere a sexo e a defecação.

Em seu famoso trabalho, *Análise do Caráter*, Wilhelm Reich faz sentir que um treinamento moralístico não só prejudica o processo do pensamento, mas entra, estruturalmente, no próprio corpo, encouraçando-o, literalmente, de rigidez, na postura e na contração da pelve. Concordo com Reich. Venho observando, durante muitos anos de trato com grande variedade de crianças, em Summerhill, que quando o mêdo não enrijece a musculatura, os jovens andam, correm, saltam e brincam com uma graciosidade maravilhosa.

Que podemos, então, fazer para evitar a repressão sexual nas crianças? Bem, uma das coisas será, desde os primeiros momentos de vida, deixar a criança livre para tocar tôda e qualquer parte de seu corpo.

Um psicólogo meu amigo precisou dizer a seu filho de quatro anos:

—Bob, você não deve brincar com seu pintinho quando está entre pessoas estranhas, porque elas acham isso mau. Brinque só em casa ou no jardim.

Meu amigo e eu conversamos a êsse respeito e concordamos em que é impossível guardar a criança contra os odientos sexuais, que são antivida. O confôrto único resume-se em que, sendo os pais sinceros crentes da vida, a criança geralmente aceitará os padrões paternos e provàvelmente repelirá o afetado

193

pudor dos estranhos, Mas, seja como fôr, o simples fato de uma criança de cinco anos aprender que não pode tomar banho de mar sem calças é o bastante para formar alguma espécie-por pequena que seja—de desconfiança sexual.

Hoje há muitos pais que não condenam a masturbação. Sentem que isso é natural, e conhecem os perigos da repressão. Excelente. Esplêndido.

Mas alguns dêsses esclarecidos pais vacilam no passo seguinte. Alguns não se importam que seus filhinhos tenham brincadeiras sexuais com outros meninozinhos, mas recuam, alarmados, quando um meninozinho e uma meninazinha têm brincadeiras sexuais.

Se minha boa e bem—intencionada mãe tivesse ignorado as brincadeiras sexuais da minha irmã—um ano mais nova que eu—comigo, nossas possibilidades de crescer com alguma sanidade em relação ao sexo teriam sido boas.

Fico a cogitar em quanta da impotência e frigidez em adultos datará da primeira interferência em relações heterossexuais da primeira infância. Fico a cogitar em quanta da homossexualidade vem da tolerância de brincadeiras homossexuais e da proibição das brincadeiras heterossexuais.

A brincadeira heterossexual da infância é a estrada real, eu creio, para uma vida sexual adulta sadia e equilibrada. Quando as crianças não têm treinamento moralístico sexual, alcançam uma adolescência saudável, não uma adolescência promíscua.

Não conheço um só argumento sólido contra a vida amorosa para os jovens. Quase todos êles são baseados em emoções reprimidas ou no ódio à vida—os religiosos, os morais, os convenientes, os arbitrários, os pornográficos. Nenhum dêles responde a pergunta que indaga o porquê de a natureza ter dado ao homem um forte instinto sexual, se é proibido à juventude usá-lo, a não ser com a sanção dos mais velhos da sociedade. Êsses mais velhos, alguns dêles, possuem cotas em emprêsas produtoras de filmes de apêlo ao sexo, em companhias que vendem tôda sorte de cosméticos, em editôras de revistas que divulgam gravuras e histórias sádicas, cuja ação sôbre os leitores é a de um ímã.

Sei que a vida sexual adolescente não é praticável hoje. Mas a minha opinião é que tal vida será o caminho certo para a saúde de amanhã. Posso *escrever* isso, mas se em Summerhill eu aprovasse que meus jovens alunos dormissem juntos, minha escola seria fechada pelas autoridades. Estou pensando no longo amanhã em que a sociedade compreenderá quanto é perigosa a repressão sexual.

Não espero que todos os alunos de Summerhill deixem de ser neuróticos, pois quem pode livrar-se de complexos na sociedade de hoje? O que desejo para as gerações vindouras é o início da libertação quanto aos tabus sexuais, tabus artificiais. E essa libertação irá, finalmente, modelar um mundo onde se ame a vida.

A invenção dos anticonceptivos deve, com o tempo, levar a um nôvo conceito de moralidade sexual, sendo que o mêdo das conseqüências é talvez o fator mais vigoroso da moralidade sexual. Para ser livre o amor precisa sentir-se seguro.

A juventude de hoje tem pequena oportunidade para amar no verdadeiro sentido. Os pais não permitirão que seus filhos ou filhas vivam em pecado, conforme dizem, de forma que os jovens amorosos têm de procurar os bosques úmidos, ou os parques, ou os automóveis. Assim, tudo é fortemente carregado contra nossos jovens. As circunstâncias obrigam-nos a converter o que poderia ser belo e jubiloso, em algo sinistro e pecaminoso, em obscenidade e malícia, em risos indecorosos.

Os tabus e mêdos modeladores do comportamento sexual são os mesmos tabus e mêdos que produzem os pervertidos que estupram e estrangulam meninazinhas pelos parques, os pervertidos que torturam judeus e negros.

As proibições sexuais ancoram o sexo na família. A masturbação proibida força uma criança a se interessar pelos pais. Tôda vez que a mãe bate na mão de uma criança por ter ela tocado nos órgãos genitais, o impulso sexual da criança fixa-se na mãe, e sua atitude oculta em relação a ela torna-se uma atitude de desejo e repulsa, amor e ódio. A repressão floresce nos lares sem liberdade. A repressão ajuda a manter a autoridade adulta, mas ao preço de uma pletora de neuroses.

Se o sexo tivesse permissão para saltar a grade do jardim em procura do rapaz ou da môça da casa vizinha, a autoridade do lar. estaria em perigo, o laço entre pai e mãe afrouxaria, e a criança, automàticamente, deixaria a família, do ponto de vista emocional. Parece absurdo, mas êsses laços são a coluna de suporte, muito necessária, da situação autoritária—tal como a prostituição foi a salvaguarda necessária para a moralidade das meninas distintas dos lares distintos. Anule-se a repressão sexual e a juventude estará perdida para a autoridade.

Pais e mães estão fazendo o que seus pais fizerem com êles: educando crianças respeitáveis, castas, esquecendo-se conve-

195

nientemente de tôdas as brincadeiras sexuais e histórias pornográficas de sua própria infância, esquecendo a amarga rebelião contra seus pais, sufocada através de enorme sensação de culpa. Não compreendem que estão dando a seus próprios filhos a mesma sensação de culpa que lhes valeu noites miseráveis, há muitos anos.

As sérias neuroses dos homens iniciam-se com as proïbições sexuais prematuras: "Não toque!" A impotência, a frigidez, a ansiedade que surgem mais tarde, datam das mãos amarradas ou das mãos afastadas com uma tapona, quase sempre. A criança que pode tocar em seus órgãos genitais têm tôda a possibilidade de crescer com uma atitude sincera e feliz, em relação ao sexo. Brincadeiras sexuais entre as crianças pequenas são um ato natural e saudável com o qual não deveria haver rostos franzidos. Ao contrário, tal coisa deveria ser encorajada, como prelúdio para uma adolescência sadia e uma sadia idade adulta. Pais são avestruzes a esconder a cabeça na areia, se ignoram que seus filhos têm brincadeiras sexuais pelos cantos escuros. Essa espécie de brincadeira clandestina e furtiva gera sentimento de culpa que sobrevive mais tarde, na vida, uma culpa que quase sempre se trai na desaprovação das brincadeiras sexuais, quando essas mesmas crianças se tornam pais. Trazer as brincadeiras sexuais para a luz do dia é a única coisa a fazer. Haveria infinitamente menos crimes sexuais no mundo se a brincadeira sexual fôsse aceita como normal. Isso é que os pais revestidos de moral não podem ou não ousam ver: que o crime e a anormalidade sexuais de qualquer espécie são resultado direto da desaprovação do sexo na primeira infância.

O famoso antropologista Malinowski diz-nos que não havia homossexualismo entre os Trobrianderes até que missionários escandalizados vieram segregar môças e rapazes em grupos separados. Não havia estupro entre êles, nem crimes sexuais. Por quê? Porque as criancinhas não sofriam repressões quanto ao sexo.

A pergunta para os pais de hoje é a seguinte: Queremos que nossos filhos sejam iguais a nós? Se queremos, a sociedade continuará como é, com estupros e assassínios sexuais, casamentos infelizes e crianças neuróticas? Se a resposta à primeira pergunta fôr sim, a mesma resposta tem de ser dada à segunda. E ambas são prelúdio para a destruição atômica, porque postulam a continuidade do ódio e da expressão dêsse ódio em guerras.

Pergunto aos pais moralistas: Quando as bombas atômicas se puserem a cair, vocês se preocuparão muito com as brincadeiras sexuais de suas crianças? À virgindade de suas filhas assumirá tão grande importância quando as nuvens da energia atômica fizerem a vida impossível? Quando seus filhos forem convocados para a Grande Morte, manterão vocês, em sua capelinha, a fé na repressão de tudo quanto é agradável à infância? O Deus ao qual erguem preces blasfemas salvará sua vida e a vida de seus filhos?

Alguns de vocês poderão responder que esta vida é apenas o princípio, que no outro mundo não haverá ódio, guerras, ou sexo. Nesse caso, fechem êste livro, pois não temos ponto de contacto.

Para mim, a vida eterna é um sonho—um sonho realmente compreensível—pois o homem fracassou pràticamente em tudo, menos na invenção mecânica. Mas o sonho não é o bastante. Quero o céu na terra, não nas nuvens. E o patético é que a maioria das pessoas quer o mesmo. *Desejam*, mas não têm fôrça de vontade para alcançar o que desejam, aquela fôrça de vontade que ficou pervertida pela primeira tapona, pelo primeiro tabu sexual.

Os pais não podem ficar sentados no alto da cêrca, em neutralidade. A escolha é entre o sexo secreto e culposo e o sexo feliz, saudável, sem segredos. Se os pais escolhem o padrão comum de moralidade, não se poderão queixar da miséria de uma sociedade sexualmente pervertida, pois isso é o resultado dêsse código moral. Os pais não devem, então, odiar a guerra, pois o ódio do eu que dão a seus filhos se expressará nas guerras. A humanidade está doente, emocionalmente doente, e está doente por causa de sua sensação de culpa, e da ansiedade adquirida na infância. A peste emocional está em tôda parte, em nossa sociedade.

Quando Zoe tinha seis anos veio ter comigo e disse:

—Willie é quem tem o pinto maior entre os garotinhos, mas a Sra. X (uma visitante) disse que é feio dizer *pinto*.

Imediatamente eu lhe disse que não era feio, e, por dentro amaldiçoei aquela mulher por sua ignorância e estreito entendimento das crianças. Posso tolerar propaganda política ou maneiras, mas quando alguém ataca uma criança para fazê-la cheia de culpa em relação ao sexo, reajo vigorosamente.

Tôda nossa atitude maliciosa quanto ao sexo, nossas gargalhadas forçadas nos *music-halls*, nosso hábito de rabiscar obscenidades nas paredes dos mictórios, vêm dos sentimentos culposos nascidos da repressão da masturbação na infância e da rejeição das brincadeiras sexuais para os cantos e refúgios escuros. Em cada família há secretas brincadeiras sexuais, e por causa do segrêdo, e da culpa, há muitas fixações em irmãos e irmãs, que duram através da vida e fazem impossíveis os casamentos felizes. Se as brincadeiras sexuais entre irmão e irmã, quando têm cinco anos de idade, fôssem aceitas como naturais, cada um dêles procuraria livremente um parceiro sexual fora da família.

As formas extremas de ódio sexual podem ser vistas no sadismo. Homem algum que tenha uma boa vida sexual poderia, de forma alguma, torturar um animal, ou torturar um ser humano, ou suportar prisões. Mulher alguma, sexualmente satisfeita, condenaria a mãe de um bastardo.

Naturalmente, fico exposto à acusação: "Êsse homem tem sexo no cérebro. Sexo não é tudo na vida. Há amizades, trabalho, alegria e tristeza. Por que sexo?"

Respondo: Sexo fornece o maior prazer da vida. Sexo, com amor, é a forma suprema de êxtase, porque é a forma suprema de ambos darem e receberem. Ainda assim, o sexo é òbviamente odiado, de outra maneira mãe alguma proibiria a masturbação, pai algum proibiria a vida sexual fora do casamento convencional. De outra maneira, não haveria gracejos obscenos nos teatros de revista, nem o público perderia tempo vendo filmes de amor ou lendo histórias de amor, porque estaria praticando o amor.

O fato de quase tôdas as fitas de cinema tratarem de amor prova que o sexo é o fator mais importante da vida. O interêsse nesses filmes é, quase sempre, neurótico. É o interêsse do culpado sexual, das pessoas sexualmente frustradas. Impossibilitados de amar naturalmente, adquirem sentimento de culpa sexual, e vão, como um rebanho, ver filmes que tornam o amor romântico, mesmo belo. O sexo reprimido expande seu interêsse em sexo por aproximação. Homem e mulher alguma, donos de vida sexual completa, se dariam ao trabalho de ir duas vêzes por semana a um cinema para ver filmes inúteis, que não passam de imitação da vida real.

O mesmo acontece com os romances populares. Tratam, ou de sexo ou de crime, habitualmente uma combinação das duas coisas. Um romance muito popular, *"E o Vento Levou"*, foi um dos favoritos, não por se passar dentro do ambiente trágico da Guerra Civil e dos escravos, mas por girar em tôrno de uma rapariga cansativa, egocêntrica, e seus casos amorosos.

Foi D. H. Lawrence quem chamou a atenção para a iniqüidade dos filmes de fundo sexual, onde a juventude sexualmente reprimida, medrosa de môças autênticas em seu próprio círculo, derrama tôdas as suas emoções sexuais numa estrêla de Hollywood—e depois vai para casa, masturbar-se. Lawrence não quis dizer, naturalmente, que é errado masturbar-se. Quis dizer que o sexo doentio é que procura masturbação através da fantasia referente a uma estrêla de cinema. O sexo sadio procuraria, podemos ter tôda certeza, uma companhia na vizinhança.

Pensemos nos imensos direitos adquiridos que prosperam com a repressão do sexo: os que tratam de modas, os comerciantes de batons, a igreja, os teatros e cinemas, os romancistas dos best-sellers, e os fabricantes de meias.

Seria tolice dizer que uma sociedade sexualmente livre iria abolir os vestuários bonitos. Está evidente que não. Tôda mulher desejaria aparecer da melhor maneira possível diante do homem amado, e todo o homem gostaria de parecer elegante quando marcasse encontro com uma jovem. O que iria desaparecer seria o fetichismo, a valorização da sombra porque a realidade é proibida. Homens sexualmente reprimidos não mais ficariam a contemplar roupas íntimas femininas nas vitrinas das lojas. É uma lástima grande que o interêsse sexual seja reprimido assim. O maior prazer do mundo é gozado dentro de uma sensação de culpa. Tal repressão entra em todos os aspectos da vida humana, fazendo-a estreita, infeliz, odiosa.

Odeie o sexo, e odiará a vida. Odeie o sexo e não poderá amar o seu próximo. Se odeia o sexo, a sua vida sexual será, sob o pior aspecto, impotente ou frígida, e sob o melhor aspecto incompleta. Daí o comentário comum feito por mulheres que tiveram filhos: "Sexo é um passatempo que se valoriza em excesso." Se o sexo é insatisfatório, terá de dirigir-se a outro ponto, pois é forte demais para ser aniquilado. E vai para a angústia e para o ódio.

Não são muitos os adultos que vêem no ato sexual uma dádiva: se assim não fôsse, a porcentagem de pessoas afetadas pela impotência e pela frigidez não seria de cêrca de setenta por cento, como alguns especialistas já declararam. Para muitos homens, as relações sexuais não passam de um estupro delicado, e para muitas mulheres constituem um ritual cansativo que tem de ser suportado. Milhares de mulheres casadas jamais sentiram um orgasmo em suas vidas, e mesmo alguns

199

homens educados não sabem que a mulher é capaz de sentir êsse orgasmo. Em tal sistema, a dádiva deve ser mínima, e as relações sexuais tendem a se fazer mais ou menos brutalizadas e obscenas. Os pervertidos que precisam ser chicoteados ou necessitam bater nas mulheres com varas, são apenas casos extremos de pessoas que, devido à deseducação sexual, não conseguem dar amor a não ser sob a forma disfarçada de ódio.

Todos os alunos mais velhos de Summerhill sabem, através de conversações comigo, que aprovo a vida sexual integral para todos que a desejem, seja qual fôr a idade. Muitas vêzes me perguntaram, quando de minhas conferências, se distribuo em Summerhill algum anticonceptivo, e se não distribuo, por que não? É uma pergunta antiga e vexatória que toca no fundo das emoções de todos nós. O fato de não distribuir anticonceptivos é, para mim, uma questão de má consciência, pois contemporizar, seja como fôr, parece-me coisa difícil e alarmante. Por outro lado, distribuir anticonceptivos a crianças que tenham passado ou não a idade do consentimento, seria uma forma segura de ver fechada a minha escola. Não se pode, na prática, passar muito para a frente da lei.

Uma pergunta habitual, que me fazem os críticos da liberdade da criança é:

—Por que não deixa as crianças pequenas verem o ato sexual?

Quem respondesse que isso daria aos pequenos um trauma, um grave choque nervoso, estaria dizendo uma falsidade. Entre os Trobrianderes, segundo Malinowski, as crianças vêem não só as relações sexuais paternas, mas o nascimento e a morte, como coisas naturais, e isso em nada as afeta mal. Não acho que o fato de ver relações sexuais tivesse qualquer efeito sôbre uma criança criada com a liberdade de regular-se por conta própria. A única resposta honesta para essa pergunta é dizer que em nossa cultura o amor não é assunto público.

Não esqueço que muitos pais têm vistas negativas, religiosas ou outras, sôbre o pecado do sexo. Nada se pode fazer nesse caso, pois não se converteriam aos nossos pontos de vista. Por outro lado, devemos combatê-los quando interferem com o direito de nossos próprios filhos à liberdade, trate-se da liberdade genital ou de outra qualquer.

A outros pais eu digo:

—Sua grande dor de cabeça virá quando sua filha de dezesseis anos quiser viver sua própria vida. Voltará para casa à meia-noite. Sob pretexto algum pergunte-lhe onde estêve. Se não foi criada com a liberdade de se regular por conta própria, mentirá, como vocês e eu mentimos aos nossos pais.

Quando a minha filha tiver dezesseis anos, se eu a descobrir de amôres com algum homem 'insensível, teria mais uma preocupação. Sei que estarei destituído do poder de fazer seja o que fôr. Espero ter senso bastante para nada tentar. Desde que ela tem sido criada com a liberdade de se regular por conta própria, não me parece que venha a apaixonar-se por um tipo indesejável de jovem. Mas nunca se pode saber.

Estou certo de que muitas camaradagens más vêm a ser, fundamentalmente, um protesto contra a autoridade paterna. *Meus pais não têm confiança em mim e eu não me importo. Vou fazer o que entender e se não gostarem que se danem.*

Você terá mêdo que sua filha seja seduzida. Mas, em regra, as môças não são seduzidas, e sim companheiras numa sedução. Êsse estágio dos dezesseis anos não deveria ser difícil para a sua filha, se ela tivesse sido sua amiga e não sua subordinada. Terá de enfrentar uma verdade: ninguém pode viver a vida de outro, ninguém pode transmitir experiência em coisas essenciais como os assuntos emocionais.

A questão básica, afinal, é a atitude do lar em relação ao sexo. Se foi sadia, você poderá dar, com segurança, um quarto particular e a chave da porta à sua filha. Se foi doentia, ela procurará o sexo de maneira errada—possìvelmente com o homem errado, e você nada poderá fazer.

O mesmo se passa com seu filho. Não se preocupa tanto com êle porque não pode aparecer em estado de gravidez. Ainda assim, as atitudes erradas em relação ao sexo podem complicar fàcilmente a vida dêle.

Poucos são os casamentos felizes. Considerando o treinamento que a maioria das pessoas teve na infância, é de espantar que ainda exista algum casamento feliz. Se o sexo é sujo no quarto das crianças, não poderá ser muito limpo no leito nupcial.

Onde as relações sexuais são um fracasso, tudo o mais é um fracasso, num casamento. O casal infeliz, criado para odiar o sexo, odeia-se mùtuamente. As crianças são um fracasso, pois perdem o calor de um lar, necessário para o próprio calor de suas vidas. As repressões sexuais de seus pais dão-lhes, inconscientemente, as mesmas repressões. As piores crianças-problemas vêm de pais assim.

INSTRUÇÃO SEXUAL

Se as perguntas das crianças forem respondidas com a verdade, sem inibições, por parte dos pais, a instrução sexual torna-se parte natural da infância. O método pseudocientífico é mau. Conheço um jovem ao qual ensinaram sexo dessa maneira, e êle diz que fica ruborizado quando alguém usa a palavra *pólen*. A verdade genuína sôbre sexo é, naturalmente, importante, mas o realmente importante é o conteúdo emocional. Os médicos tudo sabem sôbre a anatomia do sexo, mas não são melhores amantes do que os nativos das Ilhas do Sul— é possível que nem de leve sejam tão bons quanto êstes ultimos.

A criança não está interessada na declaração do pai quando êle lhe diz que o papai coloca seu pipi no pipi da mamãe, quando está interessada em saber *por que o papai faz isso*. A criança que pode ter suas brincadeiras sexuais não precisará perguntar por quê.

A instrução sexual não seria necessária para uma criança que se regula por conta própria, pois o têrmo instrução implica em afastamento prévio do assunto. Se a curiosidade natural da criança foi sempre satisfeita através de respostas claras e despidas de emoção, o sexo não se destacará como algo que tem de ser especialmente ensinado. Afinal, não damos às crianças lições sôbre o aparelho digestivo ou funções excretórias. O têrmo *instrução sexual* brota do fato de ser a atividade sexual inibida, tornando-se um mistério.

A inclusão da instrução sexual no currículo das escolas públicas oferece oportunidades perigosas para encorajar a repressão sexual e para a pregação de moral. O simples têrmo *instrução sexual* sugere uma lição formal e constrangedora de anatomia e filosofia, dada por um professor tímido que teme

202

ver o assunto escorregar para além das fronteiras e ir parar em território proibido.

Na maioria das escolas públicas, dizer a verdade sôbre o amor e o nascimento seria arriscar-se a ser demitido do cargo. A opinião pública, representada pelas mães, não o suportaria. Conheci mais de um caso de mãe encolerizada ameaçando de más conseqüências uma professôra que, segundo ela, corrompera seu filho, com seus "ensinamentos sujos, materialistas, obscenos".

Por outro lado, a única dificuldade em dar a uma criança todo o conhecimento que ela está pedindo, reside no saber como tornar claras as coisas. A criança deseja saber por que nem todos os cavalos são garanhões ou por que nem todos os carneiros servem para a criação. A resposta envolve conceitos que ficam para além do alcance de uma criança de quatro anos, pois o processo de castração não pode ser explicado, em têrmos simples. Aqui, cada pai deve fazer o melhor, lembrando-se de que nada deve ser dito que se pareça a mentira ou evasão.

Um menino de cinco anos encontrou no bôlso do pai um protetor anticonceptivo e perguntou de que se tratava, naturalmente. Aceitou com facilidade a explicação clara e simples do pai, sem emoção evidente.

Em certos casos, contudo, não faço objeções ao fato de se dizer a uma criança que o assunto é difícil demais para ela, devendo esperar mais tempo para conseguir entendê-lo. Afinal, faz-se isso muitas vêzes, tratando-se de outros assuntos. Por exemplo, quando uma criança pergunta como funciona determinada máquina, ou quem fêz Deus, e os pais têm de dizer-lhes que as respostas seriam complexas demais para que as pudesse entender naquela idade.

É muito melhor, e mais seguro, adiar uma resposta do que fazer como alguns pais tolos que dizem demasiado às crianças. Lembro-me de uma aluna, menina suíça de quinze anos, que me falou:

—Irmgart (de dez anos) pensa que é o médico quem traz os bebês. Eu há muito tempo sabia de onde êles vêm. Minha mãe contou-me, e contou-me muitas outras coisas.

Perguntei-lhe que mais ela sabia e a menina disse-me tudo sôbre a homossexualidade e perversões. Aqui está um caso de verdades ditas erradamente. A mãe devia ter respondido apenas à pergunta feita pela criança. Sua ignorância da natureza infantil levou-a a contar muito, coisas que a criança de forma

203

alguma poderia assimilar. O resultado foi uma filha neurótica. Ainda assim, no todo, penso que a mãe exagerada é mais sensata do que a mãe que mente deliberadamente para seu filho quando êle indaga sôbre o' segrêdo do nascimento. Porque depressa a criança descobre que a mãe lhe mentiu. Quando descobre a verdade—quase sempre contada por companheiros, de maneira suja—pensa saber o porquê de lhe ter a mãe dito uma mentira. *Como podia mamãe me haver contado uma coisa tão suja?*

E essa é a atitude da sociedade de hoje em relação ao nascimento. É um negócio sujo, um negócio vergonhoso. O fato de a mulher grávida tentar vestir-se de uma forma que disfarce seu estado é o bastante para que amaldiçoemos o que chamamos nossa moralidade.

Há mães que contam aos filhos a verdade sôbre os bebês. E, mesmo assim, há muitas, entre elas, que contam a verdade sôbre o nascimento, mas mentem sôbre sexo. Desviam-se, dizendo a seus filhos que as relações sexuais são muitíssimo agradáveis.

Minha espôsa e eu nunca tivemos de pensar duas vêzes sôbre Zoe e sua educação sexual. Tudo pareceu tão simples, tão óbvio, e tão encantador, mesmo quando teve seus momentos constrangedores, como por exemplo, no dia em que Zoe informou uma visitante—uma solteirona—de que ela, Zoe, viera ao mundo porque o papai fecundara a mamãe. E acrescentou, muito interessada:

—Quem é que fecunda a senhora?

A propósito, descobrimos que uma criança auto-regulada aprende a ter tato muito cedo, na vida. Zoe falava assim aos três anos e meio, mas aos cinco anos nossa filha começou a compreender que certas coisas não podiam ser ditas a certas pessoas. Vi idêntica sofisticação em outras que, ao contrário de Zoe, não tinham tido, desde a primeira hora, a liberdade de regular-se por conta própria.

Desde que Freud descobriu a sexualidade positiva das crianças pequenas, não houve estudos suficientes dessas manifestações. Foram escritos livros sôbre a sexualidade em bebês, mas, tanto quanto me consta, ninguém escreveu um livro sôbre a criança que se regula por conta própria. Nossa filha não mostrou interêsse especial pelo seu próprio sexo ou pelo dos pais e companheiros de brinquedos. Sempre nos viu despidos no quarto de banho ou no lavatório, e negou, para satisfação minha, a teoria exposta por alguns psicólogos, segundo a qual há um

pudor inato, instintivo e inconsciente, que torna a criança encabulada ao ver genitais de adultos, ou as funções naturais. Essa
teoria, como a que diz, similarmente, haver sensação inata de
culpa na masturbação, é tolice.

Pais de crianças que se regulam por conta própria, provàvelmente evitarão os enganos perigosos e estúpidos sôbre educação sexual, enganos que relacionam sexo com êrro e pecado,
mas não tenho tanta certeza de que não haja perigo quando
a outro ponto, o ponto idealista. Muito antes de se falar em
regular-se por conta própria, alguns pais ensinavam aos filhos
que o sexo era sagrado e espiritual,. algo a ser tratado com
respeito, maravilha, uma como que reverência religiosa e mística. Pais modernos podem não ter a tentação de seguir essa
espécie de ensinamento, porém podem sucumbir diante de algo parecido: o culto da função sexual como o de um deus re-
cém-descoberto. É difícil definir—talvez seja vago demais para
ser definido—tudo quanto posso perceber é uma espécie de
santidade ligada ao sexo, uma sutil modificação na voz, quando êle é mencionado. Essa atitude sugere um receio da pornografia: *"Deus! Se eu não falar em sexo com respeito pensa-
rão que eu sou um daqueles que imaginam ser o sexo algo sôbre o que se faz piadas.* De certa forma eu me tenho sentido
perturbado ao ouvir jovens pais ansiosos usarem palavras e
tons não muito diferentes dos que usava a velha brigada ao
falar com reverência nas partes santificadas do corpo. O sexo
tem sido, há tanto tempo, uma piada vulgar, que a tendência
é saltar para o lado oposto e torná-lo coisa que não se menciona—e não se menciona por ser demasiado bom e não por
ser demasiado mau. Tal atitude deve conduzir, seguramente,
a um nôvo mêdo e a uma nova repressão do sexo. Se a criança
tiver de ter uma atitude sadia em relação ao sexo, e uma vida
amorosa sadia, posteriormente, o sexo deve permanecer na terra. Êle tem tudo em si mesmo, e tôdas as tentativas para em-
belezá-lo, elevando-o a um poder maior, são inúteis tentativas
para pintar um lírio.

Dizer às crianças que o sexo é sagrado torna-se simples variante de velha história que diz irem os pecadores para o inferno. Se concordarem em chamar sagrados aos atos de comer,
beber e rir, então estou com vocês quando chamam sagrado
ao sexo. Podemos chamar sagrado a *tudo*. Mas, se seleciona-
mos apenas o sexo, estamos trapaceando conosco mesmos e
desorientando nossos filhos. A criança, sim, é sagrada—sagrada

205

no sentido de criatura que não deve ser estragada pelos ensinamentos ignaros.

Conforme vai morrendo lentamente o ódio religioso ao sexo, surgem outros inimigos. Temos os entusiastas da instrução sexual que mostram diagramas às crianças e discorrem sôbre abelhas, pólens, falando, com efeito:

—Vejam, sexo não passa de ciência. Não há nada de excitante nisso, não é verdade?

Fomos todos tão condicionados nessa questão de sexo que nos é quase impossível ver o caminho do meio, o caminho natural: somos ou muito pró ou muito anti-sexo. Ser pró sexo é bom, mas ser pró-sexo como protesto ao treinamento anti-sexo da infância, é atitude neurótica em sua tendência. Daí a necessidade de encontrar-se uma atitude sã em relação ao sexo, uma atitude que só podemos encontrar não interferindo e aprovando a aceitação natural do sexo pela criança.

Se isso parecer vago ou impossível, sugiro que os jovens pais evitem qualquer manifestação de vergonha, nojo ou sentimento moral, que evitem ensinar e evitem acalmar os vizinhos quando falarem em assuntos sexuais. Então, e só então, as atitudes sexuais da criança crescerão sem inibições ou ódio de sua carne. Para tal criança o sexo jamais terá que ser matéria que exija instrução, conselhos, ou outra coisa qualquer.

Se pudermos evitar que uma criança veja o mal no sexo, ela crescerá para ser homem moral—não um moralista, não um professor de outros. Um Dom João, aparentemente, realiza o componente "prazer" do sexo enquanto rejeita o componente "amor". A masturbação, o Dom-Joanismo, a homossexualidade, são todos improdutivos, porque são associais. O nôvo homem moral descobrirá que deve preencher *ambas* as funções do sexo: descobrirá que, a não ser que ame, não encontrará prazer maior no ato sexual.

MASTURBAÇÃO

A maior parte das crianças masturba-se. Ainda assim diz-se aos jovens que a masturbação é um mal, que detém o crescimento, que leva à doença, e muitas outras coisas. Se a mãe sensata não der atenção às primeiras explorações de seu filho em relação à parte baixa de seu corpo a masturbação será menos compulsória. É a proibição que fixa o interêsse da criança.

Para uma criança pequenina, a bôca é zona mais erógena do que a região genital. Se as mães tomassem uma atitude virtuosa em relação às atividades' da bôca, como tomam em relação aos órgãos genitais, o chupar o dedo e o beijar se tornariam questões de consciência.

A masturbação satisfaz o desejo de felicidade, pois é o ponto alto da tensão. Mas, assim que o ato termina, a consciência dos que foram moralmente instruídos adianta-se e grita: "Tu és um pecador!" Minha experiência diz que quando a sensação de culpa é abolida, a criança se interessa menos pela masturbação. Chega a parecer, às vêzes, que certos pais quase desejariam que os filhos fôssem antes criminosos do que masturbadores. Acho que a masturbação suprimida é a raiz de muitas delinqüências.

Um menino de onze anos que veio para Summerhill tinha, entre outros, o hábito incendiário. Tinha sido chicoteado por isso, tanto pelo pai como pelos professôres. Pior ainda, tinham lhe ensinado a religião estreita do fogo do inferno e de um Deus colérico. Logo depois de chegar a Summerhill, apanhou uma garrafa de gasolina e derramou o líquido num reservatório de tinta e aguarrás. Pôs fogo à mistura, então. A casa foi salva apenas pela energia de dois empregados.

Levei-o à minha sala.

—Que vem a ser fogo?—perguntei-lhe.

—Queima—foi a resposta.

—Em que espécie de fogo você está pensando agora?

—No fogo do inferno.

—E a garrafa?

—É uma coisa comprida com um buraco na ponta—respondeu. (*Longa pausa.*)

—Fale-me algo mais sôbre essa coisa comprida com um buraco na ponta.

—Meu pinto—disse êle desajeitadamente—tem um buraco na ponta.

—Fale-me sôbre seu pinto—disse eu, bondosamente.—Você costuma tocar nêle?

—Agora, não. Eu tocava, mas agora não.

—Por que não?

—Porque o Sr. X (seu último professor) disse-me que isso era o maior pecado do mundo.

Concluí que aquela mania de incêndios era um substituto para a masturbação. Disse-lhe, então que o Sr. X estava enganado, que seu pinto não era melhor nem pior que seu nariz ou sua orelha. Dêsse dia em diante seu interêsse em fogo desapareceu.

Quando não há problemas durante o início da masturbação a criança passa naturalmente, na época apropriada, para heterossexualidade. Muitos casamentos infelizes são devidos ao fato de ambos, marido e espôsa, sofrerem de um ódio inconsciente da sexualidade, ódio que tem origem no auto-ódio encoberto causado pela proibição da masturbação, imposta quando eram crianças.

A questão da masturbação é importantíssima, em educação. Matérias, disciplina, jogos, tudo isso é inútil e fútil se o problema da masturbação permanecer sem solução. Liberdade na masturbação significa crianças alegres, felizes, animadas, que, realmente, não se interessam muito por ela. A proibição significa crianças infelizes abatidas, sujeitas a resfriados e moléstias epidêmicas, detestando-se, e, conseqüentemente, detestando os outros. Digo que uma das raízes da felicidade que reina entre as crianças de Summerhill está na retirada do mêdo e do auto-ódio que as proibições sexuais despertam.

Freud tornou familiar para nós a idéia de que o sexo existe desde o início da vida, que o bebê tem prazer sexual no ato de mamar, e que, aos poucos, a zona erógena da bôca dá lugar à zona erógena dos órgãos genitais. Assim, a masturbação, numa criança, é descoberta natural, não muito importante, de início, porque os órgãos genitais não oferecem tanto prazer à criança como a bôca, e mesmo a pele. Sòmente a proibição dos pais torna a masturbação tão grande complexo. Quanto mais severa a proibição, mais profunda a sensação de culpa, e maior o impulso para reincidir.

A criança bem criada deveria ir para a escola sem qualquer sensação de culpa referente à sua masturbação. Poucos, ou mesmo nenhum aluno de jardim de infância em Summerhill já mostraram interêsse especial em masturbação. O sexo para êles, não tem a atração de algo misterioso. Desde os seus mais recuados tempos em nossa companhia (se já não lhes tinham dito no lar) êles conhecem os fatos relativos ao nascimento, não apenas de onde vêm os bebês, mas como são feitos. Quando são muito novas, as crianças recebem essa informação sem emoção, em parte por lhes ser dada sem emoção. Assim, quando chegam aos quinze ou aos dezessete anos, as môças, e rapazes de Summerhill podem discutir sexo abertamente, sem qualquer sensação de estarem fazendo coisa errada e sem qualquer atitude pornográfica.

Os pais falam às crianças pequenas com a voz de Deus Todo-Poderoso. O que a mãe diz sôbre sexo é a Escritura Sagrada. A criança aceita sua sugestão. Houve certa mãe que disse ao filho estar segura de que a masturbação o tornaria abobado. O menino aceitou a sugestão e tornou-se incapaz de aprender fôsse o que fôsse. Quando sua mãe se deixou persuadir de que deveria confessar ao menino que lhe dissera uma tolice, êle tornou-se, automàticamente, uma criança mais inteligente.

Outra mãe disse a seu filho que todos os odiariam, se êle se masturbasse. O menino tornou-se o que a sugestão da mãe indicava: era o garôto menos simpático da escola. Roubava, cuspia nas pessoas, quebrava coisas, em sua patética tentativa de corresponder à sugestão de sua mãe. Nesse caso, a mãe não pôde ser persuadida a confessar seu êrro anterior, e o pequeno se conservou, mais ou menos um odiento em relação à sociedade.

Tivemos meninos aos quais disseram que enlouqueceriam se se masturbassem, e êles estavam fazendo corajosa tentativa para enlouquecer.

Duvido que alguma influência subseqüente tenha o poder integral de eliminar uma sugestão cedo feita pelos pais da criança. Em meu trabalho, sempre tento fazer com que os pais desmanchem o mal cometido, porque sei que eu pouco ou nada significo para a criança. Geralmente, entro tarde demais na sua vida. Por isso é que quando um menino me ouve dizer que a masturbação não pode enlouquecer ninguém, acha difícil acreditar. A voz do pai, ouvida quando o pequeno tinha cinco anos, era a voz da Sagrada Autoridade.

Quando um bebê inclui seus órgãos genitais no plano de suas brincadeiras, os pais estão diante de um grande teste. A brincadeira deve ser aceita como boa, normal e sadia, e qualquer tentativa para suprimi-la será perigosa. E eu incluo nisso a subterrânea, desonesta tentativa de chamar a atenção da criança para alguma outra coisa.

Lembro-me do caso de uma garôta auto-regulada que foi mandada para um externato elegante. Parecia infeliz. Tinha dado ao seu brinquedo sexual o nome de *aconchêgo*. Quando a mãe lhe perguntou por que não gostava da escola, a pequena disse:

—Quando tento aconchegar êles não me dizem não, mas dizem: *Olhe para isto,* ou *Venha fazer isto,* e por isso nunca posso aconchegar no jardim da infância.

O brinquedo genital infantil é um problema porque quase todos os pais estão condicionados de uma forma anti-sexual desde o bêrço, e não podem dominar a sensação de vergonha, de pecado, de repulsa. É possível que um pai tenha forte opinião intelectual que lhe diz ser bom e saudável o brinquedo genital, e ao mesmo tempo, pelo tom de voz e pela expressão de seus olhos, sugerir à criança que, emocionalmente, não aceitou o direito dela à sua própria satisfação genital.

Um pai pode parecer aprovar integralmente quando o bebê toca em seus órgãos genitais, ainda assim, quando a rígida Tia Mary vem de visita, êsse pai pode sentir grande angústia, não vá o bebê se dar em espetáculo diante daquela desaprovadora da vida. É fácil dizer a tal pai: "Tia Mary representa o elemento anti-sexo em seu eu reprimido". Mas o dizer isso não ajuda o pai nem o filho.

O receio paterno de que o brinquedo genital infantil leve à precocidade sexual é profundo e muito espalhado. É um raciocínio, naturalmente. Mas o brinquedo genital não leva à precocidade. E se leva, que há de mal? A melhor maneira de ter certeza de que uma criança se mostrará interessada em sexo de maneira anormal é proibir-lhe o brinquedo genital quando está no bêrço.

Pode ser uma triste necessidade essa de se dizer à criança, ao alcançar ela a idade da compreensão, que não brinque com os órgãos genitais em público. Tal conselho pode parecer covarde e injusto à criança, màs a alternativa tem seu perigo particular, também. Porque se a criança se defrontar com a severa desaprovação expressa em têrmos odientos e revoltados por adultos hostis, isso lhe fará mais mal do que o que lhe poderia fazer uma conversa nesse sentido com seus amorosos pais.

Quando uma criancinha tem liberdade para viver sua vida integralmente, sem castigos, instruções e tabus, acha a vida demasiado cheia de interêsse para confinar suas atividades ao aparelho genital.

Não tenho conhecimento pessoal de como as crianças que se regulam por conta própria reagem umas com as outras no brinquedo genital. Meninos aos quais ensinaram que o sexo é uma coisa errada, geralmente relacionam o brinquedo genital com sadismo. Meninas que tiveram idêntico treinamento anti-sexual aceitam a brincadeira genital sádica quase sempre. Por causa da relativa ausência de ódio agressivo nas crianças que se regulam por conta própria, a brincadeira genital entre duas crianças livres seria, provàvelmente, delicada e carinhosa.

Nossa autodesaprovação nasce, às mais das vêzes, da infância. Grande parte dela origina-se da sensação de culpa com referência à masturbação. Acho que a criança infeliz é, freqüentemente, a que traz a consciência pesada quanto à masturbação. O afastamento dessa culpa é o passo maior que podemos dar, quando queremos transformar uma criança-problema numa criança feliz.

211

NUDEZ

Muitos casais, principalmente entre as classes trabalhadoras, nunca vêem o corpo um do outro, até que o remanescente seja obrigado a vestir o cadáver do que parte primeiro. Conheci uma camponesa que testemunhava num tribunal, num caso de exibicionismo. Estava realmente escandalizada.

—Vamos, vamos, Jean—disse-lhe eu, animando-a—Afinal, você já teve sete filhos!

—Sr. Neill—declarou ela, solenemente.—Jamais vi John... jamais vi meu homem nu durante tôda a minha vida de casada.

A nudez jamais deveria ser desencorajada. O bebê deveria ver seus pais despidos, desde o princípio. Entretanto, seria preciso que se dissesse à criança quando ela estivesse em condições de entender, que algumas pessoas não gostam de ver crianças despidas, e que na presença de tais pessoas é preciso usar roupas.

Houve uma mulher que se queixou porque nossa filha tomava banho de mar *au naturel*. Nessa ocasião Zoe tinha um ano de idade. A questão do banho resume, concisamente, a integral atitude antivida da sociedade. Todos conhecemos a irritação produzida pela tentativa de nos despirmos numa praia sem expor as chamadas partes secretas. Pais de crianças que tiveram liberdade para se regularem por conta própria, crianças livres, conhecem a dificuldade de explicar a uma criança de três ou quatro anos por que deve ela usar roupa de banho num lugar público.

O simples fato de a lei não permitir a exposição dos órgãos sexuais tende a dar às crianças uma atitude pervertida em relação ao corpo humano. Eu tenho andado nu e encorajado uma das mulheres do pessoal a fazer a mesma coisa, a fim de contentar a curiosidade das crianças pequenas que tinham sentimento de pecado em relação à nudez. Por outro lado, qualquer tentativa para forçar uma criança à nudez é errada. Elas vivem numa civilização vestida, e q nudismo permanece algo que a lei não permite.

Há muitos anos, quando viemos para Leiston, tínhamos um tanque de patos. Pela manhã eu fazia um mergulho. Alguns membros do corpo docente e as meninas e meninos mais velhos costumavam acompanhar-me nesse mergulho. Foi quando chegou um grupo de alunos que vinham de escolas particulares. Quando as meninas começaram a vestir roupas de banho eu perguntei a razão disso, a uma delas, bonita sueca, e a garôta explicou:

—É por causa dêsses meninos. Os antigos tratam a nudez como coisa natural. Mas os novos fazem ares maliciosos, ficam de bôca aberta, e... bem, nós não gostamos disso.

Desde então, o único banho comunal que tomávamos despidos era o banho de mar noturno.

É possível que se pense, educadas livremente como são que as crianças de Summerhill passem o verão inteiro despidas. Não acontece isso. Meninas até os nove anos permanecem nuas num dia muito quente, mas raramente os meninozinhos fazem o mesmo. Isso é estranho, quando se considera que Freud declara mostrarem-se os meninos orgulhosos por possuírem um pênis, enquanto as meninas pequenas têm vergonha de não o possuírem.

Nossos meninozinhos de Summerhill não mostram desejo algum de se exibirem, e os meninos e meninas mais velhos raramente se despem. Durante o verão homens e meninos usam apenas *shorts,* sem camisas. As meninas usam roupas de banho. Não há qualquer preocupação de reserva quando se toma banho, e só os alunos novos fecham as portas dos banheiros. Embora algumas das meninas tomem banho de sol no campo, jamais os rapazes pensam em espiá-las.

Vi certa vez o nosso professor de inglês cavando um fôsso no campo de hóquei, assistido por um grupo de ajudantes de ambos os sexos, cujas idades iam dos nove aos quinze anos. O dia estava quente e êle se despira. Em outra ocasião, um dos homens do pessoal jogou tênis despido. Na Assembléia Geral da Escola disseram-lhe que vestisse calças, para o caso de que vendedores ou visitantes aparecessem por ali. Isso ilustra a atitude absolutamente natural que prevalece em Summerhill, no que se refere à nudez.

PORNOGRAFIA

Tôdas as crianças são pornográficas, às vêzes abertamente, às vêzes secretamente. As menos pornográficas são as que não tiveram tabus morais a propósito de sexo, em sua época de bebê e em sua primeira infância. Estou certo de que mais tarde nossos alunos de Summerhill serão menos inclinados à pornografia do que as crianças criadas com o método dos segredinhos. Um dos rapazes me disse, ao nos vir visitar, quando de suas férias da universidade:

—Summerhill de certa forma nos estraga. Achamos os rapazes da nossa idade muito insípidos. Falam de coisas que a gente deixou de comentar há anos.

—Histórias de sexo?—indaguei.

—Sim, mais ou menos. Eu próprio gosto de uma boa história de sexo, mas as que êles contam são brutais e sem propósito. Mas não é só sexo. São outras coisas, também: psicologia, política. É engraçado, vejo-me com tendência a fazer camaradagem com os colegas que são dez anos mais velhos do que eu.

Um aluno nôvo de Summerhill, que não tinha ainda esgotado a fase obscena de sua escola preliminar, tentou ser pornográfico. Os outros mandaram-no calar, não por estar sendo pornográfico, mas, simplesmente, por estar perturbando a conversação, que era interessante.

Há alguns anos, tivemos três alunas que passaram pelo estágio habitual de falar sôbre tópicos proibidos. Mais tarde, uma aluna nova veio para Summerhill e foi instalada no dormitório dessas três meninas. Um dia, a aluna nova queixou-se que as outras três eram companheiras terrìvelmente insípidas.

—Quando eu falo em coisas de sexo no dormitório, à noite, elas me mandam calar a bôca. Dizem que não estão interessadas.

É era verdade. Naturalmente, as mocinhas tinham interêsse em sexo, mas não em seus aspectos ocultos. Eram meninas que tinham visto destruída sua consciência de sexo como algo sujo. Para uma aluna recente, que vinha de escola onde a conversa das alunas era sôbre sexo, elas pareciam altamente morais. E *eram*, realmente, de alto estôfo moral, pois sua moralidade estava fundamentada em conhecimento—não em falsos padrões do bom e do mau.

Crianças criadas livremente em assuntos sexuais têm a mente aberta sôbre a chamada vulgaridade. Há algum tempo ouvi um ator de revista, no London Palladium, arrancar da platéia risos que não teria conseguido do grupo de Summerhill. Mulheres guinchavam quando êle mencionava roupas íntimas femininas, mas as crianças de Summerhill não veriam graça alguma em tais comentários.

Certa vez escrevi uma peça para o jardim da infância. Era uma peça bastante vulgar, sôbre o filho de um lenhador que encontrou uma nota de cem libras, e, extasiado, mostrou-a à sua família, inclusive à vaca. O bronco animal engoliu a nota, e todos os esforços para forçá-la a devolver o dinheiro foram inúteis. Então, o rapaz teve uma idéia brilhante. Abriria uma barraca na feira, e cobraria dois xelins por dois minutos de presença. Se a vaca devolvesse o dinheiro durante a presença de alguém, a pessoa ganharia o dinheiro devolvido.

Tal peça teria pôsto a casa abaixo, num *music hall* do West End. Nossas crianças, entretanto, não lhe deram importância. Os atôres, de seis a nove anos de idade não lhe acharam graça alguma, realmente. Um dêles, menino de oito anos, disse-me que era tolo não usar a palavra própria na peça. Naturalmente, o que êle chamava palavra própria seria justamente a que os demais considerariam *imprópria*.

As crianças livres não têm probabilidades de sofrer da mania de espionar, em Summerhill. Nossos alunos não abafam o riso nem sentem impressão de culpa quando um filme exibe um gabinete sanitário ou fala em nascimento. Para uma criança o gabinete sanitário é o compartimento mais interessante de qualquer casa. Tal aposento parece inspirar muitos escritores e artistas, o que é natural, se considerarmos que o gabinete sanitário é um lugar destinado à criação.

É uma falsidade isso de se dizer que as mulheres têm a mente mais pura do que os homens. Entretanto, um clube ou bar masculino tem muito mais probabilidade de ser pornográfico do que um clube feminino. A voga das histórias equívocas é inteiramente devida ao fato de não poderem ser contadas em público. Em Summerhill tudo pode ser contado, e ninguém é passível de se escandalizar. *Escandalizar-se significa ter um interêsse obsceno no assunto que nos escandaliza.*

As pessoas que gritam, horrorizadas: "É um crime roubar a inocência das criancinhas!" são como avestruzes que metem a cabeça na areia. As crianças jamais são inocentes, embora sejam, freqüentemente, ignorantes. E os avestruzes gritam histèricamente por privarmos as crianças de sua ignorância.

A criança mais reprimida não é, realmente, ignorante a respeito de muita coisa. Seu contato com outras crianças dá-lhe aquêle horrível "conhecimento" que os garotinhos infelizes transmitem uns aos outros pelos cantos escuros. Para os que estiveram em Summerhill desde a primeira infância, não há cantos escuros. Essas crianças têm interêsse em assuntos sexuais, mas não um interêsse doentio. Tais crianças mantêm, realmente, uma atitude limpa em relação à vida.

HOMOSSEXUALIDADE

Recentemente, um homossexual escreveu-me, implorando-me que lhe dissesse se havia algum país onde lhe permitissem ser legalmente, um homossexual. Respondi que não conhecia tal lugar. (Depois disso ouvi dizer que na Dinamarca e na Holanda a homossexualidade é legalmente permitida.) Realmente, não sei sequer de país algum onde as pessoas possam ser heterossexuais sem pisar nos calos dos desmancha-prazeres.

Não há homossexualismo em Summerhill. Entretanto, em cada grupo de crianças que para aqui vêm, há, durante certo estágio de desenvolvimento, um homossexualismo inconsciente.

Nossos meninos de nove e dez anos não querem saber de meninas para nada. Desprezam-nas. Reúnem-se em grupos e não estão interessados em membros do sexo oposto. Seu interêsse maior está no gritar a alguém: "Mãos ao alto!" Meninas da mesma idade também tendem a interessar-se apenas pelas de seu próprio sexo, e formam seus grupos próprios. Mesmo ao alcançar a puberdade não correm atrás dos meninos. Ao que parece, a homossexualidade inconsciente das meninas dura mais do que a dos rapazes. Embora possam desafiar e provocar os meninos, de uma forma amistosa, mantêm seus grupos. Mas, nessa idade, mostram-se ciumentas de seus direitos. A superioridade dos rapazes em fôrça física, e a sua rudez, aborrece-as. É a idade do protesto contra a masculinidade.

Geralmente falando, garotos e garôtas não se interessam muito uns pelos outros enquanto não alcançam os quinze ou dezesseis anos. Não revelam inclinação natural para se emparelharem, e o interêsse pelo sexo oposto chega a tomar feição agressiva.

Isso se dá porque as crianças de Summerhill, não sofrendo de complexo de culpa quanto à masturbação, não reagem de maneira doentia nessa fase homossexual latente. Há alguns anos, um aluno nôvo recém-chegado de uma escola particular, tentou introduzir a sodomia em Summerhill. Não teve êxito. Aliás, ficou surpreendido e alarmado ao descobrir que tôda a escola tinha conhecimento, de seus esforços nesse sentido.

De certa forma o homossexualismo está ligado à masturbação. Uma pessoa masturba-se com a outra, e essa outra compartilha da culpa, aliviando, assim, a culpa própria. Entretanto, quando a masturbação não é considerada um pecado, a necessidade de compartilhar a culpa não se manifesta.

Não sei quais são as repressões que levam à homossexualidade, mas parece bastante certo que ela se origina desde a mais tenra infância. Atualmente, Summerhill não recebe crianças de menos de cinco anos, portanto temos, freqüentemente, de tratar com crianças cuja primeira infância foi cheia de erros de educação. Apesar disso, num período de trinta e oito anos, a escola não produziu sequer um caso de homossexualismo. A razão está no fato de a liberdade produzir crianças sadias.

PROMISCUIDADE, ILEGITIMIDADE E ABÔRTO

A promiscuidade é neurótica: trata-se de uma constante mudança de companheiro, na esperança de encontrar, finalmente, o companheiro exato. Mas o companheiro exato jamais é encontrado pois a falha está na atitude neurótica, impotente, do Dom João ou de sua correspondente do sexo feminino.

Se a expressão *amor livre* tem uma significação sinistra, é por se referir ao sexo neurótico. Sexo promíscuo—resultado direto da repressão—é sempre infeliz e vergonhoso. Entre pessoas livres o amor livre não existiria.

O sexo reprimido se agarrará a um objeto qualquer: uma luva, um lenço, algo relacionado com o corpo. Assim, o amor livre é promíscuo porque é luxúria sem ternura, ou calor, ou afeição real.

Uma mulher jovem, depois de um período de promiscuidade, disse-me:

—Com Bill eu tive vida orgástica pela primeira vez.

Perguntei-lhe por que era aquela a primeira vez:

—Porque eu o *amo*, e não amava os outros.

Há uma tendência entre as crianças que chegam tarde a Summerhill (aos treze ou acima dos treze anos) para serem promíscuas no desejo, se não na prática. As raízes da promiscuidade estão bem longe na vida de uma criança. O que sabemos, principalmente, é que se trata de raízes doentias. Tal comportamento leva à variedade, mas é raro levar à realização, e quase nunca leva à felicidade.

A criança ilegítima tem, quase sempre, uma estrada áspera a fazer. Dizer-lhe, como certas mães fazem, que seu pai morreu na guerra ou de doença é positivamente errado. A criança desenvolve em si uma sensação de agravo, porque vê outras crianças com seus pais. Por outro lado, a condenação social do bastardo não deixará de cair sôbre êle, um dia. Em Summerhill, tivemos alguns filhos de mães solteiras, mas nenhum dêles se importava mais com isso do que com a primeira camisa que vestira. Sob liberdade, tais crianças crescem tão felizes quanto as nascidas no regime do matrimônio.

No mundo exterior, a criança bastarda às vêzes culpa a mãe e comporta-se mal para com ela. E também pode adorar a mãe e temer que ela se venha a casar com um homem que não é o seu pai.

Que estranho mundo, êsse nosso mundo! O abôrto é ilegal, e a bastardia significa ostracismo, muitas vêzes. Alegra saber que hoje muitas mulheres recusam a desaprovação social quanto à bastardia. Têm abertamente seus filhos do amor, orgulham-se dêles, trabalham para êles, educam-nos bem, e felizmente. Tanto quanto tenho visto, seus filhos são sêres humanos equilibrados e sinceros.

Professôra alguma, numa escola pública, poderia ter um filho ilegítimo e manter seu emprêgo. Mais de uma vez eu soube de espôsas de pastôres que expulsaram suas empregadas ao terem conhecimento de que elas estavam grávidas.

A questão do abôrto é um dos sintomas mais repulsivos, mais hipócritas da doença da humanidade. Dificilmente se encontraria um juiz, um pastor, um médico, um professor, ou qualquer outro dos chamados pilares da sociedade, que não preferissem para sua filha antes um abôrto do que a vergonha de uma bastardia, que iria recair sôbre a família.

Os ricos evitam as complicações desagradáveis, com freqüência, enviando suas filhas a casas de saúde elegantes, onde, para constar, elas estarão sendo tratadas de irregularidades de seus períodos menstruais, ou de outra coisa qualquer. A classe média, menos abastada, e as classes pobres, é que ficam, literalmente, com o bebê nos braços. Não há alternativa para elas. Se uma jovem da classe média tentar bastante, poderá encontrar um médico que lhe faça o abôrto por uma gorda quantia. Sua irmã mais pobre corre o perigo de um abôrto feito por algum abortocionista ignorante, sem escrúpulos. Ou precisará ter o filho.

Em Londres há clínicas onde as mulheres são providas de anticonceptivos. É geralmente sabido que só quando a mulher exibe uma aliança de casamento a clínica a atenderá. Mas o empréstimo de uma aliança não é crime,

220

Tudo isso faz lembrar os rabiscos pornográficos feitos nas paredes dos mictórios públicos. Define uma civilização que merece o preço que paga pela sua detestável moralidade. Êsse preço, afinal, está nas doenças que a carne herda, e mais a miséria e a desesperança.

QUATRO

RELIGIÃO E MORAL

RELIGIÃO

Uma visita recente disse-me:

—Por que o senhor não ensina a seus alunos algo sôbre a vida de Jesus de forma que êles se sintam inspirados a seguir-lhe os passos?

Respondi que não aprendemos a viver *ouvindo* as vidas dos outros, mas *vivendo*, pois as palavras são infinitamente menos importantes do que os atos. Muitos têm chamado a Summer-hill um lugar religioso, porque êle dá amor às crianças.

Isso pode ser verdade, mas eu não gosto do adjetivo, enquanto religião significar o que geralmente significa hoje: antagonismo quanto à vida natural. A religião, tal como eu a recordo, praticada por homens e mulheres vestidos de roupas monótonas, cantando hinos lúgubres com música de décima classe, pedindo perdão para os seus pecados—não representa coisa alguma com a qual eu deseje ser identificado.

Pessoalmente, nada tenho contra o homem que acredite em Deus—não importa em que Deus. Minha objeção é contra o homem que declara ser o *seu* Deus a autoridade para impor restrições à felicidade e ao desenvolvimento humano.

Algum dia teremos uma religião nova. Podem abrir a bôca de espanto e exclamar:

—Quê? Uma religião *nova*?

Os cristãos saltarão, armados, para protestar:

—Não é o Cristianismo eterno?

Os judeus saltarão, armados, para protestar:

—Não é o Judaísmo eterno?

Não, as religiões não são mais eternas do que as nações. Uma religião—*qualquer* religião—tem seu nascimento, juventude, velhice e morte. Centenas de religiões vieram e foram-se. De todos os milhões de egípcios que acreditavam em Ámon Ra durante a melhor parte de 4.000 anos, nem um só partidário de tal religiao pode ser encontrado hoje. A idéia de Deus se modifica, ao passo que a cultura se modifica: num país pastoril êle era o Doce Pastor; em tempo de guerra, foi o Senhor dos Exércitos; quando o negócio floresceu, passou a ser o Deus da Justiça, pesando eqüidade e misericórdia. Hoje quando o homem se mostra mecânicamente criador, Deus é o Grande Ausente de Wells, pois um Deus criador não é desejado numa época que pode fabricar suas próprias bombas atômicas.

Algum dia uma nova geração recusará a religião obsoleta e os mitos de hoje. Quando a nova religião vier, recusará a idéia de que o homem nasceu do pecado. Uma nova religião louvará Deus por ter feito os homens felizes.

A nova religião recusará a antítese do corpo e do espírito. Reconhecerá que a carne não é pecadora. Saberá que a manhã de domingo passada em natação é mais santa do que a manhã de domingo a cantar hinos—como se Deus necessitasse de hinos para se manter contente. Uma nova religião encontrará Deus nos campos e não no firmamento. Imagine-se tudo quando se realizaria se apenas dez por cento das horas passadas em orações e idas às igrejas fôssem devotadas às boas obras e a atos de caridades e assistência.

Todos os dias o jornal que leio informa quanto está morta a nossa religião presente. Aprisionamos, abafamos as opiniões dos que não pensam como nós, oprimimos os pobres, armamo-nos para a guerra. Como organização, a Igreja é fraca. Não detém as guerras. Pouco faz, ou nada faz, para melhorar nossos bárbaros códigos criminais. Raramente toma posição contra os exploradores.

Não podemos servir a Deus e a Mamon. Para usar uma paráfrase moderna, não podemos ir à igreja no domingo e fazer exercícios de baioneta na segunda-feira. Não conheço blasfêmia mais vil do que as de várias igrejas que, durante as guerras, afirmam que o Todo-Poderoso está de seu lado. Deus não pode acreditar que ambos os lados estejam com a razão. Deus não pode ser Amor, e, ao mesmo tempo, patrocinador de um ataque com gases.

Para muitos, as religiões convencionais organizadas são uma saída fácil para os problemas individuais. Se um católico romano peca, confessa-se ao seu sarcedote e o sarcedote o absolve daquele pecado.

A pessoa religiosa atira seu fardo sôbre o Senhor, e acredita que seu caminho para a glória está assegurado. Assim, a ênfase é deslocada do valor pessoal e do comportamento individual para o credo. "Acredita no Senhor e estarás salvo." Isso com efeito é dizer que se faça uma declaração e nossos problemas espirituais estarão terminados. Obtém-se uma passagem garantida para o céu. '

Fundamentalmente, a religião teme a vida. Foge da vida. Deprecia a vida aqui e agora, como simples preliminar para uma vida mais completa, acolá. O misticismo e a religião significam que a vida na terra é um malôgro, que o homem independente não é bom bastante para obter a salvação. Mas as crianças livres não acham que a vida seja um malôgro, pois ninguém lhes ensinou a dizer não à vida.

Religião e misticismo animam o pensamento fora da realidade e o comportamento fora da realidade. A simples verdade é que nós, com nossos aparelhos de TV e nossos aviões a jato, vivemos muito mais distantes da *verdadeira* vida do que um nativo da África. Na verdade, o aborígine também tem a sua religião, nascida do mêdo, mas não é impotente no amor, não é homossexual, não tem inibições. Sua vida é primitiva, mas êle diz sim à vida, em muitas coisas essenciais.

Como o selvagem, procuramos a religião porque temos mêdo. Mas, diferentes do selvagem, somos pessoas castradas. Podemos ensinar religião aos nossos filhos sòmente depois de os têrmos despojado para sempre de sua hombridade e despedaçado seu espírito através do mêdo.

Tive muito casos de crianças arruinadas pela educação religiosa. Citar êsses casos não ajudaria ninguém. Por outro lado, qualquer salvacionista também poderia citar casos aos metros, casos de pessoas que foram "salvas" por terem sido "lavadas no sangue". Se alguém afirma que o homem é um pecador e precisa ser redimido, então os religiosos têm razão.

Mas eu peço aos pais que alarguem sua visão, que olhem bem para além de seu círculo imediato. Peço aos pais para encorajarem uma civilização que não introduza o pecado desde o nascimento. Peço aos pais que eliminem qualquer necessidade de redenção, dizendo ao filho que êle nasceu bom— *que não nasceu mau*. Peço aos pais que digam aos filhos que *é êste mundo* o que pode e deve se fazer melhor, que dirijam suas energias para aqui e para agora— não para uma vida eterna, mística, que virá.

Criança alguma deveria ser carregada com misticismo religioso. O misticismo oferece à criança uma evasão da realidade—mas de forma perigosa. Todos nós, de vez em quando, sentimos o desejo de fugir à realidade, quando não jamais le-

227

ríamos um romance, ou iríamos a um cinema, ou beberíamos uma dose de uísque. Mas nos evadimos de olhos abertos e depressa voltamos à realidade. O místico tende a viver uma vida de permanente escapismo, pondo tôda a sua libido na sua Teosofia, no seu Espiritualismo, no seu Catolicismo ou no seu Judaísmo.

Não há criança que seja naturalmente mística. Um incidente ocorrido em Summerhill durante uma aula espontânea de representação, certa noite, sublinha o natural senso de realidade da criança, se suas reações não foram deformadas pelo mêdo.

Sentei-me numa cadeira, certa noite, e disse:

—Eu sou São Pedro e estou junto da Porta de Ouro. Vocês são os sujeitos que tentam entrar. Vamos ver.

Vinham as crianças e davam tôda espécie de razões para entrar. Uma das meninas chegou mesmo a vir da direção oposta, solicitando que a deixasse sair! Mas a estrêla da peça foi um rapaz de catorze anos que veio ter comigo assobiando, as mãos nos bolsos.

—Olá—Exclamei eu.—Não pode entrar.

Êle voltou-se e disse, olhando para mim:

—Oh! Você é nôvo no serviço, não é?

—Que quer dizer?—perguntei.

—Não me conhece, pelo que estou vendo.

—E quem é você?

—Deus!—disse êle. E entrou, assobiando, no paraíso.

Criança alguma realmente deseja rezar. Nas crianças, a oração é um fingimento. Tenho interrogado dezenas de crianças:

—Em que é que você pensa quando está rezando?

Tôdas dizem a mesma coisa: pensam em outra coisa todo o tempo. Uma criança *deve* pensar em outras coisas pois a prece nada significa para ela. É uma imposição vinda de fora.

Há um milhão de homens que dão graças a Deus antes das refeições, todos os dias, e, provàvelmente, 999.999 dizem isso mecânicamente, como dizemos "Com licença", no momento em que desejamos passar por alguém para sair do elevador. Mas por que passar nossas orações mecânicas e nossas maneiras mecânicas para a nova geração? Isso não é honesto. Também, não é honesto forçar a religião numa criança indefesa. Ela deveria ficar inteiramente livre de resolver por si, quando alcançasse os anos da escolha.

Perigo maior do que o misticismo é o de fazer da criança um odiento. Se uma criança aprende que certas coisas são pecaminosas, seu amor pela vida pode converter-se em ódio. Quando as crianças são livres, jamais pensam em outra criança como sendo uma pecadora. Em Summerhill, se uma criança rouba e é julgada pelo júri de seus companheiros, jamais se vê castigada pelo roubo. O que acontece é se ver na obrigação de pagar o seu débito. As crianças compreendem, inconscientemente, que o roubo é uma doença. São pequenas realistas e demasiado sensíveis para afirmar que aquilo se deve a um Deus colérico e a um demônio tentador. Homens escravizados fazem Deus à sua própria imagem, mas as crianças livres, que olham para a vida animada e corajosamente, não têm necessidade de fabricar um Deus.

Se desejamos manter nossos filhos com a alma sadia, devemos ter o cuidado de não lhe dar valôres falsos. Muitas das pessoas que duvidam de teologia do Cristianismo não hesitam em ensinar a seus filhos crenças que elas próprias põem em dúvida. Quantas mães acreditam literalmente num inferno cadente, e literalmente acreditam num céu cheio de harpas? Ainda assim, milhares de mães que não acreditam deformam as almas de seus filhos dando-lhes como nutrição essas antiquadas histórias primitivas.

A religião floresce porque não quer, *não pode*, enfrentar seu inconsciente. A religião faz do inconsciente o demônio, e aconselha os homens a fugir de suas tentações. Mas façamos do inconsciente o consciente e a religião não mais terá função.

A religião, para uma criança, quase sempre significa apenas mêdo. Deus é um homem poderoso, que tem buracos nas pálpebras: pode ver-nos onde quer que estejamos. Para uma criança, isso significa, freqüentemente, que Deus pode ver o que ela está fazendo sob as roupas de cama. E introduzir o mêdo na vida de uma criança é o pior de todos os crimes. A criança dirá para sempre *não* à vida, será para sempre um inferior, um covarde.

Ninguém que na sua infância tenha sido ameaçado com o mêdo de uma outra vida depois desta, passada no inferno, pode escapar, de forma alguma, a uma ansiedade neurótica sôbre a segurança *nesta* vida. Passa-se isso, mesmo quando a pessoa compreende, racionalmente, que um céu e um inferno são fantasias infantis fundadas apenas nas esperanças e nos temores humanos. A deformação emocional que se adquire na infância é quase sempre uma fixação para tôda a existência.

229

O Deus severo que recompensa com harpas e queima com fogo é o Deus que o homem fêz à sua própria imagem. É uma superprojeção. Deus torna-se a realização de um desejo e Satã a realização de um 'temor.

Assim, o que dá prazer significa o mal. Jogar cartas, ir ao teatro, dançar acabam por pertencer ao diabo. Com excessiva freqüência, ser religioso é ser destituído de alegria. As rígidas roupas de domingo que as crianças são obrigadas a usar na maior parte da cidades provincianas, testemunham a qualidade ascética e punitiva da religião. A musica sagrada também é quase sempre fúnebre por natureza. Para muitíssimas pessoas, ir a igreja é um esfôrço, um dever. Para muitíssimas pessoas, ser religoso é parecer infeliz, e ser infeliz.

A nova religião será baseada no conhecimento e aceitação do eu. Um pré-requisito para amar outros, é amar a si próprio. Como isso é diferente de ser criado sob o estigma do pecado original—que deve resultar em auto-ódio, e conseqüentemente, em ódio aos outros!

"Reza melhor quem ama melhor tôdas as coisas, grandes e pequenas que sejam."

Assim, Coleridge, o poeta, expressou a *nova religião*. Na nova religião, o homem rezará melhor quando amar tôdas as coisas grandes e pequenas—*em si próprio!*

INSTRUÇÃO MORAL

A maioria dos pais acredita que falhará para com seus filhos a não ser que lhes ensine valôres morais, que lhes mostre, constantemente, o que é certo e o que é errado. Pràticamente, todos os pais, consideram que além de atender às necessidades físicas dos filhos cabe-lhes o dever principal de inculcar-lhes êsses valôres. Acreditam que, sem isso, os filhos cresceriam como selvagens de comportamento incontrolável, mostrando escassa consideração pelos demais. Essa crença nasce, em grande parte, do fato de a maioria das pessoas, em nossa cultura, aceitar, ou, pelo menos, receber passivamente, a afirmação de que o homem é pecador pelo nascimento, mau por natureza, criatura que se fôr treinada para a bondade irá mostrar-se predatória, cruel, e mesmo homicida.

A igreja cristã esposa abertamente essa crença: "Somos miseráveis pecadores."

O bispo e o mestre-escola acreditam portanto, que a criança deve ser conduzida à luz. Não importa que tal luz seja a da Cruz ou a da Cultura Ética. Em ambos os casos o propósito é o mesmo: "elevar".

Já que tanto a Igreja como a escola afirmam que a criança nasceu em pecado, não podemos esperar que pais e mães deixem de concordar com tão grandes autoridades. A Igreja diz: "Se pecares, serás castigado no outro mundo". Os pais aceitam a deixa, e dizem: "Se fizeres isso outra vez eu te castigarei *agora mesmo*". Uma e outros lutam para "elevar" a criança, através da imposição do mêdo.

Diz a Bíblia: "O temor de Deus é o início da sabedoria".

Com maior freqüência é o início da desordem psíquica. Envolver uma criança em mêdo, seja como fôr que se faça tal coisa, é prejudicial.

Mais de uma vez um pai já me disse:

—Não compreendo por que meu filho ficou mau. Eu o castiguei severamente e estou certo de que em nosso lar jamais lhe demos um mau exemplo."

Meu trabalho, com demasiada freqüência, tem-se voltado para crianças prejudicadas, criadas educadas no temor do chicote ou no temor de Deus—crianças que foram *coagidas* a ser boas.

Os pais raramente compreendem que impacto terrível tem sido para a criança o fluxo contínuo de proibições de exortações, de pregações, e da imposição de todo um sistema de comportamento moral para o qual as crianças pequeninas não estão preparadas, que não compreendem, e portanto, não aceitam de boa vontade.

Os pais exaustos de uma criança-problema nunca pensam em desafiar seu próprio código de moral, estando, quase sempre, seguro de que sabem exatamente o que é certo e o que é errado, e que o padrão correto foi declarado, automàticamente, e para sempre nas Escrituras. Os pais raramente pensam em desafiar os ensinamentos de seus próprios pais, ou os ensinamentos de seus próprios mestres-escolas, ou o código social aceito. Tendem a receber o credo integral de uma cultura como natural. Pensar nessas crenças, analisá-las, exige muito trabalho mental. Desafiá-las envolve demasiados choques.

Assim os pais exaustos acreditam que aquêle menino está errado. Julgam-no mau porque quer ser mau. Declaro que estou fortemente convencido que o *menino jamais está errado*. Todos os meninos assim, com os quais, tratei, foram casos de educação primária mal orientada e errado treinamento em sua primeira infância. Alguns dos mais fundamentais princípios de psicologia são desviados no processo da habitual doutrinação da criança, desde os mais tenros anos.

Para começar, quase todos acreditam que o homem é criatura de vontade, que pode fazer o que tiver vontade de fazer. Todos os psicólogos discordam de tal coisa. A psiquiatria provou que as ações do homem são controladas, em grande extensão, pelo seu inconsciente. A maior parte das pessoas diria que Dillinger poderia deixar de ser um assassino, se ao menos tivesse usado a sua vontade. A lei criminal é fundada na crença errônea de que todos os homens são pessoas responsáveis, capazes de vontade má ou boa. Assim, muito recentemente, um homem foi prêso em Londres por ter manchado com tinta as roupas das mulheres. Para a sociedade, o homem era um canalha perverso que poderia ser bom se ao menos tentasse isso. Para o psicólogo, êle é um pobre e doente neurótico, fazendo um ato simbólico do qual não sabe a significação. Uma sociedade esclarecida trataria de levá-lo delicadamente a um médico.

A psicologia do inconsciente mostrou que a maior parte das nossas ações tem uma fonte oculta que não podemos alcançar a não ser através de longa e trabalhosa análise, e mesmo a psicanálise não consegue penetrar nas regiões mais profundas, do inconsciente. Agimos, mas não sabemos *por que* agimos.

Há algum tempo pus de parte muitos volumes de psicologia e comecei a trabalhar com azulejos. Não sei por quê. Se me tivesse pôsto a esparramar tintas nas roupas alheias, também não saberia por quê. Dado o fato de o trabalho com azulejos ser uma atividade social, sou um cidadão respeitável, e sendo o esparramar tinta uma atividade anti-social, o outro homem é criminoso desprezível. Entretanto, há uma diferença entre o espalhador de tinta e eu: gosto, conscientemente, do trabalho manual, mas o criminoso não gosta, conscientemente, de espalhar tinta. No trabalho manual, meu consciente e meu inconsciente trabalham juntos; no espalhar tinta o consciente e o insconsciente estão separados. O ato anti-social é o resultado dêsse conflito.

Há alguns anos tivemos um aluno em Summerhill, um menino de onze anos, ativo, inteligente, amável. Ficava sentado tranqüilamente lendo. Sùbitamente, saltava da cadeira, corria para fora do apozento, tentava pôr fogo na casa. Um impulso apoderava-se dêle, impulso que não podia controlar.

Muitos pofessôres anteriores o tinham aconselhado, tanto pelas palavras como através de uma vara, a *usar a sua vontade* para controlar, seus impulsos. Mas o ímpeto inconsciente de incendiar era forte demais para ser controlado, era muito mais forte do que o ímpeto consciente de não ser visto com maus olhos. Aquêle menino não era *mau*: era *doente*. Que influências o tinham tornado doente? Tentarei explicar.

Quando olhamos para um bebê não há maldade nêle—como não há maldade num repôlho ou num filhote de tigre. A criança recém-nascida traz com ela uma fôrça de vida. Sua vontade, sua inconsciente urgência, é *viver*. Sua fôrça de vida sugere que ela coma, que explore seu corpo, que atenda aos seus desejos. Age como a natureza pretende que ela aja. Mas,

233

para o adulto, o desejo de Deus na criança—o desejo da Natureza na criança—é o desejo do demônio.

Pràticamente, todo adulto acredita que a natureza da criança deve ser melhorada. Daí acontece que todos os pais acham que precisam ensinar o filho pequeno a viver.

A criança depressa se vê de encontro a um sistema inteiro de proibições. *Isto* é feio, *aquilo* é sujo, *tais e tais coisas são* egoísticas. A voz original da fôrça de vida original da criança encontra-se com a voz da instrução. A Igreja chamaria à voz da Natureza a voz do demônio, e à voz da instrução moral a voz de Deus. Estou convencido de que êsses nomes deveriam ser trocados.

Acredito que a instrução moral é que faz a criança má. Vejo, quando esmago a instrução moral que um mau menino recebeu, que êle se torna um bom menino.

Pode haver um caso para instrução moral de adultos, embora eu duvide. Não há caso algum para instrução moral de crianças. Isso é coisa psicològicamente errada. Pedir a uma criança que não seja egoísta é errado. Tôda criança é egoísta e o mundo lhe pertence. Quando ela tem uma maçã seu único desejo é comer aquela maçã. O resultado principal do conselho da mãe referente à partilha da maçã com seu irmãozinho, é fazer com que ela odeie o irmãozinho. O altruísmo vem depois—vem naturalmente—*se a criança não foi ensinada a não ser egoísta*. Provàvelmente jamais virá se a criança foi forçada a não ser egoísta. Suprimindo o egoísmo da criança a mãe fixou nela, para sempre, êsse egoísmo.

Como acontece isso? A psiquiatria demonstrou e provou, que um desejo não-realizado vive no inconsciente. Portanto, a criança que foi ensinada a não ser egoísta, irá conformar-se com isso, para agradar à mãe. Insconscientemente, enterrará seus desejos reais—seus desejos egoísticos—e por causa dessa repressão reterá seus desejos infantis e permanecerá egoísta através de tôda sua vida. A instrução moral derrota, assim, seus próprios objetivos.

O mesmo acontece na esfera sexual: as proibições morais da infância fixam o interêsse infantil em sexo. Os infelizes que são presos por atos sexuais contra a infância—mostrar a meninas de escolas cartões-postais obscenos brincar com seus órgãos genitais em público—são homens que tiveram mães preocupadas com a moral. O interêsse perfeitamente inofensivo da infância foi rotulado como um pecado horrendo. A criança reprimiu o desejo infantil. Mas o mesmo desejo continuou vivendo no seu inconsciente e surgiu mais tarde em sua forma original, ou, o que se dá com maior freqüência, numa forma simbólica. Assim a mulher quê rouba bôlsas numa loja está fazendo um ato simbólico que tem sua origem na repressão moral dos ensinamentos de infância. Seu comportamento constitui a satisfação de um desejo sexual infantil proibido.

Tôdas essas pobres criaturas são infelizes. Roubar é ser detestado pelo próprio grupo, e o instinto de grupo é forte. Estar bem com os vizinhos é um objetivo genuíno da vida humana. Não faz parte da natureza humana ser anti-social. O próprio egoísmo é bastante para tornar sociável a pessoa normal. Só um fator mais forte do que o egoísmo pode obter resultados contrários a êsse.

Qual é êsse fator mais forte? Quando o conflito entre os dois eus—o eu que a Natureza fêz e o eu que a educação moral modelou—é demasiado amargo o egoísmo volta ao estágio infantil. Então, a opinião dos demais toma lugar ao subordinado. Assim, o cleptomaníaco sabe que arrisca a vergonha terrível de ser chamado ao tribunal da polícia e de aparecer nos jornais, mas o mêdo da opinião pública não é tão forte quanto o desejo infantil. A cleptomania, em última análise, significa o desejo de encontrar felicidade, mas, como a realização simbólica jamais pode satisfazer o desejo original, a vítima continua repetindo a tentativa.

Uma ilustração tornará mais claro o processo de não realização de um desejo e seus caminhos posteriores. Quando o pequeno Billie, de sete anos, veio para Summerhill, seus pais me disseram que êle era ladrão. Estava êle na escola havia uma semana quando um membro do pessoal veio dizer-me que seu relógio de ouro desaparecera da mesa de cabeceira. Perguntei à "mãe-de-casa" se sabia algo àquele respeito

—Vi Billie com o maquinismo de um relógio—disse-me ela.

Quando lhe perguntei onde o tinha arranjado disse-me que o encontrara em sua casa, num buraco muito fundo do jardim.

Eu sabia que Billie fechava a chave, numa de suas malas, os seus pertences. Tentei abri-la com uma das minhas chaves e consegui. Lá estavam os pedaços de um relógio de ouro, aparentemente o resultado de um ataque com martelo e formão. Fechei de nôvo a mala e chamei Billie.

—Você viu o relógio do Sr. Anderson?—indaguei.

Êle levantou para mim grandes olhos inocentes.

—Não.

235

E acrescentou:

—Que relógio?

Fiquei a olhar para êle durante meio minuto.

—Billie—disse-lhe—você 'sabe de onde vêm os bebês?

Êle ergueu os olhos, interessado:

—Sim, êles vêm do céu.

—Oh! Não!—falei eu, sorrindo.—Você cresceu dentro da sua mamãe e quando ficou grande bastànte para isso, saiu cá para fora.

Sem uma palavra êle foi ter à mala abriu-a, entregou-me o relógio quebrado. Seu hábito de roubar estava curado, pois êle apenas estivera roubando a verdade. Seu rosto perdeu o aspecto preocupado, extraviado, e êle se tornou mais feliz.

O leitor pode ficar tentando supor que a cura dramática de Billie foi mágica. Não foi. Quando uma criança fala em buraco muito fundo em sua casa, é provável que esteja pensando, inconscientemente, na caverna profunda onde sua vida teve início. Eu sabia, também, que o pai daquele menino tinha alguns cachorros. Billie devia saber de onde vinham os filhotes, e devia ter tirado suas conclusões e tentado adivinhar a origem dos bebês. A tímida mentira materna levou-o a reprimir sua teoria, e seu desejo de encontrar a verdade tomou a forma de uma satisfação simbólica. Simbòlicamente, êle roubava mães e abria-as, para ver o que existia dentro delas. Tive um outro aluno que vivia abrindo gavetas, e pela mesma razão.

O que os pais devem compreender é que não se pode apressar uma criança para um estágio ao qual ainda não está preparada. As pessoas que não se contentam em deixar que seus filhos se desenvolvam naturalmente, do estágio em que engatinham para o estágio em que andam, e que colocam o bebê sôbre as pernas muito cedo na vida, antes de que êle esteja preparado para andar, só consegue obter um resultado melancólico: fazer a criança ficar com as pernas arqueadas. Já que os jovens membros não são fortes bastante para suportar o pêso da criança, a exigência é prematura. O resultado é desastroso. Se os pais tivessem esperado até que a criança estivesse *naturalmente* preparada para andar, ela teria, como é natural, andado com perfeição, e sòzinha. Da mesma maneira, esforços para treinar a criança em questões de higiene, fora de época, só produzem resultados funestos.

As mesmas considerações aplicam-se à instrução moral. Forçar uma criança a adotar valôres que ela não está naturalmente preparada para aceitar, não só resulta em abafar a ado-

236

ção dêsses valôres na ocasião e no momento devidos, mas induz, também, às neuroses.

Pedir a um menino de seis anos que faça o exercício de barra quatro vêzes é pedir demasiado ao pequenino. Seus músculos não são ainda bastante fortes para tais exercícios. Ainda assim, se êsse mesmo menino fôr deixado para se desenvolver naturalmente, conseguirá com facilidade aquêle resultado, quando tiver dezoito anos. Da mesma forma, não se deve apressar o desenvolvimento do senso moral de um pequenino. O pais devem exercer a paciência, garantidos pelo pensamento de que a criança nasceu boa e há de tornar-se um bom ser humano, se não fôr deformada e torcida em seu desenvolvimento natural pela interferência alheia.

Minha experiência de muitos anos no trato de crianças, em Summerhill, convenceu-me de que *não há necessidade alguma de ensinar a uma criança como se comportar. Ela aprenderá o que é certo e o que é errado a boa hora—contanto que não seja pressionada para isso.*

Aprender é um processo de adquirir valôres do ambiente em que se vive. Se os pais forem honestos e morais, seus filhos, no tempo devido, seguirão o mesmo caminho.

INFLUENCIANDO A CRIANÇA

Pais e professôres acham-se na obrigação de influenciar as crianças porque pensam saber o que a criança deve ter, deve aprender, deve ser. Discordo. Jamais tento fazer com que as crianças compartilhem de minhas crenças ou preconceitos. Não tenho religião, mas jamais ensinei uma palavra contra a religião, nem mesmo contra nosso código criminal, que é bárbaro, nem contra o anti-semitismo, nem contra o imperialismo. Jamais, conscientemente, influenciaria crianças para que se tornassem pacíficas, ou vegetarianas, ou reformadoras, ou qualquer outra coisa. Sei que as pregações de nada valem com as crianças. Deposito minha confiança na liberdade para fortificar a juventude contra a fraude, contra a fantasia e contra os ismos de qualquer espécie.

Tôda opinião que a criança é forçada a aceitar torna-se um pecado contra ela. Uma criança não é um pequeno adulto, e não pode, de forma alguma, ver pelo ponto de vista adulto.

Deixem-me dar uma ilustração. Certa noite, eu disse a cinco meninos, cujas idades iam dos sete aos onze anos:

—A Senhorita Y está com gripe, e sentindo-se mal. Tentem não fazer barulho quando se forem deitar.

Êles prometeram. Cinco minutos depois estavam numa luta de travesseiros, com grande ruído. Deixando de lado a consideração de que talvez êles tivessem o desejo inconsciente de fazer a vida desagradável para a Senhorita Y, sustento que a falha estava na idade dêles. É verdade que uma voz severa e um chicote teriam garantido silêncio para a Senhorita Y, a expensas da introdução de mêdo na vida daquelas crianças. O método universal de tratar com crianças é ensinar-lhes a se adaptarem a nós e às nossas necessidades. O método é errado.

Poucos pais ou professôres chegam a compreender uma verdade: falar com uma criança é desperdiçar fôlego. Criança

238

alguma, em tempo algum, jamais se beneficiou realmente daquela outrora querida reação dos pais diante do garôto que tinha puxado o rabo do gato: ,

—Você gostaria que alguém puxasse *as suas* orelhas?

E ainda muito menos houve crianças que compreendessem o que os pais queriam dizer quando falavam:

—Então você espetou um alfinête no bebê? Pois agora vou lhe mostrar que uma picada de alfinête dói assim... (*berros.*) Isso evitará que você torne a fazer o que fêz.

Pode evitar, mas os resultados posteriores estão enchendo os nossos sanatórios.

Estou tentando convencer os pais de que a criança não pode ver causa e efeito. Diz-se a uma criança:

—Você foi tão mau que não ganhará o dinheiro dos sábados!

Isso é errado, porque quando chega o sábado e ela vê recordada a sua traquinagem, fica simplesmente furiosa e de fato frustrada, porque o que aconteceu, digamos, na segunda-feira, é coisa de um passado muito longo, coisa que não tem relação alguma com o níquel do presente sábado. A criança não se sente absolutamente culpada, e sim cheia de hostilidade contra a autoridade que a priva de seu níquel.

Os pais deveriam sempre observar se não estão impondo sua orientação levados pelo seu próprio ímpeto de poder e pela sua necessidade de satisfazer o ímpeto de modelar alguém. Todos procuram obter boa fama entre seus vizinhos. A não ser que as outras fôrças a levem a um comportamento anti-sociável, a criança desejará, naturalmente, fazer aquilo que a leve a ser bem vista mas seu desejo de agradar aos demais se desenvolve a uma certa altura de seu crescimento. A tentativa de pais e professôres para acelerar artificialmente tal estágio causa dano irreparável à criança.

Uma vez visitei determinada escola moderna onde mais de cem meninos e meninas estavam reunidos, certa manhã, para ouvir um sacerdote que lhes ia falar. O homem falou animadamente, aconselhando seus ouvintes a se prepararem para atender ao chamado de Cristo. O diretor perguntou-me, mais tarde, o que eu pensara do discurso. Repiquei que o considerara criminoso. Ali estavam dezenas de crianças, cada qual com a consciência de sexo e de outras coisas. O sermão simplesmente aumentara a sensação de culpa de cada criança daquelas.

Outra escola progressiva força os alunos a ouvirem Bach durante meia hora, antes da primeira refeição. Essa tentativa

239

de elevar pela outorga de valôres padronizados tem, sôbre a criança, psicològicamente, o mesmo efeito da velha ameaça calvinista do inferno. Faz, a criança reprimir o que lhe dizem ser de gôsto mais baixo.

Quando o diretor de uma escola me diz que seus alunos gostam de Beethoven e não querem saber de *jazz*, convenço-me de que êle usou de sua influência—porque meus alunos, em grande maioria, preferem o *jazz*. Pessoalmente, detesto aquêle barulhento e gritante tipo de música. Mas estou seguro de que o diretor erra, embora seja um bom e honesto sujeito.

Quando a mãe ensina o filho a ser bom, suprime no filho os instintos naturais. Diz à criança:

—O que desejas é errado.

Isso é equivalente a ensinar a criança a detestar-se. É impossível amar os outros, se nos detestamos. Só podemos amar os outros quando nos amamos.

A mãe que castiga o filho por um pequeno hábito sexual é sempre a mulher cuja atitude em relação ao sexo é suja. O explorador que está sentado na cadeira do magistrado mostra-se honestamente revoltado contra o réu que roubou uma bôlsa. É por não têrmos a coragem de encarar nossa alma a nu que nos tornamos moralistas. Nossa orientação das crianças é, subjetivamente, nossa própria orientação. Inconscientemente, identificamo-nos com nossos filhos. A criança de que menos gostamos é a criança que mais se parece conosco. Detestamos nos outros o que detestamos em nós. E, por sermos auto-odientos, as crianças recebem os resultados sob a forma de sócos, ralhos, proibições e pregações morais. Por que somos auto-odientos? É o círculo vicioso. Nosso pais tentaram melhorar o que a natureza nos deu.

Tratando com malfeitores, os pais, os professôres ou os magistrados têm de encarar os fatôres emocionais em si próprios. É êle um moralista, um odiento, um sádico, um disciplinador? É êle um supressor do sexo nos jovens? Tem êle algum vislumbre de psicologia de profundidade? Age êle convencionalmente e através de preconceitos? Numa palavra, êle é livre?

Nenhum de nós é inteiramente livre no campo emocional, porque fomos condicionados desde o nosso bêrço. Talvez as perguntas certas a fazer sejam:

Somos livres bastante para evitar de nos enveredarmos pela vida alheia, por muito jovem que seja essa vida?

Somos livres bastante para sermos objetivos?

BLASFÊMIAS E INSULTOS

Uma das críticas persistentes que se fazem a Summerhill é referente ao fato de as crianças blasfemarem. É verdade que blasfemam-se dizer velhas palavras inglêsas é blasfemar. É verdade que todos os alunos novos blasfemam mais do que o necessário.

Em nossa Assembléia Geral da Escola uma pequena de treze anos, egressa de um convento, estava sempre sendo acusada de gritar "filho da..." quando ia ao banho de mar. Comentava-se que ela só dizia isso numa praia pública, com estranhos em derredor, e que, sendo assim, estava se exibindo. Conforme um dos meninos lhe disse: "Não passas de uma grande tonta. Dizes palavras feias para te mostrares diante das pessoas, e depois dizes que te orgulhas de Summerhill ser uma escola livre. Mas fazes exatamente o oposto, fazes com que as pessoas tenham má impressão da escola".

Expliquei-lhe que ela estava tentanto prejudicar a escola porque a detestava.

—Mas eu não detesto Summerhill—disse ela.— É um lugar formidável.

—Sim—falei eu—como disseste, é um lugar formidável, mas não estás nêle. Estás ainda vivendo em teu convento, e trouxeste contigo todo o ódio que tinhas ao convento e às freiras. Ainda identificas Summerhill com o detestado convento. Não é realmente Summerhill que estás tentando prejudicar, é o convento.

Mas ela continuou gritando sua expressão predileta até que Summerhill se tornou para ela um lugar verdadeiro e não um símbolo. Depois disso, cessou de blasfemar.

As blasfêmias são de três espécies: sexual, religiosa, excremental. Em Summerhill o tipo de blasfêmia religiosa não é problema, porque não se ensina religião às crianças. A maior parte delas, como a maior parte dos adultos, blasfemam. O exér cito é famoso por um aspecto que Kipling chamou "o adjetivo". Na maioria das universidades e dos clubes os estudantes usam um jargão sexual e excremental. Meninos de escola blasfemam secretamente, e contam histórias sujas. A diferença entre Summerhill e uma escola preliminar é que numa as crianças dizem abertamente suas xingações, e na outra blasfemam secretamente.

São sempre os alunos novos que fazem da xingação um problema para Summerhill. Não que os mais antigos tenham línguas santas, mas êsses blasfemam nos momentos exatos, por assim dizer. Usam contrôle consciente, e têm o cuidado de não ofender os de fora.

Nossos alunos menores têm interêsse na velha palavra inglêsa para fezes. Usam-na muitíssimo, isto é, os que vêm de lares polidos a usam. Quero falar em lares em que se diz "o n.º 2" ou "fazer cocô". As crianças gostam das palavras anglo-saxônicas. Mais de uma criança já me têm perguntado por que não se deve dizer *merda* em público, mas é direito dizer *fezes* ou *excrementos*. Eis uma coisa a que não sei responder.

As crianças de jardim-da-infância, quando livres, têm um vocabulário amplamente excremental. Os pequeninos de quatro e sete anos, em Summerhill, alegram-se gritando *merda* ou *mijo*. Compreendo que a maioria se compõe de bebês que foram rigidamente treinados em matéria de higiene, e agora tendem a demonstrar complexos em relação às funções naturais. Uma ou duas dessas crianças, criadas com liberdade para se regularem por conta própria, sem disciplina de limpeza, sem serem submetidas a tabus e a palavras como *mau* e *sujo*, não se escondem da nudez adulta, nem se preocupam com as funções do corpo. Essas crianças assim criadas demonstram a mesma satisfação no uso das tais palavras saxônicas que seus amigos disciplinados exibem. Portanto, não parece ser verdade que a liberdade de blasfemar tire, automàticamente, a atração das palavras obscenas. Nossas crianças usam essas palavras livremente, e sem propósito algum, enquanto os meninos e meninas mais velhos blasfemam, mas usando as palavras como um adulto as usaria, isto é, no momento apropriado.

As palavras referentes a sexo são mais usadas, comumente, do que as palavras excrementais. Nossas crianças não acham que assuntos referentes à higiene sejam engraçados. Sua falta de repressão contra excrementos torna a referência a êles antes insípida e natural. Com o sexo é diferente. Sexo é uma parte tão importante da vida que o seu vocabulário invade a existência inteira. Em sua forma mencionável nós o vemos pràticamente em tôdas as canções e danças: *Minha pequena ardente, Quando te encontrar sòzinha¡ esta noite.*

As crianças aceitam as blasfêmias ,com linguagem natural. Os adultos condenam-na porque sua própria obscenidade é maior do que a das crianças. Sòmente uma pessoa obscena condena a obscenidade. Imagino que se os pais educassem uma criança na idéia de que o nariz era sujo e mau a criança murmuraria a palavra pelos cantos escuros.

Os pais devem perguntar a si mesmos o seguinte:

—Devo permitir que meus filhos blasfemem abertamente, ou devo permitir que sejam obscenos em cantos escuros e sujos?

Não há meio caminho. Os murmúrios acabam levando as crianças, quando na idade adulta, às cansativas histórias dos caixeiros-viajantes. O caminho aberto leva a um interêsse claro e limpo em tôda a vida. Posso dizer, ao acaso, que nossos antigos alunos têm as mentalidades mais limpas da Inglaterra.

Ainda assim, os parentes e vizinhos antivida e desaprovadores, que condenam as blasfêmias ditas pelas crianças, têm de ser enfrentados um dia ou outro. No caso de Zoe vimos que ela aceita uma explicação racional do comportamento dos de fora. Alguma criança ensinou-lhe a palavra que a lei não nos permite imprimir. Quando estávamos entrevistando um pai de aluno em perspectiva—um negociante convencional—ela se ocupava tentando, sem o conseguir, encaixar as peças de um brinquedo qualquer, e a cada fracasso, exclamava: "Oh! F...! Mais tarde, dissemos-lhe (muito erradamente, penso eu agora) que algumas pessoas não gostavam daquela palavra, e que ela não deveria usá-la quando houvesse visitantes presentes. A pequena respondeu: "Está bem!"

Uma semana depois, estava ela tentando o mesmo difícil trabalho. Levantou os olhos e perguntou a uma professôra:

—Você é visita?

—Está claro que não!—respondeu a senhora.

Zoe deu um suspiro de alívio e exclamou: "F. .!"

Tenho visto muitas crianças, que em casa tinham libȩrdade para dizer o que quisessem, serem repelidas de outros lares. *Não podemos de forma alguma deixar que Tommy venha à festa porque não queremos que corrompa nossos filhos com sua horrível linguagem!"* Para o que foi pôsto fora da lei isso é um castigo penoso. Assim, é preciso atender aos tabus do mundo exterior e guiar a criança de acôrdo com êles. Mas a orientação deve ser feita sem censuras punitivas.

243

CENSURA

Quando devemos censurar a leitura de uma criança? Em meu escritório há estantes com muitos livros sôbre psicologia e sexo. Qualquer criança tem liberdade para pedi-los emprestados a qualquer momento. Ainda assim duvido de que mais de uma ou duas tenha mostrado jamais qualquer interêsse por êles. Jamais um menino ou uma menina pediu *O Amante de Lady Chatterley*, ou *Ulisses*, ou *Krafft-Ebing*, e só um ou dois dos mais velhos requisitaram a *Enciclopédia de Conhecimento Sexual*.

Certa vez, entretanto, uma aluna nova, menina de catorze anos, apanhou *O Diário de uma Jovem* de uma das minhas estantes. Vi que estava lendo o livro, com risinhos sufocados. Seis meses depois tornou a lê-lo, e disse-me que o achava insípido. O que fôra leitura picante para a sua ignorância tornara-se coisa comum para o seu conhecimento. Essa menina viera para Summerhill com uma ignorância suja que vivia murmurando pelos cantos. Naturalmente, eu a esclareci sôbre assuntos de sexo. A proibição sempre leva as crianças a lerem livros às escondidas.

Em nossos jovens dias tínhamos nossa leitura censurada, de forma que nossa grande ambição era conseguir *Tess dos D'Urbervilles* ou *Rabelais* ou as traduções francesas de capa amarela. Em outras palavras, a censura era usada como critério de seleção dos livros mais interessantes.

A censura é fraca porquanto não protege ninguém. Vejam o livro de James Joyce, *Ulisses*, outrora proibido na Inglaterra e nos Estados Unidos, mas que se podia comprar em Paris ou Viena. Contém palavras que são habitualmente consideradas como obscenas. Um leitor ingênuo não entenderia tais palavras, um leitor sofisticado, já as conhecendo, não poderia ser corrompido por elas. Lembro-me de um diretor de escola que me criticou porque introduzi *O Prisioneiro de Zenda* na biblioteca da escola. Surpreendido, perguntei-lhe por quê. A resposta foi que os primeiros capítulos do livro falavam em ilegitimidade. Eu tinha lido o livro duas vêzes e não percebera isso.

A mente das crianças parece ser mais limpa do que a dos adultos. Um menino pode ler *Tom Jones* e deixar de ver as passagens obscenas. Se libertamos uma criança da ignorância em relação ao sexo, destruiremos o perigo de qualquer livro. Sou fortemente contra a censura de livros, seja para que idade fôr.

É quando deixamos que o sexo passe a ser mêdo que a censura de livros se torna um problema dos difíceis. Um livro terrível como o *Drácula*, de Bram Stoker, pode ter um triste efeito numa criança neurótica, e eu não deixaria deliberadamente tal livro ao alcance de qualquer criança. Ainda assim, como o meu trabalho é tentar analisar as raíses dos mêdos, não proibirei uma criança de lê-lo. Atacaria os sintomas surgidos com a leitura do livro, em vez de proibi-lo.

Como criança, recordo-me de ter ficado apavorado com a história bíblica das crianças que foram comidas por ursos; entretanto ninguém advoga a censura da Bíblia. Muitas crianças lêem a Bíblia procurando as passagens obscenas. No meu tempo de criança eu as conhecia tôdas, capítulo e versículo. Hoje compreendo que meu mêdo de ursos foi o resultado de minha consciência a acusar-me em relação a outras páginas da Bíblia.

Somos inclinados a exagerar os efeitos das histórias sanguinárias sôbre as crianças. A maioria delas gosta de histórias sádicas. Na noite de domingo, quando conto aos meus alunos aventuras nas quais êles são salvos no último momento do caldeirão dos canibais, êles saltam de alegria.

A história sobrenatural é a que tem maiores probabilidades de aterrorizar. A maioria das crianças receia os fantasmas, especialmente as que vêm de lares religiosos. Aqui, como no assunto de sexo, o método melhor é antes abolir o mêdo do que censurar o livro. Concedo que é difícil conjurar fantasmas da alma, mas o professor e o médico devem tentar conjurá-los. O dever dos pais é impedir que os fantasmas entrem na alma da criança.

Os pais não devem ler para os filhos histórias de gigantes cruéis e de bruxas perversas. Alguns hesitam em ler histórias como *A Gata Borralheira* dizendo que esta história é de moral errada: "Seja uma tôla, sem capacidade de passar além do borralho e uma fada madrinha lhe dará um príncipe por marido". Mas que efeitos danosos pode ter *A Gata Borralheira* numa criança sadia?

A porcentagem de histórias de crimes que se enncontra em qualquer agência de estação é alta. Quando um menino de dezesseis anos dispara contra um polícia, um milhão ou dois de leitores não vêem que aquêle menino está vivendo a espécie de fantasia que êles lêem e gostam de ler. O entusiasmo denota nossa incapacidade para representar, para fantasiar, para criar: fundamentalmente, toca nosso ódio reprimido e nosso desejo de defender e matar.

Ir a cinemas e ler livros são atividades que estão em categorias diferentes. O que está escrito não é tão terrível como o que é visto ou ouvido. Alguns filmes enchem as crianças de terror, e nunca se está seguro de quando algo assustador pode surgir numa tela. Há muita brutalidade no cinema. Os homens socam-se no queixo, mùtuamente, e às vêzes batem até em mulheres. Os documentários exibem lutas de boxe e lutas-livres. Para completar o quadro sádico, há filmes que tratam de touradas. Vi crianças pequenas assustadas, com mêdo do crocodilo ou dos piratas, em *Peter Pan. Bambi* é uma história encantadora, tão humana e amável que não posso compreender como há alguém que dispare contra uma onça por simples esporte, depois de ter visto aquêle filme. As crianças amam-no, embora algumas delas gritem de mêdo quando os cães do caçador atacam Bambi. Assim sendo, os pais têm justificativa quando evitam certos filmes para seus filhos pequenos.

É uma questão a estudar se os filmes de sexo fazem mal à maioria das crianças. Certamente, tais filmes não prejudicam crianças livres. Meus alunos viram o filme francês *La Ronde* sem muita emoção ou maus efeitos. Isso é porque as crianças vêem o que querem ver.

A história de um filme sem sexo não dá vantagens à bilheteria. Os filmes de sexo levam parte muito maior da renda nacional do que livros ou música. Vendem-se melhor os cosméticos do que as entradas para concertos. Mas devemos nos lembrar de que, sob a forma mencionável de sexo, há sempre a não-mencionável. Atrás da carruagem nupcial, do sapato velho e do arroz, há as coisas não-mencionáveis que êles simbolizam.

A popularidade dos filmes é devida ao aspecto escapista em todos nós, e por isso é que os produtores sempre nos dão cenários magnificentes e costumes suntuosos. Entre aquêle luxo, os caracteres vis são castigados e os bons vivem felizes para sempre.

Recentemente, vimos um filme que tratava de um homem que vendera a alma ao diabo. As crianças concordaram, unânimemente, em que o diabo se parecia muito comigo. Eu sempre me torno o diabo para os meninos que aprenderam ser o pecado do sexo um pecado contra o Espírito Santo. Quando eu lhes digo que não há nada de pecaminoso no corpo êles me olham como para um demônio tentador. Para as crianças neuróticas eu sou, ao mesmo tempo, Deus e o demônio. Um pequenino certa vez apanhou um martelo para matar o diabo. Ajudar neuróticos pode ser um tipo de vida perigoso.

Censurar a companhia que uma criança tem é muito difícil na maioria dos casos. Penso que isso só devia ser feito quando a vizinhança é cruel ou brutal. Felizmente, a maior parte das crianças é naturalmente seletiva, e, mais cedo ou mais tarde, acha a companhia conveniente.

CINCO

PROBLEMAS DAS CRIANÇAS

CRUELDADE E SADISMO

A crueldade é o amor pervertido, e por isso o sadismo extremado é, sempre, sexualidade pervertida. A pessoa cruel não pode dar, porque dar é um ato de amor.

Não há o instinto da crueldade. Os animais não são cruéis. Um gato não brinca com o camundongo por ser êsse um ato cruel. Trata-se apenas de um brinquedo, e não há consciência, ali, de qualquer crueldade.

Nos sêres humanos a crueldade é devida a motivos que, em sua maior parte, são inconscientes. Em minha longa experiência com crianças, em Summerhill, raramente tive uma delas que desejasse torturar animais. Houve uma exceção, há alguns anos. John, de treze anos, recebeu como presente de aniversário um cãozinho. "Êle adora animais", escrevera sua mãe. O garôto começou a andar de lá para cá em companhia do cãozinho, ao qual deu o nome de Spot, mas depressa ficou evidente que maltratava o animal. Concluí que êle estava identificando Spot com seu irmão mais nôvo, Jim, o predileto de sua mãe.

Um dia eu o vi batendo em Spot. Aproximei-me do cãozinho e, fazendo-lhe uma carícia, disse-lhe: "Olá, Jim!" Ao que parece, com isso tornei John consciente de que tinha estado dando expansão à sua hostilidade contra o irmão rival, ao maltratar o pobre cão. Dali por diante deixou de ser cruel com Spot, mas eu apenas havia tocado em seus sintomas. Não o curei de seu sadismo.

Crianças livres e felizes não têm probabilidades de ser cruéis. A crueldade de muitas crianças nasce da crueldade que adultos exerceram contra elas. Não podemos ser batidos sem desejar bater em outra pessoa. Como o professor, escolhemos alguém que seja fisicamente mais fraco do que nós. Os meninos das escolas estritas são mais cruéis do que as crianças de Summerhill.

A crueldade raciocina, invariàvelmente: *Isso dói mais a mim do que a você*. Pouco sádicos, talvez nenhum mesmo, diz, francamente:

—Bato porque tenho satisfação em bater.

Contudo, essa é a verdadeira explicação. Explicam seu sadismo em têrmos morais, dizendo:

—Não quero que meu filho seja um fracalhão. Quero que se adapte a um mundo que lhe irá dar muitos golpes maus. Espanco meu filho porque fui espancado quando menino e isso me fêz muitíssimo bem.

Pais que espancam os filhos estão sempre prontos a dar jeitosas explicações. Jamais encontrei pais que dissessem, honestamente:

—Bati em meu filho porque o detesto, detesto-me, detesto minha mulher, meu trabalho, meus parentes, e, na verdade, detesto a própria vida. Bati em meu filho porque êle é pequeno e não me pode devolver as pancadas. Bati-lhe porque tenho mêdo de meu patrão. Quando meu patrão se volta contra mim eu me vingo em casa, voltando-me contra meu filho.

Se os pais fôssem tão honestos que dissessem tudo isso, não sentiriam a necessidade de serem cruéis para com seus filhos. A crueldade nasce da ignorância e do auto-ódio. A crueldade protege o sádico, impedindo-o de compreender que sua própria natureza é pervertida.

Na Alemanha de Hitler, a tortura era infligida por pervertidos sexuais do tipo de Julius Streicher: seu jornal *Der Sturmer* estava repleto de sexo vil e pervertido, muito antes que fôssem erguidos os campos de concentração. Ainda assim muitos pais que censuram a perversidade sexual da prisão sadista, não usam o mesmo raciocínio quando se trata de seu sadismo em ponto menor. Bater numa criança, seja em casa, seja na escola, é, bàsicamente, a mesma coisa que torturar um judeu em Belsen. Se o sadismo em Belsen era sexual, é provável que seja sexual na escola ou na família.

Posso ouvir uma mãe protestar:

—Tolice! Quer dizer que quando bati hoje na mão de Jimmy porque êle mexeu no vaso que ganhei da madrinha, eu estava demonstrando perversão sexual?

Minha resposta é:

—Sim, em pequena extensão. Se a senhora se sentisse feliz no casamento e tivesse uma vida sexual completa e satisfatória, não espancaria Jimmy. Espancar vem a ser, literalmente, um ódio à carne, e a carne significa o corpo com tôdas as suas exigências e desejos. Se a senhora amasse sua própria carne, não quereria magoar a carne de Jimmy.

Os pais podem bater nos filhos tanto quanto quiserem, desde que não deixem marcas que possam ser mostradas no tribunal. Nosso código criminal é um longo registro de crueldade disfarçada em justiça.

É mais difícil tratar-se com a crueldade mental do que com a crueldade física. Uma lei municipal pode abolir o castigo corporal nas escolas, mas não há lei que possa alcançar a pessoa que pratica a crueldade mental. Língua de pais, cínica ou odiosa, pode produzir danos inenarráveis a uma criança. Todos conhecemos pais que escarnecem de seus filhos. *Mão mole, tudo o que pega deixa cair!* Tais homens exibem também sua hostilidade contra suas espôsas, através de constante crítica. E há espôsas que governam os maridos e os filhos através de intimidação e de um fluxo de injúrias.

Uma forma especializada de crueldade mental é demonstrada por um pai quando êle volta sua hostilidade pela espôsa contra o filho.

Há professôres que às vêzes demonstram crueldade fazendo-se arrogantes e sarcásticos. Tais professôres esperam ouvir gargalhadas de seus alunos, quando assim torturam uma pobre criança intimidada.

As crianças jamais são cruéis, a não ser que tenham sido forçadas a reprimir alguma forte emoção. Crianças livres pouca ou nenhuma hostilidade têm a expressar. Não odeiam outros e não são cruéis.

Todos os garotos que gostam de intimidar os demais tiveram sua vida deformada de alguma maneira. Com freqüência êles estarão fazendo a outros o que foi literalmente feito a êles próprios. Cada espancamento torna uma criança sádica, no desejo ou na prática.

As crianças criadas sob repressão são cruéis em seus gracejos. Dificilmente vi pregar-se uma peça a alguém, em Summerhill. E quando isso acontece foi sempre por parte de alunos recém-chegados de escolas particulares. Às vêzes, no início de um período escolar, quando as crianças retornam da repressão maior de seus lares, há uma exibição de brincadeiras para atormentar—como esconder bicicletas e outras assim—mas isso não dura mais de uma semana. No todo, a disposição em Summerhill é de bondade. E a razão disso está no fato de as crianças gozarem da aprovação e do amor dos professôres, pois as crianças são boas quando a necessidade de odiar e temer é afastada,

CRIMINALIDADE

Muitos psicólogos acreditam que a criança não nasce boa nem má, mas com tendências tanto benéficas como criminosas. Acredito que não há qualquer tendência natural para a malevolência, na criança. A criminalidade nela aparece como forma pervertida de amor. É uma expressão radical de crueldade. Brota, igualmente, da carência de amor.

Um dia, um dos meus alunos, menino de nove anos, estava brincando, e alegremente cantarolando para si próprio: "Eu quero matar minha mãe". Era um comportamento inconsciente, pois o que êle estava fazendo era um barco, e todo o seu interêsse consciente dirigia-se para aquela atividade. O fato é que sua mãe vive sua própria vida, e raramente o vê. Não o ama, e êle, inconscientemente, sabe disso.

Mas êsse menino—uma das crianças mais adoráveis—não iniciou sua vida com pensamentos criminosos. Trata-se, simplesmente, da velha história: *se não posso obter amor, posso obter ódio*. Todos os casos de criminalidade na criança podem ser pesquisados, levando, sem dúvida, à carência de amor.

Outro aluno, também de nove anos, tinha a fobia do veneno: temia que sua mãe o envenenasse. Quando ela se levantava da mesa, o menino vigiava cada um de seus movimentos, e dizia, com freqüência:

—Eu sei o que está procurando: é o veneno para pôr na minha comida.

Suspeitei que se tratasse de um caso de projeção. Sua mãe parecia mostrar mais amor pelo irmão dêle, e, provàvelmente, aquêle filho neurótico tinha fantasias nas quais envenenava o irmão e a mãe. Seus receios eram, provàvelmente, receios de retribuição—*eu quero envenená-la, e talvez ela me envenene para se vingar.*

254

O crime é, òbviamente, uma expressão de ódio. O estudo da criminalidade na criança resolve-se no estudo das razões que levam uma criança a odiar. E isso é uma questão do eu insultado.

Não podemos afastar o fato de ser a criança, antes de mais nada, egoísta. Nada mais importa. Quando o eu está satisfeito, temos o que chamamos bondade, e quando o eu sofre carência, temos o que chamamos criminalidade. O criminoso vinga-se na sociedade, porque a sociedade deixou de apreciar seu eu, demonstrando amor por êle.

Se os sêres humanos nasceram com o instinto da criminalidade, haveria tantos criminosos saídos dos bons lares da classe média quantos são os que saem das favelas. Mas as pessoas abastadas têm mais oportunidade de dar expressão ao seu eu. Os prazeres que o dinheiro compra, o ambiente refinado, a cultura, o orgulho do nascimento—tudo isso afaga o eu. Entre os pobres, o ego sofre carência. Apenas alguns dos rapazes pobres conseguem obter relêvo. Ser um criminoso, um quadrilheiro, mesmo um brutal, são formas de obter relêvo.

Há muitas pessoas que acreditam ver nos maus filmes uma fábrica de criminosos. Parece-me que êsse ponto de vista é muito curto. Duvido bastante que um filme possa corromper alguém. Sem dúvida, um filme pode sugerir um método a um jovem, mas o motivo já vivia nêle, antes que o filme aparecesse. O filme pode fazer o crime mais artístico, mas não pode, de forma alguma, sugerir o crime a alguém que já não tenha pensado nêle.

O crime é, antes de mais nada, um caso de família, e, depois, um caso da comunidade. A maioria entre nós, se quiser ser honesta, terá de admitir que matou a família, em suas fantasias. Tive uma aluna que deu a todos os seus morte horrível, especialmente à sua mãe.

A autoridade e o ciúme estão por trás de muitos desejos homicidas. Criança alguma pode suportar a autoridade. E desde que muitas crianças são contrariadas em seus desejos desde os quatro até os dezesseis anos, o que me admira é que não haja mais assassinos neste mundo.

Numa criança, o desejo de poder é o desejo de receber admiração e atenção. A criança luta para forçar essa admiração e essa atenção. Assim, encontramos pensamentos criminosos em crianças introvertidas—crianças tímidas, que não têm dons sociais. A menina feia tecerá fantasias horríveis de morte

255

súbita, enquanto sua irmã bonita está dançando um solo para os convidados.

O extrovertido não tem tempo para odiar: ri, dança, fala e a apreciação de seu auditório satisfaz seu desejo de ser admirado. O introvertido senta-se a um canto e sonha com o que gostaria que as coisas fôssem. O menino mais introvertido da minha escola não toma parte nas noitadas sociais. Não dança, não canta jamais, não toma parte nos jogos e brinquedos que fazem as crianças rolarem no chão. Em suas lições comigo fala-me de um mágico maravilhoso que é seu servidor. Basta que diga uma palavra, e o mágico lhe dará um Rolls Royce. Contei-lhe, certo dia, uma história na qual tôdas as crianças de Summerhill sofriam um naufrágio e iam a uma ilha. Não pareceu gostar da história e eu lhe pedi que a emendasse.

—Faça-a de maneira que seja eu o único salvo—disse êle.

Somos todos familiarizados com êsse mecanismo, o mecanismo de subir através da queda do outro sujeito, por nós provocada. É a psicologia do mexeriqueiro: "Senhor, Tommy estava blasfemando." Isso significa: *"Eu não blasfemo, eu sou um bom menino."*

A diferença entre a pessoa que mata um rival em imaginação e o criminoso que mata o rival na realidade é apenas de grau. Enquanto formos todos mais ou menos carentes de amor, todos seremos criminosos em potencial. Eu costumava lisonjear-me com a idéia de que curava as crianças de suas fantasias criminosas através de meus métodos psicológicos, mas agora acredito que o crédito deveria ir para o amor. Dizer que eu amo um aluno nôvo seria tolice. Ainda assim a criança sente que eu a amo, porque respeito seu eu.

Permitir à criança o uso da liberdade para ser o que é, eis a verdadeira cura para a criminalidade. Aprendi isso há anos quando fui ver a *Pequena Commonwealth* de Homer Lane. Êle dava às crianças delinqüentes a liberdade de serem o que eram, e elas se faziam boas. Nas favelas, a única forma de satisfazer os egos que têm os delinqüentes, é chamar a atenção pelo seu comportamento anti-social. Lane disse-me que viu alguns meninos criminosos, no dia do julgamento, olharem com orgulho em derredor, para o tribunal. Numa comunidade rural, com Lane, êsses meninos encontraram valôres novos, valôres sociais—isto é, *bons valôres*. Para mim, a demonstração daquela fazenda Dorset foi prova convincente de que não há desejo original tendente à criminalidade.

Penso num menino recentemente chegado, que fugiu. Lane perseguiu-o e agarrou-o. O menino, habituado aos sôcos. levantou um braço protetor. Lane sorriu e deslizou algum dinheiro para a mão dêle.

—Para que é isso?—gaguejou o pequeno.

—Tome o trem de volta para a casa, rapaz—disse Lane.

—Não vá a pé.

Nessa noite, o menino voltava para a *Commonwealth*.

Penso nessa forma de agir e penso nos métodos severos da maioria de nossos reformatórios. É a lei que faz o crime. A lei no lar, ganhando voz nas ordens proibitivas do pai, que domina o eu da criança. E, dominando o eu, torna a criança má. A lei do Estado apenas revive as lembranças inconscientes das restrições do lar.

Repressão desperta o desafio, e o desafio procurou vingança, naturalmente. Criminalidade é vingança. Para abolir o crime, devemos abolir as coisas que levam a criança a desejar vinganças. Devemos mostrar amor e respeito pela criança.

ROUBO

Duas espécies de roubo deviam ser distinguidas: o roubo feito pela criança normal e o roubo feito pela criança neurótica. Uma criança normal, natural, roubará. Simplesmente deseja satisfazer sua urgência aquisitiva, ou, com seus amigos, deseja aventuras. Ainda não fêz distinção entre o *meu* e o *teu*. Muitas crianças de Summerhill dão-se a essa espécie de roubo até uma certa idade. Têm liberdade para viver êsse estágio.

Falando a vários professôres sôbre seus pomares, disseram-me êles que seus alunos lhes levam a maior parte das frutas. Pois bem: temos um grande pomar em Summerhill, cheio de árvores e arbustos frutíferos, mas nossas crianças raramente roubam as frutas. Há algum tempo atrás dois meninos foram acusados, numa Assembléia Geral da Escola, de roubar frutas. Eram alunos novos. Quando suas consciências foram abolidas, não mais se interessaram pelo roubo do pomar.

Roubo nas escolas é, em sua maior parte, assunto comunal. O roubo comunal sugere que a aventura faz parte importante dêle, e não só a aventura como a exibição, a iniciativa, a liderança.

Apenas ocasionalmente vê-se um ladrão solitário—sempre um menino tímido, de uma inocência angélica estampada no rosto, que consegue muito porque em Summerhill não há rato de grupo que o traia. Não, nunca se pode conhecer um jovem ladrão pelo seu rosto. Tenho, mesmo, um menino cujo sorriso inocente e cujos olhos azuis, claros e livres de qualquer expressão culposa, fazem-me suspeitar de que êle não ignora inteiramente o fim que levou certa lata de fruta em compota que desapareceu da despensa da escola, na noite passada.

Entretanto, tenho visto muitas crianças, que roubaram até os treze anos, tornarem-se cidadãos honestos. Ao que parece, essas crianças levam muito mais tempo a crescer do que nos habituamos a pensar. Por crescimento eu quero me referir a tornar-se um ser sociável.

258

A criança é, antes de mais nada, um egoísta—geralmente até o início da puberdade, e até então, não conhece a arte de identificar-se com os outros, na generalidade. O conceito de *meu* e *teu* é adulto: os jovens desenvolverão tal senso quando se tornarem amadurecidos.

Se as crianças são amadas e livres, *no devido tempo* se tornarão boas e honestas. Isso parece um ditado ingênuo, mas conheço muitos dos troncos cortados que, na prática, brotaram.

Não posso deixar aberta a geladeira nem a caixa do dinheiro. em Summerhill. Nas nossas Assembléias da Escola, as crianças acusam outras de terem aberto à força as suas malas. Mesmo um só ladrão pode trazer uma comunidade preocupada com cadeados e chaves, e há poucas comunidades de jovens que sejam completamente honestas. Há cinqüenta anos eu não ousava deixar um livro no bôlso do meu sobretudo, na sala dos estudantes da universidade, e ouvi dizer que alguns membros do Parlamento hesitam em deixar valôres em casacos e pastas.

A honestidade parece ser característica adquirida, que surgiu tarde no desenvolvimento do homem, com o advento da propriedade particular. Não é a honestidade abstrata que me impede de trapacear no meu impôsto sôbre a renda, é o mêdo de que a trapaça não valha a pena, de que a vergonha conseqüente à descoberta arruíne minha reputação, meu trabalho e meu lar.

Quando há leis contra tudo, devemos aceitar a idéia de que elas foram feitas porque a tendência é para transgredi-las. Num país de proibições totais, não deveria haver lei contra os que dirigem um carro sob a influência do álcool. As muitas leis, em todos os países, contra o roubo, o assalto, a fraude, e por aí além, são baseadas na crença de que as pessoas roubariam, se pudessem. E isso é verdade.

Afinal, a maior parte dos adultos é mais ou menos desonesta. Há poucas pessoas que não contrabandeiam algo na Alfândega, e ainda menos que não trapaceiam na apresentação de seu impôsto de renda. E mesmo assim todos ficam genuìnamente aflitos se um filho rouba um *penny*.

Por outro lado, em seu trato mútuo, a maioria das pessoas é bastante honesta. Seria fácil deslizar uma das colheres de prata de nossa anfitrioa para o nosso bôlso, se pensássemos em fazer tal coisa. Não pensamos, mas podemos pensar no uso de um bilhete de volta que o chefe do trem se esqueceu de picotar e recolher. Os adultos fazem distinção entre o indivíduo e a

259

organização, seja uma organização estatal ou particular. Está certo trapacear com a companhia de seguros, mas é censurável trapacear com o merceeiro, As crianças não fazem tal distinção. Elas furtarão, indiscriminadamente, coisas dos companheiros de quarto, dos professôres, das lojas. Nem tôdas as crianças agirão dessa maneira, mas muitas concordarão em compartilhar do produto do roubo. Isso significa que encontramos crianças da classe média, livres e felizes, com a mesma espécie de desonestidade que aparece entre as crianças mais pobres.

Descobri que muitas crianças roubam quando a oportunidade se oferece. Quando menino eu não roubei porque fui amplamente condicionado. Roubo significaria uma boa sova quando descoberto, e o fogo do inferno pela eternidade. Mas as crianças que não forem tão completamente intimidadas como eu fui, roubarão, naturalmente. Insisto, contudo, em que se uma criança é criada com amor, passará pelo estágio do roubo, e chegará a ser, na idade adulta, uma pessoa honesta.

A segunda espécie de roubo—o roubo habitual, compulsivo—é uma prova de neurose na criança. O roubo cometido por uma criança neurótica é geralmente sinal de falta de amor. O motivo é inconsciente. Em quase todos os casos de roubo juvenil confirmado, a criança sente que não é querida. Seu roubo é uma tentativa para obter algo de grande valor. Seja o roubo dirigido a dinheiro, jóias, ou a qualquer outra coisa, o desejo inconsciente é roubar amor. Essa espécie de roubo pode ser tratada apenas dando amor à criança. Daí estar eu, quando dou dinheiro a uma criança que está roubando meu fumo, dirigindo-me ao seu sentimento inconsciente e não ao seu pensamento consciente. Ela pode pensar que eu sou um idiota, mas o que pensa não importa muito: o que importa é o que ela sente. E sente que eu sou seu amigo, que a aprovo, que sou alguém que lhe dá amor em vez de ódio. Mais cedo ou mais tarde o roubo cessa, porque o amor, simbòlicamente roubado sob a forma de dinheiro ou objetos, é agora dado livremente, portanto não tem necessidade de ser roubado.

Nesse particular menciono o caso de um menino que estava sempre usando as bicicletas dos outros meninos. Levado diante da Assembléia Geral da Escola, acusaram-no de "estar constantemente rompendo o regulamento quanto à propriedade particular, pelo uso das bicicletas dos outros garotos". O veredito foi: "Culpado!" O castigo foi: "Pede-se à comunidade que faça uma subscrição para comprar-lhe uma bicicleta". A Comunidade fêz a subscrição.

Entretanto, devo fazer a qualificação das recompensas a dar a um ladrão. Se êle é retardado mental, ou, pior ainda, se é emocionalmente atrasado, a recompensa não terá o efeito desejado. Se êle tem grande presunção, não se beneficiará com a dádiva simbólica. Em meu trabalho com crianças-problemas verifiquei que quase todos os jovens ladrões reagiram bem quanto às minhas recompensas por roubo. Os únicos fracassos foram pouquíssimos, e relativos àqueles que poderíamos chamar criminosos conscientes, que não se alcança através da terapia ou da disfarçada terapia das recompensas.

A situação torna-se complicada, entretanto, quando o roubo denota tanto carência de amor paternal como proibições excessivas em relação ao sexo. Nessa categoria entra a cleptomania, o incontrolável estender de mão para algo proibido—a masturbação. Essa espécie de roubo tem prognóstico melhor quando os pais compreendem seu êrro e começam tudo outra vez, dizendo francamente ao filho que estavam errados em suas repressões. Um professor, desajudado pelos pais da criança, só raramente poderá curar a cleptomania. A melhor pessoa para remover uma proibição é aquela que a instalou originàriamente.

Tive certa vez um rapaz de dezesseis anos mandado para a minha escola por ser refinado ladrão. Quando chegou à estação, deu-me o bilhete de meia passagem que o pai comprara para êle em Londres, um bilhete baseado na declaração diminuída da idade do rapaz. Eu gostaria de convencer os pais de criança habitualmente desonesta que êles devem examinar-se primeiro, tentando descobrir qual foi o seu tratamento que fêz o filho desonesto.

Os pais estão batendo em porta errada quando reclamam contra os amigos maus, os filmes de quadrilheiros, a falta de contrôle paterno porque o papai estava no exército, e por aí além, buscando explicação para a desonestidade habitual de seu filho. Por si mesmos, tais fatôres teriam pequeno ou nenhum efeito sôbre a criança criada naturalmente em relação ao sexo, e que recebesse amor e aprovação.

Não sei quanto podem os jovens ladrões ser beneficiados pelas visitas diárias ou semanais a uma clínica social de crianças. Só sei que os métodos nessas clínicas não são rudes ou infernais, e que os assistentes-sociais tentam àrduamente compreender a criança e tratá-la sem julgamento moral e sem repreensões quanto ao seu caráter. O psicólogo infantil e o funcionário do período probatório são prejudicados em seus esforços pelo lar no qual a criança psìquicamente doente vive. Imagino que resultados felizes só aparecem quando o psicólogo ou o funcionário do período probatório persuadem os pais a modificarem o tratamento que dão à criança. Porque jovens ladrões são a acne da juventude, os sinais externos de um corpo doente, o corpo doente da nossa sociedade. Quantidade alguma de terapêutica pessoal poderá abolir o dano causado por um mau lar, por uma favela, por uma família na miséria.

É mais do que verdade que entre os cinco e os quinze anos a maioria das crianças está recebendo uma educação dirigida apenas à cabeça. Bem pequena é a preocupação existente no que se refere à sua vida emocional. E é o distúrbio emocional numa criança neurótica que a leva, compulsivamente, a roubar. Todos os conhecimentos ou falta de conhecimentos de matérias escolares não têm parte na sua tendência para a apropriação indébita.

O fato, muito simples, é que uma pessoa feliz não rouba compulsiva e continuadamente. As perguntas que se devem fazer quanto ao ladrão habitual são: Qual era o seu ambiente? Seu lar era feliz? Seus pais sempre lhe disseram a verdade? Sentia-se êle culpado com referência à masturbação? Sentia-se culpado com referência à religião? Por que se mostrou desrespeitoso para com os pais? Sentia que êles não o amavam?

Um curso de terapêutica não resolve, obrigatòriamente, o problema do jovem ladrão. É verdade que pode ajudá-lo muito, pode libertá-lo de alguns de seus receios e ódios, pode dar-lhe algum respeito próprio. Mas, enquanto os elementos do ódio original permaneçam em seu meio, é provável que a qualquer momento êle reinicie. A terapêutica de seus pais obteria maior sucesso, no fim.

Tive uma vez um meninão que, psìquicamente, tinha três ou quatro anos. Roubava nas lojas. Pensei em ir a uma loja com êle e roubar na sua presença (depois de ter explicado o caso ao dono da loja). Para aquêle menino eu era pai e Deus. Inclinava-me a pensar que a desaprovação do pai verdadeiro tinha muito a ver com os seus roubos. Minha idéia era que se êle visse seu nôvo Pai-Deus roubando, seria obrigado a revisar sua consciência acêrca de roubos. Esperava, sem a menor dúvida, que êle protestasse vigorosamente.

Para curar a criança neurótica de seu hábito de roubar, não vejo outro método a não ser o da aprovação. A neurose é o resultado de um conflito entre o que disseram a uma pessoa que não devia ter, e o que ela realmente deseja ter. Verifico, invariàvelmente, que o enfraquecimento dessa falsa consciência torna a criança mais feliz e melhor. Procure-se abolir a consciência de uma criança e ela estará curada do hábito de roubar.

262

DELINQÜÊNCIA

Nestes dias de assaltos selvagens com revólveres e boxes (armaduras metálicas nas quais se enfiam os dedos para o sôco), as autoridades andam sem saber o que fazer no caso da delinqüência juvenil e parecem dispostas a tentar tudo para contê-la. Os jornais falam de um nôvo método para tratar o problema. É o método duro: sentenciar os jovens, dirigindo-os a reformatórios onde terão um regime de exercícios severos, com castigos estritos para os faltosos. Um quadro mostra meninos exercitando-se com pesadas achas sôbre os ombros. Em tais lugares opressivos parece não haver privilégios.

Garanto que alguns meses dêsse inferno podem dissuadir certos delinqüentes em potencial. Mas tal tratamento jamais chega às causas, aos fundamentos. Muito pior, tal tratamento ensina o ódio à maioria dos adolescentes, e sua aspereza tende a criar criaturas em permanente ódio contra a sociedade.

Há mais de trinta anos, Homer Lane provou, pelo seu trabalho num reformatório rural chamado *Pequeno Commonwealth,* que os delinqüentes juvenis podem ser curados pelo amor—curados por estar a autoridade do lado da criança. Lane recebeu meninas e meninos endurecidos, enviados pelos tribunais de Londres—jovens violentos, anti-sociáveis, glorificando-se de sua fama de salteadores, ladrões e quadrilheiros. Êsses "incorrigíveis" chegaram à *Pequena Commonwealth* e ali encontraram uma comunidade autônoma e amorosa aprovação. Aos poucos, aquêles jovens tornaram-se cidadãos decentes, honestos, muitos dos quais eu tive entre os meus amigos.

Lane era um gênio, na compreensão e manejo das crianças delinqüentes. Curava-as porque lhes dava constantemente amor e compreensão. Procurava sempre o motivo oculto do ato de qualquer delinqüente, convencido de que atrás de cada crime havia um desejo que de início fôra bom. Verificou que falar com crianças era inútil, e que só a ação contava. Mantinha que para livrar uma criança de certa caracterização social má, seria necessário deixá-la expandir seus desejos. Certa vez, quando um de seus jovens pupilos, Jabez, expressou o colérico desejo de quebrar as xícaras e pires da mesa de chá, Lane entregou-lhe um atiçador de ferro e disse-lhe que fizesse o que desejava. Jabez fêz no dia seguinte: chegou-se a Lane e pediu trabalho de mais responsabilidade, e melhor pago, do que o que lhe coubera até então. Lane perguntou-lhe por que desejava êle êsse emprêgo melhor:

—Porque quero pagar as xícaras e os pires—declarou Jabez.

A explicação de Lane é que, quebrando as xícaras, Jabez atirou também por terra uma porção de inibições e conflitos. O fato de, pela primeira vez em sua vida, ter sido encorajado a rebentar algo para se livrar de sua cólera, e isso por parte de uma autoridade, teve sôbre êle benéfico efeito emocional.

Os delinqüentes da *Pequena Commonwealth* de Homer Lane vinham todos das piores favelas e bairros miseráveis, mas não sei de nenhum que tenha voltado ao reino dos quadrilheiros. Chamo ao método de Lane o método do amor. Chamo ao método do ódio *dar-o-inferno-ao-delinqüente*. E, sendo que o ódio jamais curou ninguém de coisa alguma, concluo que o método do inferno jamais ajudará qualquer jovem a se tornar sociável.

Sei, entretanto, e muito bem, que se eu fôsse hoje um magistrado e tivesse de tratar com um delinqüente obstinado e duro, ficaria perplexo, sem saber o que fazer com êle. Porque não há na Inglaterra, atualmente, um reformatório igual à *Pequena Commonwealth*, para onde eu pudesse mandá-lo. Digo isso envergonhado. Lane morreu em 1925, e nossas autoridades aqui da Inglaterra nada aprenderam com aquêle homem notável.

Contudo, em anos recentes, nosso excelente corpo de funcionário do período probatório mostrou desejo sincero de tentar compreender o delinqüente. Os psiquiatras, também, apesar da muita hostilidade da profissão legal, caminharam muito no ensinar ao público que a delinqüência não é perversidade, mas antes uma forma de doença que solicita simpatia e compreensão. A maré cresce em direção do amor em vez de dirigir-se para o ódio, em direção da compreensão, e não da indignação moral intolerante. É uma lenta maré, mas mesmo as marés lentas levam para longe um pouco da contaminação, e, com o tempo, elas hão de crescer em volume.

Não conheço prova alguma de que alguém se tenha tornado bom através da violência, ou da crueldade, ou do ódio. Em minha longa carreira, tive em mãos muitas crianças-problemas, várias delas delinqüentes. Pude ver quanto são infelizes e odientas, como são inferiores, como se mostram emocionalmente confusas. São arrogantes e desrespeitosas comigo por ser eu um professor, um substituto do pai, um inimigo. Vivem ao lado de suas suspeitas, de seu ódio em tensão. Mas aqui em Summerhill êsses delinqüentes em potencial têm autonomia dentro de uma comunidade autônoma, estão livres para aprender e estão livres para brincar. Quando roubam, podem até ser recompensados. Jamais ouvem pregações, jamais são amedrontados pela autoridade, nem da terra nem do céu.

Em poucos anos, êsses mesmos odientos sairão para o mundo como sêres sociáveis e felizes. Tanto quanto sei, nem um só delinqüente que passasse sete anos em Summerhill foi mandado para a prisão, ou sequer cometeu uma violência, ou jamais se tornou anti-sociável. Não fui eu quem os curou. É o ambiente que os cura—pois o ambiente de Summerhill fornece confiança, simpatia, ausência de censuras, ausência de julgamento.

As crianças de Summerhill não podem tornar-se criminosas ou agitadoras depois de deixarem a escola, porque têm permissão para viver sua fase de quadrilheiras sem mêdo de castigo e de sermões moralizantes. Têm permissão para esgotar uma das fases de seu crescimento e passar tranqüilamente para a fase seguinte.

Não sei, simplesmente não sei, como um criminoso adulto reagiria ao amor. Estou bastante convencido de que recompensar um quadrilheiro por roubar não o curaria, tal como estou bastante convencido de que uma sentença de prisão não o curará. O tratamento é dos mais esperançosos apenas para os muito jovens. Ainda assim, se dermos liberdade a uma criança, mesmo aos quinze anos, isso muitas vêzes faz de um delinqüente um bom cidadão.

Em Summerhill tivemos, certa vez, um menino de doze anos, que fôra expulso de muitas escolas por ser anti-sociável. Em nossa escola êsse mesmo menino tornou-se um rapazinho feliz, criador, sociável. A autoridade de um reformatório teria acabado com êle. Se a liberdade pode salvar a criança-problema que já foi longe, o que poderia fazer a liberdade pelos milhões das chamadas crianças "normais", pervertidas pela autoridade da família?

Tommy, de treze anos, foi um grande problema: roubava, e era destruidor. Durante um dos períodos de férias, não pôde

265

ir para a sua casa, assim nós o mantivemos na escola. Durante dois meses foi a única criança em Summerhill. Estêve perfeitamente sociável. Não precisava arrombar portas para obter comida ou dinheiro, mas no momento em que o grupo voltou, conduziu os garotos para uma incursão à despensa—o que apenas prova que uma criança como indivíduo e uma criança em grupo são duas pessoas diferentes.

Professôres de reformatórios dizem-me que os jovens anti-sociáveis são, com freqüência, de inteligência abaixo da normal. Eu acrescentaria que são subnormais nas emoções, também. Houve um tempo em que considerei a criança delinqüente como criança inteligente com energia criadora, que chegara a se fazer anti-sociável por não encontrar forma positiva de expressar sua energia. Façamo-la livre de inibições e disciplina, pensava eu, e o mais provável é que se revele talentosa, criadora, brilhante, mesmo. Eu estava errado, tristemente errado. Depois de anos de convivência e trato com tôda espécie de delinqüentes, verifiquei que êles eram, em sua maioria, inferiores. Só consigo recordar-me de um rapaz que obteve êxito mais tarde. Muitos curaram-se e deixaram de ser anti-sociáveis e desonestos, e foram trabalhar, depois, em tarefas regulares. Mas nenhum se elevou ao ponto de se fazer um estudioso, ou um bom artista, ou um engenheiro hábil, ou uma atriz talentosa. Quando o impulso anti-social foi abolido, aquelas crianças instáveis, em sua maioria, pareceram reduzir-se a um grupo apático, sem qualquer ambição.

Quando um jovem é forçado a permanecer num ambiente mau, com pais ignorantes, não tem qualquer possibilidade de esgotar sua disposição anti-social. A abolição da miséria e das favelas, combinada com o término da ignorância paterna, diminuirá, automàticamente, a população dos reformatórios.

A cura definitiva da delinqüência juvenil está na cura da sociedade e de sua delinqüência moral, de sua imoral indiferença concomitante. Temos de tomar um dos dois lados, e os dois lados estão diante dos nossos olhos. Ou tratamos a juventude delinqüente da odiosa maneira infernal, ou usamos o método do amor.

Permitam-me acalentar a ilusão, por alguns momentos, de que sou Secretário do Interior, com poderes infinitos no campo da educação. Deixem-me gizar um programa geral, um programa experimental, "plano de cinco anos", para as escolas.

Como Secretário eu acabaria com todos os reformatórios e trataria de substituí-los por colônias co-educacionais espalhadas

266

por todo o país. Imediatamente instalaria centros de treinamento especial a fim de conseguir pessoal para essas colônias, professôres e "mães-da-casa". Cada colônia seria inteiramente autônoma. O pessoal não teria privilégios especiais. Sua alimentação e seu aquecimento seriam os mesmos proporcionados aos alunos. Qualquer trabalho que os alunos fizessem para a comunidade seria remunerado. A palavra-senha da colônia seria liberdade. Não se toleraria religião, moralização e autoridade.

Eu excluiria a religião porque ela fala, prega, tenta sublimar, reprime. A religião postula o pecado onde o pecado não existe. Acredita em livre-arbítrio quando para algumas crianças, escravizadas pelas suas compulsões, não há livre-arbítrio.

Em lugar do condicionamento da religião eu advogaria que as emoções fôssem condicionadas pelo amor e não por alguma coisa cruel ou injusta. Haveria apenas uma forma de alcançar êsse ideal na colônia—deixar os jovens em paz a maior parte do tempo possível, livrando-os da autoridade imposta, e do ódio, e do castigo. Sei, por experiência, que êsse é o único caminho.

Os professôres seriam ensinados a se igualarem aos alunos, sem se quererem fazer seus superiores. Não conservariam dignidade protetora, nem sarcasmo. Não inspirariam mêdo. Teriam de ser homens e mulheres de infinita paciência, capazes de ver longe, desejosos de confiar nos resultados definitivos.

Embora a sociedade presente não permitisse uma integral vida amorosa nessa época e nessa idade, a mistura de sexos levaria a muito do que tem valor, à ternura, às boas maneiras naturais, ao conhecimento necessário do outro sexo, à diminuição da pornografia e dos risinhos maliciosos.

A característica principal do pessoal seria a capacidade de demonstrar confiança nos alunos, de tratá-los como pessoas dignas de respeito e não como ladrões e destruidores. Ao mesmo tempo, o pessoal teria de ser realista e não dar ao indivíduo muita corda de uma vez só, tal como nomear um ladrão tesoureiro da arrecadação feita para as festas de Natal da colônia. O pessoal teria de conter qualquer tentação de fazer sermões, compreendendo que a ação vale mais do que o falatório. Teria, cada um dos membros do pessoal, de conhecer a história de todos os delinqüentes, *todo* o seu ambiente pregresso.

Testes de inteligência teriam lugar menor na colônia. Tais testes não denotam potencialidades vitais. Não confirmam corretamente as emoções, a criatividade, a originalidade, a imaginação.

A atmosfera geral seria antes a de um hospital do que a de uma instituição. Assim como o médico não assume atitude moral em relação ao seu paciente sifilítico, nosso pessoal não assumiria atitude moral diante de uma doença a que chamamos delinqüência. A colônia seria diferente de um hospital no fato de não haver administração de remédios e drogas—nem mesmo as psicológicas. A cura seria o resultado da genuína presença do amor, naquele ambiente. O pessoal teria de manifestar verdadeira fé na natureza humana. Na verdade, haveria fracassos, haveria incuráveis. A sociedade ainda teria de se haver com êles. Mas formariam minoria, enquanto a maioria dos delinqüentes responderia ao amor, à tolerância, à confiança.

Trataria de recordar-me, sempre, da história de Homer Lane sôbre um garôto delinqüente que êle entrevistara num tribunal juvenil de Londres. Lane deu-lhe uma nota de uma libra a fim de que pagasse sua passagem para uma cidade próxima. Sabia que o garôto traria o trôco exato. E o garôto trouxe. (Faço lembrar aos americanos que Homer Lane nasceu na Nova Inglaterra.)

Trataria de recordar-me, sempre, das pessoas como o diretor de uma prisão americana, que mandou um ladrão a Nova Iorque, a fim de comprar máquinas novas para a oficina de sapateiro da prisão. O homem voltou, com as contas bem feitas das máquinas que comprara. O diretor perguntou-lhe:

—Por que não agarraste a oportunidade para fugir, em Nova Iorque?

O sentenciado coçou a cabeça e respondeu:

—Com os diabos, diretor, acho que foi porque o senhor teve confiança em mim!

Prisões e castigos jamais poderão substituir essa maravilhosa confiança nas pessoas. Tal confiança significa para elas, para as que estão em dificuldades, que alguém lhes está oferecendo amor, e não ódio.

A CURA DA CRIANÇA

A cura depende mais do paciente do que do terapeuta. Há muitos fracassos entre as pessoas que procuram tratamento porque foram a isso forçadas pelos parentes. Se, por exemplo, um homem consegue mandar uma espôsa relutante para ser analisada, ela vai, e isso é natural, com má vontade. *Meu marido acha que não valho grande coisa, assim como sou. Quer que eu me modifique, e não gosto disso.*

A mesma dificuldade se apresenta ao jovem criminoso que se vê forçado, sob constrangimento, a suportar tratamento. Tratamento é coisa que, tanto para adolescentes como para adultos, deve ser desejada pelo paciente.

Apenas a liberdade, sem qualquer tratamento, curará a maioria das transgressões juvenis. *Liberdade*—não licença, não sentimentalismo. Sòmente a liberdade não será o suficiente para a cura de casos patológicos. E mal roçará pelos casos de retardamento mental. Mas funcionará quando praticada em relação a crianças, num internato—contanto que seja praticada durante todo o tempo.

Há alguns anos tive um jovem que me foi enviado por ser um verdadeiro ladrão, agindo com inteligência. Uma semana depois de sua chegada eu recebi um chamado telefônico de Liverpool:

—Aqui é o Sr. X (homem famoso na Inglaterra) qu'm está falando. Tenho um sobrinho em sua escola. Êle me escreveu perguntando-me se pode vir a Liverpool, passar alguns dias. O senhor consente?

Pois não—respondi—mas êle não tem dinheiro. Quem pagará a passagem? É melhor o senhor se comunicar com os pais dêle.

Na tarde seguinte a mãe do menino chamou-me pelo telefone e disse-me que recebera um telefonema de tio Dick. No que se referia a ela e a seu marido, Arthur podia ir a Liverpool.

269

Tinha verificado que a passagem custava vinte e oito xelins. Quereria eu dar a Arthur duas libras e dez?

Arthur fizera os dois chamados telefônicos da cabina local. Sua imitação da voz do tio e da mãe fôra perfeita. Êle me enganara e eu lhe dera o dinheiro antes de perceber que fôra enganado.

Conversei sôbre o caso com minha espôsa. Concordamos, ambos, em que seria errado pedir-lhe o dinheiro de volta, pois êle fôra submetido a essa espécie de tratamento durante anos. Minha mulher sugeriu recompensá-lo e eu concordei. Subi mais tarde ao quarto dêle, naquela noite, e disse-lhe, com ar animado:

—Você hoje está com sorte!

—Estou mesmo—declarou êle.

—Sim, mas sua sorte é ainda maior do que pensa—continuei.

—Que quer dizer?

—Oh! Que sua mãe acaba de telefonar dizendo que verificou estar enganada quanto ao preço da passagem. São trinta e oito xelins e não vinte e oito. E pediu-me que lhe desse mais dez.

Atirei descuidadamente uma nota de dez xelins sôbre a cama dêle e saí antes que o pequeno pudesse dizer alguma coisa.

Na manhã seguinte lá se foi êle para Liverpool, deixando uma carta para mim, que só me deveria ser entregue depois da partida do trem. A carta começava assim:

"Caro neill: você ainda é melhor ator do que eu..."

Durante semanas êle me perguntou por que eu lhe dera a nota de dez xelins.

Um dia, respondi:

—Como se sentiu quando lhe dei essa nota?

O pequeno pensou bem, durante alguns momentos, depois disse, devagar:

—Quer saber? Levei o maior choque da minha vida. Disse comigo mesmo: "Aqui está o homem que é o primeiro, em tôda a minha vida, a ficar de meu lado".

Aqui temos um caso em que o menino teve consciência do amor e da aprovação. Habitualmente, essa consciência demora muito a chegar. A pessoa submetida a tal tratamento apenas muito obscuramente pode apreender seus efeitos, e só meses depois.

Em dias passados, quando eu tinha muito mais contato com jovens delinqüentes, muitas e muitas vêzes recompensei-os por roubarem. Mas só depois de alguns anos, só depois de a criança estar curada, é que ela compreendia quanto a minha aprovação a havia ajudado.

Tratando com crianças precisamos conhecer a fundo a psicologia, procurar motivos profundos para o comportamento delas. Um menino é anti-social. Por quê? Naturalmente, seus sintomas importunam e irritam. Pode ser um brutal, talvez um ladrão, talvez um sádico. Mas, por quê? A irritação do professor pode levá-lo a ralhar, punir, condenar, mas, depois de ter assim expressado tôdas as suas· irritações, o problema permanece sem solução. A tendência do momento, pedindo a volta da disciplina estrita, tratará apenas de sintomas, e ao fim nada conseguirá.

Vem ter a Summerhill, trazida pelos pais, uma garôta, mentirosa, ladra, criatura agressiva. Fazem-me longa descrição dos defeitos dela. Seria fatal para mim se a criança soubesse o que me haviam dito. Devo esperar que tudo venha da própria menina, de seu comportamento para comigo e para com os outros, aqui na escola.

Há anos tive uma criança-problema que seus pais insistiram em fazer examinar por um psiquiatra. Assim levei-a a um famoso médico da Rua Harley. Passei meia hora contando o caso ao especialista, e depois mandei que o menino entrasse.

—O Sr. Neill estêve me dizendo que você é um menino muito mau—disse o médico, severamente.

Era essa *sua* versão de psicologia.

Muitas e muitas vêzes tenho observado essa maneira ignorante e falsa de se aproximar da criança.

—Você não é grande bastante para a sua idade—diz um visitante a um menino que tem complexo de inferioridade sôbre o seu tamanho.

Outro visitante diz a uma menina:

—Sua irmã é muito inteligente, não é mesmo?

A arte de tratar com crianças pode ser definida como: *saber o que não se deve dizer.*

Por outro lado, é necessário mostrar à criança que não se está iludido. Deixar que a criança roube nossos selos é inútil: devemos fazer sentir sempre que sabemos que ela os roubou. É imperdoável dizer:

—Sua mãe me disse que você rouba selos.

Isso é muito diferente de dizer:

—Eu sei que você carregou meus selos.

Fico sempre um tanto nervoso quando tenho que escrever aos pais sôbre seus filhos, receando que possam deixar minha carta

271

ao alcance da criança, quando ela vá passar as férias em casa. Ainda mais, tenho mêdo que· escrevam às crianças, dizendo: "Neill mandou dizer que você não está comparecendo às aulas e que se tem tornado um 'desmancha-prazeres neste período." Se isso acontecer, a criança nunca mais terá confiança em mim. Portanto, habitualmente, digo-lhes o mínimo possível, a não ser que saiba serem pais absolutamente dignos de confiança e conscientes do assunto.

Geralmente, comporto-me como deve ser, em relação à criança, por causa da minha longa experiência, que me mostrou o caminho certo. Não há qualquer talento nisso, nem dom especial: apenas prática, e, talvez, um ôlho cego para as coisas não-essenciais, para os subprodutos.

Bill, aluno nôvo, roubou algum dinheiro de outra criança.

—Devo acusá-lo na próxima Assembléia da Escola?

Sem me deter a pensar respondo:

—Não. Deixe isso comigo.

Mais tarde, então, posso raciocinar. Bill é nôvo em matéria de liberdade, e está constrangido em seu atual ambiente. Tem feito várias tentativas para se tornar popular e bem aceito pelos companheiros. Pavoneia-se e exibe-se bastante, nessa intenção. Tornar público seu roubo seria envergonhá-lo, dar-lhe mêdo, seguido, talvez, de desafio, e de uma explosão de comportamento anti-social. Talvez acontecesse outra coisa, já que êle fôra líder de uma quadrilha em sua última escola, orgulhoso de suas ações destrutivas secretas contra o corpo docente. Uma acusação pública talvez o levasse a erguer a cabeça, a fim de mostrar-se como um tipo cheio de valentia.

Em outra ocasião uma criança me diz:

—Vou acusar Mary por ter roubado meus lápis.

Eu não me interesso, embora, no momento, não dê pensamento consciente ao fato. É que sei estar Mary na escola há dois anos, podendo, portanto, enfrentar a situação.

Um aluno nôvo, de treze anos, que odiou lições tôda sua vida, vem para Summerhill e fica vadiando durante semanas a fio. Depois, entediado, chega-se a mim, e diz:

—Devo ir às aulas?

Respondo:

—Isso nada tem a ver comigo.

Respondo assim porque êle deve encontrar suas próprias compulsões íntimas. Mas a uma outra aluna, posso responder:

—Sim, é uma boa idéia.

E respondo assim porque seu lar e sua vida escolar, construídos em tôrno de um horário, tornaram-na incapaz de decidir seja o que fôr, e tenho que esperar até que ela, aos poucos, se torne confiante em si mesma. Não penso conscientemente nesses aspectos individuais, quando respondo.

Amar é estar ao lado da outra pessoa. Amar é aprovar. Sei que as crianças aprendem lentamente que a liberdade é coisa totalmente diferente de licença. Mas podem aprender essa verdade, e realmente a aprendem. No fim, ela funciona—quase tôdas as vêzes.

ESTRADA PARA A FELICIDADE

Freud demonstrou que tôda neurose é fundada na repressão sexual. Eu digo: "Chegaremos a ter uma escola onde não haja repressão sexual."

Freud disse que o inconsciente é infinitamente mais importante e poderoso do que o consciente. Eu digo: "Em minha escola não censuraremos, não puniremos, não pregaremos moral. Permitiremos que cada criança viva de acôrdo com seus impulsos profundos".

Descobri, lentamente, que a maior parte dos freudianos não compreende nem acredita na liberdade para as crianças. Confunde, freqüentemente, liberdade com licença. Têm tratado com crianças que nunca tiveram liberdade para ser elas próprias, e, portanto, não souberam desenvolver um respeito natural pela liberdade alheia. Estou convencido de que os freudianos fundaram sua teoria da psicologia infantil sôbre essas crianças deformadas.

Os freudianos encontraram grande quantidade de erotismo anal entre bebês, mas não verifiquei tal coisa em crianças que tiveram liberdade para se regular por conta própria. A agressão anti-social que os freudianos encontraram em crianças, não parece existir nas que são assim criadas.

Verifiquei, aos poucos, que meu território era a profilaxia, não a cura. Levei anos para descobrir a significação integral disso, para aprender que a liberdade é que estava ajudando as crianças-problemas de Summerhill, não a terapêutica. Verifico que minha principal tarefa é ficar firme e aprovar tudo quanto uma criança desaprova em si mesma—isto é, tentar destruir a consciência que foi imposta à criança, seu ódio de si própria.

Um aluno nôvo blasfema. Eu sorrio, e digo:

—Vamos, continue! Não há nada de mal em blasfemar!

E o mesmo faço com referência à masturbação, à mentira, ao roubo, e a outras atividades sociais condenadas.

Há algum tempo, tive um pequenino que me inundava de perguntas:

—Quanto você pagou por êsse relógio? Que horas são? Quando acaba o período escolar?

Estava cheio de ansiedade e jamais prestou atenção às respostas que eu lhe dava. Eu sabia que êle andava fugindo à pergunta que desejava realmente fazer.

Um dia, entrou na minha sala e fêz-me um chorrilho de perguntas. Não respondi, e continuei lendo o meu livro. Depois de uma dúzia de perguntas ouvidas, levantei os olhos, e com naturalidade, disse:

—Que foi que você perguntou? De onde vêm os bebês?

Êle se levantou, rubro.

—Não quero saber de onde vêm os bebês—disse.

E saiu, batendo a porta.

Dez minutos depois voltava:

—Onde foi que você comprou sua máquina de escrever? Qual é o filme que o cinema vai levar esta semana? Que idade você tem? (*Pausa.*) Bem, que leve o diabo: de onde vêm os bebês, afinal?

Dei-lhe a resposta correta e êle jamais voltou a fazer-me perguntas.

Limpar lixo nunca foi senão trabalho pesado. Trabalho tolerável apenas pela felicidade de ver uma criança infeliz tornar-se feliz e livre.

O outro lado do quadro é o longo e cansativo estudo de uma criança, sem ver o sucesso aproximar-se. Trabalha-se com uma criança durante um ano, e ao fim dêsses anos fica-se muitíssimo alegre, pensando que o menino perdeu seu hábito de roubar. Então, um belo dia o garôto reincide, e o professor quase desespera. Já me felicitei intimamente por um aluno, e cinco minutos depois vi um professor entrar correndo, para dizer:

—Tommy está roubando outra vez.

Contudo, psicologia é algo parecido ao gôlfe: podemos fazer duzentos pontos num tempo, podemos blasfemar e quebrar nossos bastões, mas, no próximo domingo ensolarado caminharemos para o campo mais próximo, levando no coração uma nova esperança.

Se dizemos a uma criança uma verdade vital, ou se ela nos confia suas dificuldades, eis que a criança forma uma transfe-

275

rência, isto é, recebemos tôdas as emoções dela. Quando esclareço uma criança pequena sôbre o nascimento e a masturbação, a transferência é especialmente forte. Em certo estágio, pode mesmo tomar a forma de transferência negativa, uma transferência de ódio. Mas com a criança normal a fase negativa não dura muito, e a transferência positiva do amor segue-se bem depressa. A transferência de uma criança dissolve-se com facilidade. Depressa ela se esquece de tudo a meu respeito, e suas emoções vão para outras crianças e para coisas. Já que sou um substituto do pai, as meninas, naturalmente, fazem transferência mais forte para mim do que os rapazes, mas não posso dizer que elas sempre demonstrem transferências positivas ou que os rapazes as demonstrem negativas. Ao contrário, tive meninas que exibiram contra mim, durante algum tempo, um ódio violento.

Em Summerhill eu era, ao mesmo tempo, professor e psicólogo. Então, lentamente, compreendi que não é possível a um homem representar êsses dois papéis. Tive que abrir mão da psiquiatria, pois a maioria dos alunos não consegue trabalhar muito com um homem que é seu padre-confessor. Tornam-se irritados e têm sempre muito mêdo da crítica. Além disso, se eu gabasse o desenho de qualquer criança, despertava excessivo ciúme em outras. O médico psiquiatra não deveria, de forma alguma, viver na escola: as crianças não deveriam ter por êle um interêsse social.

Tôdas as escolas de psicologia aceitam a hipótese do inconsciente, o princípio que diz têrmos todos nós desejos enterrados, e amôres e ódios dos quais não somos conscientes. O caráter é uma combinação de comportamento consciente e comportamento inconsciente.

O jovem ladrão-arrombador é consciente de que deseja obter dinheiro ou objetos, mas não sabe quais são os motivos profundos que o levaram a escolher aquela forma de obtê-los, deixando de lado as formas sociais de ganhá-los. Aquêle motivo está enterrado, e por isso é que as pregações morais e os castigos nunca chegam a curá-lo. As repreensões são ouvidas apenas pelos seus órgãos auditivos e os castigos fazem sentir-se apenas em seu corpo. Mas essas prédicas e castigos jamais penetram no motivo inconsciente que controla o seu comportamento.

E, por ser assim, a religião não pode alcançar um inconsciente de rapaz através de pregação. Mas, se uma noite o seu pastor fôsse roubar junto com êle, a ação poderia começar a dissolver o auto-ódio responsável pelo seu comportamento anti-social. Esta afinidade solidária levaria o rapaz a iniciar uma linha diferente de pensamentos. A cura de mais de um jovem ladrão começou quando eu me reuni a êle no roubo das galinhas do vizinho ou o ajudei a roubar o dinheiro da mesada escolar guardado nas gavetas. A ação toca o inconsciente, onde as palavras não podem chegar. Por isso é que com tanta freqüência o amor e a aprovação curam os problemas de uma criança. Não direi que o amor possa curar um caso agudo de claustrofobia ou de sadismo marcado, mas, geralmente, o amor poderá curar a maior parte dos jovens ladrões, os mentirosos e os destruidores. Provei, com a ação, que a liberdade e a ausência de disciplina moral têm curado muitas crianças, cujo futuro parecia ser o de uma existência na prisão.

Liberdade verdadeira, praticada na vida em comunidade, como se realiza em Summerhill, parece fazer para muitos o que a psicanálise faz por um. Liberta o que está oculto. É uma golfada de ar puro a varrer a alma a fim de limpá-la do auto-ódio pelos demais.

A batalha que se fere pela juventude deve ser ferida sem luvas. Nenhum de nós pode ser neutro. Temos que nos colocar de um lado ou de outro: autoridade ou liberdade, disciplina ou autonomia. As meias-medidas não resolverão coisa alguma. A situação é demasiado urgente.

Ser uma alma livre, feliz no trabalho, feliz na amizade, e feliz no amor, ou ser um miserável fardo de conflitos, odiando-se e odiando a humanidade—tanto uma coisa como outra são o legado que pais e professôres dão a cada criança.

Como pode ser outorgada a felicidade? Minha resposta particular é: *Suprimam a autoridade. Deixem a criança ser ela própria. Não a empurrem de um lado para o outro. Não lhe ensinem nada. Não lhe façam pregações. Não a elevem. Não a forcem a fazer seja o que fôr.* Talvez a sua resposta não seja essa. Mas, se rejeita a minha, incumbe-lhe encontrar outra melhor.

,

SEIS

PROBLEMAS DOS PAIS

AMOR E ÓDIO

A criança recebe sua consciência da mãe, do pai, do professor, do pastor—de seu ambiente em geral. Sua infelicidade é o resultado do conflito entre a consciência e a natureza humana, ou, em têrmos freudianos, entre seu superego e seu id.

A consciência pode não obter vitória tamanha que o rapaz se torne um monge, e renuncie inteiramente ao mundo e à carne. Na maioria dos casos o que acontece é uma acomodação—uma acomodação em parte expressa na frase: "Servir ao demônio nos dias da semana e servir a Deus nos domingos."

Amor e ódio não são sentimentos opostos. O oposto do amor é indiferença. O ódio é o amor que foi transformado, tornando-se o reverso da medalha—por deformação. O ódio contém sempre um ingrediente de mêdo. Vemos isso no caso da criança que odeia o irmão menor. Seu ódio é causado pelo mêdo de perder o amor da mãe, e também pelo mêdo de seus próprios pensamentos vingativos em relação ao irmão.

Quando Ansi, uma pequena sueca rebelde, de catorze anos, veio para Summerhill, começou por dar-me pontapés a fim de despertar a minha cólera. Eu era o desventurado substituto de seu pai, que ela odiava e temia. Jamais tivera permissão para sentar-se nos joelhos dêle ou para fazer-lhe qualquer demonstração de amor. Assim, o amor pelo pai fôra transformado em ódio, por não ter êle correspondido ao seu afeto. Em summerhill ela encontrou, sùbitamente, um nôvo pai que não reagia com severidade, um pai que ela não temia. Então, seu ódio exibiu-se. O fato de se ter mostrado excessivamente terna e delicada comigo, no dia seguinte, prova que seu ódio era sòmente amor disfarçado

Compreender inteiramente a significação do ataque de Ansi contra mim, representaria conhecer e compreender, antes de mais nada, a atitude deformada que ela mantinha sôbre o sexo.

Vinha de uma escola feminina, onde as alunas discutiam, mórbida e sujamente, assuntos sexuais pelos cantos escuros. O ódio contra o pai tinha em si muito do ódio que a educação repressiva em tais assuntos lhe havia dado. E seu ódio contra a mãe, que muitas vêzes a castiga, mostrava-se igualmente intenso.

Poucos são os pais que compreendem o papel dos castigos na transformação do amor das crianças em ódio. É muito difícil ver o ódio numa criança. As mães que vêem seus filhos mais carinhosos depois de uma surra, não sabem que o ódio originado pelo espancamento foi reprimido de imediato. Mas os sentimentos reprimidos não estão mortos: dormem, apenas.

Há um livrinho chamado *Moral para os Jovens,* escrito por Marcus. Tenho, às vêzes, a experiência de sua leitura para as crianças. Um dos versos é assim:

> *"Tommy viu sua casa em chamas,*
> *Sua mãe nas chamas morrer,*
> *Um tijolo seu pai abater!*
> *E Tommy riu de tantos dramas!"*

Êste verso é o predileto. Algumas das crianças riem muito alto ao ouvi-lo. Mesmo crianças que amam seus pais riem alto. Riem por causa de seu ódio reprimido pelos pais—ódio causado por espancamento, pelas críticas, pelos castigos.

Habitualmente, essa espécie de ódio emerge em fantasias aparentemente remotas para os pais. Um aluno jovem, menino que gostava muitíssimo do pai, deleitava-se em imaginar que estava matando um leão. Se eu lhe pedia que descrevesse êsse leão, depressa êle descobria que o animal tinha alguma relação com seu pai.

Certa manhã chamei cada aluno de per si, e contei-lhes a história de minha própria morte. Todos os rostos se iluminaram quando descrevi o funeral. Naquela tarde, o grupo estêve particularmente animado. As histórias de matanças de gigantes são sempre populares entre as crianças, porque o gigante se inclina a ser o próprio pai.

Não deveria haver nada de chocante no fato de uma criança odiar seus pais. Isso data sempre do período em que ela não passava de uma egoísta. A criança pequena busca amor e poder. Qualquer palavra colérica, cada palmada, cada ofensa é uma perda de amor e poder. Cada repreensão da mãe significa para a criança: "Mamãe não me ama." Cada: "Não toque nisso!"

do pai, significa: "Êle me atrabalha. Se ao menos eu fôsse do tamanho dêle!"

Sim, há na criança ódio pelos pais, mais isso não é tão perigoso quanto o ódio à criança, por parte dos pais. As repreensões, as cóleras, as surras e as pregações por partes dos pais, são reações de ódio. Assim, a criança cujos pais não se amam mùtuamente, tem possibilidade muito delgada de se desenvolver de maneira saudável, pois vingar-se no filho é hábito universal de tais pais.

Quando uma criança não consegue encontrar amor. procura o ódio como substituto. "Mamãe não me dá atenção. Ela não me ama. Ama só a minha irmãzinha. Eu *farei* com que ela me dê atenção. Farei, sim!" E rebenta a mobília. Todos os problemas do comportamento infantil são, bàsicamente, problemas engendrados pela carência de amor. Todos os castigos e pregações morais simplesmente aumentam o ódio—jamais solvem o problema.

Outra situação que produz ódio é quando a criança se vê absorvida pelo instinto paterno de posse. Ela odeia aquelas correntes, ao mesmo tempo que as deseja. O conflito, às vêzes, apresenta-se como crueldade. O ódio pela mãe absorvente é reprimido, mas, desde que todo o sentimento tem de obter vazão, a criança dá pontapés no gato ou bate na irmãzinha, desabafos mais fáceis do que a rebelião contra a mãe.

Tornou-se um lugar-comum dizer-se que odiamos nos outros o que odiamos em nós. Sim, lugar-comum ou não, é uma verdade. O ódio que recebemos em nossa infância é outorgado por nós aos nossos próprios bebês, por mais que desejemos dar-lhes amor.

Diz-se que se não podemos odiar não podemos amar. Talvez. Eu acho difícil odiar. E jamais pude dar o que se poderia chamar amor pessoal a criança, e, certamente, jamais pude dar-lhes amor sentimental. A palavra *sentimental* é de difícil definição: Chamo-lhe a autorga a um ganso dos atributos de um cisne.

Quando tratei de Robert, garôto incendiário, ladrão com o caráter de um homicida em potencial, tive transferido para mim, naturalmente, seu ódio e seu amor pelo pai. Um dia, depois de conversar comigo, êle correu para fora, e esmagou um grande caracol sob o tacão do sapato. Contou-me isso, e eu lhe pedi que me descrevesse o caracol." Um animal comprido, feio, viscoso"—respondeu êle.

283

Dei-lhe um pedaço de papel e pedi que escrevesse a palavra *snail*(*). Êle escreveu *A Snail*.

—Repare no que escreveu—disse-lhe eu.

Sùbitamente, o garôto estourou numa gargalhada. Apanhou o lápis e escreveu, embaixo:

"*A Snail*
A. S. Neill"

—Você não tinha compreendido que eu era o bicho comprido, feio e viscoso que desejou esmagar, não é mesmo?—comentei, sorrindo.

Dizer apenas isso não representava perigo para a criança. Tornar consciente para êle o ódio que me dedicava era bom. Mas imaginem que eu lhe tivesse dito mais ou menos isto:

—Eu era o caracol, naturalmente, mas você não me odeia de verdade, e odeia, sim, a parte de seu ego que eu represento. Você é o animal viscoso que deve ser morto. Você está matando uma qualidade em você mesmo etc...

Isso, para mim, seria psiquiatria perigosa. A tarefa de Robert é jogar bolinhas de gude e empinar papagaios. Tudo quanto eu, ou qualquer professor ou médico, têm o direito de fazer, é libertá-lo do conflito que o impede de empinar papagaios.

Os pais que esperam gratidão nada sabem da natureza da criança. As crianças detestam dever alguma coisa seja a quem fôr. Tive longa experiência de ressentimentos entre alunos que mantive de graça ou a taxas muito reduzidas, em Summerhill. Expressavam mais ódio contra mim do que vinte alunos pagantes juntos. Shaw escreveu: "Não podemos nos sacrificar por outros sem chegar a odiar aquêles pelos quais nos sacrificamos".

Isso é verdade. E o corolário é verdadeiro: não podemos nos sacrificar pelos outros sem virmos a ser odiados por aquêles pelos quais nos sacrificamos. O que dá com entusiasmo não procura a gratidão. Os pais que esperam gratidão dos filhos estão sempre fadados ao desapontamento.

Para resumir, tôda criança acha que castigo é ódio, e, naturalmente, é. E todo o castigo faz a criança odiar cada vez mais. Se estudarmos o conservador que diz: "Acredito no castigo corporal" veremos que êle é um odiento. Não posso dar maior ênfase à minha opinião de que o ódio gera ódio, e o amor gera amor. Criança alguma jamais foi curada a não ser através do amor.

(*) Há, aqui, um jôgo de palavras, em inglês. "A Snail" — um caracol — pronuncia-se da mesma forma que A. S. Neill — nome do autor.

ESTRAGANDO A CRIANÇA

A criança estragada—usando a expressão *estragada* em qualquer sentido que lhe quisermos dar—é o produto de uma sociedade estragada. Em tal sociedade, a criança estragada agarra-se à vida apavoradamente. Teve licença, em lugar de liberdade. Não conhece a significação da liberdade verdadeira, que quer dizer *amor* pela vida. A criança estragada é um flagelo para si própria e para a sociedade. Nós a encontramos nos trens, tropeçando nos pés dos passageiros, berrando pelos corredores, não dando a menina atenção aos pais aflitos, que, lastimosamente, lhe pedem que sossegue—pedido que, realmente, de há muito ela cessou de ouvir.

Mais tarde, em sua idade adulta, a criança estragada passa pior do que a que foi submetida a excesso de disciplina. A criança estragada é terrìvelmente egocêntrica. Vem a ser o homem cujas roupas se espalham pelo quarto-de-banho, à espera que alguém as apanhe. Naturalmente, crescendo, a criança estragada recebe muitos desaires.

Freqüentemente, tal criança é filha única. Não tendo ninguém de sua própria idade com quem brincar ou contra quem medir-se, identifica-se, naturalmente com seus pais: deseja fazer o que êles fazem. Já que os pais a consideram a maravilha do mundo, encorajam sua aparente precocidade, porque temem perder o amor da criança se a frustrarem na mais leve das coisas.

Tenho encontrado a mesma 'atitude, às vêzes, em professôres que mimam seus alunos. Tais professôres vivem no constante terror de perderem a popularidade entre as crianças, e êsse mêdo é a grande estrada para estragá-las. Um bom professor, como os bons pais, deve cultivar atitude objetiva. Deve manter seus próprios complexos fora de suas relações com a criança—

285

coisa que não é fácil, concordo, porque todos nós somos freqüentemente cegos em relação aos nossos complexos. A mãe infeliz, por exemplo, está correndo o perigo de estragar o filho, pois tende a dar-lhe um tipo errado de amor.

Em Summerhill, o menino estragado é sempre uma tarefa pesada. Cansa minha espôsa, pois ela é a mãe-substituta. Atormenta-a com perguntas:

—Quando acabará o período escolar? Que horas são? Posso receber algum dinheiro?

Sob tudo isso, êle odeia sua mãe. As perguntas são um motivo para aborrecer a mãe. E uma garôta estragada está sempre tentando obter de mim uma reação, pois eu sou o pai-substituto. Habitualmente, procura uma reação de ódio, não de amor. A recém-chegada do tipo estragado esconde minha caneta ou diz a outra menina:

—Neill está chamando você.

Isso realmente significa que deseja *ser chamada* por Neill.

Garotos e garôtas estragados têm dado pontapés na minha porta, têm roubado minhas coisas, até obter reação minha. As crianças estragadas ressentem-se de terem sido introduzidas numa família de muitos membros. Esperam de mim e dos membros do meu pessoal o mesmo tratamento complacente que recebiam de seus pais.

A criança estragada geralmente recebe dinheiro demais para seus gastos particulares. Muitas vêzes me arrepio ao ver pais enviarem a seu filho uma nota de cinco dólares para gastar, e, ainda assim, em conseqüência de sua má situação econômica, tenho permitido que êles paguem taxas reduzidas, ou não paguem taxa alguma.

Não se deve dar a uma criança tudo quanto ela pede. Geralmente falando, as crianças hoje recebem demais, tanto que deixaram de apreciar um presente. Os pais que se excedem nos presentes que dão são, freqüentemente, os que não amam bastante seus filhos. Tais pessoas têm de compensar sua carência de afeto exibindo amor paternal, enchendo os filhos de presentes caros, mais ou menos como o homem que, tendo sido infiel à espôsa, compra-lhe generosamente um casaco de peles que não está dentro de suas possibilidades econômicas. Considero como regra de conduta não trazer um presente para minha filha de cada vez que vou a Londres, e, em conseqüência, ela não espera um presente a cada viagem. A criança estragada raramente dá valor seja ao que fôr. Recebe uma bicicleta nova,

286

cromada, de três velocidades, e três semanas depois deixa-a tomando chuva lá fora, a noite inteira.

Para os pais, a criança estragada representa, com freqüência, sua segunda oportunidade na vida. *Eu nada consegui na vida porque muitas pesoas me contrariaram, mas meu filho terá tôdas as oportunidades de vencer onde eu falhei.* Essa é a motivação que faz com que um pai que não teve educação musical insista em que seu filho aprenda a tocar piano. E faz com que a mãe que abandonou sua carreira pelo casamento envie a filha à escola de balé, mesmo que ela não tenha o menor jeito para a dança. E são pais assim que forçam garotos e garôtas a aceitar tarefas e estudos que, se êles tivessem sido deixados à vontade, jamais sonhariam em seguir. Os pobres pais não podem evitar tal sentimento. É muito duro para um homem, que ergueu um próspero negócio de roupas, descobrir que seu fliho quer ser ator, ou musicista. Mas isso acontece com freqüência.

E há, ainda, a criança estragada cuja mãe não a quer ver crescida. A maternidade é uma tarefa—mas não uma tarefa para tôda a existência. A maior parte das mulheres compreende isso, e ainda não é raro ouvir-se uma mãe, a propósito de sua filha.

—Ela está crescendo muito depressa.

Não se deveria permitir a uma criança que violasse os direitos pessoais de outros. Pais que não desejam estragar seus filhos *devem* distinguir entre liberdade e licença.

PODER E AUTORIDADE

Antes que a psicologia descobrisse a importância do inconsciente, a criança era considerada como um ser raciocinante, com o poder de desejar fazer o bem ou o mal. Supunha-se que sua mente fôsse uma lousa, na qual qualquer professor consciencioso teria apenas de escrever.

Agora, compreendemos que numa criança nada há de estático, que tudo nela é urgência dinâmica. Busca expressar seus desejos em ações. É, por natureza, interessada em si mesma, e procura sempre experimentar seu poder. Se há sexo em tudo, há, também em tudo, o impulso para o poder.

A criança muito nova acha, provàvelmente, que o ruído é a melhor maneira de expressar todo o seu poder sôbre os que a rodeiam. As reações contra o ruído, manifestadas pelos adultos, podem dar-lhe uma idéia exagerada do poder dêsse mesmo ruído. Ou o ruído em si mesmo pode ser bastante importante.

Nas instalações reservadas às crianças o ruído é suprimido com freqüência, mas antes disso outra supressão tem lugar—a supressão nascida da pressão para que as crianças adquiram hábitos de limpeza, que chamaremos hábitos de higiene. Podemos apenas conjeturar que uma criança se sinta poderosa em seus atos excretórios. Ao que parece, tais hábitos significam muito para ela, pois é através dêles que pela primeira vez faz algo. Digo que apenas podemos conjeturar, pois ninguém pode dizer o que pensa uma criança de dois anos. Encontramos, sem dúvida, crianças de sete e de oito anos que mantém forte sentimento de poder através de seus atos excretórios.

Uma mulher normal tem mêdo de um leão, e uma mulher neurótica receia um camundongo. O leão é verdadeiro, mas o camundongo representa um interêsse reprimido que a mulher receia reconhecer. Os desejos das crianças também podem ser convertidos em fobias pela supressão. Muitas crianças têm terrores noturnos: temem fantasmas ou ladrões, bem como duendes. Muitas vêzes, pais que não conhecem o fato imaginam que uma história contada pela pajem é responsável por êsses terrores, mas tal história apenas dá forma à fobia. A raiz do terror é a supressão do interêsse sexual feita pelos pais. A criança receia seus próprios interêsses enterrados, tal como a mulher que tem a fobia do camundongo receia seu interêsse enterrado. Não é necessário que a supressão seja, antes de tudo, uma repressão sexual. O pai colérico que grita: "Parem com êsse barulho!" pode converter o interêsse de seus filhos pelos ruídos em temeroso interêsse pelo pai. Quando o desejo de uma criança é frustrado, ela odeia. Se eu tomasse um brinquedo de uma criança inteligente, de três anos, ela me mataria, se pudesse.

Um dia eu estava sentado ao lado de Billie. Minha cadeira era uma dessas que se usam nos tombadilhos dos navios, riscada de prêto e laranja. Para Billie, naturalmente, sou um substituto do pai.

—Conte-me uma história—disse-me êle.

—Você é que me vai contar uma história—falei.

—Não—insistiu êle. Não me podia contar uma história, eu é que lhe deveria contar uma.

—Então contaremos uma juntos—falei.—Quando eu parar, você diz alguma coisa, está bem? Então, era uma vez um...

Billie olhava para a minha cadeira listrada:

—Tigre—falou, e fiquei sabendo que naquele momento, para êle, eu representava um animal de corpo listrado.

—E êle estava deitado na estrada, fora desta escola. Um dia, um menino desceu para a estrada. O nome dêle era...

—Donald—falou Billie, sendo Donald o nome de seu camarada mais chegado.

—Então o tigre deu um pulo e...

—Comeu-o—declarou Billie, prontamente.

—Então, Derrick disse: "Não quero que êste tigre coma o meu irmão." Foi apanhar seu revólver e desceu para a estrada. Aí o tigre saltou e...

—Comeu-o—disse Billie, alegremente.

—Então Neill ficou furioso: "Eu não admito que êste tigre esteja comendo tôda a minha escola"—disse êle, e apanhou seus dois revólveres e saiu. O tigre saltou e...

—Comeu-o, naturalmente.

—Mas então Billie disse que aquilo não estava direito: armou-se com seus dois revólveres, sua espada, seu punhal e sua metralhadora e desceu para a estrada. E o tigre saltou e...

—Êle matou o tigre—disse Billie, modestamente.

—Excèlente!—exclamei.—Então êle matou o tigre. Arrastou o corpo do animal até a porta, entrou, e convocou uma Assembléia Geral da escola. Um membro do pessoal disse: "Agora Neill está dentro do tigre e precisaremos de um nôvo diretor, portanto proponho...

Billie baixou os olhos e ficou silencioso.—E proponho...

—Você sabe muito bem o que êle me propôs—disse êle, contraído.

—Assim Billie tornou-se o diretor da Escola Summerhill—continuei eu.—E que pensa você que êle fêz, para começar?

—Subiu ao seu quarto e apanhou seu tôrno giratório e sua máquina de escrever—disse êle, sem hesitação nem embaraço.

Tenho outra história de Billie. Um dia êle me disse:

—Sei onde posso arranjar um cachorro maior do que o de papai.

Seu pai tinha dois *Skye-terriers*.

—Onde?—perguntei. Mas êle sacudiu a cabeça e nada me disse.

—Que nome vai dar a êsse cachorro, Billie?

—Mangueira—respondeu êle.

Dei-lhe uma fôlha de papel.

—Quero ver você desenhar uma mangueira.

Êle desenhou um grande falo. Sùbitamente, pensei numa velha bomba cíclica que tinha. Procurei-a e mostrei a Billie a forma de usá-la como mangueira, esguichando água.

—Agora—disse-lhe eu—você tem uma mangueira maior do que a de seu pai.

E êle riu, muito alto. Durante dois dias andou pela escola, alegremente, esguichando água. Depois, desinteressou-se da sua mangueira.

A questão é essa: *"Billie é um caso de sexo ou um caso de poder?"* Penso que é um caso de poder. Seu desejo de matar o tigre (eu) era a repetição de seu desejo quando viu o pai pela primeira vez. Nada tinha a ver diretamente com o sexo. E seu desejo de ter um falo maior do que o do pai era um desejo de poder. As fantasias de Billie são fantasias de poder. Ouço-o contando histórias aos outros meninos, grandiosas his-

290

tórias de imensa quantidade de aviões que êle pode dirigir ao mesmo tempo. Há ego em tudo.

O desejo frustrado é o início da fantasia. Tôda criança deseja ser grande e todos os fatôres de seu ambiente dizem-lhe que ela é pequena. A criança conquista seu ambiente fugindo dêle: eleva-se em asas e vive os sonhos da sua fantasia. A ambição de ser maquinista tem por motivo o poder: controlar um trem que corre a grande velocidade é uma das melhores ilustrações de poder.

Peter Pan é popular entre as crianças, não porque jamais cresce, mas porque pode voar e combater piratas. E é popular entre os adultos porque êstes desejam ser crianças, sem responsabilidades, sem lutas. Mas não há menino que tenha, realmente, a vontade de permanecer sempre menino, como Peter Pan. O desejo de poder o instiga. A supressão do ruído e da curiosidade infantis frustra o amor natural da criança pelo poder. Os jovens chamados delinqüentes e dos quais geralmente se diz que sofrem de excesso de freqüência a cinemas, estão tentando expressar o poder que foi suprimido. Tenho verificado, geralmente, que o menino anti-social, o líder de uma quadrilha de quebradores de janelas, torna-se sob liberdade, um vigoroso protetor da lei e da ordem.

Ansi tinha sido líder de transgressoras, em sua escola, e a escola não a pôde conservar. Duas noites depois de ter chegado a Summerhill começou a lutar comigo, em brincadeiras, mas depressa já não estava brincando. Durante cêrca de três horas ela me deu pontapés e mordeu-me, dizendo, todo o tempo, que havia de me obrigar a perder a calma. Recusei perder a calma e conservei o sorriso. Foi um esfôrço. Finalmente, um dos meus professôres sentou-se ao piano e pôs-se a tocar música suave. Ansi aquietou-se. Seu ataque fôra em parte sexual, mas, no que se referia ao poder, eu representava a lei e a ordem. Era o diretor.

Ansi achava a vida bastante confusa. Em Summerhill verificou não haver leis que pudesse transgredir, e sentiu-se como peixe fora da água. Tentou provocar desordens entre os outros alunos, mas teve sucesso apenas com os muito pequeninos. Estava tentando encontrar, mais uma vez, seu costumeiro poder de liderança, para levar uma quadrilha contra a autoridade. No fundo, amava a lei e a ordem. Mas, nesse domínio, os adultos é que mandavam e ela não tinha possibilidades de expressar seu poder. Como segunda escolha, voltou-se para o lado da rebeldia contra a lei e contra a ordem.

Uma semana depois de sua chegada, tivemos uma Assembléia Geral da Escola. Ansi compareceu e zombou de tudo.

—Votarei leis—disse ela—mas só pelo prazer de ter leis para transgredir.

Nossa "mãe-da-casa" levantou-se:

—Ansi mostra que não deseja leis que todos respeitem—disse ela.—Proponho que não tenhamos lei alguma. Tenhamos, antes, o caos.

Ansi gritou:

—Hurra!

E liderou a saída dos alunos. Fêz isso com facilidade por se tratar de crianças mais novas, que ainda não tinham alcançado a idade em que se desenvolve a consciência social. Levou-os até a oficina e todos se armaram de serrotes. Anunciaram sua intenção de cortar tôdas as árvores frutíferas. Eu, como de costume, fui cuidar da horta.

Dez minutos depois Ansi veio ter comigo:

—Que precisamos fazer para cessar o caos e ter de nôvo as leis?

—Eu não lhe posso dar nenhum conselho—respondi.

—Podemos convocar outra Assembléia Geral da Escola?—indagou.

—Claro que podem, só que eu não irei. Resolvemos pelo caos.

Ela afastou-se e eu continuei cuidando da horta.

Logo depois voltava ela:

—Tivemos uma reunião com as crianças e votamos pela realização de uma completa Assembléia Geral. Você virá?

—Assembléia completa?—disse eu.—Está bem, irei.

Na reunião, Ansi estêve séria, e votamos nossas leis em paz. Prejuízos totais durante o período caótico: uma trave de varal serrada ao meio.

Durante anos Ansi tivera prazer em liderar sua quadrilha contra a autoridade. Provocando rebelião estava fazendo algo que detestava. Detestava o caos. No íntimo, era uma cidadã amiga da lei, mas tinha um grande desejo de poder. Sentia-se feliz apenas quando estava dirigindo outros. Rebelando-se contra os professôres tentava fazer-se mais importante do que os professôres. Detestava as leis porque detestava o poder que faz as leis. Identificava-se com sua mãe castigadora, e era sádica em sua atitude para com os outros. Podemos apenas conjeturar que seu ódio à autoridade fôsse, objetivamente, um ódio contra a autoridade materna, e, subjetivamente, um ódio da

292

autoridade da mãe sentida nela própria. Acho que êsses casos de poder são muito mais difíceis de curar do que os casos sexuais. Podemos retraçar com relativa facilidade os incidentes e ensinamentos que dão a uma criança aflições de consciência no que se refere ao sexo, mas é difícil pesquisar os milhares de incidentes e ensinamentos que fizeram da criança uma pessoa sádica em relação ao poder.

Lembro-me de um dos meus fracassos. Quando lecionei na Alemanha, Maroslava, uma pequena eslava de treze anos, me foi enviada. Detestava intensamente o pai. Durante seis meses aquela garôta fêz de minha escola um pequeno inferno. Atacava-me nas Assembléias Escolares, sustentava a opinião de que eu devia ser despedido da escola, sob o pretexto de que era inútil ali. Tive três dias de folga e estava começando a divertir-me escrevendo um livro quando, infelizmente, houve uma outra Assembléia Escolar na qual se votou (um discordante, naturalmente) que eu devia ser chamado de volta. Maroslava estava sempre dizendo:

—Não quero saber de mandões na escola.

Ela era uma pessoa desejosa de poder, com um ego tremendo. Quando saiu (tive de dizer à mãe que não podia curá-la) apertei-lhe a mão.

—Bem—falei, amàvelmente—não pude ajudá-la muito, não é mesmo?

—Sabe por quê?—respondeu-me, com um sorriso sêco.—Vou dizer-lhe. No primeiro dia em que cheguei à escola estava fazendo uma caixa e o senhor me disse que eu usava pregos demais. Desde êsse momento percebi que o senhor era igual a todos os professôres dêste mundo—um mandão. Não seria possível, dali por diante, que me pudesse ajudar.

—Você tem razão—disse eu.—Adeus.

O ódio pode ser, com freqüência, mais ódio frustrado do que frustrado amor. O ódio que Maroslava irradiava era um ódio que se podia sentir. A busca do poder é uma característica tanto feminina como masculina. Geralmente, a mulher procura poder sôbre pessoas, enquanto o homem procura poder sôbre coisas materiais. E Maroslava e Ansi, sem dúvida alguma, procuravam poder sôbre pessoas.

Não há criança de menos de oito anos que seja egoísta. Ela é, simplesmente, interessada em si própria. No caso de um menino de seis anos ao qual o pai ensina a não ser egoísta e bate-lhe quando êle se revela tal, sua consciência, de início, é objetiva: *Devo repartir meus doces quando papai estiver olhando.* Mas um processo de identificação se inicia. O menino deseja ser tão grande quanto o pai—e o poder é o seu motivo. Deseja ter tanto quanto o pai tem. E, no processo, toma a filosofia paterna. Torna-se 'um pequeno Conservador ou um pequeno Liberal. Por assim dizer, acrescenta o pai à sua própria alma. A consciência, outrora a voz paterna vinda do exterior, torna-se agora a voz paterna vinda de dentro. Êsse é o processo através do qual algumas pessoas se tornam batistas, calvinistas, ou comunistas.

Meninas espancadas pela mãe, crescem espancadoras, também. Excelente ilustração disso é o brinquedo de escola. A pseudoprofessôra castiga os alunos o tempo todo.

O desejo de crescer demonstrado por uma criança é o desejo de poder. O simples tamanho dos adultos dá à criança a sensação de inferioridade. Por que os adultos podem ficar acordados até tarde? Por que são êles que têm as melhores coisas—máquinas de escrever, automóveis, boas ferramentas, relógios?

Meus alunos adoram ensaboar o rosto, quando eu me estou barbeando. O desejo de fumar, também, é, quase sempre, um desejo de ser adulto. Geralmente, no filho único é que o desejo de poder se faz mais frustrado, e, em conseqüência, o filho único é o mais difícil de manejar, na escola.

Certa vez, cometi o êrro de trazer um rapazinho para a escola dez dias antes de os outros alunos chegarem. Sentia-se êle muito feliz reunindo-se aos professôres, sentando-se na sala do pessoal, usando um dormitório. Mas quando as outras crianças chegaram, tornou-se muito anti-sociável. Sòzinho, êle ajudara a fazer e consertar muitos objetos. Quando os demais chegaram, começou a destruir coisas. Seu orgulho estava ofendido. Cessara, sùbitamente, de ser um adulto e tivera de dormir no mesmo quarto com quatro outros meninos, tivera de ir cedo para a cama. Seu violento protesto levou-me a resolver que nunca mais daria a uma criança a oportunidade de se identificar com os adultos.

Apenas o poder *frustrado* é que trabalha para o mal. Os sêres humanos são bons, desejam ser bons, desejam amar e ser amados. O ódio e a rebelião são apenas amor frustrado e frustrado poder.

CIÚMES

O ciúme nasce do senso de posse. Se o amor sexual fôsse uma genuína transcendência do eu, um homem se regozijaria quando sua pequena beijasse outro homem, porque se regozijaria por vê-la feliz. Mas o amor sexual é possessivo. O homem dotado de forte senso de posse é o que comete um crime por ciúme.

A ausência de qualquer ciúme sexual entre os insulares Trobrianderes sugere que o ciúme pode ser um subproduto de nossa civilização mais complicada. O ciúme deriva de uma combinação de amor com o senso de posse em relação ao objeto amado. Tem sido dito, com freqüência, que um ciumento não mata o rival que lhe roubou a espôsa—mata a espôsa. Provàvelmente mata a mulher que se colocou fora do alcance de suas mãos, tal como a coelha-mãe come seus filhotes se as pessoas começam a tocar demais nêles. O ego infantil terá tudo—ou nada. Não pode compartilhar.

O ciúme tem menos a haver com o poder do que com o sexo. É uma reação do ego ofendido. "Não sou o primeiro. Não sou o predileto. Estou colocado em posição de inferioridade." Essa é, certamente, a psicologia do ciumento, que encontramos, digamos, entre os cantores e comediantes profissionais. Nos meus dias de estudante eu costumava acamaradar-me com o pessoal de teatro através do simples método de dizer-lhes que os outros comediantes do elenco nada valiam.

No ciúme existe sempre um receio positivo de perda. A cantora de ópera odeia a outra prima-dona, receando que seus próprios aplausos sofram em volume e intensidade. Realmente, por comparação, é possível que o mêdo da perda de estima seja responsável por mais ciúme do que todos os rivais amorosos do mundo.

Na família, portanto, muito depende dos mais velhos a sensação que a criança terá quanto ao ser ou não apreciada. A liberdade de regular-se por conta própria deu-lhe tanta independência que ela não necessita estar constantemente à procura da aprovação paterna. Assim, seu ciúme de um recémchegado à família será menor do que na criança não-livre, na criança sempre agarrada às saias maternas, e, portanto, desprovida de independência. Isto não quer dizer que os pais devam ficar de lado e meramente observar como a criança mais velha reage em relação à menor. Desde o início, qualquer ação que possa agravar o ciúme deve ser evitada, tal como a excessiva exibição do bebê aos visitantes. As crianças de tôdas as idades têm vivo senso de justiça—ou antes, de injustiça—e os pais sensatos deverão tentar que a criança mais nova de forma alguma seja favorecida ou tenha preferência sôbre a mais velha, embora até certo ponto isso seja quase impossível de se evitar.

Que o bebê tenha o seio materno pode parecer uma injustiça para seu irmão mais velho. Mas pode não parecer, se o mais velho teve permissão para gozar livremente seu estágio de amamentação natural. Para tirar conclusões sólidas sôbre êsse aspecto, precisamos de muitas provas mais. Não tive experiência quanto às reações da criança que teve liberdade para regular-se por conta própria, quando da chegada de um nôvo bebê. Se o ciúme é um traço permanente na natureza humana, eu não sei.

Em minha longa experiência com crianças, verifiquei que muitas pessoas conservam, em sua idade adulta, e com emoção colérica, algumas lembranças do que consideram injustiças sofridas em seus dias de jardim-da-infância. Isto se afirma especialmente com a lembrança de um incidente no qual a mais velha foi castigada a propósito de algo que a criança mais nova fêz. "Eu sempre levava a culpa"—é o grito de muitos irmãos mais velhos. Em qualquer briga, quando o menor grita, a reação automática da mãe ocupada é repreender a criança mais velha.

Jim, de oito anos de idade, tinha o hábito de beijar todos quantos encontrava. Seus beijos pareciam mais a chupões do que a beijos. Concluí que êle jamais perdera seu interêsse infantil nas mamadas. Fui comprar-lhe uma mamadeira. Jim sugava sua mamadeira tôdas as noites, quando ia deitar-se. Os outros meninos, que de início davam gritos de zombaria (escondendo, assim, seu interêsse em mamadeiras) depressa tornaram-se ciumentos de Jim. Dois dêles pediram mamadeiras. Jim, de repente, tornou-se o irmãozinho que há muito tempo atrás tinha o monopólio do seio materno. Comprei mamadeiras para todos êles. O fato de desejarem mamadeiras provava que aquêles meninos ainda retinham seu interêsse nas mamadas.

O ciúme é algo para ser cuidadosamente evitado na sala-de-jantar. Mesmo alguns membros do pessoal mostram-se enciumados quando um visitante recebe um prato especial, e se o cozinheiro dá aspargos a um aluno mais velho, os outros começam a falar com eloqüência em seus pratos prediletos.

Há alguns anos, a chegada de um nôvo estôjo de ferramentas trouxe dificuldades à escola. As crianças cujos pais não podiam comprar-lhes boas ferramentas ficaram enciumadas, e durante três semanas mostraram-se anti-sociáveis. Um menino que sabia bem como usar ferramentas pediu uma plaina emprestada e tirou o ferro da plaina, martelando a parte cortante. Naturalmente, estragou a ferramenta. Disse-me que se esquecera de como retirar um ferro. Consciente ou inconscientemente o ato destrutivo foi inspirado pelo ciúme.

Pode ser impossível dar a cada criança um quarto para si própria, mas cada criança deve ter um canto no qual possa fazer o que quiser. Nas salas de aula de Summerhill cada aluno tem sua carteira e seu recanto especial, que decora com alegria.

Às vêzes o ciúme surge por causa das L. P. "Por que Mary tem L. P. e eu não tenho?" Às vêzes, uma das meninas comporta-se deliberadamente como criança-problema, apenas para ser incluída na lista de L. P. Certa vez uma garôta quebrou algumas vidraças, e quando perguntada qual o motivo daquilo, respondeu:

—Quero que Neill me dê L. P.

Uma garôta que se comporta dessa maneira é, habitualmente aquela cujo pai, segundo sua estimativa, não lhe deu suficiente atenção.

Já que as crianças trazem para a escola seus problemas e ciúmes do lar, o que mais temo em meu trabalho com elas são as cartas que os pais lhes escrevem. Certa vez tive de escrever a um pai: "Por favor, não escreva a seu filho. De cada vez que chega uma carta sua êle torna-se mau." O pai não me respondeu, mas deixou de escrever ao filho. Então, mais ou menos dois meses depois, vi o menino receber uma

297

carta do pai. Fiquei contrariado, mas nada disse. Naquela noite, mais ou menos à meia-noite, ouvi gritos horríveis partidos do quarto em que o, garôto dormia. Corri para lá a tempo de salvar nosso gatinho de estrangulação. No dia seguinte, fui ao quarto dêle e procurei a carta. Encontrei-a. "Você gostará de saber que Tom (o irmão mais môço) fêz anos na última segunda-feira e tia Lizzie deu-lhe um gatinho." Esta era uma das frases escritas ali. As fantasias nascidas do ciúme não conhecem fronteiras na criminalidade. Dois irmãos tiveram de viajar para as férias, saindo de Summerhill. O mais velho ficou em estado de pânico. "Tenho mêdo de perder Fred no caminho." Não dizia outra coisa. Receava que seu devaneio a êsse respeito se fizesse realidade.

—Não—disse um garôto de onze anos, referindo-se, para mim, ao seu irmão mais nôvo—não, eu não gostaria que êle morresse, exatamente, mas se êle fôsse fazer uma viagem bem longe, para a Índia ou qualquer outro lugar e só voltasse quando fôsse homem, disso eu gostaria.

Todo aluno nôvo que chega a Summerhill tem de suportar uns três meses de ódio inconsciente dos outros alunos, porque a primeira reação de uma criança quanto a um recém-chegado na família é uma reação de ódio. As crianças mais velhas habitualmente acreditam que a mãe só tem olhos para o recém-chegado, porque o bebê dorme com a mãe e absorve tôda a atenção dela. O ódio reprimido da criança pela mãe é com freqüência compensado por um excesso de ternura para com ela, e é o filho mais velho, numa família, o que mais odeia. O filho mais nôvo jamais soube o que foi o rei de uma casa. Quando penso nisso verifico que meus piores casos de neurose foram os de filhos únicos ou de filhos e filhas mais velhos.

Os pais, sem o querer, alimentam o ódio de um filho mais velho: "Ora essa, Tom, seu irmãozinho não faria tanto barulho por causa de um dedo machucado."

Lembro-me de um outro menino que sempre me apontavam como exemplo, em meu tempo de criança. Era um estudante maravilhoso, que jamais deixara de ser o primeiro da classe, levantava todos os prêmios de equitação. Morreu. Lembro-me que achei seu entêrro um acontecimento bastante agradável.

Os professôres, em muitos casos, têm de enfrentar o ciúme dos pais. Perdi mais de uma vez alunos por se sentirem os pais ciumentos da afeição dos filhos por Summerhill e por mim. É compreensível. Numa escola livre, as crianças têm permissão para fazer exatamente o que desejam, desde que

298

não transgridam as leis sociais feitas pelo pessoal e pelos alunos numa Assembléia Geral da Escola. Com freqüência, uma criança não deseja ir para casa nem mesmo nas férias, pois ir para casa é submeter-se às restritas leis domésticas. Os pais que não sentem ciúme da escola ou de seus professôres são os que tratam as crianças, em casa, da mesma maneira com que tratamos as crianças em Summerhill. Acreditam que as crianças devem ter liberdade para serem elas próprias, e essas crianças adoram ir para casa.

Não é preciso que haja qualquer rivalidade entre pais e professôres. Se os pais transformam o amor do filho em ódio, através de ordens e regulamentos arbitrários, devem esperar que o filho procure amor em outro lugar. Um professor é apenas um pai, ou mãe, por substituição. O amor frustrado pelos pais é dedicado ao professor apenas porque o professor se fêz amar mais fàcilmente do que êsses mesmos pais.

Não poderia contar o número de pais que conheci odiando seus filhos por ciúme. Eram pais Peter Pan, que desejavam amor maternal por parte de suas espôsas, odiando o jovem rival e muitas vêzes espancando-o cruelmente. O senhor, Sr. Pai, encontrará sua situação complicada pelo triângulo familiar. Desde que seu bebê nasça, o senhor passa a ser, até certo ponto, um homem desaparelhado. Algumas mulheres perdem todo o desejo pela vida sexual, depois de terem o bebê. Seja como fôr, amor dividido caracterizará o lar. O senhor deveria estar consciente do que acontece, de outra maneira acabará por sentir ciúmes de seu próprio filho. Em Summerhill tivemos dezenas de crianças que sofriam de ciúmes paternos ou maternos, na maioria ciúme paterno, que faziam do genitor uma pessoa severa e mesmo brutal para com o filho. Se um pai rivaliza com os filhos pelo amor da mãe, êsses filhos serão mais ou menos neuróticos.

Vi muitas mães que odiavam ver a filha exibir todo o frescor e beleza que ela, a mãe, perdera. Habitualmente, tratava-se de mães que nada tinham para fazer na vida, que viviam do passado, e sonhavam com as conquistas que tinham feito nos bailes de muitos anos atrás.

Eu percebia que me irritava quando dois jovens se apaixonavam um pelo outro. Racionalizei minha emoção pensando que minha irritação vinha, realmente, do mêdo das conseqüências possìvelmente desastrosas. Quando compreendi que aquilo não passava de ciúme possessivo dos jovens, tôda minha irritação e mêdo desapareceram.

299

Ciúme da juventude é uma coisa real. Uma jovem de dezessete anos disse-me que no internato particular que ela freqüentara, sua professôra considerava os seios como coisas vergonhosas que deveriam ser escondidas sob corpinhos bem apertados. Um caso extremo, sem dúvida, ainda assim contendo uma forma exagerada da verdade que tentamos esquecer: a idade—desapontada e reprimida—odeia a juventude, porque tem ciúmes da juventude.

DIVÓRCIO

Que torna uma criança neurótica? Em muitos casos, o fato de os pais não se amarem mùtuamente. A criança neurótica tem fome de amor, e em seu lar não há amor. Ouve os pais rosnarem um contra o outro. Tais pais podem tentar, honestamente, esconder de seus filhos o seu segrêdo, mas a criança sente a atmosfera. Julga pelas aparências mais do que pelo que ouve. Não há criança que se deixe enganar pelas palavras *meu bem e querido.*

Tive, entre outros, os seguintes casos:

Menina de quinze anos, ladra. Mãe infiel ao pai. A menina sabia.

Menina de catorze anos sonhadora infeliz. A neurose datava do dia em que viu o pai com sua amante.

Menina de doze anos, odiava tôda gente. Pai impotente, mãe azêda.

Menino de oito anos, ladrão. Pai e mãe brigavam abertamente.

Menina de nove anos, vivia no mundo da fantasia (em grande parte anal-erótica). Pais furtivamente hostis um contra o outro.

Menina de catorze anos, urinando na cama. Pais vivendo separados.

Menino de nove anos impossível em casa devido ao mau gênio, vivendo em fantasia de grandeza. Mãe mal casada.

Compreendo quanto é difícil curar uma criança quando o lar permanece um lugar destituído de amor. Muitas vêzes respondi à mãe que me pergunta o que deve fazer com o filho:

—Vá fazer a senhora uma análise psíquica.

Pais e mães me têm dito muitas vêzes que se separariam se não fôsse pelos filhos. Seria melhor, com freqüência, para os filhos dos casais que não se amam, *se pai e mãe se separassem*. Mil vêzes melhor! A vida matrimonial sem amor significa lar infeliz, e uma atmosfera infeliz é sempre a morte psíquica para a criança.

Verifiquei, algumas vêzes, que o filho jovem de mãe mal casada reage contra sua mãe em têrmos de ódio. Atormenta-a de maneira sádica. Havia um garôto que mordia e arranhava mãe. Casos menos violentos de tortura são representados pela exigência contínua da atenção materna. Segundo a teoria do complexo de Édipo, a coisa deveria passar-se ao contrário. O menino vê no pai o rival no amor de sua mãe. Seria natural a suposição de qué no caso em que o pai se mostra manifestamente fora da competição, o filho se pusesse, como enamorado feliz, a exibir um interêsse crescente pela mãe. Mas verifico, e com freqüência, que, em lugar disso, êle exibe uma crueldade extraordinária em relação a ela.

A mãe mal casada sempre mostrará favoritismo. Não lhe restando o recurso de expandir amor no casamento, concentra-o em um filho. A coisa essencial na vida de uma criança é amor, mas o cônjuge mal casado não pode dar amor na proporção devida. Ou dá demais ou dá de menos. E é difícil saber qual dessas formas produz mal maior.

A criança com fome de amor torna-se um indivíduo odiento. anti-sociável e crítico. A criança dominada por excesso de amor torna-se a querida da mamãe, alma tímida, feminina, sempre procurando a segurança materna. A mãe pode ser simbolizada por uma casa (como na agorafobia), pela Mãe Igreja, ou pela Mãe Pátria.

Não me preocupo com as leis divorcistas. Não é assunto meu aconselhar adultos. Contudo, é assunto meu estudar crianças, e é importante sugerir aos pais que o lar deve ser mudado se quiserem que uma criança neurótica tenha alguma possibilidade de recuperação. Os pais devem ter a coragem suficientes, se necessário, para compreender que sua influência é má para seus filhos. Uma mãe me disse:

—Mas se eu passar sem ver meu filho durante dois anos vou perdê-lo!

—A senhora já o perdeu—respondi.

E ela o *perdera*, realmente, pois a criança se sentia infeliz em seu lar.

ANSIEDADE DO PAIS

Pode se dizer que os pais ansiosos são os que não podem dar—dar amor, dar honra, dar respeito, dar confiança. Recentemente, a mãe de um aluno nôvo veio visitar Summerhill. Durante um fim-de-semana, fêz miserável a vida do filho. Êle não tinha fome, mas lá estava a mãe de pé a seu lado, obrigando-o a almoçar. Sujou-se por ter estado a fabricar uma cabana de troncos de árvore e a mãe correu com êle pelo terreno, levando-o para dentro de casa, onde o esfregou até limpá-lo. O garôto gastara o dinheiro de sua mesada em sorvetes, e ela fêz-lhe um sermão sôbre o mal que o sorvete fazia para o estômago. Corrigiu-o quando êle se dirigiu a mim chamando-me Neill, pedindo-lhe que me chamasse *Senhor Neill.*

Eu lhe disse:

—Por que, com os diabos, a senhora o matriculou nesta escola quando sua atitude para com êle é tão preocupada, tão aflita?

E ela respondeu, inocentemente:

—Por quê? Porque desejo que êle seja livre e feliz. Quero que se torne um homem independente, não contaminado pela influência exterior.

—Oh!—foi o que pude dizer, acendendo um cigarro. A mulher não suspeitava de que tratava seu filho estúpida e cruelmente, de que estava transferindo para êle tôda a ansiedade que sua própria vida frustrada lhe dava.

Pergunto: que se pode fazer num caso assim? Nada. Nada senão dar algumas ilustrações dos prejuízos causados pela ansiedade dos pais e esperar pelo melhor, esperança de que talvez um pai ou mãe, entre um milhão, venha a dizer: "Jamais pensei nisto! Supunha estar agindo certo. Talvez estivesse errado".

Houve um caso em que a mãe angustiada escrevia: "Já não sei o que faço com meu filho de doze anos, que, de repente, deu para roubar coisas da loja Woodworth. Por favor, por favor, diga-me o que devo fazer". É como se depois de ter tomado uma garrafa de uísque por dia, durante vinte anos, um homem escrevesse queixando-se de 'que está com o fígado arruinado. Àquela altura provàvelmente seria inútil aconselhá-lo a desistir da bebida. Assim, com freqüência, eu aconselho às mães desesperadas, que têm filhos com sérios problemas de comportamento, a consultar um psicólogo infantil, ou a procurar o sanatório para crianças que lhes esteja mais próximo.

Naturalmente, seria possível responder às mães desesperadas: "Minha cara senhora, seu filho começou a roubar porque seu lar não é um lar satisfatório, é um lar infeliz. Por que não se empenha em fazer de sua casa um bom lar?" Se fizesse isso talvez desse a tais mães apenas dores de consciência. Mesmo que elas tivessem a melhor atenção dêste mundo, não poderiam modificar o ambiente do filho, porque não sabem como fazê-lo. E, ainda mais, mesmo que soubessem, não teriam capacidade emocional para levar avante o programa.

Certamente, com a orientação de um psicólogo infantil, uma mulher de boa vontade pode obter modificação substancial. Êsse psicólogo talvez lhe recomende que se separe do marido não-amado, ou que não a ama, ou sugira o afastamento da sogra. O que êle pouco provàvelmente poderia modificar é a mulher por dentro, a moralista, a mãe ansiosa e assustada, a antagonista do sexo, a atormentadora. Modificar apenas as condições externas, tem, com muita freqüência, suas limitações.

Falei com a mãe assustada. Lembro-me de uma entrevista com outra espécie de mãe. Trazia uma possível aluna, sua filha de sete anos. Cada pergunta que me fazia revelava angústia:

—Alguém cuidará de que ela escove os dentes duas vêzes por dia? Vigiarão para que ela não vá caminhar na estrada? Terá aulas diàriamente? Alguém lhe dará o remédio tôdas as noites?

As mães ansiosas fazem de seus filhos, inconscientemente, parte de seus problemas por resolver. Certa mãe estava apavorada em relação ao estado de saúde de sua filha. Escrevia-me constantemente longas cartas com instruções quanto ao que a menina devia comer, ou melhor, não comer, como deveria vestir-se, e assim por diante. Tive muitos alunos que procediam de pais ansiosos. Invariàvelmente essas crianças adquirem a ansiedade paterna: a hipocondria é o resultado freqüente.

Marta tinha um irmão pequeno. Os pais eram ambos pessoas ansiosas. Ouço Marta gritando no jardim com seu irmão:

—Não chegue perto do tanque. Você molhará os pés.

304

Ou:

—Não brinque com essa areia—você sujará suas calças novas.
Eu deveria ter dito que ouvia Marta, quando êle chegou
pela primeira vez à escola. Atualmente, não se importa que
seu irmão pareça uma vassoura de limpar chaminé. Apenas
durante a última semana do período escolar é que sua ansiedade reaparece, porque compreende que vai voltar para casa,
para uma atmosfera de constante ansiedade.

Às vêzes, penso que as escolas estritas devem parte de sua
popularidade ao fato de os alunos adorarem ir para casa nas
férias. Os pais vêem nos rostos felizes‘dos filhos o amor do
lar, quando isso não passa, com muita freqüência, de ódio
à escola. O ódio da criança foi dedicado aos professôres severos, o amor da criança é atirado generosamente aos pais.
Êsse é o mesmo mecanismo psicológico usado pela mãe quando
desvia o ódio do filho para o pai dizendo:

—Espera até que teu pai chegue em casa! Êle te arranjará!
Muitas vêzes ouço médicos e outros profissionais dizerem:

—Mando meus filhos para uma boa escola particular a fim de
que adquiram boa pronúncia e possam fazer conhecimentos
que lhes sejam úteis mais tarde.

Tomam como coisa natural que os valôres sociais agora
continuem a ser os mesmos durante gerações. Mêdo do futuro
é coisa muito real entre os pais.

Quando o lar é centro de estrita autoridade paterna os pais
desejam escolas disciplinadas. A escola estrita tem a tradição
de manter a criança segura, quieta, respeitosa, castrada. Além
disso, a escola faz excelente trabalho tratando apenas da cabeça da criança. Restringe a vida emocional, o ímpeto criador.
Treinada para ser obediente a todos os ditadores e senhores
da vida. O mêdo que‘ se inicia no quarto da criança é au-
mentado pelos professôres severos cuja disciplina rígida deriva
de seus próprios impulsos pelo poder. Os pais comuns, vendo
sòmente a criança exterior, com seu verniz escolar, com suas
maneiras superficiais, com sua adoração dos jogos de futebol,
ficam satisfeitos ao verificarem o quanto seu filho querido está
sendo instruído. É trágico ver uma jovem sacrificada a êsse
altar antediluviano da chamada educação. A escola estrita
exige apenas poder—e os pais assustados ficam satisfeitos.

Como todos os egos que buscam poder, o ego do professor
se esforçará para trazer a criança até êle próprio. Pense no
deus de chumbo que é um professor, realmente. Faz-se o
centro do quadro; manda e é obedecido; distribui justiça; é

305

quem fala quase todo o tempo. Na escola livre não há oportunidade para um professor exibir o seu ego. Não pode competir com o egoísmo vocal maior das crianças. Assim, em lugar de respeitar-me, as crianças muitas vêzes chamam-me tolo, ou grande asno. Geralmente, essas palavras são carinhosas. Numa escola livre o elemento amor é muito importante. As palavras usadas são secundárias.

Um menino vem para Summerhill, procedente de um lar mais ou menos estrito, um lar ansioso. Dão-lhe, na escola, tôda a liberdade que quiser. Ninguém o critica. Ninguém dá importância às suas maneiras. Ninguém lhe pede que seja visto mas não ouvido. A escola é para aquêle menino, naturalmente, como que um paraíso. Paraíso, para um menino, é o lugar onde êle possa expressar todo o seu ego. Sua satisfação por se ver livre para expressar-se, depressa vem a ligá-lo a mim. Eu sou o homem que lhe permite ser livre. Eu sou o papai que o papai deveria ser. O menino não está realmente me devotando amor. Uma criança não ama — apenas deseja ser amada. Seu pensamento não expresso é o seguinte: *Sou feliz aqui. O velho Neill é um tipo bastante decente. Nunca ralha nem nada disso. Deve gostar muito de mim, senão estaria me dando ordens.*

Chegam as férias. Êle vai para casa. Em casa, apanha a lanterna elétrica do pai, e sem dúvida deixa-a sôbre o piano. O pai protesta. A criança compreende que o lar não é um lugar onde exista liberdade. Um rapaz me disse, muitas vêzes:

—Minha gente não é bem moderna, você sabe. Não tenho liberdade em casa como tenho aqui. Quando fôr para casa vou ensinar mamãe e papai.

Penso que realizou essa ameaça, pois foi mandado para outra escola.

Muitos dos meus alunos sofrem muitíssimo de "parentelites". Neste momento desejaria conversar acrimoniosamente com os seguintes parentes de meus alunos: dois avós, (religiosos), quatro tias (religiosas e pudicas) dois tios (irreligiosos e moralizantes). Proibi severamente os pais de um dos meus alunos que lhe permitissem visitar o seu avô apaixonado pelo fogo do inferno, mas êles me responderam que seria impossível tomar uma decisão assim drástica. Pêsames ao garôto!

Numa escola livre, a criança está segura contra os parentes. Atualmente eu lhes peço que se retirem. Há dois anos um tio veio buscar seu sobrinho de nove anos para um passeio a pé. O menino voltou e começou a jogar pão pela sala-de-jantar.

—Seu passeio parece que o pôs nervoso—disse eu.—Sôbre que conversou o seu tio?

—Oh!—disse êle—falou sôbre, Deus o tempo todo, Deus e a Bíblia.

—Citou o texto que fala em atirar o pão às águas, não foi? —perguntei, pondo-me a rir. Êle deixou de atirar o pão. Quando aquêle tio reaparecer na escola seu sobrinho estará, simplesmente, "impedido de aparecer por uma temporada".

Em geral, entretanto, não posso me queixar da maioria dos pais de meus alunos. Nós nos entendemos esplêndidamente bem. Quase todos êles estão a meu lado, constantemente. Um ou dois têm dúvidas temerosas, mas continuam a confiar. Eu sempre falo francamente aos pais e digo-lhes qual é o meu método. Digo-lhes, sempre, que aceitem ou recusem. Os que estão comigo sempre não têm ocasião de abrigar ciúmes. As crianças sentem-se tão livres no lar como na escola, e gostam de ir para casa.

Crianças cujos pais não acreditam completamente em Summerhill não querem ir para casa nas férias. Os pais exigem demais delas. Não compreendem que uma criança de oito anos está principalmente interessada em si própria. Não tem senso social, nenhuma idéia verdadeira de dever. Em Summerhill, ela se expande até esgotar o seu egoísmo e irá livrar-se dêle expressando-o. Um dia tornar-se-á sociável, porque seu respeito pelos direitos e opiniões dos outros modificará o seu egoísmo. Do ponto de vista da criança, a discordância entre o lar e a escola é desastrosa. Para ela começa o conflito. Qual dêles está certo, o lar ou a escola? É essencial para o desenvolvimento e felicidade da criança que o lar e a escola tenham um só propósito, um ponto de vista concordante.

Uma das causas principais do desentendimento entre pais e professôres, segundo tenho verificado, é o ciúme. Uma aluna de quinze anos disse-me:

—Quando quero ver papai ficar furioso é só dizer: "O Sr. Neill diz isto ou aquilo..."

Pais ansiosos, com freqüência têm ciúmes do professor querido pelos filhos. Isso é natural. As crianças são, antes de mais nada, possessões, propriedade, parte dos ego dos pais.

Os professôres também são fràgilmente humanos. Muitos dêles não têm filhos, e, inconscientemente adotam seu alunos. Lutam, sem perceberam o que estão fazendo, para roubar as crianças aos pais. É realmente necessário que um professor passe pela análise psíquica. A análise não é panacéia para

307

tôdas as doenças: tem alcance ilimitado mas ilumina o terreno. Penso que o método principal da análise é fazer com que se entenda melhor os outros, é tornar-nos mais caridosos. Sòmente por essa razão eu a recomendo calorosamente para os professôres, porque, afinal, seu trabalho é compreender os demais. O professor analisado enfrentará animadamente sua própria atitude diante das crianças, e, enfrentando-a, fará com que ela melhore.

Se num lar existem mêdos e conflitos, o lar é mau. A criança que tem sido empurrada para a frente com demasiada pressa pelos pais ansiosos, tende a fazer-se ressentida. Inconscientemente, resolve que seus pais não levarão a melhor. A criança que não foi educada com ansiedade e conflito irá ao encontro da vida com espírito de aventura.

308

COMPREENSÃO DOS PAIS

Ter compreensão significa estar livre de preconceitos, de atitudes infantis—antes digamos tão livre quanto possível, pois quem pode jamais libertar-se do condicionamento dos primeiros tempos de vida? A compreensão implica em descer ao fundo das coisas, deixando de lado o superficial. Em virtude de seu apêgo emocional, isso não é fácil para os pais. *Que confusão fiz eu com meus filhos!* Êsse é o grito em milhares de cartas que tenho recebido. O professor, não prejudicado por um forte apêgo emocional aos seus alunos, tem muito melhor possibilidade do que os pais para praticar a compreensão constante na orientação da criança em direção da liberdade.

Muitas vêzes tive de escrever a um pai que seu filho-problema não teria uma oportunidade a não ser que êle, pai, modificasse seus métodos. Tive de fazer sentir, por exemplo, que a situação se torna impossível quando Tommy tem liberdade para fumar em Summerhill, enquanto apanha se fumar em casa. Podemos substituir a palavra fumo por banho, limpeza, falta de estudos, blasfêmias, e por aí além.

Jamais coloquei uma criança contra seu lar. Foi a liberdade que se incumbiu disso, e, naturalmente, o lar sem compreensão jamais poderia aceitar o desafio, jamais poderia compreender o trabalho da liberdade.

Gostaria de ilustrar o tipo errado de relações entre pais e filho com vários exemplos. As crianças sôbre as quais vou escrever não sofriam de qualquer anormalidade, fôsse de que tipo fôsse. Eram simplesmente, vítimas do ambiente onde não havia compreensão das verdadeiras necessidades da criança.

Temos Mildred. Quando retorna, depois de cada período de férias, mostra-se maldosa, briguenta, desonesta: bate as portas, queixa-se de seu quarto, queixa-se de sua cama, e de tudo o mais. Passa-se mais de meio período escolar para que

309

ela se torne outra vez de convivência agradável. Passou suas férias atormentando e sendo atormentada por sua mãe, que se casou com o homem errado. Tôda a liberdade da escola no mundo não pode dar àquela criança uma satisfação duradoura. Para dizer a verdade, um período de férias excepcionalmente mau no lar é seguido por um período de furtos mesquinhos na escola. Torná-la consciente da situação não modifica o ambiente de incompreensão do lar, o ambiente de ódio, de constante interferência com a sua vida. Mesmo em Summerhill uma criança, às vêzes, não pode libertar-se da influência do lar—a má influência do lar que não tem valôres, que não tem conhecimento do que uma criança pensa e sente. Ai de nós! Não se pode fàcilmente ensinar valôres às pessoas.

Johnny, de oito anos, volta para a escola com mau aspecto. Inferniza e intimida as crianças menores. Sua mãe acredita em Summerhill, mas seu pai é um disciplinador. O menino tem de saltar quando seu pai chama, e conta-me que às vêzes é espancado. Que se pode fazer por êle? Eu não sei.

Escrevo a um pai: "É fatal para o senhor criticar seu filho seja no que fôr. Não lhe faça cenas de cólera. Acima de tudo, nunca o castigue."

Quando o menino foi para casa, em férias, o pai foi buscá-lo à estação. E eis a primeira coisa que lhe disse:

—Mantenha a cabeça levantada, rapaz! Não se encolha!

A mãe de Peter prometeu-lhe um *penny* cada manhã em que encontrasse sua cama sêca. Eu repliquei oferecendo-lhe três centavos de cada vez que sua cama aparecesse molhada. Mas, para evitar conflito entre a mãe e eu próprio na mente da criança, convenci-a a cortar sua recompensa antes que eu oferecesse a minha. Agora, Peter molha a cama muito mais quando está em casa do que quando está na escola. Um elemento em sua neurose é o desejo de permanecer bebê: tem ciúmes de seu irmão recém-nascido. Sente, vagamente, que sua mãe está tentando curá-lo. O que estou tentando fazer é mostrar-lhe que molhar a cama não tem a menor importância. Numa palavra, minha recompensa de três centavos encoraja-o a permanecer um bebê até que êle tenha esgotado tôda essa disposição e esteja preparado para *deixar daquilo naturalmente*. Um hábito significa êsse algo, significa fazer a criança sentir-se culpada e fornecer-lhe odiosas noções morais. É melhor molhar a cama do que tornar-se um moralista pretensioso.

O pequeno Jimmy volta de um período de férias dizendo:

—Não vou perder nem uma só lição neste período.

310

Seus pais estiveram insistindo com êle para que passe em seus exames de admissão ao ginásio. O menino vai às aulas durante uma semana, depois, não mais aparece durante um mês. Outra prova de que o simples falar é sempre inútil. Pior ainda, o falar pode ser embaraçoso. Conforme disse, êsses casos não se deram com crianças-problemas. Sob ambiente racional e com a devida compreensão paterna, essas crianças teriam sido normais. Tive uma vez um menino-problema que sofrera sob métodos errados de ensino. Eu disse à mãe que ela precisava desfazer o mal feito. Prometeu que desfaria. Trouxe-o de volta depois das férias, e eu disse:

—Bem, a senhora revogou a proibição?

—Sim—disse ela—revoguei.

—Ótimo! E que lhe disse?

—Eu lhe disse: "Brincar com seu pênis não é errado, mas é uma coisa tôla."

Retirou uma proibição e colocou outra. E, naturalmente, o pobre menino continuou a ser anti-social, desonesto, odiento, e cheio de ansiedade.

Meu caso contra os pais é que êles não querem aprender. A maior parte do meu trabalho parece consistir na correção dos enganos cometidos pelos pais. Sinto ao mesmo tempo solidariedade e admiração pelos pais que admitem honestamente os enganos cometidos por êles no passado e tentam aprender a melhor maneira de tratar seus filhos. Mas outros pais, bastante estranhamente, preferem agarrar-se a um código inútil e perigoso do que tentar adaptar-se à criança. Ainda mais estranho: parecem ter ciúmes do amor que os filhos me dedicam.

As crianças não querem tanto bem a mim quanto à minha não-interferência em seus assuntos. Sou o pai com o qual êles sonhavam quando seu pai verdadeiro gritava: "Parem com êsse barulho!" Jamais exijo boas maneiras nem linguagem cortês. Jamais exijo que os rostos apareçam lavados. Jamais peço obediência, respeito, ou honrarias. Numa palavra, trato as crianças com a dignidade que o adulto espera receber dos demais. Compreendo, afinal, que não pode haver competição real entre o pai e eu. O trabalho dêle é ganhar o pão da família. Meu trabalho é estudar as crianças e dar todo o meu tempo ao interêsse delas. Se os pais recusam-se a estudar a psicologia infantil a fim de poderem tornar mais compreensivos quanto ao desenvolvimento de seus filhos, devem esperar serem deixados para trás. E os pais *são* deixados para trás.

311

Um pai escreveu a uma criança da minha escola: "Se não pode escrever com ortografia melhor prefiro que não me escreva!" Isso dirigia-se a uma garôta sôbre a qual não tínhamos ainda certeza de que não fôsse mentalmente atrasada. Mais de uma vez tive de gritar a um pai queixoso: —Seu filho é um ladrão e urina na cama. É anti-social, infeliz, inferior. E o senhor vem dizer-me que se aborreceu porque êle foi ao seu encontro na estação com o rosto e as mãos sujas!

Sou homem que custa a encolerizar-me, mas quando conheço um pai ou uma mãe que não querem ou não podem adquirir senso de valôres sôbre o que é importante e o que é insignificante no comportamento de uma criança, fico zangado. Talvez seja por isso que me consideram contra os pais. Por outro lado, que alegria quando uma mãe vem fazer uma visita, encontra seu filho enlameado, esfarrapado, brincando no jardim, e diz: —Mas êle não está mesmo parecendo tão bem e tão feliz?

Sim, eu sei quanto isso é difícil. Todos temos nossos padrões de valôres e medimos os outros pela nossa medida. Talvez eu devesse desculpar-me por ser um homem fanático no que se refere a crianças, impaciente com os pais que não vêem as crianças com os meus olhos. Mas se eu me descupar, serei um hipócrita. A verdade é que sei estar certo quanto a valôres —no que se refere a crianças.

Os pais que desejam realmente modificar suas relações pouco satisfatórias com o filho podem começar por fazer a si próprios algumas perguntas pertinentes: *Zanguei-me com meu filho por que discuti esta manhã com minha espôsa (ou marido)? Foi porque nossas relações sexuais da noite passada não me deram bastante prazer? Ou porque a vizinha ao lado disse que eu estragó meu garôto? Ou porque meu casamento é um fracasso? Ou porque o patrão me censurou, no escritório?* Perguntar a si próprio coisas assim poderá ajudar muito.

As perguntas realmente profundas, as que estão condiciona-·das para tôda a existência, ai de nós, ficam para além da nossa consciência. É muito improvável que um pai encolerizado se detenha e pergunte a si próprio esta coisa complicada: *Estou zangado com meu filho que blasfema, apenas por ter sido educado estritamente, com surras e sermões moralizantes, com mêdo de Deus, com respeito por convenções sociais que nada significam, com intensa repressão sexual?* A resposta exigira um grau de auto-análise que está para além da capacidade ·da maior parte entre nós. É pena, pois a resposta poderia salvar muita criança da neurose e da infelicidade.

A frase bíblica que diz recair sôbre os filhos a iniqüidade dos pais tem sido recebida, durante gerações, em seu contexto físico. E mesmo os iletrados podem compreender a moral dos *Espectors*, de Ibsen, quando o filho é arruinado em conseqüência da sífilis paterna. O que não é compreendido se refere à ruína muito mais freqüente dos filhos em conseqüência de erros psicológicos dos pais. Para a criança existe apenas uma escapatória dêsse ciclo destrutivo de distorção do caráter—ser orientada, desde bem cedo, para a liberdade de regular-se por conta própria por parte de pais compreensivos.

Devemos insistir em que essa liberdade exige mais do que um sistema estabelecido. Os pais terão que sacrificar mais de seu tempo e de seus interêsses pessoais, pelo menos durante dois anos. Não devem ver no bebê objeto de exibição para sorrir e fazer gracinhas quando os parentes estão de visita. Não devem fazer jôgo para obter o amor e a gratidão do bebê. A liberdade de regular-se por conta própria implica em grande ausência de egoísmo por parte dos pais. Insisto nesse aspecto porque vi jovens casais pensarem estar usando tal sistema, quando estavam fazendo o bebê adaptar-se às suas próprias conveniências, tentando fazer o filho aceitar uma hora de dormir que se acomodasse com seus desejos de ir a um cinema, à noite. Ou, mais tarde, dando à criança brinquedos macios, sem ruídos, de forma que o papai não fôsse perturbado quando tirasse sua cochilada.

"Pare com isso"!—dirão os pais.—Não pode *fazer* tal coisa conosco! Temos nossos direitos pessoais nesta vida!"

Eu digo que não, que não têm mais direitos. Pelo menos não durante os dois primeiros anos—ou talvez os quatro primeiros anos de vida de uma criança. Êsses anos devem ser de vigilância mais cuidadosa, porque tudo é contra a liberdade de regular-se por conta própria, e temos de lutar por uma criança com intensidade consciente.

Tenho muitos outros pequenos conselhos para os pais que desejam, com ardor, dar a seus filhos um bom comêço em direção da liberdade de regular-se por conta própria.

Estacionar o carro de um bebê no jardim, talvez durante horas seguidas, é um hábito perigoso. Ninguém sabe os agoniados sentimentos de mêdo e solidão que um bebê pode experimentar acordando de repente e vendo-se sòzinho em lugar estranho.

313

Os que já ouviram os gritos de um bebê em tais ocasiões têm alguma idéia da crueldade dêsse estúpido costume.

Se quer que seu filho cresça sem ser um neurótico, não deve —*não ouse*—ficar longe dêle. Deve brincar com êle, não só em seus jogos mas brincar com êle no sentido de ser também uma criança, capaz de entrar na vida de outra criança e aceitar seus interêsses. Se tiver qualquer tôla dignidade, não poderá fazer isso.

É sempre melhor, se possível, que os avós vivam separados das crianças. Habitualmente, acontece que os avós insistem em deitar leis sôbre a educação delas, ou que as estraguem, vendo apenas o que é bom ou que é mau em seus netos. Nos lares errados as crianças têm quatro patrões, em lugar de dois. Mesmo nos bons lares há uma tensão, porque a maior parte do tempo os avós levam tentando impor seus próprios e antiquados pontos de vista sôbre a infância. Inclinam-se, com freqüência, a estragar uma criança, através de amor demasiadamente possessivo. Isso acontece, habitualmente, quando a vovó não tem interêsses reais na vida e a família está tôda criada. A terceira geração dá-lhe uma oportunidade de começar de nôvo a sua tarefa. Sob o pretexto de que a filha, ou a nora, são incompetentes como mães, a vovó toma a direção, e a criança é puxada de ambos os lados, inclinando-se a fugir de *ambos* os lados. Para uma criança, as discussões em seu lar significam sempre lar sem amor, sejam elas travadas entre mamãe e vovó, sejam entre marido e mulher. E mesmo quando a discussão é sutilmente escondida à criança, ela nunca se deixa iludir. *Sente*, sem ter consciência disso, que não há amor na casa.

A questão da escola pode ser também difícil. Sua espôsa, pode desejar mandar a criança para uma escola co-educacional e você pode desejar mandá-la para a escola pública. Pode haver um choque. Talvez o pior ocorra se o senhor ou sua espôsa forem católicos-romanos. Nesse caso não tenho conselhos a oferecer. Os abismos ideológicos ou religiosos são muitas vêzes intransponíveis. Posso apenas dizer que meus alunos mais difíceis foram o resultado da diferença de opinião dos pais quanto a escola. Um menino cujo pai era contra Summerhill, mas abriu mão de sua opinião por amor da paz doméstica, jamais fêz aqui um progresso substancial, porque sabia que seu pai realmente desaprovava a escola. É uma situação trágica para qualquer criança. Ela não sente segurança, e teme que qualquer dia o pai decida transferi-la para uma escola disciplinadora.

Entretanto, algum antagonismo entre pais e professôres deve ser esperado. Os professôres compreendem isso, e alguns dêles fazem o possível para manter o corpo docente e os pais em contato mais chegado, através das reuniões de pais e mestres, nas escolas. Excelente! Isso devia ser feito em tôda parte. Os professôres deveriam compreender que jamais poderão ser uma, influência importante para a criança como são os pais. Eis porque é inútil tentar a cura da criança-problema quando o lar mantém a atmosfera que tornou a criança um problema.

Os pais devem encarar o fato de que mais cedo ou mais tarde é necessário para as crianças separarem-se dêles. Naturalmente não estou querendo dizer que as crianças devem deixar seus pais e nunca mais vê-los. Refiro-me à separação *psicológica,* à libertação da independência infantil em relação ao lar. É natural que a mãe tente manter os filhos dependentes dela. Sei de muitos lares em que uma filha permaneceu ali para confortar seus pais em sua velhice. Na maioria dos casos, segundo observo, trata-se de um lar infeliz.

Uma parte da psique da filha insiste em que ela vá para o mundo e viva sua própria vida. A outra parte, a parte que aceita os deveres, obriga-a a permanecer com seus pais. Ela deve ter sempre um conflito íntimo, e êsse conflito habitualmente se revela em irritação: *Naturalmente, eu amo mamãe, mas ela às vêzes é cansativa!*

Hoje, milhares de mulheres têm as tarefas mais insípidas da terra—preparar comida, lavar louças, lavar roupa, passá-la a ferro, tirar o pó. São governantes não-pagas, e suas vidas mostram-se monótonas. Quando a família deixa o ninho, a tarefa da mãe está terminada. O ninho do qual os filhotes fugiram é um ninho solitário, e a mãe antes deve receber solidariedade do que condenação. Sua tendência maternal é manter as tarefas tanto tempo quanto possível—mesmo quando possa, sem a menor intenção, causar sofrimentos a um filho, nessa sua insistência. Tudo isso devia mostrar o fato óbvio que as mulheres casadas precisariam ter um ofício ou profissão que pudessem retomar quando as responsabilidades maternas terminassem.

Os pais são Deus, e um Deus ciumento. Os pais têm o direito legal de dizer: *Modelarei meu filho assim!* Mãe e pai podem espancar o filho, aterrorizá-lo, fazer-lhe a vida miserável. A lei pode interferir apenas quando muito dano físico

315

foi feito. Não pode interferir de forma alguma, entretanto, seja qual fôr o dano psíquico sofrido. A tragédia é que os pais acreditam sempre estar agindo para o melhor. A grande esperança da humanidade é que os pais *venham a agir* para o melhor, se tiverem compreensão e estiverem do lado da criança no seu desenvolvimento em direção da liberdade, em trabalho, em conhecimento e em amor. Se êste livro ajudou ao menos a um pai ou uma mãe a compreender a tremenda influência para o bem e para o mal que os pais exercem, não terá sido escrito em vão.

SETE

PERGUNTAS E RESPOSTAS

EM GERAL

O senhor chama antivida à humanidade. Que quer dizer com isso? Eu não sou antivida, meus amigos não são antivida.

Durante a minha existência eu vi duas guerras horríveis, e é possível que ainda viva para ver uma terceira, mais horrível. Muitos milhões de jovens morreram nessas duas guerras. Quando eu era menino, nomens morreram pela causa imperialista, na África do Sul. De 1914 a 1918 morreram no que seria "a guerra para acabar com tôdas as guerras". De 1939 a 1945, morreram para esmagar o fascismo. Amanhã poderão morrer para esmagar ou expandir o comunismo. Isso significa estarem grandes massas humanas dispostas a dar suas vidas e as vidas de seus filhos ao comando das autoridades centrais, em honra de causas que não tocam suas vidas individuais.

Somos antivida e pró-morte se somos penhôres de políticos, comerciantes, ou exploradores. Somos penhôres porque somos treinados para ver a vida negativamente, encaixando-nos com humildade numa sociedade autoritária, e prontos a morrer pelos ideais de nossos senhores. Sòmente nos livros românticos as pessoas morrem por amor. Na realidade, morrem por ódio.

Êsse é o aspecto de conjunto. Mas o indivíduo é antivida em sua existência cotidiana. Quase sempre seu ato de amor é insatisfeito, e seus prazeres revelam-se, na maioria, espalhafatosos, mesquinhos, escapistas. Êle é um moralista, isto é, uma pessoa que considera errada a vida natural, ou, pelo menos, inadequada, e nesse sentido treina seus filhos.

Criança alguma, que fôsse pró-vida, jamais deveria receber a consciência de sexo, ou lições sôbre Deus, boas maneiras, ou comportamento elegante. Os pais ou professôres que fôssem pró-vida, jamais poderiam espancar uma criança. Cidadão al-

319

gum que fôsse pró-vida poderia tolerar nosso código penal, nossos enforcamentos(*), nossos castigos aos homossexuais, nossa atitude em relação aos filhos ilegítimos. Pessoa alguma que fôsse pró-vida sentar-se-ia numa igreja e proclamaria ser um miserável pecador.

Deixe-me tornar bem claro que não advogo a libertinagem. O teste é sempre êste: *O que o Sr. X está fazendo prejudica realmente alguém?* Se a resposta é não, os que fazem objeções ao Sr. X agem de forma antívida.

Pode alguém argumentar com a pró-vida dos jovens, quando dançam, excursionam, brincam, vão aos cinemas, aos concertos, aos teatros. E há alguma coisa nesses argumentos, também, porque a juventude tem fome do que é pró-vida, e de tal maneira se mostra animada e otimista que encontra prazer mesmo quando é reprimida pela autoridade. Mais tarde essa fome persiste, de forma que o homem é ambivalente, procurando o prazer, e ao mesmo tempo receando-o.

Quando uso a expressão *antívida,* não me refiro à procura da morte. Quero dizer que há mais temor da vida do que temor da morte. Ser antívida não significa ser pró-morte. Ser antívida é ser pró-autoridade, pró-religião das igrejas, pró-repressão, pró-opressão ou, pelo menos, subserviente a essas coisas.

Vou resumir: Pró-vida é igual a divertimento, jogos, amor, trabalho interessante, passatempos, risos, música, dança, consideração pelos outros, e fé nos homens. Antívida é igual a dever, obediência, proveitos e poder. Através da história, a antívida tem vencido, e continuará a vencer enquanto a juventude fôr treinada para se ajustar à concepção adulta dos dias presentes.

O senhor acredita que a maioria dos males da humanidade será resolvida quando os problemas econômicos de milhões neste mundo tiverem sido solucionados?

Não é muito satisfatório compreendermos que nosso treinamento doméstico e escolar conduz a maioria das pessoas a uma vida descolorida e monótona. Oh! Sim! As tarefas monótonas das lojas são necessárias. Desnecessário é o torpor de pessoas que odeiam suas escrivaninhas e suas contas de venda, que

---

(*) A pena capital na Inglaterra, é executada por enforcamento.

320

têm de procurar alívio para suas emoções definidas por falta de alimento em filmes banais, em corridas de cachorros, em revistas ilustradas, e em notícias de crimes e acontecimentos de sensação, nos jornais. '

Milionários possuidores de Cadillacs não são mais felizes em sua vida interior do que carregadores de estradas de ferro. A resposta é que homem algum pode gozar de confôrto e segurança econômica se sua alma fôr antivida e antiamor. O rico e o pobre têm isso em comum: ambos foram criados num mundo que desaprova o amor, que teme o amor, que faz do amor um gracejo obsceno.

Muitos dos que concordam com a afirmação de que a maioria das pessoas é infeliz, dirão que quando todos os problemas econômicos forem resolvidos, a vida será, então, satisfatória e livre. Quanto a mim, não posso acreditar em tal coisa. O pouco que tenho visto quanto à independência econômica não foi encorajador. A independência econômica que torna possível uma cozinha elétrica não conduz a uma felicidade maior, a uma sensatez maior. Tudo quanto faz é permitir maior confôrto, e isso é coisa que logo se torna aceita automàticamente, e perde seu valor emocional.

Nossos métodos de formação de caráter fizeram da Inglaterra um país de sucesso em coisas materiais e deram-nos alto padrão de vida. Mas só até aí caminhou êsse sucesso. Em grande extensão as pessoas ainda são infelizes. Não, a solução econômica, apenas, jamais libertará o mundo de seu ódio e de seu sofrimento, de seus crimes e escândalos, de suas neuroses e doenças.

Que podemos fazer quanto a um casamento infeliz?

Alguns pais da classe média procuram a solução na psicanálise, o que, com muita freqüência, tem como resultado a ruptura do matrimônio. Mas mesmo quando a análise tem maior sucesso do que de costume, não podemos analisar o mundo. O trabalho terapêutico com indivíduos, particularmente, é um trabalho mínimo, que não pode afetar suficientemente as massas.

A solução para a humanidade está na educação apropriada dos jovens, não na cura dos neuróticos. Devo confessar que nada tenho a sugerir no sentido de resolver, hoje, a questão do casamento. É duro pensar, mas se o Sr. e a Sra. Brown

321

estão vivendo juntos e sentindo-se infelizes, em conseqüência de terem sido criados numa atmosfera antivida, ninguém pode fazer coisa alguma em tal caso.

Isso pode parecer rançoso pessimismo. Podemos ser otimistas apenas quando lutamos para tratar as crianças de tal maneira que elas não venham odiar o sexo e a vida. De cada vez que vejo uma criança ser espancada, uma criança ter mentiras como respostas, uma criança forçada a envergonhar-se por estar despida, sinto, dolorido, que tal criança crescerá para ser marido ou espôsa odientos.

Considera importante que num casal ambos os cônjuges estejam no mesmo nível intelectual?

O lado intelectual do casamento é o menos importante. Um casamento de cérebros é monótono, frio, enquanto um casamento de corações é caloroso, é dadivoso. A natureza não faz um homem e uma mulher se apaixonarem por causa das proezas intelectuais um do outro. Mais tarde, quando a demanda sexual enfraquece, interêsses intelectuais em comum tendem a fazer um casal feliz. O mesmo tipo de disposição de espírito talvez seja melhor prognóstico para um casamento longo e feliz.

Qual é a causa da angústia excessiva quanto ao trabalho, e por que tantos jovens se suicidam atualmente?

Duvido que alguma criança jamais se tenha angustiado em relação ao trabalho. A angústia aparente tem uma fonte mais profunda, e, quase invariàvelmente, nasce de uma sensação de pecado sôbre a masturbação. As crianças sem tal sensação de pecado, são habitualmente, espertas e ativas em seu trabalho. Stekel disse: "O suicídio é o último ato sexual." A proibição da masturbação é uma das que podem levar a criança a odiar o seu corpo e sua alma, e o suicídio é a reação lógica. Se o corpo é de tal maneira vil, quanto mais cedo nos livrarmos dêle, melhor.

Qual é a sua opinião quanto aos assistentes-sociais?

Tenho grande respeito pelos assistentes-sociais que entram nos lares das favelas, das crianças-problemas. Estão fazendo excelente trabalho. Mas, por que êsse seu trabalho não se aprofunda o bastante? Ninguém espera que êles façam a psicanálise de mães e pais. Todos sabem que seu trabalho é fatigante. Não podem abolir as favelas que fazem as crianças anti-sociais. Não podem modificar os pais ignorantes—pais de desenvolvimento tolhido pela má nutrição, e que fazem do sexo uma aventura pelos cantos escuros. Os assistentes-sociais são heróis e heroínas. Empenham-se em ajudar os jovens a dominar os males de uma vida doméstica mesquinha. Mesmo que um assistente-social tenha completa fé na liberdade, como poderia aplicar tal princípio num lar de favela, de bairro miserável? Ser-lhe-ia possível dizer a uma mãe: "Sra. Green, seu filho rouba porque o pai é um bêbado que o espanca, porque a senhora o espancou quando êle tinha dois anos, por brincar com o pênis, e porque ambos jamais lhe deram qualquer demonstração de amor?" A Sra. Green compreenderia? Não digo que a mulher não pudesse ser reeducada. Mas digo que não o poderia ser apenas através de palestras com um assistente-social, ou qualquer outra pessoa. Aqui, o problema é, em parte, econômico. Pelo menos um esfôrço deveria ser feito para acabar com as favelas, com os bairros miseráveis.

SÔBRE SUMMERHILL

Sob o sistema de Summerhill, como se desenvolve a fôrça de vontade de uma criança? Se ela tem permissão para fazer o que quiser, como pode desenvolver o autocontrôle?

Em Summehill a criança *não tem* permissão para fazer o que quiser. Suas próprias leis a cercam por todos os lados. Tem permissão para fazer o que quiser apenas nas coisas que afetam a *ela própria* e só a ela própria. Pode brincar o dia inteiro, se assim desejar, porque trabalho, e estudo são assuntos que só a ela dizem respeito. Mas não tem permissão para tocar corneta na sala-de-aula porque isso iria interferir com os demais.

Que vem a ser, afinal, a fôrça de vontade? Eu posso usar a vontade para pôr de parte o fumo, mas não posso usar a vontade para me apaixonar ou para gostar de botânica. Homem algum pode usar a vontade para ser bom, ou, afinal, para ser mau.

Não podemos treinar uma pessoa para ter vontade forte. Se educássemos a criança em liberdade, ela seria mais consciente de si própria, pois a liberdade dá cada vez mais possibilidade ao inconsciente de se tornar consciente. É por isso que as crianças de Summerhill têm poucas dúvidas sôbre a vida. Elas *sabem* o que querem. E acho que conseguirão o que querem, também.

Lembrem-se de que o que se chama vontade fraca é, habitualmente falta de interêsse. A pessoa fraca, que pode ser fàcilmente persuadida a jogar tênis quando não tem vontade de jogar tênis, é uma pessoa sem idéia do que realmente a interessa. Um sistema de disciplina escravizadora encoraja tal pessoa a permanecer de vontade fraca, e fútil.

324

Se uma criança está fazendo algo perigoso, em Summerhill permite que ela o faça?

Está claro que não. Muitas vêzes deixa-se de compreender que liberdade para crianças não significa liberdade de ser idiota. Não permitimos que as crianças pequeninas resolvam a que horas devem ir deitar-se. Protegemos essas crianças contra os perigos da maquinaria, dos automóveis, dos vidros quebrados ou da água profunda. Nunca se deveria dar a uma criança a responsabilidade que ela não está em condições de aceitar. Mas é preciso recordar que metade dos perigos que as crianças correm são devidos à má educação. A criança que corre perigo junto do fogo é a que teve proibição de conhecer a verdade sôbre o fogo.

As crianças de Summerhill sofrem a nostalgia do lar?

Observo que quando a mãe infeliz traz um aluno nôvo a Summerhill, a criança agarra-se a ela, em lágrimas, gritando que quer voltar para casa. Também reparo que, se a criança não grita bastante, a mãe fica contrariada. Ela *deseja* que o filho tenha a nostalgia do lar. Quanto maior fôr essa nostalgia, mais o filho a ama. Muitas vêzes a pobre criança está brincando muito contente, cinco minutos depois que o trem partiu, levando-lhe a mãe.

Por que a criança de um lar infeliz tem nostalgia do lar quando começa a vida escolar é uma coisa difícil de se dizer. O mais provável é que um lar infeliz lhe produza ansiedade aguda. Que estará acontecendo lá em casa—cogita ela—neste instante? A explicação mais provável está no fato de a mãe infeliz, frustrada em seu amor pelo companheiro, transferir parte demasiado grande de seu amor e de seu ódio para a criança.

Nostalgia do lar é, habitualmente, sintoma de mau lar, de um lar onde há muito ódio. A criança que sofre a nostalgia do lar não está desejando o amor doméstico, mas a rivalidade e a proteção do lar. Isso parece paradoxal, mas não o é, quando refletimos que quanto mais infeliz é o lar, mais a criança procura proteção. Não tem âncora na vida, e exagera a ancoragem que chama lar. Ausente dêle, idealiza-o. Tem saudades, não do lar que conhece, mas do lar que *gostaria de* ter.

325

Aceita crianças retardadas, em Summerhill?

Evidentemente. Tudo depende do que chama retardada. Não recebemos crianças com alterações mentais, mas a criança retardada na escola é uma história diferente. Muitas crianças são atrasadas na escola porque a escola é demasiado monótona para elas.

O critério de atraso de Summerhill nada tem a ver com exames, somas, ou notas. Em muitos casos, o atraso significa, simplesmente, que a criança tem um conflito íntimo e a consciência culpada. Como pode interessar-se por aritmética ou história se seu problema inconsciente é: "Sou perverso ou não?"

Falo dessa questão de retardamento com um sentimento pessoal, pois, quando menino, simplesmente não conseguia aprender. Meus bolsos viviam cheios de pedacinhos de ferro e bronze, e quando meus olhos pousavam nos livros de texto meus pensamentos se desviavam para os meus maquinismos.

Raramente vi um menino ou uma menina atrasados que não tivessem potencialidade para o trabalho criador, e julgar qualquer criança pelo seu progresso em matérias escolares é coisa inútil e fatal.

E se uma criança recusar o pagamento da multa imposta pela Assembléia Geral da Escola?

As crianças jamais fazem isso. Mas é possível que recusem se sentirem que foram tratadas com injustiça. Nosso sistema de apelação supera qualquer senso de injustiça.

O senhor diz que as crianças de Summerhill têm mentalidade limpa. Que quer dizer com isso?

Mente limpa é a que não pode sentir-se escandalizada. Escandalizar-se é mostrar que se tem repressões e que tais repressões nos fazem interessados naquilo que nos escandaliza.

As mulheres vitorianas escandalizavam-se com a palavra *pernas* porque tinham interêsse anormal em coisas maliciosas. Coisas que têm pernas são coisas sexuais, coisas reprimidas.

326

Assim, numa atmosfera como a de Summerhill, onde não há tabu algum sôbre sexo e nenhuma relação de sexo com pecado, as crianças não têm necessidade de tornar o sexo sujo, com cochichos e malícias. São sinceras nesse assunto, tal como são sinceras em tudo o mais.

Depois que Willie, com sete anos de idade, voltou de seu primeiro período escolar em Summerhill, sua linguagem era tão forte que os vizinhos não consentiram que êle brincasse com seus filhos. Que deveria eu fazer, nesse caso?

É infeliz, triste e penoso, para Willie, isso. Mas, qual a alternativa? Se seus vizinhos se escandalizaram com uns tantos *maldito e inferno*, são pessoas reprimidas que não devem ficar em contato com o seu Willie.

Que pensam do cinema as crianças de Summerhill?

Elas vêem tôda espécie de filmes. Não temos censura. O resultado é que, ao deixar a escola, adquiriram um bom julgamento sôbre filmes. Muito freqüentemente, uma criança mais velha deixa de ir ao cinema dizendo que o filme não lhe parece interessante. Os alunos mais velhos que viram os grandes filmes da França, da Itália, e da Alemanha, são muito críticos quanto à produção média de Hollywood. Meninos abaixo da idade da puberdade acham cacêtes os filmes de amor. Para êles, Kim Novak é uma Joana Ninguém.

Que faz o senhor quando uma criança lhe dá resposta malcriada?

Criança alguma em Summ dá respostas malcriadas. A criança só faz isso quando foi t ada como inferior por alguém cheio de dignidade. Em Summerhill, falamos a linguagem das crianças. Se um professor se queixasse de ter recebido uma

327

resposta mal-criada eu saberia que êle, ou ela, eràm um completo fracasso.

Que faz o senhor com uma criança que não quer tomar seu remédio?

Não sei. Em Summerhill jamais tivemos uma criança que se recusasse a tomar seu remédio. Nossa alimentação é tão balanceada que as doenças não são um de nossos problemas escolares.

Os alunos mais velhos de Summerhill vigiam os menores?

Não, os menores não precisam ser vigiados. Estão ocupados demais em seus próprios e importantes negócios.

O senhor já teve alunos de côr em Summerhill?

Sim, tivemos dois alunos de côr, e, tanto quanto pudesse observar, as outras crianças estavam inconscientes de sua côr. Um dos membros de côr era brutal, e por isso antipatizado. O outro, sujeito simpático, fêz-se excepcionalmente popular entre os demais.

Há algum escoteiro em Summerhill?

Não. Acho que nossos meninos não agüentariam a boa ação diária. Fazer uma boa ação diária, conscientemente, cheira a presunção. Há muita coisa boa no movimento dos escoteiros, mas para mim êle fica prejudicado pela sua preocupação de elevação moral e pelas suas idéias burguesas quanto ao certo, ao errado e à pureza.

Em minha escola, jamais expressei opinião alguma sôbre os escoteiros. Por outro lado, jamais ouvi um dos nossos rapazes mostrar qualquer interêsse por êsse movimento.

328

Qual é a sua política em relação a um aluno criado num lar sinceramente religioso? Permite que essa criança pratique a sua religião, em Summerhill? ,

Sim, a criança pode praticar sua religião, sem temor de qualquer comentário adverso por parte do corpo docente ou dos alunos. Mas verifico que a criança livre não tem desejo de praticar a religião.

Alguns alunos novos vão à igreja durante uns tantos domingos, e depois deixam de ir. A igreja é monótona demais. Não vejo qualquer indicação de que o desejo de culto seja coisa natural numa criança. Quando o senso de pecado é desfeito, a oração jamais é usada.

Geralmente, as crianças que vêm de lares religiosos são insinceras e reprimidas. Isso é inevitável sob um sistema religioso que perdeu seu amor original pela vida e concentrou-se em seu mêdo da morte. Podemos instilar em cada criança o temor de Deus, mas não o amor de Deus. As crianças livres não precisam de religião porque sua vida é espiritualmente criativa.

As crianças de Summerhill mostram interêsse pela política?

Não. Talvez seja por se tratar de alunos pertencentes à classe média, que jamais tiveram a experiência da pobreza. É uma regra para mim evitar que o corpo docente tente influenciar caso de escolha pessoal, a ser feita mais tarde, na vida, quando a criança crescer.

Alguns dos alunos de Summerhill se alistaram no exército, mais tarde?

Tanto quanto sei, um dêles alistou-se na RAF (Real Fôrça Aérea). É possível que o exército seja muito despido de inventiva para atrair crianças livres. Combater, afinal, significa destruição. As crianças de Summerhill combateriam pelo seu país tão espontâneamente quantos as outras crianças, mas, provàvel-

329

mente, desejariam saber, com exatidão, por que estavam combatendo.

Nossos antigos alunos combateram na Segunda Guerra Mundial, e alguns dêles morreram.

Por que faz com que alunos e alunas durmam em aposentos separados?

Bem: Summerhill é uma escola na Inglaterra e devemos dar atenção aos costumes e leis da Inglaterra.

SÔBRE A EDUCAÇÃO DE CRIANÇAS

Acha que os pais que lerem seus livros ou ouvirem suas conferências passarão a tratar diferentemente, e melhor, seus filhos, desde que foram esclarecidos? A cura para as crianças prejudicadas está no esclarecimento dos pais?

Uma mulher que seja mãe possessiva, ao ler êste livro pode sentir-se mal com sua consciência, e gritar, em defesa: "Não o posso evitar. Não quero arruinar meu filho. Está muito bem para o senhor fazer o diagnóstico, mas qual é o remédio?" Ela tem razão. Qual *é* o remédio? Ou, realmente, *há* algum remédio? A pergunta é ambiciosa.

Que espécie de cura há para uma mulher cuja vida é monótona e cheia de mêdo? Que espécie de cura há para um homem que considera seu filho insolente um encanto? Pior do que tudo, que remédio pode existir quando os pais são ignorantes do que estão fazendo e se revoltam à mais ligeira sugestão de que estejam fazendo algo errado?

Não, o esclarecimento, o conhecimento, em si mesmos não ajudarão, a não ser que os pais estejam *emocionalmente preparados* para recebê-los e tenham a capacidade interior de agir de acôrdo com o que aprenderam.

Por que fala tanto o senhor na necessidade que tem uma criança de ser feliz? Há alguém feliz?

Essa não é uma pergunta fácil de responder porque as palavras causam confusão. Naturalmente, nenhum de nós é feliz

331

constantemente: temos dores de dentes, casos de amor desventurados, trabalhos cacêtes.

Se a palavra felicidade tem alguma significação será a de uma impressão interior de bem-estar, uma sensação de equilíbrio, um sentimento de estar contente com a vida. Tais coisas só podem existir quando a pessoa se sente livre.

Crianças livres têm as mentes abertas, rostos sem temor. As crianças disciplinadas mostram-se acovardadas, infelizes, temerosas.

A felicidade pode ser definida como um estado em que há apenas um mínimo de repressão. A família feliz vive num lar onde mora o amor; a família infeliz reside numa casa onde há tensão.

Coloco a felicidade em primeiro lugar porque coloco o crescimento em primeiro lugar. É melhor estar livre e contente, e ser ignorante do que vem a ser uma fração decimal, do que passar nos exames escolares e ter o rosto coberto de espinhas. Jamais vi espinhas no rosto de um adolescente livre e feliz.

Se dermos absoluta liberdade a uma criança, quando compreenderá ela que a autodisciplina é essencial para a vida? Ou não chegará jamais a compreender tal coisa?

Não há liberdade absoluta. Quem quer que permita a uma criança fazer tudo quanto entenda estará se dirigindo para caminho perigoso.

Ninguém pode ter liberdade social, pois o direito dos outros deve ser respeitado. Mas todos podem ter liberdade individual.

Para falar em têrmos concretos: ninguém tem o direito de fazer um menino estudar latim, porque aprender é assunto de escolha individual, mas numa aula de latim, se o menino brinca o tempo todo, deve ser pôsto para fora, porque interfere com a liberdade dos outros.

Quanto à autodisciplina, eis uma coisa indefinível. Com demasiada freqüência significa uma disciplina do eu, instilada pelas idéias morais dos adultos. A verdadeira autodisciplina *não* envolve repressão ou aceitação. Considera os direitos e a felicidade dos outros. Leva o indivíduo a procurar, deliberadamente, viver em paz com os outros, fazendo algumas concessões aos seus pontos de vista.

Acredita, honestamente, que é direito permitir a um garôto, naturalmente preguiçoso, que continue, em sua maneira displicente, a fazer o que escolheu, perdendo tempo? Como o levar ao trabalho, se o trabalho lhe' é desagradável?

A preguiça não existe. O menino preguiçoso ou está fisicamente doente ou não tem interêsse nas coisas que os adultos acham que êle deve fazer.

Jamais vi uma criança de menos de doze anos chegar a Summerhill e ser classificada como preguiçosa. Muitos que assim eram chamados vinham de escolas estritas. Tais meninos permanecem "preguiçosos" durante um tempo bastante longo, isto é, até que se curem da educação que tiveram. Não os ponho a trabalhar em coisas que lhes sejam desagradáveis, porque ainda não os vejo preparados para isso. Como o senhor e eu, êles terão mais tarde muitas coisas detestáveis a fazer, mas se forem deixados em liberdade para viverem seu período de brincadeiras agora, terão possibilidade, mais para adiante, de enfrentar qualquer dificuldade. Tanto quanto sei, nenhum ex-aluno de Summerhill jamais foi acusado de preguiça.

Acha que se deve afagar as crianças?

Certa vez minha filha Zoe, pequena ainda, levou um susto e pôs-se a chorar por causa de uma porta que batera com estrondo. Minha espôsa tomou-a ao colo e abraçou-a calorosamente, de forma que ela pudesse sacudir as pernas com liberdade.

A qualquer sinal de rigidez os pais devem brincar com a criança de forma que ela possa mover livremente seus músculos. Uma luta simulada é de bom efeito, segundo verifico, com crianças de quatro ou cinco anos, luta que eu sempre perco. O riso é um grande libertador de emoções e da rigidez corporal, e um bebê saudável ri e gargalha bastante. Cócegas nas costelas com freqüência provocam uma gargalhada feliz, e... oh! aqui preciso mencionar uma escola de psicologia infantil que desaprova o tocar-se na criança, não vá isso provocar-lhe uma fixação paterna ou materna. Para mim, sem dúvida alguma, tal coisa não passa de uma tolice. Não há razão alguma para que os pais deixem de afagar seus filhos,

333

de fazer-lhe cócegas, de bulir com êles, de dar-lhes palmadinhas carinhosas.

Devemos ignorar êsses psicólogos que se encolhem diante da vida e dizem que nunca 'devemos pôr a criança conosco na cama, que nunca devemos fazer-lhe cócegas. A idéia inconsciente sob essa proibição é a de que qualquer contato corporal pode originar emoções sexuais no bebê. Disso só haverá perigo se os pais forem tão neuróticos que encontrem auto-satisfação no contato físico com · o bebê, mas estou escrevendo para pessoas mais ou menos normais—não para pais que ainda são, êles próprios, infantis.

Que pode um pai progressista fazer diante da agressividade de outras crianças?

Se os pais mandam Willie, que é auto-regulado, para uma escola pública onde está destinado a encontrar crueldade, agressão e hostilidade entre as outras crianças, querem êsses pais que Willie descubra por si mesmo que pode ser ferido pelo ódio e pela violência?

Quando Peter tinha três anos, seu pai contou-me que lhe ensinava a boxear, de forma que êle pudesse defender-se da hostilidade que encontraria nos outros. Vivendo num mundo chamado cristão, no qual o oferecer a outra face não é sinal de amor e caridade mas de covardia, aquêle pai estava certo. Se não fizermos algo positivo, nossos filhos auto-regulados terão de suportar pesadas desvantagens.

Qual é a sua opinião quanto aos castigos corporais?

O castigo corporal é mau porque é cruel e odiento. Faz com que tanto quem bate como quem é batido odeiem. É uma perversão sexual inconsciente. Em comunidades onde a masturbação é reprimida, o castigo é aplicado na mão—o meio de masturbação. Em escolas para meninos, segregadas, onde a homossexualidade é reprimida, o espancamento é feito nas nádegas—o objeto do desejo. O ódio religioso pela carne vil torna o castigo corporal popular nas regiões religiosas.

334

O castigo corporal é sempre um ato de projeção. Quem bate pdeia-se, e projeta seu ódio na criança. A mãe que espanca o filho odeia a si própria, e, em conseqüência, odeia seu filho. No caso de um professor com uma grande classe, o uso da correia não é tanto uma questão de ódio como de conveniência. É a maneira mais fácil. A melhor forma de abolir tal coisa seria abolir as classes numerosas. Se uma escola fôsse lugar de divertimento, com liberdade para aprender ou não, as pancadas desapareceriam, automàticamente. Numa escola em que os professôres conhecem sua tarefa, jamais se recorre ao castigo corporal.

Acredita sèriamente, que a melhor maneira de acabar com maus hábitos seja deixar que as crianças continuem com os seus vícios?

Vícios? Na opinião de quem êles são vícios?

Maus hábitos? Quer falar em masturbação, provàvelmente. Acabar à fôrça com um hábito não é curá-lo. A única possibilidade de cura para qualquer hábito é permitir que a criança esgote, vivendo-o, seu interêsse em tal hábito. As crianças que têm permissão para se masturbar fazem-no muito menos do que as crianças que de tal atividade foram proibidas.

O espancamento sempre prolonga a sujeira das calças. O amarrar das mãos faz de uma criancinha um masturbador pervertido para tôda a vida. Os chamados maus hábitos não são absolutamente maus hábitos, são tendências naturais. A designação "maus hábitos" é o resultado da ignorância e ódio dos pais.

A criação correta no lar pode agir em oposição ao ensinamento errado de uma escola?

Como um todo, sim. A voz do lar é mais poderosa do que a voz da escola. Se o lar é livre de mêdo e castigo, a criança não chegará a acreditar que a escola está certa.

Os pais deveriam dizer aos filhos o que pensam de uma escola errada. Com demasiada freqüência os pais têm um senso absurdo de lealdade, mesmo para com o mais estúpido dos professôres.

Qual é a sua atitude em relação aos contos de fadas e a Papai Noel?

As crianças amam as histórias de fadas e só isso é o bastante para sancioná-las.

Quanto a Papai Noel, não acho que precisemos nos preocupar com êle, pois depressa as crianças aprendem a verdade a seu respeito. Mas há uma estranha relação entre êle e a história da cegonha. Os pais que desejam que seus filhos acreditem em Papai Noel são habitualmente, os que contam mentiras aos pequenos quando se trata dos nascimentos.

Pessoalmente, eu nunca falo em Papai Noel às crianças. Se falasse, acho que nossa filha de quatro anos teria para mim risos de zombaria.

O senhor diz que criar é melhor do que possuir, e ainda assim, quando permite que uma criança crie, as coisas que ela faz tornam-se propriedade dela, e a criança lhes dará excessivo valor. Que diz a isso?

O caso é que a criança não lhes dá excessivo valor. Uma criança dá valor ao que faz por um dia ou uma semana. O natural senso de propridade é fraco numa criança e ela esquecerá sua bicicleta nova exposta à chuva, e deixará suas roupas atiradas em qualquer lugar. A alegria está no fazer. O verdadeiro artista não mais se interessa pelo trabalho, uma vez terminado. Trabalho algum de arte jamais agradou ao seu criador, porque seu alvo é a perfeição.

Que faria o senhor com uma criança que não se dedica a coisa alguma? Interessa-se por música durante um curto período, depois quer dança, e assim por diante.

336

Eu nada faria. A vida é assim. No meu tempo eu passei da fotografia para a encadernação, depois para a carpintaria, depois para a metalúrgica. A vida é cheia de fragmentos de interêsses. Durante muitos anos desenhei à tinta, e quando compreendi que não passava de um artista de décima classe, desisti. A criança é sempre eclética em seus gostos. Tenha tôdas as coisas e assim é que aprende. Nossos meninos passam horas fazendo barcos, mas se acontece recebermos a visita de um aviador, deixam os barcos inacabados e começam a fazer aeroplanos. Jamais sugerimos a uma criança que ela deveria terminar seu trabalho. Se o seu interêsse terminou, é errado pressioná-la para que o termine.

Devemos ser sarcásticos para com as crianças? Acha que isso ajudaria a desenvolver nelas o senso humorístico?

Não. O sarcasmo e o humor não têm relação um com o outro. Humor é assunto de amor, o sarcasmo é de ódio. Ser sarcástico para com uma criança é fazê-la sentir-se inferior e degradada. Só um professor ou pais perversos serão sarcásticos.

Meu filho está sempre me perguntando o que deve fazer, e de que brincar. Que devo responder? É errado dar a uma criança idéias para brinquedos?

É bom para uma criança ter quem lhe dê coisas excitantes a fazer, mas isso não é necessário. As coisas que uma criança encontra para fazer por si só são as que mais lhe convêm. Assim, professor algum de Summerhill jamais sugere a um aluno o que deve fazer. O professor apenas dará assistência ao aluno que lhe peça uma informação técnica sôbre *como* uma coisa deve ser feita.

Aprova que se façam presentes às crianças para demonstrar-lhes amor?

Não. O amor não precisa de testemunhos externos. Mas as crianças devem receber presentes nas épocas habituais—aniver-

337

sários, Natal, e coisas assim. Sòmente, não se deve esperar nem exigir gratidão delas.

Meu filho cabula aulas. Que devo fazer?

Minha impressão é que seu filho deve ser ativo e a escola que êle freqüenta deve ser monótona. Falando em linhas gerais, isso de cabular aulas significa que a escola não é bastante boa. Se possível, tente mandar seu filho para uma escola onde êle tenha mais liberdade, mais possibilidade inventiva, mais amor.

Deveria ensinar meu filho a economizar dando-lhe um pequeno mealheiro?

Não. Uma criança não pode ver para além do horizonte de hoje. Mais tarde, se deseja, sinceramente, comprar algo que custe dinheiro, tratará de economizar sem ter sido treinada para isso.

Deixe-me insistir mais uma vez em que a criança deve crescer de acôrdo com suas próprias possibilidades. Muitos pais cometem erros terríveis tentando forçar-lhes o passo.

Nunca ajude uma criança se ela pode fazer algo sòzinha. Quando uma criança tenta subir a uma cadeira, pais excessivamente zelosos ajudam-na a subir, estragando, assim, a maior das alegrias da infância—a de dominar uma dificuldade.

Que devo fazer quando meu menino de nove anos espeta pregos na minha mobília?

Tome-lhe o martelo e diga-lhe que a mobília é sua e que a senhora não permitirá que êle cause danos ao que não lhe pertence.

E se êle não cessar o que está fazendo só lhe posso dizer, minha cara senhora, que venda essa mobília, e, com o que receber, procure um psicólogo que a ajude a compreender como foi que fêz de seu filho uma criança-problema. Não há criança livre e feliz que deseje estragar a mobília, a não ser que seja a única coisa existente na casa em que ela possa espetar pregos.

O primeiro passo para evitar tal dano é fornecer madeira e pregos, preferìvelmente em outro aposento que não seja a sala-de-êstar. Se o filhinho recusa a madeira e ainda deseja espetar pregos na mobília, então é porque a odeia e está tentando encolerizá-la.

Que faz o senhor com uma criança teimosa e carrancuda?

Não sei. Dificilmente vejo alguma assim em Summerhill. Não há ocasião para teimosias quando a criança é livre. O desafio, numa criança, é sempre culpa dos adultos. Se a sua atitude para com uma criança é de amor, nada fará para torná-la obstinada. Uma criança obstinada tem um agravo. Minha tarefa consiste em descobrir onde está a raiz dêsse agravo. Eu diria que vem do sentimento de ter sido tratada injustamente.

Que devo fazer com meu filho de seis anos que desenha figuras obscenas?

Encorajá-lo, naturalmente. Mas, ao mesmo tempo, limpe a sua casa, porque qualquer obscenidade no lar deve vir dos pais. Uma criança de seis anos não tem obscenidade natural.

Vê obscenidade nos desenhos dêle porque o senhor mesmo tem uma atitude obscena diante da vida. Posso imaginar que êsses desenhos obscenos se relacionam com o gabinete sanitário e com órgãos sexuais. Trate essas coisas com naturalidade, sem qualquer idéia de certo e errado e seu filho passará por êsse interêsse infantil temporário, tal como de passar por outros interêsses infantis.

Por que meu filho pequeno conta tantas mentiras?

339

Possìvelmente, por imitação de seus pais.

Se duas crianças, irmão e irmã, de cinco e sete anos, discutem constantemente, que método devo adotar para que deixem disso? Elas gostam muito um do outro.

Gostam, mesmo? Uma delas estará recebendo mais amor por parte da mãe do que a outra? Estão imitando papai e mamãe? Fizeram-nas adquirir consciências pesadas em relação a seus corpos? São castigadas? Se a resposta a tôdas essas perguntas é não, então as discussões não passam do desejo normal de exercer o poder.

Entretanto, irmão e irmã deveriam estar com outras crianças que não lhes fôssem emocionalmente ligadas. Uma criança deve medir-se em relação a outras crianças. Não pode medir-se em relação a seus próprios irmãos e irmãs, porque tôda sorte de fatôres emocionais entram nessas relações—ciúmes, favoritismo etc.

Como posso fazer com que meu filho deixe de chupar o dedo?

Não tente tal coisa. Se conseguir, provàvelmente levará a criança a recuar para algum interêsse adquirido antes dêsse. Que importa que ela chupe o dedo? Há um número enorme de pessoas eficientes que chuparam o dedo.

Êsse hábito mostra que não se esgotou o interêsse pelo seio materno. Desde que não lhe é possível dar o seio a uma criança de oito anos, tudo quanto pode fazer é que a criança seja provida da maior quantidade possível de oportunidades para exercer interêsses inventivos. Mas isso nem sempre cura. Tive alunos criadores que chuparam o dedo até a puberdade. Deixe seu filho em paz.

Por que meu filho de dois anos sempre destrói brinquedos?

340

Provàvelmente por ser uma criança sensata. Os brinquedos são, quase sempre, inteiramente destituídos de imaginação. A destruição tem o fim de descobrir o que há por dentro dêles. Mas eu não conheço as circunstâncias dêste caso. Se a criança está sendo transformada num auto-odiento, através de espancamentos e sermões, destruirá, naturalmente, tudo quanto lhe caia nas mãos.

Que se pode fazer para curar os hábitos de desalinho de uma criança?

Mas, por que curar tal hábito? A maior parte das pessoas criadoras é desleixada. Habitualmente, o indivíduo bronco é que traz seu quarto e sua escrivaninha como verdadeiros modelos de ordem e limpeza. Verifico que as crianças até nove anos são cuidadosas de si, e, entre os nove e os quinze anos, essas mesmas crianças podem ser desleixadas. Meninos e meninas simplesmente não vêem desalinho. Mais tarde tornam-se tão cuidadosos quanto lhes fôr necessário ser.

Nosso filho de doze anos não se quer lavar antes de sentar-se à mesa. Que devemos fazer?

Por que dão tanta importância a isso de lavar-se? Já consideram que tal gesto pode ser um símbolo para os senhores? Estão certos de que sua preocupação quanto à limpeza não está encobrindo um receio de que êle seja moralmente sujo? Não atormentem o menino. Aceitem minha palavra de que seu complexo de sujeira é um interêsse pessoal subjetivo. Se os senhores sentem-se pouco limpos, darão importância exagerada à limpeza.

Se precisam que êle apareça limpo à mesa, isto é, se a tia Mary senta-se a ela com a família e há a expectativa de que venha a deixar uma fortuna ao sobrinho—bem, a melhor maneira é proibi-lo de lavar-se.

Como se pode manter uma criança de quinze meses longe do fogão?

Coloque um guarda-fogo. Mas trate de que a criança aprenda a verdade sôbre fogões fazendo com que seus dedos recebam levíssima sensação de queimadura.

Se critico minha filha por causa de coisas insignificantes, o senhor dirá que eu a odeio, mas não é assim, realmente, o senhor sabe.

Mas a senhora deve odiar-se. Insignificâncias são símbolos para coisas grandes. Se a senhora critica por insignificâncias, é uma mulher infeliz.

Com que idade os pais devem permitir que uma criança beba álcool?

Aqui piso terreno inseguro, porque tenho um complexo no que se refere a álcool. Gosto, pessoalmente, de meu copo de cerveja, de minha dose de uísque; gosto de vinhos e licores. Não sou, certamente, um abstêmio fanático. Ainda assim, temo o álcool para os adolescentes porque vejo quanto mal me fêz em minha mocidade. Daí não me sentir inclinado a dar álcool a crianças.

Quando minha filhinha quis provar minha Pilsener e meu uísque, eu lhe permiti isso. Com a cerveja fêz uma careta e exclamou: "Ruim!" Do uísque, disse: "Formidável!" Não pediu mais, entretanto.

Na Dinamarca vi crianças auto-reguladas pedirem curaçau, bebendo tôdas o cálice inteiro, sem pedir mais. Lembro-me de um lavrador que costumava vir buscar os filhos à escola, em seu cabriolé, nos dias úmidos e frios. Trazia sempre um frasco de uísque e fazia cada uma das crianças tomar um trago. Meu pai, vendo aquilo, sacudia com tristeza a cabeça:

—Toma nota do que digo—falava-me êle.—Êsses meninos vão ser bêbados, quando crescerem.

Todos aquêles meninos, na idade adulta, foram abstêmios.

Mais cedo ou mais tarde tôda criança terá de enfrentar a questão do álcool, e só os que não puderem suportar a vida chegarão a beber demais.

342

Quando meus antigos alunos voltam a Summerhill, vão ao bar local e organizam reuniões com bebidas, mas nunca soube que qualquer dêles bebesse cqm excesso. Muito ilògicamente, proíbo bebidas fortes em minha escola, embora alguém possa pensar que as crianças deveriam ter permissão para descobrir, por si mesmas, a verdade sôbre a bebida.

Que faz o senhor com uma criança que não quer comer?

Não sei. Jamais tivemos em Summerhill uma criança assim. Se tivéssemos, eu suspeitaria, imediatamente, que ela estava exibindo uma atitude de desafio contra seus pais. Tivemos uma ou duas crianças mandadas para Summerhill porque não queriam comer. Na escola, entretanto, jamais jejuaram.

Num caso difícil eu consideraria a possibilidade de a criança ter permanecido no estágio emocional da amamentação ao seio, e tentaria alimentá-la com a mamadeira. Suspeitaria, também, que os pais se mostrassem aflitos e insistentes sôbre refeições, dando à criança alimento que ela não desejava.

343

SÔBRE SEXO

Que significa, exatamente, pornografia?

Esta não é uma pergunta que se responda com facilidade. Eu definiria a pornografia como uma atitude obscena em relação ao sexo e a outras funções naturais, uma atitude culposa similar à dos escolares reprimidos que maliciam e sufocam risos em cantos escuros, e escrevem palavras referentes a sexo pelas paredes.

A maior parte das histórias sôbre sexo é pornográfica, e muitas vêzes quem as conta pondera que não é a sujeira que as faz engraçadas, mas o espírito ou humor. Como a maioria dos homens, ouvi e contei milhares de histórias sôbre sexo, mas, olhando agora para trás, não posso recordar senão uma ou duas que valesse a pena contar outra vez.

Acho natural que os contadores de histórias de sexo sejam os que não têm vida sexual satisfatória. Seria abranger um círculo muito grande o dizer-se que tôda a história sôbre sexo é o resultado de repressão, pois isso sugeriria que todo o humor vem da mesma fonte. Ri às gargalhadas ao ver Charlie Chaplin, em roupa de banho, mergulhar em duas polegadas de água, mas não tenho repressões quanto a mergulhos. O humor existe em qualquer situação ridícula, seja ela sexual ou não.

Em nossa sociedade atual, nenhum de nós tem liberdade para traçar uma linha firme entre o que é pornográfico e o que não é. Muitas das histórias dos chamados "representantes comerciais, ou caixeiros-viajantes" atraíram-me quando eu era estudante, enquanto hoje eu as considero, em noventa e nove por cento, simples e cruamente obscenas.

Falando amplamente, a pornografia é simplesmente sexo mais culpa. As platéias que riem às bandeiras despregadas com os comediantes que fazem piadas sugestivas são compostas de pessoas que receberam uma atitude doentia em relação a sexo. Quando os adultos contam histórias de sexo a crianças, estão êles próprios no estágio malicioso, obsceno, de desenvolvimento. Se tôdas as crianças fôssem livres e orientadas sôbre sexo, as obscenidades adultas não as impressionariam, mas desde que milhões de crianças são ignorantes e sentem-se culpadas com referência a sexo, o adulto pornográfico apenas aumenta sua ignorância e sua culpa.

Certas formas de comportamento sexual são impróprias?

Tôdas as formas de comportamento sexual são próprias se ambas as pessoas encontram prazer nelas. O sexo é anormal e pervertido apenas quando usado de uma forma que não forneça o máximo de satisfação a *ambos* os participantes.

O matrimônio está associado com o sexo decente—isto é, com o sexo restringido. Mesmo jovens de ambos os sexos que aceitassem a vida sexual de seus pais poderiam ficar escandalizados se imaginassem que seu pai e sua mãe gozavam de tôda espécie de jogos sexuais.

Os autoritários pilares da sociedade relegaram os jogos sexuais para o terreno da pornografia e da obscenidade, como fazem seus partidários, que receiam entregar-se a tais jogos. Se o fizessem, êles experimentariam, provàvelmente, fortes sentimentos de agressão e chafurdariam numa excitação luxuriosa resultante, antes de mais nada, de fazer o que é proibido.

Quando o sexo é carinhoso e envolvido em amor, nada é impróprio.

Por que as crianças se masturbam e como poderemos evitar que o façam.

Devemos distinguir entre a masturbação infantil e a masturbação adulta. A masturbação infantil não é absolutamente masturbação. Começa com a curiosidade. A criança descobre suas mãos, nariz, artelhos, e a mãe ronrona de satisfação. Mas quando descobre os órgãos sexuais, a mãe ràpidamente afasta-lhes as

345

mãos. O efeito principal disso é fazer dos órgãos sexuais a parte mais interessante do corpo.

A zona erógena da criança nova é a bôca, e quando ela não recebe proibições morais quanto à masturbação, tem pequeno interêsse pelos seus órgãos sexuais. Se uma criança pequena é masturbadora, a cura está no aprovar o hábito, porque então a criança não terá a compulsão mórbida de entregar-se a êle. Com crianças mais velhas, que alcançaram a puberdade, a aprovação diminuirá o hábito. Mas é preciso recordar que o sexo deve encontrar um derivativo, e, vindo o casamento sempre tarde, dado o fato de não poderem os jovens casar-se até que lhes seja possível manter uma casa, a sexualidade amadurecida tem de encarar duas alternativas: masturbação ou relações sexuais clandestinas. Os moralistas condenam ambas as coisas, mas não oferecem um substituto. Oh! Sim! Naturalmente! Advogam a castidade, o que significa a crucificação da carne. Mas, desde que apenas alguns poucos monásticos podem, aparentemente, crucificar a carne por tempo indefinido, nós, que somos o resto, não podemos deixar de procurar um derivativo para o sexo.

Enquanto o casamento não fôr independente do elemento financeiro, o problema da masturbação continuará a ser grande. Nossos filmes e romances despertam o sexo nos jovens e levam-nos à masturbação, porque a vida sexual apropriada é negada à juventude. O fato de que todos tenham masturbado não ajuda muito. O que chamamos *"companionate marriage"* (*) parece ser quase que a única saída. Mas, enquanto o pecado estiver ligado ao sexo, essa não será, provàvelmente, uma solução social.

Mas, para voltar à questão: diga à criança que não há nada de pecaminoso na masturbação. Se já lhe disse mentiras sôbre as alegadas conseqüências—doenças, loucura etc.—tenha coragem suficiente para dizer-lhe que é uma mentirosa. Então, e só então, a masturbação se tornará menos importante para ela.

Minha filha de doze anos gosta de ler livros indecentes. Que devo fazer a êsse respeito?

(*) Forma de casamento na qual se praticaria o contrôle legal da natalidade, o divórcio de casais sem filhos através de consentimento mútuo, não tendo qualquer das partes direitos a reivindicações econômica ou financeira.

Eu lhe forneceria todos os livros indecentes que pudesse comprar, e ela esgotaria seu interêsse nêles.
Mas, por que está ela tão interessada em indecência? Procura a verdade sôbre sexo, que a senhora nunca lhe contou?

Reprovaria um menino de catorze anos por contar histórias de sexo?

Naturalmente, não. Contar-lhe-ia algumas melhores do que as que êle conhecesse. A maior parte dos adultos conta histórias de sexo. Quando estudante, eu aprendi as melhores pela bôca de um clérigo. Condenar o interêsse em sexo é pura hipocrisia e beatice.
A história de sexo é o resultado direto da repressão sexual. Deixa escapar o vapor que a doutrina do pecado engarrafou. Sob liberdade, a história de sexo chegaria quase a morrer de morte natural. *Quase*—não inteiramente—porque o sexo é um interêsse fundamental.

Quem deveria dar instrução sexual: os pais ou os professôres?

Os pais, naturalmente.

SÔBRE RELIGIÃO '

Por que se opõe à educação religiosa?

Bem: entre outras razões, durante os anos em que venho tratando com crianças verifiquei que as crianças mais neuróticas eram as que tinham tido uma rígida educação religiosa. É a rígida educação religiosa que dá ao sexo importância exagerada.

A instrução religiosa causa dano à psique da criança porque os partidários da religião, na maior parte, aceitam a idéia do pecado original. Tanto a religião judaica como a cristã odeiam a carne. O Cristianismo convencional com muita freqüência dá à criança insatisfação em relação ao próprio eu. Quando menino, na Escócia, ensinaram-me desde pequenino, que eu estava em perigo de ir para o fogo do inferno.

Uma vez, um menino de nove anos, filho de gente da boa classe médica inglêsa, chegou a Summerhill. Esta foi a minha conversa com êle:

—Quem é Deus?

—Não sei. Mas se você fôr bom vai para o céu e se fôr mau vai para o inferno.

—E que espécie de lugar é o inferno?

—Todo escuro. O inferno é ruim.

—Estou vendo. E que espécie de gente vai para o inferno?

—Gente ruim: os que blasfemam e matam gente.

Quando compreenderemos o absurdo de ensinar às crianças coisas desta natureza, colocando no mesmo plano a linguagem profana e o assassínio, e tornando ambos dignos de castigo sem remissão?

Quando eu pedi ao menino que descrevesse Deus para mim, êle disse que não tinha idéia da aparência de Deus, mas, ga-

348

rantiu-me. amava-O. Quando êle disse que amava um Deus que não podia descrever e que jamais tinha visto, estava usando apenas uma expressão destituída de significado, convencional. A verdade genuína é que êle *'teme* Deus.

Acredita em Cristo?

Há alguns anos tivemos em Summerhill uma criança que era filha de um pregador leigo. Certa noite de domingo, quando estávamos todos dançando, o pregador sacudiu a cabeça:

—Neill—disse êle—êste é um lugar maravilhoso, mas por que, oh! por que, são assim pagãos?

—Brown—respondi—você passou sua vida trepado em caixotes de sabão dizendo às pessoas como deviam salvar-se. Você *fala* de salvação. Nós *vivemos* salvação.

Não, não seguimos conscientemente o Cristianismo, mas, de um amplo ponto de vista, Summerhill é quase a única escola na Inglaterra que trata crianças da maneira que Jesus teria aprovado. Os ministros calvinistas da África do Sul batem nas suas crianças, tal como os padres católico-romanos batem nas suas crianças. Em Summerhill damos às crianças amor e aprovação.

Como deveriam as crianças obter suas primeiras idéias sôbre Deus?

Quem é Deus? Eu não sei. Deus, para mim, significa o bem em cada um de nós. Se tentar ensinar a uma criança coisas sôbre um ser sôbre o qual o senhor mesmo é vago nas expressões, fará a essa criança mais mal do que bem.

Não diria o senhor que blasfemar é tomar o nome de Deus em vão?

As blasfêmias das crianças relacionam-se com o sexo e com as funções naturais—não com Deus. É difícil discutir com uma.

349

pessoa religiosa que faz de Deus um personagem sagrado e aceita a Bíblia como fato literal. Se Deus fôsse representado como um ser de amor e não de mêdo, ninguém pensaria em tomar Seu nome em vão. A cura para a blasfêmia é fazer nossos deuses amorosos e humanos.

SÔBRE PSICOLOGIA

Não é inevitável que todos cheguem a ser neuróticos, quando adultos?

A liberdade de regular-se por conta própria é a resposta às perguntas que as descobertas de Freud provocam. Todo analista deve sentir, ainda que obscuramente, que as horas gastas na análise de um paciente não teriam sido necessárias se êsse paciente tivesse tido, quando bebê, a liberdade de regular-se por conta própria. Digo obscuramente porque não podemos estar realmente certos de coisa alguma.

Minha filha, educada com aquela liberdade, pode ter de procurar um dia um analista, e dizer-lhe: "Doutor, preciso de tratamento. Estou sofrendo de um complexo paterno. Sinto-me farta de ser apresentada como a filha de A. S. Neill. As pessoas esperam demais de mim, pensam que eu deveria ser perfeita. O velho agora está morto, mas não posso perdoar-lhe o me haver exibido em seus livros. E agora, devo deitar-me naquele divã...?" A gente nunca sabe.

Como se manifesta o auto-ódio?

Numa criança, o auto-ódio mostra-se no comportamento anti-social, no gênio explosivo, maligno, na destruição. Todo auto-ódio tende a ser projetado, isto é, transferido a outros.

A mãe de uma criança ilegítima condenará a frouxidão social em outras. O professor que tentou durante anos dominar o hábito da masturbação, espancará as crianças. A solteirona que sublimou o sexo, isto é, que o reprimiu, mostrará seu auto-ódio

351

murmurando sôbre escândalo e amarguras. Todo ódio é um auto-ódio.

A perseguição aos judeus é feita por pessoas que se odeiam. Vê-se isso também nas comunidades de côr. O homem de côr do Cabo, como o eurasiático, é muito mais intolerante para o verdadeiro nativo do que o é o branco.

Quando o senhor está do lado da criança, não será essa a sua maneira de tomar posse dela?

E que tem isso? Se assim ajudo a criança, que importância têm meus motivos?

Conheço uma menina de oito anos que gagueja na presença da mãe. Por quê?

A gagueira é, muitas vêzes, uma tentativa de ganhar tempo, a fim de evitar trair-se ao falar. Quando eu tenho uma pergunta difícil para responder, numa conferência, tento esconder minha ignorância e confusão começando com: Bem... hum... sim..."

A criança em questão parece ter mêdo da mãe. Suspeito que essa mãe é uma moralista.

Verifico que quando uma criança pequena gagueja é devido a tentar ocultar o fato de que se masturbou, pois sente-se culpada a respeito. A cura é convencê-la de que a masturbação não é pecado. Mas a psicologia é um território quase inexplorado.

Pode um marido analisar a espôsa, ou pode uma espôsa analisar o marido?

De forma alguma os cônjuges devem jamais tentar manejar a psicologia um do outro. Conheci casos nos quais o marido analisou a espôsa, ou a espôsa analisou o marido. Essas análises

352

foram sempre destituídas de sucesso, e às vêzes positivamente prejudiciais.

Pai algum deve ousar tratar seu filho analìticamente, seja qual fôr a escola de tratamento.

Por que tantos adultos expressam gratidão a um professor severo de sua infância?

Amor-próprio, na maioria dos casos. O homem que se levanta numa reunião e diz: "Fui espancado quando garôto e isso me fêz um bem imenso", está virtualmente dizendo: "Olhem para mim. Sou um sucesso, apesar de—talvez por causa de—ter sido espancado em criança."

Um escravo não deseja a liberdade. É incapaz de apreciar a liberdade. A disciplina externa torna os homens escravos, inferiores, masoquistas. Êles beijam suas correntes.

Pode um professor comum ser um psicanalista?

Receio que não. Primeiro êle deveria fazer-se analisar, pois se seu próprio inconsciente é território desconhecido êle não iria longe na exploração da terra desconhecida que é a alma de uma criança.

353

SÔBRE APRENDIZADO

O senhor não aprova latim ou matemática. Como, então, sugere que se desenvolva a mente de uma criança?

Não sei o que é "mente". Se os especialistas em latim e matemática têm grandes mentes, nunca me apercebi disso.

Sua desaprovação da matemática adiantada terá influência sôbre as crianças de Summerhill para que não estudem matemática?

Nunca falo com as crianças sôbre matemática. Eu, pessoalmente, gosto tanto de matemática que faço com freqüência problemas de geometria e de álgebra apenas por distração. Meu argumento contra a matemática consiste em ser um estudo abstrato demais para crianças. Quase tôdas as crianças detestam matemática. Embora cada criança compreenda o que vêm a ser *duas* maçãs, poucas podem entender o que é *x* maçãs.

Além disso, tenho contra a matemática o mesmo que tenho contra o latim e o grego: que adianta ensinar equações quadradas a meninos que irão consertar carros ou vender meias? Isso é loucura.

Acredita nos exercícios para casa?

Eu nem mesmo acredito em lições da escola, a não ser que elas sejam voluntàriamente escolhidas. O trabalho para casa é

354

um hábito vergonhoso. As crianças o detestam, e isso é o bastante para condená-lo.

Por que algumas crianças sòmente aprendem quando são castigadas fisicamente?

Acho que também eu conseguiria aprender de cor o Corão, se me chicoteassem para isso. Haveria um resultado, naturalmente: eu detestaria para sempre o Corão, o espancador, e a mim mesmo.

Que deve fazer a professôra quando o aluno brinca com o lápis enquanto ela tenta ensinar-lhe uma lição?

Lápis é igual a pênis. O menino teve proibição de brincar com seu pênis. Cura: faça os pais retirarem a proibição quanto à masturbação.

O que educadores, autores e psicólogos vanguardeiros disseram sôbre

'

LIBERDADE SEM MÊDO

(SUMMERHILL)

ASHLEY MONTAGU

Doutor em Filosofia; Antropólogo e Biólogo Social; Presidente do Departamento de Antropologia da Universidade Rutgers (1949-1955), Editor de Assuntos de Família, na televisão (NBC) em 1945; autor de numerosos livros, entre os quais: "On Boeing Human", "Statement on Race", "Bi-Social Nature of Man", "The Cultured Man".

"A. S. Neill é um dos grandes pioneiros dos tempos modernos no campo da educação infantil. SUMMERHILL é o relato fascinante de suas crenças educacionais postas em ação. Quem quer que de alguma forma se relacione com a educação de crianças deveria fazer dêste livro uma leitura obrigatória. Não será necessário endossar tudo quanto Neill diz para verificar que êle é uma das mentalidades mais estimulantes e corajosas no atual campo da educação. O que Neill diz é de importância vital."

HARRY ELMER BARNES

Doutor em Filosofia; Educador e Escritor. Já foi: Membro da Congregação da Escola Nova de Pesquisa Social, Smith College, Amherst, Universidade de Colúmbia; Membro do Departamento Editorial, Scripps-

356

Howard Newspapers (1929-1940); autor de numerosos livros, entre os quais: "The Story of Punishment"; "Social Thought from Lore to Science", "Society in Transition".

"Êste é, seguramente, um dos livros mais excitantes e desafiadores que apareceram, no campo da educação, desde o *Emile*, de Rousseau. E é, naturalmente, muito mais realista e persuasivo para os nossos dias do que o clássico imortal. O autor não faz cerimônias e atira para longe tôdas as tradições e dogmas convencionais. Seria necessária uma revolução para levar a sociedade a instalar o sistema que Neill recomenda, ou para fazê-lo funcionar, se estabelecido fôsse, mas é instrutivo contemplar ao menos o panorama que o livro descortina para nós. É especialmente útil e oportuno neste momento em que há um forte ataque conservador contra os pontos de vista mais avançados em educação. Os que classificam John Dewey de "perigoso" deveriam fechar suas portas e ler êste livro."

JOHN HAYNES HOLMES

D. D.; Pastor Emérito, Community Church of New York; Presidente da Junta da União Americana pelas Liberdades Civis; Autor de muitos livros, entre os quais: "The Affirmation of Immortality" e "I Speak for Myself".

"Sua experimentação é grande, e eu acredito em experimentações."

BENJAMIN FINE

Doutor em Filosofia; redator de Educação da Aliança Norte-Americana de Jornais; Redator de Educação do "New York Times" (1941--1958); Ex-Presidente da Associação dos Escritores Educacionais e da Associação Americana para as Nações Unidas; Prêmio Pulitzer de 1944: autor de numerosos livros, entre os quais: "Democratic Education", "Our Children Are Cheated", e "One Milion Delinquents".

Em 25 anos de leitura e crítica de livros sôbre educação, jamais tinha encontrado outro tão estimulante, excitante e desafiador como a história de SUMMERHILL. Cada uma de suas

358 paginas está repleta de calor e encorajamento deleitosos. O livro nos fará felizes ou coléricos, dependendo de nossa própria filosofia quanto à educação de crianças e de nossos pontos de vista educacionais. '

A mim êle tornou feliz. O diretor de Summerhill, A. S. Neill, contou uma história simples de fé nas crianças, de fé na natureza humana, de fé na humanidade. O livro está atopetado de incidentes movimentados, mostrando que as crianças felizes são sêres humanos decentes, emocionalmente seguros. A dificuldade, conforme faz notar o Sr. Neill, é que o mundo adulto tenta refazer crianças felizes à nossa própria e neurótica imagem.

Aquilo é mais do que escola "progressiva". É uma escola onde as crianças vão às aulas se quiserem, blasfemam se quiserem, vadiam alegremente durante meses a fio, se quiserem. Mas, qual é o resultado final? Do programa de Summerhill saem meninos e meninas felizes, seguros, bem ajustados, prontos para tomarem seus lugares numa sociedade adulta, apesar de seu treinamento social e educacional nada ortodoxo.

Depois de ler SUMMERHILL — que se lê como romance — concordo com o Sr. Neill em que "Summerhill é, possìvelmente, a escola mais feliz do mundo". Recomendo SUMMER-HILL a todos, educadores e leigos, que estejam interessados em crianças. Pais, especialmente, encontrarão muito sôbre que pensar naquelas páginas compactas. Os professôres descobrirão que mesmo os melhores cursos de educação que possam obter na Escola Normal não lhes podem dar tôdas as respostas. Achei êsse livro excitante e espicaçador da curiosidade. Recomendo-o, calorosamente, a todos os leitores.

CARL R. ROGERS

Doutor em Filosofia; Professor Kanapp de Psicologia e Psiquiatria da Universidade de Wisconsin; Presidente da Academia Americana de Psicoterapeutas (1956-1957); Presidente da Associação Americana de Psicologia Aplicada (1944-1945); Presidente da Associação Americana de Psicologia (1946-1947); Autor de: "Measuring Personality Adjustment in Children", "Client-Centered Therapy".

Aqui temos um homem que demonstrou a coragem de *ser* o que acredita, e o que acredita é que as crianças se tornam indivíduos auto-regulados e melhores numa atmosfera de amor, confiança, compreensão e liberdade com responsabilidade. Conseqüentemente, aboliu de sua escola conceitos tais como coerção, compulsão, autoridade, obediência, nomeações, exames, castigos, e disciplina. É a história excitante de um homem que é verdadeiramente um pioneiro. Teve o arrôjo de viver seus pontos de vista até seus extremos lógicos, coisa pouco habitual nesta época de concessões.

Desejo que tôdas as pessoas que se relacionam com crianças — pais, professôres, psicólogos, psiquiatras, assistentes-sociais — possam ler êste livro. Êle desperta questões profundas sôbre quase tôdas as nossas maneiras de tratar com as crianças. Giza uma estimulante alternativa para êsses processos. Dá-nos, também, uma das mais encorajadoras compreensões de que quando as crianças recebem liberdade com responsabilidade, num clima de compreensão e amor, sem sentimento de posse, elas escolhem com sensatez, aprendem com satisfação, e desenvolvem atitudes genuìnamente sociais. Verifico que isso corresponde ao que eu aprendi em psicoterapia. Recomendo êsse livro a tôdas as pessoas de mente arejada, que se preocupem com a redução do ódio, da agressão e do mêdo neste mundo, e que desejem com ardor que crianças e adultos vivam plenamente.

NORMAN REIDER

Médico; Psiquiatra e Psicanalista; Decano-Chefe da Clínica Psiquiátrica do Hospital Monte Sião, São Francisco, Califórnia; Autor de muitos artigos nesse campo, inclusive: "Demonologia na Moderna Psiquiatria", "Psicoterapia Psicanalítica", "Ação Intermediária Neurótica no Casamento", "Chess, Oedipus, e a Mater Dolorosa".

O trabalho do Sr. Neill é, sem dúvida, notável mudança no que se refere às aproximações convencionais do assunto, mesmo aquelas que têm considerável apoio científico. Não mantenho dúvidas quanto aos bons resultados obtidos... e acredito que o livro merece ampla distribuição."

HENRY MILLER

Autor de numerosos livros, inclusive: "Tropic of Cancer", "Tropic of Capricorn", "The Cosmological Eye", "The Smile at the Foot of the Ladder", "The of Maroussi", e "To Paint is to Love Again".

359

Não conheço educador do mundo ocidental que se possa comparar a A. S. Neill. Ao que me parece, êle ergue-se, sòzinho. A única revolução possível, a única revolução que vale a pena, deve ser criada não por políticos ou militares, mas por educadores. Rimbaud tinha razão quando disse que "tudo quanto ensinamos é falso". Summerhill é um minúsculo raio de luz num mundo de trevas. Seu objetivo é criar pessoas felizes, satisfeitas, não desajustados cultos, dedicados à guerra, à insanidades e ao conhecimento enlatado.

ERICH FROMM

Doutor em Filosofia; Psicanalista; Professor da Universidade do Estado de Michigan e da Universidade Nacional do México; Membro da Congregação do Instituto de Psiquiatria William Alanson White; Colaborador para jornais, em seu campo, e autor de muitos livros, entre os quais: "The Forgotten Language", "The Sane Society", "Escape from Freedom", "The Art of Loving".

Embora não exista hoje nos Estados Unidos uma escola como Summerhill, qualquer casal que tenha filhos pode aproveitar com a leitura dêste livro. Êstes capítulos desafiarão mãe e pai a pensar de nôvo em sua própria aproximação quanto a seu filho. Verificará que a forma de Neill tratar as crianças é muito diferente daquilo que a maior parte das pessoas põe de lado, escarnecedoramente, como "tolerante". A insistência de Neill sôbre um certo equilíbrio nas relações entre pais e filhos — *liberdade sem licença* — é a espécie de pensamento que pode modificar radicalmente as atitudes no lar.

Os pais considerados ficarão chocados ao verificar a extensão de pressão e da fôrça que, sem o perceber, estão usando contra a criança. Êste livro fornece novas significações para as palavras *amor, aprovação, liberdade.*

Neill demonstra um respeito sem concessões pela vida e pela liberdade, e radical negação do uso da fôrça. Às crianças criadas com tal método desenvolverão dentro de si mesmas as qualidades da razão, do amor, da integridade, e coragem, que são as metas da tradição humanística ocidental.

Se isto pode acontecer em Summerhill, poderá acontecer em tôda parte, *desde que as pessoas estejam prontas para tanto.* Realmente, não há criança-problema, como diz o autor, mas apenas uma "humanidade-problema". Acredito que o trabalho

360

de Neill seja a semente que germinará. Em tempo, suas idéias serão geralmente aceitas numa sociedade nova, na qual o próprio homem e seu desenvolvimento sejam a meta suprema de todo o esfôrço social.

GEOFFREY F. OSLER

Médico; Psicanalista e Neurologista; Lente de Neurologia na Universidade de Colúmbia; Conferencista do Instituto Americano para a Psicanálise; Conferencista na Escola Nova para a Pesquisa Social.

Os pontos de vista apresentados pelo Sr. Neill em palavras e ações envolvem muitas das verdades mais fundamentais, em relação à natureza humana. Êle aceita a idéia de que o organismo humano é uma experiência de sucesso da natureza, que é saudável e dotado do potencial inerente para a maturidade, dentro da estrutura da sua sociedade. Reconhece o desenvolvimento, não como inevitabilidade passiva desde que não haja obstrução, mas como ação intermediária ativa entre o indivíduo e seu meio. Reconhece que antes de ser digno de confiança deve ser protegido, e deve ter ampla oportunidade de desenvolver seus ritmos próprios inatos, antes que exijam sua adaptação ao meio em que vive.

Está implícito em seu trabalho o reconhecimento de fases críticas no desenvolvimento, com variações, nas proporções, de pessoa para pessoa; de que, se receber com excesso em requisitos materiais e aceitação emocional, a criança tomará de ambos o necessário, apenas, para progredir com sucesso. Não haverá probabilidade de que tome demais ou de menos do que o faria uma planta em relação à água ou ao fertilizante acumulados.

Traz para a sua escola essa riqueza de sabedoria impregnada de grande senso de humor. Como se vê, está fadado a ter frustrações, dificuldades, desapontamentos, malogros. Isso se dá, não em conseqüência de conceitos errôneos, mas devido à aplicação dêsses conceitos sadios a crianças que já sofrem de uma distorção de valôres, a elas dada por pessoas em conflito com os resíduos de seus próprios problemas.

Apesar disso, o Sr. Neill ousou lançar um trabalho inicial, como ousou pôr em prática o que muitos apenas ousam pregar. É uma aventura excitante, essa, e um projeto pioneiro que deverá trazer auxílio muito valioso para o movimento crescente em direção da promoção da saúde, e não da prevenção da doença, apenas.   '

PAUL GOODMAN

Poeta, Romancista, Ensaísta, Teatrólogo, Psicoterapeuta no Instituto de Nova Iorque para Terapêutica Gestalt; Autor de muitos livros, entre os quais: "Factos of Life", "State of Nature", "Parent's Day", "Art and Social Nature".

Neill manteve-se firme, através de tôdas as lutas, na tarefa de preservar e nutrir a natùreza da cultura, a única forma de educação do homem por inteiro. Se algum dia tivermos uma sociedade humana, seu nome será lembrado.

GEORGE VON HILSHIMER

Conselheiro (Secretário Executivo) do Maior Conselho Humanístico de Nova Iorque; Conselheiro de Grupo da Associação para Conselho e Terapia de Nova Iorque; Secretário do Comitê sôbre a Família, da Associação Humanística Americana.

Se eu pudesse colocar SUMMERHILL em todos os lares, julgaria bem feito o trabalho de minha vida. Ninguém jamais disse o que Neill diz. Ninguém poderia confrontar-se com os quarenta anos de trabalho de amor que Neill dispensou à escola livre.

A liberdade não é um luxo. O amor não é ingênuo. Essas são verdades simples que Neill deseja que aprendamos. Oferece sua experiência de quarenta anos, como prova. Numa época em que procuramos um "propósito nacional", examinando pesquisadoramente a educação, não podemos ignorar seu testemunho. Moscou não é o único caminho, como não o é a caserna, ou o simulacro de escolas de "democracia de brinquedo".

SUMMERHILL, destilando a sabedoria e a experiência do mais maravilhoso professor do nosso tempo, surge, fàcilmente, como a mais importante contribuição para a educação e para a psicologia da criança, em muitos anos. Professor algum pode ignorar o desafio de Neill. Nenhum pai ou mãe deveria consentir que êle o ignorasse.

HORACE M. KALLEN

Doutor em Filosofia; professor Pesquisador de Filosofia Social e Professor Emérito da Escola de Pesquisa Social; Lente em Harvard, Princeton, Clark e na Universidade de Wisconsin; Membro da Comissão de Presidentes de Educação Superior e outros órgãos públicos; autor de "Cultural Pluralism and the American Ideal", "Utopians at Bay" e muitos outros.

No outono de sua vida, o Sr. A. S. Neill resolveu-se a escrever um resumo altamente honesto e objetivo de sua fé e seus trabalhos como professor de crianças e jovens durante quarenta anos. O resultado é SUMMERHILL, um livro escrito com simplicidade, um livro corajoso e reto, que todos os adultos, de tôdas as espécies e condições, poderiam, como êle próprio, ler com excitação e proveito, especialmente pais e professôres cujas crenças sôbre crianças e sua educação o livro desafia com muita vivacidade.

A fé do Sr. Neill terá de originar, a um respeito ou outro, agudas discordâncias. Para mim, é a melhor das hipóteses funcionando sôbre a personalidade humana e os fins e significados da educação. O teste de sua validade deve ser procurado nos trabalhos dêle, e êstes, tal como são louvados pelos educadores oficiais, e apresentados pela vida posterior dos ex-alunos de Summerhill, parecem notáveis. Mesmo mais pelos seus desafios do que pelas suas realizações, êste livro deveria ter a maior divulgação possível.

PALMER HOYT

Doutor em Leis; Diretor e Redator do Denver Post; Diretor do Portland Oregonian (1939-1946); Membro do Comitê Nacional de Cidadãos para as Escolas Públicas.

SUMMERHILL deveria ser lido por todos os pais e mães. Mas acho que as crianças não deveriam lê-lo: fariam a vida difícil demais para seus genitores. Ninguém concordará com tôdas as teses do autor, embora as pessoas inteligentes concordem com a maioria delas. Um livro obrigatório para pais e professôres cujas mentes não estejam completamente fechadas.

GUSTAV BYCLOWSKI

Médico; Psiquiatra; Professor Assistente de Psiquiatria da Universidade de Nova Iorque; Professor Assistente de Psiquiatria e Patologia do Cérebro de Varsóvia (1932-1939).

"...há idéias inspiradoras e um grande espírito idealista nesse trabalho. Não há dúvida de que o método de Neill pode ajudar crianças (e pais) cujo desenvolvimento e crescimento mental tenham sido frustrados pela opressão, por uma superdisciplina neurótica, e por falta de amor."

JOOST A. M. MEERLOO

Médico; Psiquiatra do Centro Presbiteriano de Colúmbia; conferencista de Psicologia Social, Escola Nova de Pesquisa Social; Alto Comissário de Assistência Social na Holanda (1944-1946); autor de várias publicações, inclusive: "Patterns of Panic", "Conversation and Communication", "Mental Danger, Stress and Fear".

Há mais de trinta anos o trabalho de A. S. Neill me é familiar. Admiro sua coragem de tomar a liberdade, a felicidade e a autodisciplina como os maiores desafios educacionais. SUMMERHILL é um livro excelente, que estimula!

O livro encontrará ceticismo e descrença. Em nossa cultura ocidental existe um tabu contra o entusiasmo e a felicidade. O Rádio, a T.V. e a propaganda são completamente dedicados à expansão da insatisfação, de outra maneira o público não compra. Por outro lado, as cenas de violência servem para afagar e compensar as frustrações provocadas. Então, de súbito nos surpreendemos por não têrmos sucesso no ensino dos jovens quanto ao refreamento de suas paixões instintivas.

Espero que Neill alcance muitos leitores — especialmente educadores que precisem de estímulo em sua autoconfiança profissional.

SIR HERBERT READ

Ensaísta inglês, Poeta e Crítico; Antigo Professor de Belas-Artes na Universidade de Edinburgh; autor de muitos trabalhos de poesia, e de crítica literária e de arte, inclusive: "The Innocent Eye", "Education through Art", "Collected Poems", "A Coat of Many Colors with a Hue", "The True Voice of Feeling", "Anarchy and Order".

Summerhill é o nome de uma escola pequena, mas significa uma grande experimentação, em educação. Nos quarenta anos de sua existência seu fundador provou (apesar de muito desencorajamento e injúrias) uma verdade simples: *a liberdade funciona*. Êste livro mostra como e por quê. Colocou Neill, com Pestalozzi e Caldwell Cook, entre os grandes professôres reformistas, trazendo luz e amor a lugares (ao lar tanto quanto à escola) onde havia antes tirania e mêdo. Summerhill é um nome que jamais será esquecido nos anais da educação.

BENJAMIN WOLSTEIN

Doutor em Filosofia; Psicanalista; antigamente: Interno da Clínica Psicológica do Kings County (Nova Iorque do Hospital Psiquiátrico; Membro do Corpo Terapêutico e Centro Pós-graduados para Psicoterapia, William Alason White's Low Cost Clinical Services; Autor de "Experience and Valuation, A Study in John Dewey's Naturalism", "Transference, Its Meaning and Function in Psychoanalytic Therapy", "Countertransference".

Summerhill é uma experimentação interessante na prática educacional, cujos resultados merecem ser criticados e de nôvo testados por outros.

Espero que tenha grande difusão entre os educadores, filósofos e psicológicos que estejam melhor situados para avaliar, cuidadosamente, suas afirmativas e conclusões. Em psicanálise, onde não há assunto subordinado para ser dominado fora do processo experimental no campo empírico da terapia, o ponto de vista de Neill quanto à liberdade é certamente válido, operativamente. Mas não estou convencido de que o trabalho em sua escola seja tão carente de estrutura como parece. Òbviamente, a situação educacional não é idêntica à do campo empírico da terapia — há um assunto subordinado com história e princípios, que surge, independente do que possam o aluno ou o professor sentir sôbre êles a qualquer tempo dado. Pondo-se de parte êsse ponto, SUMMERHILL poderia encontrar lugar na grande tradição americana de educação progressiva, da qual talvez seja John Dewey o melhor expoente.

Em sua ênfase sôbre as funções recíprocas do interêsse e do esfôrço, Summerhill representa uma exposição significativa do aspecto psicológico da democracia na educação.

IRVING CAESAR

Escritor de música popular e dos musicais da Broadway e de Holly-wood; Membro da Junta de Diretores da Sociedade Americana de Compositores, Autores e Editôres; compositor de muitas canções, inclusive "Sing a Song of Safety", "Sing a Song of Friendship", "Songs of Health", "Tea for Two".

...o menino que há em mim teve retardada inveja dos meninos e meninas cuja boa furtuna e sorte feliz foi estarem sob a influência da sensata e corajosa experiência de Neill.

Os educadores, aos quais isso fôsse possível deveriam fazer uma viagem a Londres, onde a escola está situada, e observá-la pessoalmente... como, se ainda fôr tempo, poderemos criar tal clima em nossas escolas primárias e jardins-de-infância, que produziriam uma raça de pacifistas e de amigos do homem! O que uma reunião em Summerhill pode não realizar, uma reunião em SUMMERHILL, se a Unesco encontrasse fundos para enviar os professôres do mundo a tão feliz conferência, poderia realmente obter.

NEGLEY K. TEETERS

Doutor em Filosofia; Educador; Presidente do Departamento de Sociologia da Universidade Temple (1948-1956); Ex-Presidente da Sociedade das Prisões de Filadélfia, Pensilvânia; autor de muitos trabalhos no campo educacional, como "The Challenge of Delinquency" (com John O. Reinemann), "The Cradle of the Penitenciary".

Os educadores tradicionais, e os pais aflitos em seu impulso para o sucesso material e profissional, não gostarão dêste livro, nem sequer o leriam. O autor, há muito considerado como famoso, distinto mesmo, no mundo educacional, escreveu já sôbre a escola-problema e o lar-problema, mas recusa aceitar a existência da criança-problema.

Buscando conhecimentos através do ousado educador Homer Lane, e de Freud, Neill, hoje com 76 anos, escreve sôbre a filosofia de Summerhill, que dirige há quarenta anos. Subordina a cultura livresca à felicidade, à sinceridade, ao equilíbrio e à sociabilidade, como propósitos da verdadeira educação. A não-interferência com a maturidade natural da criança, a não-pressão sôbre a criança por parte das fontes autoritárias convencionais, e a substituição do ódio pelo amor, são os fins dessa notável escola, que se situa não muito distante de Londres. Pais inteligentes e socialmente integrados não só deviam ler êste livro pouco comum, mas passá-lo a seus amigos e vizinhos aos quais possam atribuir o mesmo grau de visão social.

MELVIN WEINER

Doutor em Filosofia; Psicólogo do Departamento de Psiquiatria do Colégio de Medicina Albert Einstein de Nova Iorque; Consultor do Centro de Pesquisas de Saúde Mental, da Universidade de Nova Iorque; Colaborador dos "Psychological Monographs", "Archives of Psychologie", "Jornal of Experimental Psychology".

SUMMERHILL é leitura inspiradora. É escrito de forma tão objetiva, tão fácil e tão sincera, e com visão de tal maneira profunda da criança e das pessoas em geral, que quase todos quantos eu conheço, pessoal ou profissionalmente, poderiam ganhar lendo-o. Tenho a intenção de presentear com êle grande número de amigos meus.

DAVID WDOWINSKI

Médico; Psicoterapeuta; Ex-Chefe do Departamento de Psiquiatria do Hospital Czyste de Varsóvia, Polônia; Colaborador-Associado da Federação Mundial de Saúde Mental; autor de artigos sôbre histeria, dupla personalidade e esquizofrenia.

A experimentação do Sr. Neill, e seu livro, são muito instrutivos e dão profunda compreensão e visão interior da formação mental e emocional da criança. Inspiram esperanças e entusiasmo. Só por isso representariam um grande serviço para o melhoramento da nossa estrutura social e para a criança de um mundo mais feliz. O livro do Sr. Neill é de leitura obrigatória para todos os educadores, psicólogos, pais, e leigos inteligentes. É uma satisfação lê-lo, e relê-lo.

A. ALFRED COHEN

Superintendente da Escola de Treinamento para Rapazes, de Nova Iorque; Assistente Social; Presidente do Serviço Social de Permutas.

Não importa que concordemos ou não com o Sr. Neill. Acredito que todos os que estão interessados em crianças podem encontrar nesse volume algo que os ajude a fazer melhor trabalho com os nossos jovens. Seria maravilhoso que determinada forma fôsse verdadeiramente encontrada, através de pesquisas, para avaliar algumas das nossas suposições quanto ao trato da criança. Essa é uma das coisas mais difíceis de fazer, em conseqüência das numerosas variações.

Gostei muitíssimo do livro e acredito que tôdas as pessoas interessadas em crianças deveriam conhecê-lo. Mesmo que nada ganhem com êle ou não concordem com os métodos usados, pelo menos tomariam conhecimento dos pensamentos e experimentações de um homem que dedicou realmente sua vida à tarefa de criar jovens mais sadios.

DWIGHT MACDONALD

Escritor e Crítico; Redator e Crítico Literário para o "New Yorket Magazine"; Autor de "Memoris of a Revolution".

A. S. Neill é uma dessas pessoas perturbadoras que levam para a prática os ideais que nós advogamos na teoria. Há muito tempo venho acompanhando o que êle escreve sôbre a sua experiência na direção de uma escola em que Liberdade, Amor, e (posso acrescentar) Bom Senso, não levados muito mais a sério do que em qualquer outra escola de que eu tenha tido conhecimento. SUMMERHILL é uma espécie de *Suma Teológica* de seus livros anteriores. É livro que lemos com irritação, excitação, e, finalmente, com simpatia, a simpatia que tôda a idéia original provoca sempre. O pior é, naturalmente, que não se pode deixar de pensar que o Sr. Neill está com a razão.

368

ARNOLD A. HUTSCHNECKER

Médico; Membro da Associação Americana para Pesquisa sôbre Problemas Psicossomáticos; Membro da Academia de Medicina Psicossomática; Autor de "Will To Live"

SUMMERHILL, de A. S. Neill, é a história de um lugar onde as crianças são criadas para a felicidade...

Sua aproximação, baseada em psicologia aplicada, pode ser classificada como tão nova e ousada em nosso tempo quanto a reforma educacional de Pestalozzi o foi para o sistema escolar de sua época, há mais de um século e meio.

Embora o autor não alegue coragem, manifestou-a, apesar de tudo, demonstrando como a cadeia infinita de miséria, passada de pais para filhos, pode ser finalmente rompida de uma forma amorável e humana. As pessoas em procura de amor completo, e as que anelam pela paz genuína podem encontrar um diagrama útil neste livro notável.

ALFRED DON MUELLER

Doutor em Filosofia; Psicólogo-Clínico; Chefe do Serviço de Psicologia do Kennedy Veteran's Administration Hospital, de Memphis, Tennessee; Diretor e Psicólogo da Clínica de Ajustamento e Orientação de Adultos e Crianças de Knoxville (1938-1947); Presidente da Junta Estadual de Examinadores de Psicologia de Tennessee (1958-1959); Autor de "Achievement Test in Introductory Psychology", "Teaching in Secondary Schools", "Principles and Methods in Adult Education".

Há muita coisa valiosa no livro, para psicólogos de crianças e de clínica, bem como para os pais que desejam compreender alguns dos problemas básicos na criação e ajustamento da criança.

GOOWIN WATSON

Doutor em Filosofia; Professor de Educação na Universidade de Colúmbia; Diretor do Instituto para Psicologia de Grupo; Autor de "Human Resources", "Group After Conflict", "Action for Unity".

Não conheço qualquer outro educador que tenha tanta coisa estimulante e importante a dizer aos pais e professôres americanos neste momento. Nós, como nação, estamos fazendo um trabalho de reavaliação de nossos métodos, para descobrir, desenvolver e disciplinar nossos recursos humanos. Muitas das respostas em curso, entusiàsticamente recebidas, podem mostrar-se destrutivas, ao fim e ao cabo. Neill teve a visão, a coragem e a capacidade prática de explorar outro caminho. A seleção de trabalhos seus, reunida neste excelente volume, surge com muita oportunidade.

SMILEY BLANTON

Médico; Diretor de Psiquiatria-Religiosa da Marble Collegiate School, de Nova Iorque; Membro da Junta de Diretores da Associação Americana de Psiquiatria; Professor de Estudos sôbre a Criança em Vassar (1927--1931); Professor Emérito de Psiquiatria Clínica da Universidade Vanderbilt; Autor de "Love or Perish", "Now or Never" e muitos outros livros.

...A. S. Neill está realizando um programa educacional fora do comum em sua escola de Summerhill, Inglaterra, onde as crianças, desde pequeninas, são deixadas em liberdade para tomar suas decisões pessoais. Estou certo de que o livro do Sr. Neill, no qual éle descreve seus métodos e experimentações, seria interessante para os educadores de tôda parte.

CHESTER M. RAPHAEL

Médico; Psiquiatra; Psiquiatra Residente do Hospital do Estado, Marlboro, Nova Jersey (1939-1942, 1945-1948); Decano dos Médicos do Hospital do Estado de Marlboro (1947-1948).

Tôda a eloqüência quanto à liberdade e ao amor é a trágica expressão da sua inacessibilidade. São vistos como num espelho, sempre presentes, mas tentalizadoramente inatingíveis. As alternativas são quebrar o espelho, em frustrada cólera, ou voltar-lhe as costas, resignadamente. Mas, quando não existe a frustração de viver, a vida não se contempla nem se procura: vive, simplesmente.

Esta é a história de Summerhill, onde a liberdade e o amor não são coisas de que se fale ou se ensinem, mas que se vivem. Onde os feitos deformantes das restrições autoritárias

370

sôbre a vida da criança são claramente compreendidos, e onde seu desenvolvimento natural é amparado com ternura.

STUART CHASE

Escritor de Assuntos Econômicos e Sociais; Colaborador de revistas e jornais; Ex-Consultor da UNESCO; Autor de numerosos livros, entre os quais "Goals for America", "The Proper Study of Mankind", "Power of Words", "Guides to Straight Thinking", "Live and Let Live".

O livro, penso eu, irá produzir discussões em qualquer família inteligente, interessada em educação, e espero que seja amplamente lido.

HAROLDD KELMAN

Médico; Deão do Instituto Americano para Psicanálise; Autor de "The Analytic Process, A Manual", "Character and Traumatic Syndrome", e outros trabalhos nesse campo.

É preciso que surja um homem corajoso como o Sr. Neill, e sua idéia viva, Summerhill, para acordar a redescobrir as lembranças do que todos nós teríamos compreendido e respondido com amor, quando crianças.

LLEWELLYN JONES

Editor e Crítico; Redator Literário do "The Humanist"; Redator Literário do "Chicago Evening Post" (1914-1932); Autor de "Criticism and Prosody", "How to Criticize Books", "How to Read Books".

...nascido num lar vitoriano e aluno que fui de uma escola pública britânica, sei que os males dos quais o sistema de Neill liberta as crianças são reais. "Endossar" a escola, a essa altura de sua existência, é desnecessário. Desde 1921 que ela está funcionando.

Mas SUMMERHILL é mais do que a história de uma escola. É um manual surpreendentemente compreensivo de paternidade criadora. Todos os problemas morais e espirituais que os pais devem enfrentar têm ali respostas concisas e valiosas, cada uma delas apoiada em base racional. O livro deve ser de leitura obrigatória para tôdas as mães, para todos os pais."

MARION PALFI

Professôra da Escola Nova para Pesquisa Social; Membro do Conselho contra a Intolerância na América; Serviços prestados no Bureau Infantil da Administração de Segurança Federal; Autora de "Suffer Little Children", Co-autora de "In These Ten Cities" e "We Have Tomorrow".

"...vejo em SUMMERHILL um livro importante para todos quantos estão interessados no desenvolvimento de meios de instrução modernos e construtivos. Espero, fervorosamente, que muitas Summerhill surjam, por todo o vasto mundo."

HERBERT THOMAS

Médico; Professor Emérito de Obstetrícia e Ginecologia da Universidade Yale; Autor de "Training for Childbirth", "Understanding Natural Childbirth".

O segrêdo evidente do sucesso de Neill em Summerhill deve ser procurado em suas próprias palavras: "As novas gerações receberão a oportunidade de viver em liberdade. A outorga da liberdade é a outorga do amor. E só o amor pode salvar o mundo."

Penso que Neill forneceu contribuição impressionante para a nossa cultura e suas observações sensatas têm significação profunda para todos que se interessam pelo assunto a que o livro é dedicado.

TERRY SPITALNY

Diretor da Lower School da The New Lincoln School de Nova Iorque Conferencista do Instituto Americano de Psicanálise.

Uma experimentação quanto à vida saudável, feita por alguém cuja convicção arraigada é a de que as crianças se desenvolvem melhor numa atmosfera de liberdade. A vivacidade que impregna a atmosfera está refletida nos escritos de A. S. Neill. Os princípios de orientação infantil são claramente expostos e desenvolvidos através dos acontecimentos fascinantes de Summerhill. Um inovador, que escreve um livro básico, cónstitui-se em leitura obrigatória no campo da educação e do desenvolvimento da criança.

BRUNO BETTELHEIM

Doutor em Filosofia; Professor de Psicologia e Diretor da Escola de Ortogenia da Universidade de Chicago; Autor de muitos livros, entre os quais "Dynamics of Prejudice", "Love is Not Enought", "Truants from Life".

Faz-me feliz o ver que êste nôvo livro obterá grande número de leitores para a realização radical de Neill em educação... todos os pais e educadores se beneficiarão· se repassarem seus métodos à luz das importantes questões que Neill faz surgir.

SOL KRAMER

Doutor em Filosofia; Professor Associado de Zoologia da Universidade do Estado de Nova Iorque; Professor Assistente de Zoologia da Universidade de Wisconsin (1949-1953); Guggenheim Fellow, Max-Planck Institute for Verhaltens Physiologie (1955-1957).

O mérito de Neill está no fato de ter mantido, durante quarenta anos, uma escola da qual o mêdo está ausente. Realizou isso colocando-se do lado da criança, o que significa estar do lado da natureza biológica da criança e não interferir com o processo natural de crescimento. Os pais, por outro lado, raramente compreendem o que é biològicamente válido. Seus julgamentos, feitos à base de seu ambiente social, tornam-se apenas em interferência e distorção do natural crescimento da criança.

A interferência biológica toma, com demasiada freqüência, a forma de uma atitude autoritária que impregna nossas instituições educacionais, bem como os nossos lares, conduzindo ao mêdo e à hostilidade crônicos...

Há ritmos natos em alimentação e sono no recém-nascido, como em todos os animais que podem interferir com o processo de crescimento, ou acompanhá-lo, no que se refere à diversão, à exploração do meio ambiente, ou às respostas emocionais. O que distingue um educador criativo como Neill de um educador mecânico, é uma compreensão profunda da natureza do crescimento da criança. O fato de ter êle corrigido primeiro, intuitivamente, os processos de perturbação que encontra nas crianças, antes de corrigir-lhes a cabeça, é um tributo ao seu gênio pioneiro.

Alvin Bauman

Diretor Executivo da "The Sunken Meadow Foundation"; Ex-Diretor da Unidade de Música e Drama, da Youth Administration Visual Education Project; Diretor de Produções de Teatro e Música da "Tenry Street Settlement"; Fundador e Diretor do Teatro para Crianças de Nova Iorque; Membro da Junta de redatores de "New Music Quarterly"; Autor de "Elementary Musicianship" e "The Theory of Music".

Poucas fôrças tão consistentemente positivas em nossa sociedade, como Neill e Summerhill, têm aparecido. Por muito desapontados que todos estejamos pelo fato de a sociedade e de as escolas não se terem modificado bastante ràpidamente sob um estímulo como êsse que Neill lhes traz, sabemos que alguma transformação foi efetuada e que transformações maiores estão a caminho. Espero que com a sua presente publicação, uma espécie de sumário dos escritos de Neill, êsse educador receba a recogrição que merece, e seu trabalho tenha resultados mais práticos em nosso país.

Gerald T. Niles

Médico, Diretor de Orientação Infantil, Clínica Karen Horney, Nova Iorque; Lente, American Institute of Psychoanalysis.

Experimento em viver sadio por alguém com profunda convicção de que as crianças se desenvolvem melhor em atmosfera de liberdade. A vivacidade que permeia a atmosfera reflete-se nos escritos de A. S. Neill. Os princípios de orientação infantil acham-se claramente expostos e desenvolvidos nos acontecimentos fascinantes de Summerhill.

Um inovador que escreve um livro básico constitui algo de indispensável no campo do desenvolvimento e da educação infantis.

'

O AUTOR

Alexander Sutherland Neill nasceu no dia 17 de outubro de 1883, filho de um mestre-escola de aldeia, na Escócia. Foi o único dos oito filhos que não pôde ser enviado a uma escola secundária, devido à sua incapacidade de aprender.

Começou a trabalhar com 14 anos, mas foi um fracasso como amanuense e mostrou-se igualmente medíocre como ajudante de um fabricante de tecidos. Seus pais, preocupados, consultaram-se mùtuamente, e a mãe disse: "Por que não fazer dêle um professor?" E a resposta mal humorada do pai foi: "Por que não? Parece que só para isso êle dará!"

Assim, tornou-se êle estudante de Escola Normal, sob os olhos vigilantes do pai, e passou nos exames vestibulares. Seis anos depois, com um salário de £ 60 por ano (então equivalente a menos de 6 dólares por semana), ficou alarmado em relação ao seu futuro. Depois de estudar Latim e Grego com a intenção de fazer-se ministro, compreendeu que a Igreja não era a sua vocação e especializou-se em Inglês. Diplomou-se, com louvor, em Literatura Inglêsa, na Universidade de Edinburgh, em 1912.

Seguiu-se, então, uma tentativa sem êxito no jornalismo e na publicação de livros, depois da qual, em 1921, Neill fundou SUMMERHILL.

Neill é autor de dezessete livros, e tem sido traduzido para o dinamarquês, o sueco, o holandês, o japonês, o alemão, o hebraico, o italiano, e o hindustani. Muitos autores, educadores e psicólogos famosos consideram-no o espírito educacional mais avançado de nossa época.

Impresso na **Prol** editora gráfica ltda.

03043 Rua Martim Burchard, 246
Brás - São Paulo - SP
Fone: (011) 270-4388 (PABX)

com filmes fornecidos pelo Editor.